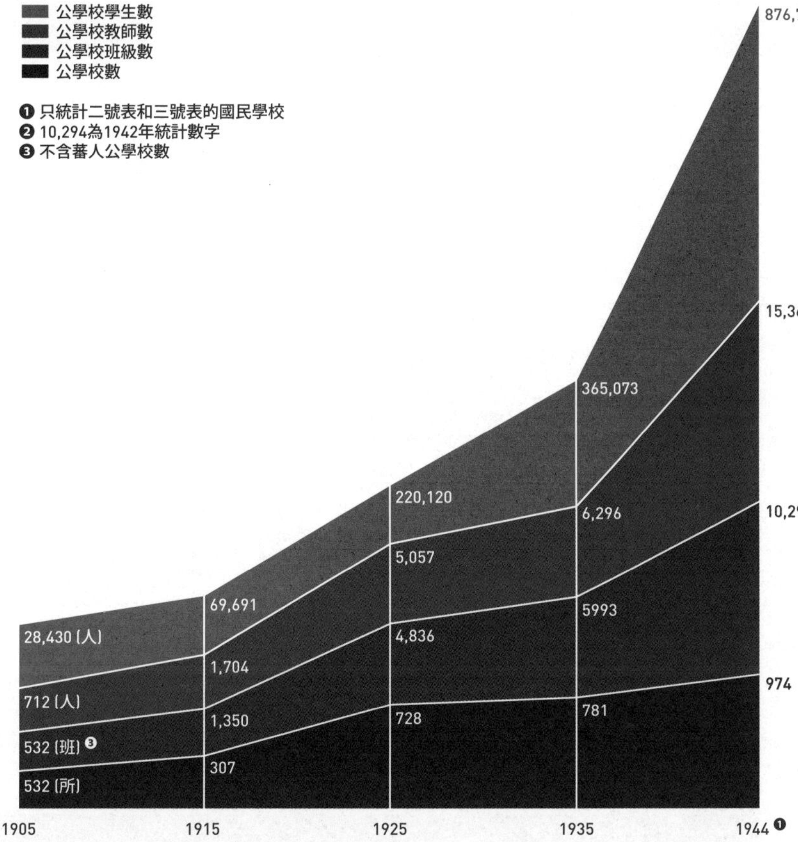


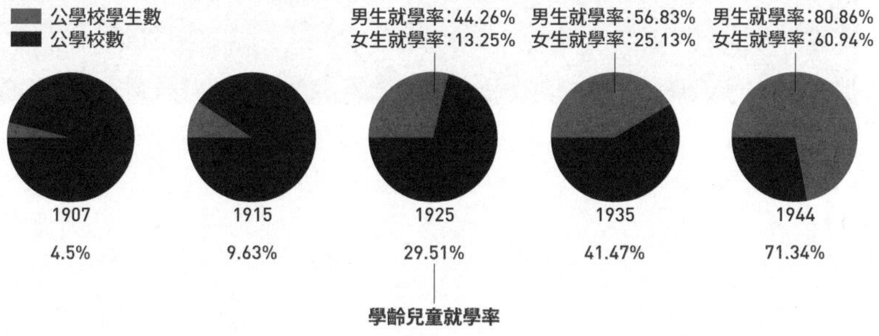


## 日本時代公學校各項統計資料

臺灣學齡兒童的就學率,在日本統治20年後的1915年,也不到10%;即使到了1935年,也還沒超過50%。女生的就學率尤其低,至日本統治40年後的1935年,也還不過25%。公學校的就學率、學生數、班級數都在1935年以後有大幅增加。由本圖可以看到1930年代的重要性。

圖表製作 —— 蔡偉娟

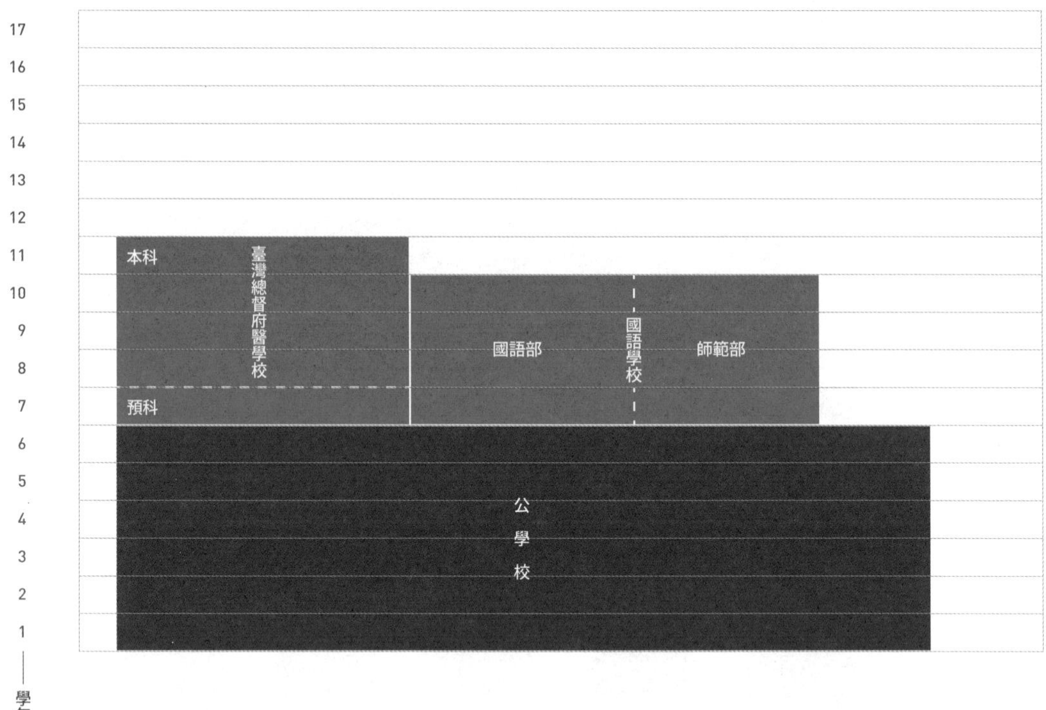


## 1919年以前臺灣人適用的學制圖

日本領臺第二年(1896年),隨即在臺灣設立國語學校及國語傳習所。國語學校主要分為師範部及國語部,師範部顧名思義,是為了培養初等教育師資而設立;國語部則相當於臺灣人的中等教育機構,臺日人均可就讀,初成立時為四年制。國語傳習所於1898年改制為公學校,為臺灣人就讀的初等教育機關。1899年設立臺灣總督府醫學校,目的是培養臺籍醫生,初成立時為五年制。對臺灣總督府來說,短期訓練的本地醫生,可以協助改善衛生,減少傳染病,是眼前臺灣統治的重要課題;而短期訓練的本地教師,可以協助奠定基礎教育,宣傳國家意識形態。不論是醫生或教師,都可以說是臺灣總督府遂行臺灣統治的棋子。然而,對臺灣社會來說,公學校畢業後升學醫學校或國語學校,如同新科舉,是社會上升的管道。

圖表製作 —— 蔡偉娟

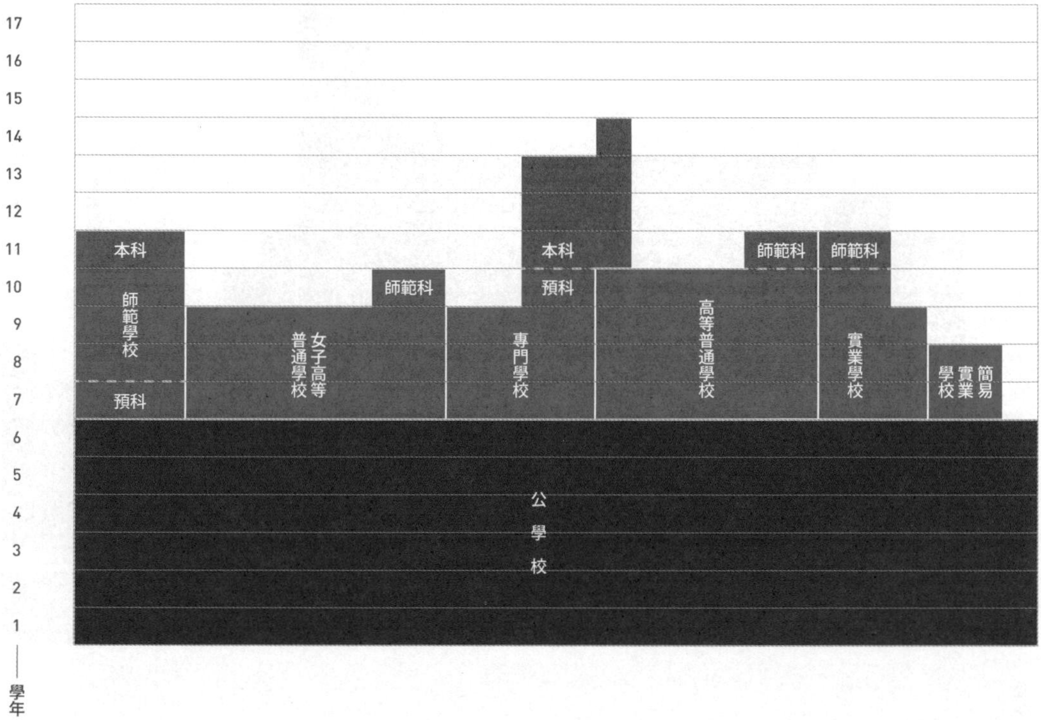


### 1919年《臺灣教育令》下的學制

1910年代以後,臺灣士紳開始要求更多教育機會,1915年成立四年制的臺中中學校,為首次臺灣人可以升學的普通中等教育機關。受到臺灣社會強烈教育欲求的刺激,1919年日本政府以敕令公布《臺灣教育令》,規範在臺灣的臺灣人教育,也就是只針對臺灣人而制定的法令,所有學校都是「日臺別學」。這個教育令最大的突破是,對臺灣人開放部分中等教育機關。在六年的公學校之上,分別設置了高等普通學校(男子就讀,四年制)及女子高等普通學校(女子就讀,三年制),也設置了職業教育體系的實業學校(四年制)及簡易實業學校(二年制)。醫學校升格為七年制的專門學校,國語學校改為師範學校,年限也延長一年。但僅三年的時間,日本政府因國內外諸多問題,殖民地政策轉為內地延長主義,這個「日臺別學」的教育令便不再適用。

圖表製作 —— 蔡偉娟

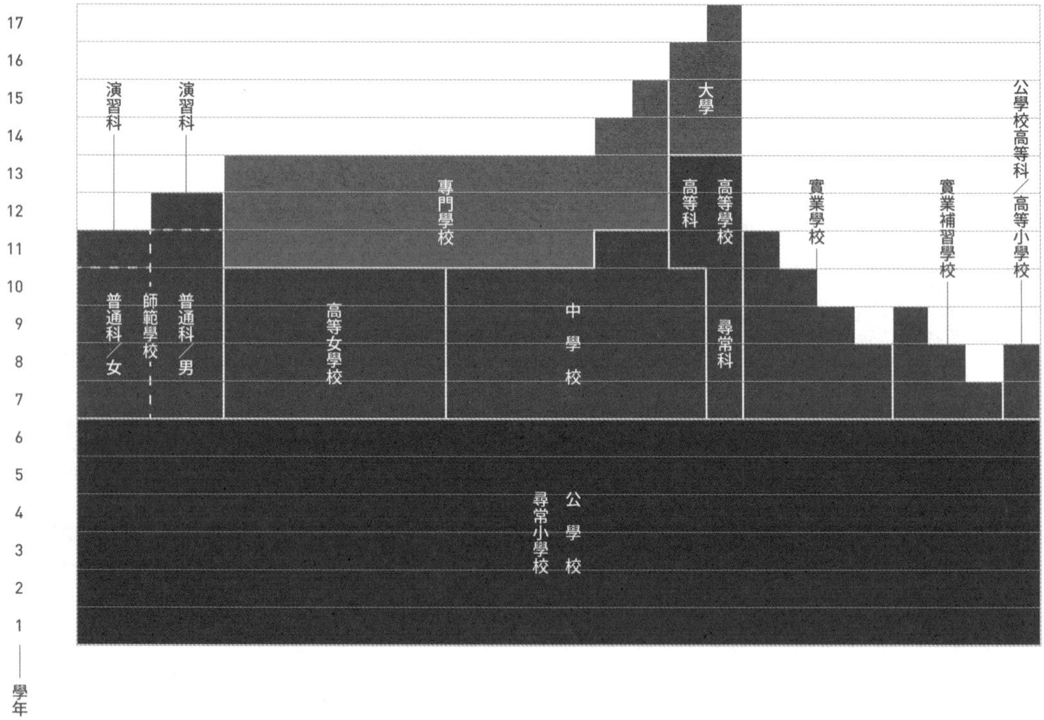


### 1922年《新臺灣教育令》下的學制

1922年在內地延長主義的政策原則下,日本政府重新公布新的《臺灣教育令》,此教育令最大的特色在於中等以上學校「日臺共學」。從初、中、高等普通教育、實業教育、專門教育,至1928年臺北帝國大學成立,在臺 灣也完成完整的學校體系,各階段學制與日本本國的學制幾乎完全一致。初等教育階段, 雖然仍保留公學校與小學校之別,但不再以民族別來區分就讀學校,而是以「常用國語」 與否來區別。從法的規定來看,新教育令體現了「內臺一致」的原則,有平等的外貌,但實際上,在「日臺共學」的規定下,原本臺灣人就讀的中等學校也招收日本學生,且為數不少,然而原本日本人就讀的學校,雖然名義上也招收臺籍學生,但人數極為有限,總的來說,臺灣人的就學機會反而縮小了。

圖表製作 —— 蔡偉娟

島嶼新書

# 植民地台湾における近代教育の鏡像

——一九三〇年代臺灣的教育與社會◎許佩賢——著

ACRO POLIS
衛城出版

# 目次

# 表目次

# 圖目次



# 附錄目次

**推薦序**

# 一九三〇年代臺灣教育史研究的方法與意義

吳密察（臺大歷史系兼任教授）

許佩賢教授將她近幾年來的研究論文彙編成一本書，即將要出版，要我為她這本書寫一篇序。

這本書收錄之文章所處理的問題相當分歧，如果要在其中找到一個共同點，那麼應該可以說它們的時間重點都放在一九三〇年代後半葉，甚至一九四〇年代初期，也就是日本時代的最末階段。這個時期的教育，不論是「國民學校」制度、教育義務化，甚至大幅增設小學以上的中級學校，都被戰後所承襲，成為戰後教育的基礎。就此意義來說，這些日本殖民時代末期的教育史研究，就成了將臺灣教育史從日本殖民時代架橋到戰後的重要關鍵。附帶一提，本書作者關注的另一個年代，是日本殖民時代初期，也就是臺灣建立近代教育之創始時期，如果將之與清末的臺灣教育情況相對照，一樣具有重要意義。

作者認為她的教育史研究，雖然也企圖關照社會史的側面，但是因為日本時代的教育是殖民政府挾著強大的行政力量，因應國家之需要而展開的，因此她的研究還是建立在「精準地掌握制度史」的前提之上。作者對於日本殖民時代之教育的這種認識，基本上是正確的。也就是說，制度史還是日本殖民時代臺灣教育史研究的基礎。其實，這種情況即使延伸到戰後也是如此。蓋臺灣近代教育，大幅度地依賴國家興辦的官式教育，舉凡制度、內容、經費，都高度仰賴於政府，受到政府強力規範。

日本時代末期的臺灣教育，雖然在質量上都有很大的發展，但是既有的理解卻相對零碎。眾所周知，日本時代臺灣教育制度史之入門書《臺灣教育沿革誌》（一九三九），記載的內容相對詳細平實，如果能夠對此書進行詮釋性地解讀，不失為理解日本時代教育史的捷徑。但此書的記載止於一九三七年，日本時代最後十年間的教育史就無法依賴它了。由於既往沒有體系性的彙編性著作，因此日本時代末期的教育史研究（其實，其他領域的研究也大致相同），便必須從最基本的史料蒐集與甄別開始。

一九四〇年代，時局瞬息萬變，制度更革頻繁，在戰爭情況下也難以從容製作、保存史料，因此如今的研究者必須投入更多精力於蒐集、甄別史料。在這方面，作者向我們展現了她深厚的史料功力。舉凡官報、法令集、統計書、年報、報紙、期刊、私人回憶錄，都成為她進行研究的史料根據，而且還及時網羅了近年來不斷「出土」的日記、學校檔案、政府檔案。例如，作者即使在以前就曾針對一九四三年日本殖民政府於臺灣實施義務教育，做過初步的研究，但因為日本外務省《茗荷谷文書》的公開，使她得以再次撰寫收錄於本書的〈日治末期義務教育與國民學校制度的展開〉（第八章）。

利用政府決定政策之過程中所產生的檔案，尤其是當初提供給政策決定者參考的各種文件和會議紀錄，便可以深入理解政策的意圖與決策的「政治」。我本人也曾經利用日本的《樞密院文書》，研究日本殖民時代中期的臺灣教育史（〈從日本殖民的教育學制發展看臺北帝國大學的設立〉，收入《臺灣近代史研究》）。本書作者對於一九四三年臺灣實施義務教育的研究，也可說是使用了兼及制度史與政治史的研究手法。

如同上文所述，本書處理的問題相當分歧，而且有一些文章還是在新史料「出土」之後才又重新深化既有的研究所得，因此建議讀者不妨將它與作者的另一本著作《殖民地臺灣的近代教育》（臺北：遠流出版社，二〇〇五）併讀。相信這樣便可以更深入地理解本書的主張及其貢獻。

二〇一五．九．十六

# 導論

我研究臺灣教育史，一方面是出於對臺灣當代社會、特別是教育議題的關心，另一方面則是教育史的研究對經歷過殖民統治的臺灣，特別有意義。

早期我關心的是殖民政府如何透過教育進行控制，塑造適合殖民地統治的人民，也就是「做為統治技術的教育史」。然而，殖民政府的教育政策，究竟在什麼程度上，能有效達到目的？殖民地的人們，是抱著什麼樣的心情與期待進入學校體系？他們具備什麼樣的條件，可以接受或不接受殖民者所設定的教育目標或規訓？甚至在什麼條件下，得以反過來利用教育體制，達成個人成就？基於這樣的問題意識，我開始關心教育政策與教育制度以外的學校生活、個人心性與行動，思考近代教育對臺灣社會的意義，也就是從社會史的角度考察教育史。在這樣的問題關心上，我從不同的視角考察「個人」、「教育」、「社會」與「國家」的關係，一方面究明殖民地統治之本質與原理，同時也觀照殖民地人民的自覺與選擇。

本書關注的是一九三〇年代臺灣的教育與社會，不同於過去的教育史研究，多集中在近代學校體系初創的日治初期、臺灣知識分子可以發聲的一九二〇年代，以及戰爭時期的皇民化教育，本書選擇以一九三〇年代為考察對象，因為一九三〇年代正是臺灣社會教育需求大爆發的時期，也是殖民政府開始教育總動員的時期。一九三〇年代，就學率明顯提升、學校大幅擴張、戰時動員正要啟動，然而，我們對於這個時期的瞭解卻相當有限，為了讓讀者瞭解一九三〇年代在臺灣教育制度史的位置，以下先介紹日本統治臺灣以來，近代教育制度發展的軌跡。

## 日治時期臺灣近代教育的發展

日本領有臺灣以後，逐步引進近代學校制度，最後構築了自小學經中學、高等學校到大學的升學體系。雖然學制與戰後略有不同，但是像升官圖一樣的學制階梯，時間到了進小學讀書，接著依照每個人的狀況，或繼續一階一階地往上升學，或停在某一階梯，取得某一級學校的文憑，畢業進入社會工作，仍然成為其後一百多年來臺灣人的共同經驗。

日治時期的教育體系，並不是一開始就有這樣完整的學制規畫，而是隨著殖民政府的統治需要以及臺灣社會的變化，慢慢成形。日本領有臺灣之後，來臺灣擔任第一任學務部長（相當於教育部長）的人叫做伊澤修二（一八五一－一九一七，一八九五－一八九七在任）。伊澤修二對新領土教育的構想，來自於他對國民教育的理念，他特別重視國語（日文）的力量，認為透過教育，可以從人心最深處把臺灣「日本化」。因此，伊澤一上任，就在臺北設置國語學校（也就是後來的師範學校），培養國語教育的師資；另外還在全臺各地設置國語傳習所，一方面快速培養通曉國語的行政人員，另一方面也為長久的教育計畫預作準備。一八九七年，伊澤提出「公學校」的構想，計劃把國語傳習所改成小學科六年、中學科四年的公學校。在公學校中，除了保留臺灣私塾教授的儒家經典之外，也教授日文、地理、歷史、算術、理科等有用的學問。

但是，伊澤的構想在現實上遇到很大的問題。一八九七年臺灣總督府的預算大幅縮減，教育費用緊縮，伊澤也被解職。一八九八年日本政府頒布了《臺灣公學校令》，雖然沿用了伊澤提出的公學校之名，但是做法、精神與伊澤的構想卻有很大出入。一八九八年成立的公學校，只是六年小學的程度，沒有設置中學科；而且以前的國語傳習所是由政府支付學校經費，但是「公學校令」規定公學校設置及維持所需的經費，除了教師的薪水之外，全部由地方民眾負擔。唯一和伊澤構想接近的是，公學校最主要的上課內容是國語。

後藤新平（一八五七—一九二九）擔任臺灣總督府民政長官時（一八九八—一九〇四在任），曾公開說臺灣的教育沒有一定方針，唯有教授國語是唯一的方針，後來被廣泛引用為日治初期的「無方針主義」。但事實上，並不是真的無方針，日本的殖民地教育方針非常明確，就是要透過殖民地教育培養適合殖民統治的「新人類」——具有基本讀寫能力、健康的身體以及認同勤勉、守時等道德規範，並且擁有愛國思想。對殖民統治者來說，透過初等教育機關的公學校，來培養這種「新人類」，恰到好處，既能使殖民地人民得到基本的訓練與教化，又不用擔心殖民地青年擁有過多知識，養成批判殖民統治的思考能力，或成為高級遊民（指有相當學歷，卻找不到相應工作的人）。

因此，日本統治的前二十年，殖民地臺灣的臺灣人教育以初等教育的公學校為主，加上少數非正式的職業教育機關。在公學校之上，除了醫學校及國語學校之外，並沒有中等普通教育機關可以升學；而醫學校與國語學校，都是因應殖民統治的衛生與教育需求而設置。雖然如此，臺灣社會卻很機敏地認識到，新式學校是新文明的代理者、新的社會上升管道。因此，在臺灣總督府規範的遊戲規則下，臺灣民眾敏捷地爭取教育機會，甚至到了總督府的學務官僚也不得不正視的地步。[1]

一九一一年從朝鮮總督府轉任臺灣總督府學務部長的隈本繁吉（一八七三—一九五二，一九一一—一九一九年在任）很敏銳地注意到，臺灣社會對教育的欲求極高，家長們想盡辦法讓子弟接受更多的教育，積極與官方交涉，自願捐款、捐地、蓋校舍。他在朝鮮規劃教育制度時，很明白地主張，不需要給殖民地人民過多教育，只要讓他們處於從屬的地位，為殖民母國服務即可。然而，到臺灣之後，他感受到臺灣社會對教育的高度欲求，轉而同意增設學校、有限度地開放中等教育機關，以疏導臺灣社會的教育欲求，並藉以將臺灣青年留在臺灣升學，以防他們到日本留學後，接觸到更自由的環境，導致「思想惡化」，為臺灣總督府的統治帶來更大困擾，也就是將教育做為統治臺灣的安全瓣。在隈本任內，協調各方，成功設立了第一所可以讓臺灣人升學的中等普通教育機關——臺中中學校（一九一五年設立），同時也開始準備制定規範臺灣人教育的基本法令。[2]

一九一九年發布的《臺灣教育令》，只規定在臺灣的臺灣人之教育。其中規定臺灣人念完六年制的公學校之後，男生可以升學四年制的高等普通學校，另外也新設置臺灣女生可以升學的女子高等普通學校。結果原先的臺中中學校，也改名為臺中高等普通學校。雖然《臺灣教育令》使臺灣人在公學校畢業後，有了中等教育階段的升學管道，然而從名稱到實質的教育內容，都與日本本國的中學校有很大落差。同時，國語學校改為師範學校，招收公學校的畢業生，先讀預科一年，再讀本科四年，畢業後可以成為公學校教師。醫學校則升格為醫學專門學校，分為預科四年、本科四年。此外，也新設了初中程度的職業學校，以及可以算是高等教育範疇的專門學校。初等、中等、高等這三級教育機關，雖然都區分日、臺兩種不同學校，但至少是有限度地開放了臺灣人的升學管道。

《臺灣教育令》發布後不久，面對第一次世界大戰後的民族自決風潮，以及帝國內部各殖民地的自治、獨立要求，日本不得不改變殖民地統治政策，展開所謂的「內地延長主義」，而一九一九年才頒布的《臺灣教育令》也隨之廢止，一九二二年重新頒布《新臺灣教育令》。《新臺灣教育令》和舊教育令之間最大的不同是：舊教育令只規定在臺灣的臺灣人之教育，而新教育令同時規定了在臺灣的日本人和臺灣人之教育。

根據《新臺灣教育令》，初等教育階段以常用國語與否，來決定孩童就讀小學校或公學校，而不再以「民族」區別就讀學校。當然，能夠就讀小學校的臺灣人兒童還是相當有限。中等以上學校則依日本本國學制，實施「日、臺共學」，中等教育機關全部改為與日本本國相同的中學校、高等女學校，以及屬於職業教育體系的實業學校和實業補習學校；此外，新設臺北高等學校以及數所專門學校，及至一九二八年設立臺北帝國大學，殖民地臺灣完成了自小學到大學的階梯式學校體系。

一九二〇年代，日本進入大正民主時代，政治上的束縛較為鬆綁，同時臺灣受新教育的第一代知識分子形成，他們一方面對臺灣民眾展開啟蒙運動，另一方面也開始透過政治運動，向日本統治者要求改善臺灣人的待遇。同一時期，日本本國教育界開啟了「大正自由教育運動」，反省過去填鴨式的教育，主張以兒童的關心與感動為中心，創造更自由、更生活化的教育體驗。這股新教育風潮也影響了殖民地臺灣，臺灣總督府發行了較活潑的新版教科書，教育現場也有自主學習、生活化教育的討論。臺灣人自辦的《臺灣民報》系列刊物上，則是不斷提出擴充初等教育、實施義務教育的要求，甚至提出停辦臺北帝國大學，將經費挪用於義務教育的主張。事實上，在日本統治臺灣三十年後的一九二五年，臺灣人學齡兒童就學率不到三〇％，女童尤其低，才十二．五％。[3]雖然，需要公學校教師出面勸誘臺灣人家長把子女送到學校讀書的事仍偶有所聞，但更常見的是，許多想入學的兒童因為公學校收容力不足，而無法入學。也就是說，低就學率的原因未必如總督府所宣稱的臺灣人向學心不足，而是殖民政府沒有提供足夠的就學機會。

自一九二二年《新臺灣教育令》公布後，一直到日本統治結束，臺灣的教育體制基本上沒有太大變化。一九三〇年代以後，總督府極力推動社會教化運動，在地方上普設國語講習所，其普及程度及重要性可能不下於學校教育，大部分學校老師也被動員支援社會教育體系。一九三九年隨著戰局持久化，考慮到將來可能要動員臺灣人上戰場，因此臺灣總督府召開了臨時調查會，專職調查義務教育實施問題，最後決定一九四三年起在臺灣實施六年義務教育。

一九四一年，因應戰爭動員，日本全國的小學校改稱為國民學校，意思是培養「少國民」的學校。少國民就是「年少的國民」，也就是未來國家可以動員的國民之意。《國民學校令》第一條明白地說，今後的教育要以「錬成」為目標。錬成是「錬磨育成」的意思，也就是說，教育不再以啟發個人智能為目的，而是要透過各種艱苦的磨錬，培育出能為國家上戰場的戰士。

隨著日本本國《國民學校令》的頒布，《臺灣教育令》也做了修正，臺灣的小、公學校全部改稱為國民學校，但是仍分為第一號表學校、第二號表學校及第三號表學校，即原來常用國語的小學校、不常用國語的公學校，以及以原住民地區為主的公學校。原本的小、公學校不只名稱改變，上課的科目也重新調整，重新編印新的教科書，加入許多與戰爭、愛國有關的內容，課程中則特別著重鍛鍊身體的「體鍊科」。

自一九三九年決定在臺灣實施義務教育後，臺灣各地方政府每年便開始增設公學校班級，辦理速成的教員講習班，而於一九四三年在臺灣如期實施了義務教育制度。雖然在戰局緊迫中，很難說有什麼具體成果，但從臺灣總督府的統計來看，自一九三九年起，學齡兒童就學率顯著上升，至一九四四年，男生學齡兒童入學率超過八〇％，女生也超過六〇％。這些遽增的入學兒童，應該有不少是原先就想入學，卻苦無足夠名額的兒童。

## 承先啟後的一九三〇年代

一九三〇年代一方面承繼一九二〇年代以來自由教育的精神，在世界性的不景氣中，重新重視生活周遭、鄉土的教育；另一方面則因為進入準戰時體制，開始有了許多配合戰爭動員的前置措施，開啟了後來的「皇民化教育」。一九三七年中日戰爭爆發後，為了配合戰爭動員，不論教育法規、學校制度、教科書內容、教育活動等各方面，都以將人民改造成皇民為目標，進行改制與調整。因此一九三〇年代以後的教育研究主題之一，就是教育如何成為國家戰爭動員的工具，以及這個工具為何有效、又如何有效。

不過在皇民化教育研究的脈絡中，我們很容易忽略，一九三〇年代其實是臺灣社會更積極要求擴充教育容量的時期，其成果便是各級學校的增設以及快速成長的就學率。如表0-1所示，一九三〇年代，臺灣學齡兒童就學率好不容易在日本統治四十多年後超過五〇%（一九三九年），而女童就學人數更是大幅增加。此外，完成初等教育而能繼續升學，也逐漸不再是少數菁英的特權。雖然中學校及高等女學校仍然有限，但收容量已經成長到原來的二倍；實業教育機關成長特別顯著，尤其是設置門檻較低、能較快畢業的實業補習學校，收容量成長到原來的六倍。這些成長的背後，除了有殖民政府的統治意圖外，更是臺灣社會旺盛的向學心使然。考察一九三〇年代以後臺灣社會的教育欲求與行動，是本書另一個重要課題。

一九三〇年代，不論從統治技術或從臺灣社會變遷的觀點來看，都是十分值得注目的時期。近年來，我的研究關心便是從不同角度切入一九三〇年代。然本書收錄的八篇論文，涵蓋範圍不全然限定在一九三〇年代，例如第一章描繪一九一〇年代畢業自國語學校的張式穀，在進入社會後不同時期的發展，時間幾乎貫穿了整個日治時期，不過一九三〇年代以後，他在社會上的活躍情況，正好可以檢視日本統治以來的教育成果。另外，也有幾章從一九三〇年代一直寫到一九四五年第二次世界大戰結束，看似超過了一九三〇年代的主題，然而，一九四〇年代前半的許多政策構想或是社會現象，事實上在一九三〇年代就開始出現，而身體規訓、教育界的變化或是義務教育的實施等課題在一九四〇年以後的發展，更可成為我們瞭解一九三〇年代臺灣的教育與社會不可或缺的題材。

**表0-1　一九三〇年代各級學校數及學生數成長狀況**

| 校數（校） | 公學校 | | 中學校 | | 高女 | | 實補 | | 實業學校 | | 學齡兒童就學率 | |
|---|---|---|---|---|---|---|---|---|---|---|---|---|
| 1929 | 583 | | 10 | | 12 | | 32 | | 6 | | 30.7% | |
| 1940 | 825 | | 17 | | 18 | | 71 | | 18 | | 57.6% | |
| 成長 | 142% | | 170% | | 150% | | 222% | | 300% | | 188% | |
| 人數 | 公學校 | | 中學校 | | 高女 | | 實補 | | 實業學校 | | | |
| 1929 | 22.7 萬人 | | 4,597 人 | | 4,929 人 | | 1,321 人 | | 2,479 人 | | | |
| 1940 | 62 萬人 | | 11,028 人 | | 8,837 人 | | 8,803 人 | | 7,437 人 | | | |
| 成長 | 273% | | 240% | | 179% | | 666% | | 300% | | | |
| | 男 | 女 | 日 | 臺 | 日 | 臺 | 日 | 臺 | 日 | 臺 | 男 | 女 |
| 1929 | 17.6 萬 | 5.1 萬 | 2,716 | 1,875 | 3,549 | 1,373 | 80 | 1,241 | 1,247 | 1,230 | 45.6% | 14.7% |
| 1940 | 40 萬 | 22 萬 | 5,186 | 5,832 | 5,637 | 3,187 | 1,929 | 6,869 | 3,750 | 3,680 | 70.6% | 43.6% |
| 成長 | 227% | 431% | 191% | 311% | 159% | 232% | 241% | 554% | 301% | 299% | 155% | 297% |

**資料來源：**臺灣總督府官房調查課，《昭和四年　臺灣總督府第三十三統計書》（臺北：臺灣總督府官房調查課，1931年）；臺灣總督府企畫部，《昭和十五年　臺灣總督府第四十四統計書》（臺北：臺灣總督府企畫部，1942年）。

**說明：**

1. 本表不含高等教育階段各學校。
2. 成長率是以1929年為100來計算。
3. 高等女學校，含本科及補習科，只收女學生；實業補習學校，男女兼收。實業學校含本科及專修科；中學校及實業學校都只收男子學生。
4. 公學校校數及學生數皆包括修業四年及修業六年的學校及公學校高等科；學生數僅統計臺灣漢人（當時稱本島人）及原住民，未計算少數在公學校就讀的日本人；另小學校也有部分臺灣人，未列入統計。
5. 中等以上學校，「日」指日本人，「臺」指臺灣漢人加原住民。學校學生總數包含內地人（日本人）、本島人（臺灣漢人）、蕃人（原住民）、外國人或朝鮮人，因此總數比「日本人＋臺灣人」稍多。
6. 公學校人數為概數。初等教育階段，因未實施日臺共學，日本人極少，而女童就學人數及就學率成長十分明顯，因此特別將男女分開計算，而不區分日、臺。中等以上學校則將日本人及臺灣人分開統計，以便更清楚看到臺灣人就學的成長率。

因此，雖然有些篇章逸出一九三〇年代的討論，但我仍然希望將它們放在瞭解一九三〇年代的特殊性與連續性來思考。

## 本書簡介

本書分為二部。第一部為「臺灣民眾的教育想望」，第二部為「殖民政府的教育總動員」。

近代教育對臺灣社會與民眾的影響深遠，然而，相對於統治者留下大量的教育統計、教育制度的史料，受教育的民眾所留下的資料完全不成比例，因此，一般說來，進行「教育的制度史」研究，遠比從事「教育的社會史」研究來得容易許多。在這種限制下，我們要如何思考近代教育對個人或臺灣社會的意義呢？收入第一部的四篇論文，便嘗試從幾個不同面向考察民眾對近代教育的思考與行動。

第一章〈公學校教師的發達之路及其限制〉，是以新竹出身的張式穀為例，說明殖民統治下沒有家庭奧援的臺灣青年，如何靠著自己所受的教育，一步步培養實力，而得以與統治者周旋。一九一〇年代之前，除了當醫師之外，升學國語學校、畢業後回故鄉擔任公學校教師，是臺灣地方菁英的最好選擇。但是一九一〇年代以後，由於社會上各種產業迫切需要人才，許多青年教師受到吸引而放棄教職，轉行從事實業，開啟與公學校教師完全不同的人生，其後以各種形式飛黃騰達。張式穀於一九二〇年離開教職，進入基層行政體系擔任庄長，一九三〇年代以後成功轉為工商業界人士，同時成為臺灣總督府以專賣利權拉攏的對象。這些不同時期人生進路的選擇，很明顯都與殖民統治機制的變化有關，同時也相當程度地受到統治當局的規範與限制。

第二章〈公學校畢業生的社會史意義〉，考察日治中期公學校畢業生在社會上的狀況，重新思考日本統治以後新教育的社會意義。一九二〇年代以後，學校體系整備，就學人數也逐漸增加。臺灣社會逐漸認識到在社會中，學歷是可以證明自己能力的證書。有學習意欲的臺灣兒童，積極爭取進入近代學校的機會，以公學校為起點，一階一階取得更高學校的入學資格，或是以此學力／學歷為基礎，嘗試正規升學管道以外的學習機會，以便在社會上能有更多發展的可能性。也就是說，對選擇接受新教育的部分臺灣人來說，正是想藉此擺脫農民的身分，然而，臺灣總督府或教育官僚預想的卻是，公學校是學習國語及教化的機關，他們期待臺灣人自公學校畢業後即投入職場，兩者之間出現了不小的落差。

第三章〈實業補習學校的成立與臺灣社會的教育欲求〉，考察一九三〇年代後半蓬勃發展的實業補習學校，追溯其成立與發展的社會背景。臺灣的實業補習學校，於一九二二年《新臺灣教育令》頒布以後陸續設置，屬於職業教育機關，為小、公學校畢業後的升學選項之一，主要可以分成農業專修學校、商工業補習學校及專門收容女性的家政女學校。由於在修業年限、設置者及教學內容上，有很多彈性，學費也比較便宜，因此受到臺灣社會的歡迎。一九三五年，日本本國的實業補習學校廢止，但臺灣不僅保留下來，還大幅發展。臺灣總督府期待的是，透過二或三年長期而固定的教育機構，有效地教化臺灣青年。與總督府的期待有所出入，臺灣社會則希望透過實業補習學校取得更上一層樓的學歷資格。

第四章〈「愛鄉心」與「愛國心」的交錯〉，探討一九三〇年代臺灣鄉土教育運動的推進者及其主張，以及殖民地鄉土教育的權力操作。由於擔心鄉土教育引起臺灣人懷想中國，除了在鄉土教材中刻意略過臺灣歷史，或強調日本帶來的現代化鄉土之外，也不由總督府中央，而由地方州廳來推動，其中又以臺中州最為積極。臺中州提出「教育實際化」口號，主張藉由認識鄉土而振興鄉土，產生愛鄉心乃至愛國心，並實際由州下小、公學校進行鄉土調查，編纂鄉土讀本。由於鄉土調查的範圍設定在可伸縮的行政區畫，使得「愛鄉心」與「愛國心」的連結成為可能。但是同時也有臺灣人教師刻意忽略其連結，而尋求鄉土的自我認同。殖民地時期「鄉土」的相關論述與實踐，是權力角逐的場域，因而也產生了重層的鄉土。雖然鄉土教育的出現原來是基於國家統合意圖，但是對受過近代教育的臺灣人教師而言，正是摸索臺灣在地認同實踐的場域。

第二部「殖民政府的教育總動員」，研究時代多落在一九三〇年代中期以後。這個時期進入戰時體制，殖民政府亟需利用教育體系改造國民，本部所收的四篇論文，即是試圖描繪戰爭體制下，教育總動員的樣態。

第五章〈戰爭時期的臺灣教育會〉，焦點集中在臺灣教育界的代表性團體——臺灣教育會，考察其於戰爭時期的教育言論、出版活動，以及個別教師的動向。臺灣教育會主要會員是小、公學校教師，但機關誌《臺灣教育》雜誌基本上並不是小、公學校教師發表、交流、形成教師集團認同的園地，而比較接近教育官僚或中高等學校教師教育、教化小、公學校教師的媒介。臺灣教育會做為教師及教育官僚的專業團體，雖然偶爾有「臺灣教育界」這樣的集團認同出現，不過內部的專業認同感並不明確，也很少嘗試摸索自主性的活動。

第六章〈做為機關裝置的收音機體操〉，從近代化的裝置、國民化的裝置以及戰爭動員的裝置來考察日治時期臺灣收音機體操的發展過程。收音機廣播是一九二〇年代最先進的媒體；體操配樂是用鋼琴演奏的西洋風樂曲；清晨做收音機體操的身體，配合著近代的時間規律，符合都市的生活作息。收音機體操不論是硬體（收音機）或是軟體（聲音），都充分表現其近代風格。收音機體操於一九三〇年代出現在臺灣，正好是臺灣都會文化、大眾文化發展的時期。一九三〇年代中期以後，在國民精神總動員的旗幟下，收音機體操和各種新發明的體操在整個帝國同步總動員，成為帝國確認忠誠的試紙。因此，我們一方面可以看到帝國大肆宣揚「大東亞共榮圈」，在各地提倡收音機體操；另一方面，朝鮮、臺灣這些帝國周邊的殖民地，甚至比本國更進一步，藉由自創的集團體操，向本國表達忠誠。

第七章〈戰爭時期的身體動員與健民運動〉。一九三〇年代後期，日本進入戰時體制，面臨國內壯丁體位低下的問題，政府開始思考如何提升壯丁體力，使其成為符合戰爭所需的人力資源。一九三六年陸軍即針對此問題提議設置衛生省，一九三八年定案新設厚生省，開始推行、強化各種增進健康的活動及政策，一九三九年開始實施體力章制度，一九四〇年通過《國民體力法》。這一連串的政策，主要著眼於提升戰爭所需的兵力以及增產所需之勞動力的素質。同一時期，這些政策在總動員體制下也於殖民地臺灣施行。本文從體力的要求、健民運動的推進及學校衛生的配合三方面，考察殖民地臺灣在戰時體制下如何捲入帝國人力資源的要求，同時究明這些政策在推進時程、政策意圖及實際狀況等方面與日本本國的異同。

第八章〈日治末期義務教育與國民學校制度的展開〉。在戰局如火如荼之中，殖民政府開始考量如何動員殖民地人民，其所做的準備之一，便是實施義務教育，確保未來的兵員受過基本讀寫訓練以及國民教育。一九三九年公布以三年為期準備，於一九四三年實施。同一時期，日本國內也為了因應戰時動員，準備將初等教育機關改制為國民學校，以確保學校是培養「少國民」的工廠。文中透過詳細比對公文檔案的內容與報章雜誌的報導，還原日治末期教育政策制定的過程，不但究明了義務教育制度實施的決策過程以及國民學校制度施行於臺灣的政策過程，同時也藉以瞭解臺灣總督府與中央政府兩者之間在政策上的協調與分工。

透過本書各章的考察，我們對日治時期臺灣教育史將有更新的認識。過去的教育史研究，對於近代學校體系初創的日治初期、臺灣知識分子可以自己發聲的一九二〇年代，以及日治末期的皇民化時期，有很多關注。然而對於一九三〇年代、尤其是還未進入皇民化時期的教育、社會狀況，相對來說認識有限，而這個時期，正是臺灣社會教育需求爆發的時期。以一九三〇年代為考察對象，正好可以檢視日本統治以來的教育成果，同時也可以掌握殖民地的近代教育如何為戰爭時期的皇民化教育做出準備。

其次，有別於傳統的教育制度或學校制度的教育史研究，本書的問題關心是從教育史的角度觀照社會史及統治史（政治史）。這種社會史或政治史的關懷，必須建立在「精準地掌握制度史」的前提之上，因此，「制度」、「法規」以及各種統計數字的解讀，是不可或缺的工作。在殖民統治下，國家挾著強大的教育行政力量，透過學校的各種誘導、規訓、懲罰、監視的機制，意圖貫徹國家權力下達到地方社會；然而國家執行這些政策的過程中，被統治者也會因為自己的立場、條件或需要，選擇對抗、接受、隱忍或協力等對應方式，雙方在這個過程中折衝、調整或交換。我嘗試從個別的個人或地方社會的角度，考察近代教育導入臺灣的過程中，民眾看到什麼、感受到什麼；在面對國家的要求時，民眾在什麼時候、基於什麼理由、憑藉什麼條件、如何根據自己的需要做出對應。希望透過這兩個問題方向的不斷對話，提陳出教育史研究的新方向及新視角。

本書從公學校教師、公學校畢業生、實業補習學校、鄉土教育、臺灣教育會、收音機體操、健民運動及義務教育八個關鍵字切入，考察一九三〇年代的教育與社會。各章不只究明了各個相關議題的制度史，筆者更關注的是，在殖民體制的各種差別待遇之下，臺灣青年突破重重限制、尋找出路的努力與掙扎，以及臺灣社會為了獲得更多教育機會，追尋自我認同的曲折過程。筆者提出過去未受注目的張式穀、洪四川、施傳月，甚至像葉火城、張崑山、林金莖這樣的公學校教師，嘗試從他們隱晦的行動中讀取意義。

本書收錄的八篇論文，是我這幾年研究臺灣教育史的部分成果。這幾年做研究，沒什麼預先規劃，經常是偶然碰到某個專輯邀稿、偶然與某一種史料相遇，或是偶然興起某一些想法，便開始著手。雖然是這樣，現在回頭來看，乍看之下沒有什麼體系的文章，還是有著自己一貫的關心，也就是在日本殖民時期，臺灣社會歷經了很大的變化，這個鉅變顯然與殖民近代教育的重層性有關。因此，我不斷想問，在這個鉅變的過程中，殖民帝國如何統治、改造臺灣，而臺灣社會又是如何機靈應對，摸索出自己的道路，或是迷失了自己，乃至於一個個臺灣人的求學故事。兩個問題方向如同鏡像一般，不時折射出不同的樣貌。如何解開這重層面紗，仍是我最關心的課題。

1 參見許佩賢，《殖民地臺灣的近代學校》（臺北：遠流出版社，二〇〇五年）。
2 參見駒込武，《植民地帝国日本の文化統合》（東京：岩波書店，一九九六年）。
3 《臺灣總督府第二十九統計書（大正十四年）》（臺北：臺灣總督府官房調查課，一九二七年），頁九八—九九。

伊澤修二（一八五一—一九一七），日本長野縣人。為日本近代著名的教育家，對日本近代師範教育、音樂教育、聾啞教育、口吃矯正等有重要貢獻。一八九〇年代，伊澤在日本創立國家教育社，主張國家主義教育。一八九五年日本領有臺灣後，來臺擔任第一任臺灣總督府學務部長，主張在臺灣推行同化教育，由總督府出資辦理小學、中學及師範學校。但總督府只片面採用他的意見，一八九七年因經費問題，與總督府意見不合而離開臺灣。不論是日本時代或是戰後，在臺灣教育史的論述中，經常放大伊澤的角色，但其實伊澤在臺灣的任期很短，總督府也沒有完全接受他所主張的教育理念。然而，總督府後來的教育施策，經常擡出伊澤修二的同化理念，來粉飾殖民教育的本質，因此，我們可以說，伊澤在臺灣教育史上的意義，是比較象徵性的。（《臺灣教育》第一八〇號，一九一七年六月。臺灣圖書館提供）

隈本繁吉（一八七三—一九五二），日本福岡縣人，東京帝大文科大學史學科出身。一九〇五年，日本監管朝鮮後，隈本至朝鮮負責規劃教育制度。朝鮮總督府成立後，隈本出任學務課長。一九一一年，隈本轉而擔任臺灣總督府學務課長，並兼任國語學校校長，翌年學務課升格為學務部，隈本遂成為學務部長。直到一九一九年，隈本回日本為止，將近十年的時間，長期主管臺灣教育。他來臺灣之前，本來抱著不需給殖民地人民過多教育的想法，但是到了臺灣之後，他發現臺灣社會對教育的欲求極為強烈，與其強制壓抑，不如適度開放，將教育視為統治的安全瓣。在他任內，臺中中學校成立，同時他也開始起草規範臺灣教育的法令。在他離任後，於一九一九年發布的《臺灣教育令》，即是隈本所主導。他對日治時期臺灣教育的實際影響力，或許比伊澤修二來得高。《臺北師範學校創立三十周年記念寫真帖》，臺北：該校，一九二六年。臺灣圖書館提供）

# 第一部

# 臺灣民眾的教育想望

# 第一章
# 公學校教師的發達之路及其限制

殖民統治下沒有家庭奧援的臺灣青年，
如何靠著自己所受的教育，
一步步培養實力，
與統治者周旋，尋求發達之路？

# 前言

殖民地時期的教師與醫師，被認為是臺灣人菁英的兩大出路。其中，筆者特別著意於教師這個群體。在地方社會中，受了新式教育、回到地方上擔任公學校教師的人，經常是地方社會的中心人物，他們一方面擔任教育工作，有時也幫臺灣總督府宣傳政令，從某個意義上來說，可以算是遂行統治的工具性存在；但另一方面，他們也是體現新知識與新文明的人，甚至以知識做為武器替民眾爭取權益，因而受到地方民眾的信賴與尊敬。然而，相對於醫生，我們對於公學校教師這個群體——他們在殖民統治時期扮演的角色、在殖民地社會的進路，乃至於其個人的出處——其實瞭解有限。雖然我們熟悉的許多具全島性聲望的政治社會運動者，如蔡培火、楊肇嘉、黃旺成、蔡式穀、簡吉等人，都是畢業於國語學校的「原」公學校教師，但是大家對於他們的認識，多集中於他們離開教職後的經歷與活動，而且偏重其參與民族運動或農民運動的經驗，較少提及他們在公學校教師任職期間的經歷，或其轉換跑道的背景。本章即是從這樣的問題點出發，思考在殖民統治下，一個有企圖心的殖民地青年，考上國語學校，回到家鄉成為公學校教師之後，他的人生會有什麼可能，終其一生擔任教職？出國留學？進入實業界？投入民族運動？還是出任公職？而又是什麼樣的政治、社會條件造就或限制了這些可能性。

在吳文星的先驅性研究中，已經清楚描繪接受新教育的人，如何成為社會領導階層，而在殖民地臺灣扮演文化啟蒙及領導政治運動的角色。[1] 該書利用日治時期的各種人名錄，整理出不同世代社會領導階層學歷的變化，對於結構性地掌握整個日治時期學歷與社會流動的變化，具有經典性的意義。同樣是關注社會領導階層，王興安與李維修則將考察的對象限定在特定地域，關注地方性的社會領導階層在殖民統治中扮演的角色。王興安的《殖民統治與地方菁英》將地方行政體系、地方自治機構、專賣利權及信用組合皆視為統治者與被統治者互利共生的平臺，雖然雙方的權力並不均等，但透過這些機制，地方菁英可以在有限的開放中，發展自身利益。[2]李維修《日治時期新竹地區士紳的社會角色變遷》則是探討清末以來的士紳階層如何在日本統治下，透過新的經濟活動，形成不同的政經網絡，以不同的形態存續下來。[3]相對於過去以全島或特定地域為中心的考察，本章傾向微觀式地考察個人出處所顯示的時代意義，與此問題關心最相關的研究是陳文松的博士論文。陳文松指出，國語學校畢業的公學校教師，因具備學歷及雙語讀寫能力，因此要在社會上謀求更高薪水、更高地位或更高學歷，都比其他人有利。而其進路大抵有轉入實業界、留學、參加高等或普通文官考試，以及轉成地方行政的低級官僚或協議會員*等。[4]該文以南投草屯洪氏家族的洪元煌、洪清江、洪深坑、吳萬成等人為例，說明幾種不同人生進路及政治實踐類型。然這些不同進路的社會位置仍有許多模糊之處，事實上，這些進路很可能不是幾種類型，而是統治者在不同時期、不同統治政策下釋放出來的權力分享機制，而臺灣社會菁英如何在不同的時機、憑藉什麼樣的機緣、條件而進入這些權力機制，或是被排除在外，應是臺灣政治史乃至社會史必須深究的問題。

從上述的問題關心出發，本章擬以個別人物的生活史為中心，探討一九一〇年代前後出身於國語學校的公學校教師，離開教職後參與公職、投入實業界，但是並沒有成為全島規模的領導階層，

*一九二〇年實施新的地方制度，全臺畫分為五州二廳，廳下設市及郡，郡下又設街、庄；州、市、街、庄都設有提供行政單位諮詢的協議會，協議會員皆為官派，至一九三五年才舉行部分選舉。

而一直以地方社會為主要舞臺的人，他們如何選擇人生進路。

本章選定的中心人物是新竹出身的張式穀。他並不像前舉的蔡培火、蔡式穀那樣具有留學經驗，活動足跡遍及全島，名聲享譽全島。張式穀的一生，幾乎只在新竹活動，知名度也僅止於新竹地區，可見雖然同為國語學校畢業的雙語學歷菁英，發展模式卻完全不同，因而也有不同的研究價值。

張式穀一八九〇年出生於新竹南門町，父親是當地有名的漢學者張麟書。一九〇四年張式穀自新竹公學校畢業，同年進入國語學校師範部，一九〇九年國語學校畢業後，回到母校新竹公學校任教，之後便長期擔任教職，直到一九二〇年地方制度改正，張式穀被當局選為香山庄長，他才離開教職。在庄長任內，他創立了香山信用組合、香山漁業組合。一九二九年辭去香山庄長一職，改任大東信託新竹支店長。一九三〇年臺灣新民報社辦理的議員模擬選舉中，張式穀以最高票當選新竹州會議員。一九三二年，則被指定為新竹市協議會員；一九三四年取得新竹區酒類經銷商（責捌人，指批發者）資格，同時也擔任新竹商工協會會長、大同運輸合資會社代表社員。一九三七年出任官選新竹州會議員。戰爭期間掛名皇民奉公會新竹州支部本部長及新竹市支會生活部長，但似乎沒有太多活動。戰後曾任新竹參議會議長、新竹市第一信用合作社理事主席、新竹縣議會議長等職務，於一九七七年逝世。

張式穀值得注意的地方是：（一）他出身讀書人家庭，並非地主，沒有什麼家業，他的夫人是當地漢學者王松的女兒，他最重要的資本就是他所受的新式教育以及父親張麟書傳統文人的人脈；

表 1-1　張式穀簡歷（日治時期）

| | |
|---|---|
| 1890 | 生於新竹南門，張麟書長男 |
| 1898 | 入新竹公學校 |
| 1904 | 新竹公學校畢（第二屆）、進國語學校師範部 |
| 1909 | 國語學校畢業、任新竹公學校訓導 |
| 1912 | 通過升等教諭考試、升教諭、結婚 |
| | 1916-1917（借調）新竹女子公學校 |
| 1920 | 被選為香山庄長，辭公學校教職 |
| 1921 | 竹聲會會長 |
| 1925 | 新竹青年會會長（至 1929） |
| 1926 | 創香山信用組合、香山漁業組合 |
| 1929 | 辭香山庄長、任大東信託新竹支店長（至 1933） |
| 1930 | 新竹商工協會會長（至 1934） |
| | 臺灣新民報模擬選舉，得到新竹州會議員最高票 |
| 1932 | 新竹市協議會員（至 1934） |
| 1933 | 大同運輸合資會社代表社員（至 1940） |
| 1934 | 新竹商工會議所副會長（至 1935） |
| | 新竹區酒類經銷商（至 1940） |
| | 臺灣酒類經銷商組合理事、臺灣經銷商組合新竹支部長 |
| 1935 | 新竹商工會副會頭（至 1938） |
| 1937 | 官選新竹州會議員（至 1940） |
| 1938 | 新竹商工會議所議員（至少至 1942） |
| 1941 | 皇民奉公會新竹州支部本部長、新竹市支會生活部長 |

（二）他長期擔任公學校教師（十一年）；（三）他在臺灣社會與殖民政府兩方面都得到信賴；（四）他一直在以新竹市街為中心的地方社會活動，沒有成為全島性人物；（五）他曾經擔任公學校教師，曾進入行政體系底層擔任庄長，有市協議會員、州會議員的經歷，他也參加商工會、信用組合，也得到專賣利權，幾乎臺灣總督府在不同時期釋放出來的權力舞臺，他恰好都恭逢其時。另一方面，他也在民族運動的文化協會青年活動及本土資本的大東信託活動。

如果只看主要履歷，張式穀從公學校教師到庄長，再到上一行政層級的市協議員、乃至更上一級的州會議員，從「參與政治」的角度來看，毫無疑問是一種職位、地位上升的「發達之路」。

一般所謂的「發達」或是「出人頭地」、「飛黃騰達」，大致可以分為兩種不同層面的「成功」：一是參政，在國家官僚體制內步步高升；二是事業上的成就，在經濟方面累積雄厚資產。但在殖民統治體制下的參政，卻有兩種正好相反的路徑，一是加入殖民體制，成為官僚，也包含透過選舉、進入諮問機關成為議員。學校老師基本上也算是總督府的官僚，且占有相當大的比例。另一種路徑，則是站在民族主義運動的立場，對抗殖民體制，進行政治、社會運動，這也是一種參與政治的形式。在日本統治時期，雖然只有一九二〇年代到一九三〇年代初期短短十數年之間，殖民體制容許這種政治、社會運動，但是不可否認的，對許多臺灣知識菁英來說，這是非常重要的政治舞臺。所以，整體來說，日治時期臺灣人的「發達之路」，除了進入日本行政體系的參政，與事業上的成就之外，還要加上第三種，即在抗日陣營中的發展。

張式穀一生的經歷，正好可以讓我們充分考察殖民地的地方菁英在尋找人生出路時，如何在殖民統治的重重限制中，在這三種發達之路中嘗試各種可能性——他如何被拉進殖民體制的協力機制，但又同時受到反殖民勢力重視。他如何一方面參與協力機制，另一方面也自主地參與各種地方社會的活動，為個人及地方社會累積實力。以下將以張式穀為中心，並旁及與他同時代的諸人，做為討論對象。

## 一、一九一〇年代地方社會的公學校教師

### 1.「公學校教師」在社會的位置

臺灣於一八九八年改制原有的國語傳習所，新設公學校。公學校正式教師分成教諭與訓導，國語學校師範部甲科（日籍生）畢業者為教諭，屬於「判任官」；國語學校師範部乙科（臺籍生）畢業者為訓導，官等為低一級的「判任官待遇（準判任官）」。[5]此外，總督府為了收編原來的書房教師，各地公學校都聘請一至二位當地書房教師在公學校教授漢文，職稱是「雇員」。

一九〇九年張式穀自國語學校畢業後，即以「訓導」資格分發到新竹公學校任職，月俸為十六圓。[6]這一年，新竹公學校的臺籍教師有曾維新、魏清德、張式穀三位訓導及張麟書、張傑、陳緯坤三位雇員。曾、魏、張三名訓導都是出身國語學校師範部乙科的正式教師。雇員中，陳緯坤薪水只有個位數，應該是公學校畢業後沒有繼續升學，但因成績優異，被找回學校協助教學。[7]張麟書是張式穀的父親，教漢文的宿儒。張傑一九〇八年畢業於國語學校國語部，因為並非正式教師，因此以雇員名義聘用，一九一〇年取得訓導資格。

在一九二〇年張式穀離職前，新竹公學校的臺籍師資，平均每一到二年增加一至二名正式教員，最多時有十一名正式教員。如果以新竹市街來說，這十餘名受過新式教育的青年教師，再加上鄰近幾所公學校的青年教師，應該就是本地屈指可數的新知識分子了。

公學校訓導是判任官待遇，從總督府職員錄登錄的薪俸來看，初任時薪俸約十六至十七圓，一

般每年可加薪一至二圓，但加薪與否是由日籍校長決定。[8]要成為訓導，除了國語學校的學歷之外，也可以透過檢定考試取得資格，例如前舉的張傑，即是先以雇員任職，其後取得訓導資格，遂改聘為正式教師。自一九〇九年以後，公學校教員資格改訂，臺灣人訓導也可以透過檢定考試取得教諭資格。但是，通過考試的人極少，一九一二年，張式穀在任職三年後取得「乙種教諭免許狀」，[9]連同該年度通過檢定的五人在內，全臺只有十一位臺籍教諭。[10]

升任教諭應該是臺籍訓導「出人頭地」的表徵，然而實際上並沒有太多實質改變。張式穀升任教諭後，月薪從二十二圓提高為二十五圓，其後也是每年調高二至三圓。二十五圓的月俸，雖然已經是新竹公學校臺灣籍教師之冠，但事實上仍低於日籍初任教諭的薪資（一九一一年為二十七圓）。[11]

整體說來，公學校教師雖然有固定薪水，但是在張式穀任職的一九一〇年前後，待遇並不算優渥，甚至比普通文官的薪資還低。[12]而且在公學校中，普遍存在著「日本人校長—日本人教諭（—臺灣人教諭）—臺灣人訓導—雇員、囑託」這樣的階級構造，臺灣人訓導往上升等的機會極少，能否加薪又是由日籍校長決定，而升上教諭除了少額加薪之外，實質地位未必會提升，由此可以想見公學校教師的苦悶。

### 2. 離開公學校的選項

張式穀從一九〇九年任職到一九二〇年被選為庄長而離職，在公學校任職的時間總共是十一年，與同時期公學校教員相比，算是久任其職者。

比張式穀早一年開始任教的張傑，於一九一三年辭職；與他同年畢業的李良弼（一九〇九—一九一七任教職，以下同）和比他晚二年任職的黃旺成[13]（一九一一—一九一七）都於一九一七年離職。於此前後在職的蔡式穀（一九〇四—一九一一）、曾維新（一九〇四—一九〇九）、魏清德（一九〇七—一九〇九）、鄭元璧（一九一一—一九一五）、吳萬來（一九一二—一九一七）、張澤（一九一二—一九一六）、胡桂林（一九一一—一九一七）等人，大抵在職三至六年，幾乎都在義務服務年限期滿或期滿後不久離職。[14]一九二〇年之前，新竹地區連續任職十年以上的公學校教師並不多（漢文教師除外，張麟書及樹林頭公學校漢文教師李謙一皆長期任職）。[15]以下略舉數人經歷為例，說明這些公學校教師離開教職後的動向。文中所舉都是離開教職後，長期留在地方社會活動的人。像蔡式穀那樣離開教職後，留學日本，之後成為有全島性聲望的人，暫不討論。

張傑，家裡經營成記商行，其兄張忠自臺灣總督府醫學校畢業後，在新竹開業（心心診所），其弟張澤、張榜也畢業於國語學校，應該是有一定家業的家庭。[16]張傑一九〇八年自國語學校國語部畢業後，進入新竹公學校擔任教師，一九一〇年取得訓導資格，一九一三年離職，從事石油販賣。[17]其後基本上橫跨公職及實業界，一九一四年當選新竹街客雅保正，一九一八年被指定為煙草經銷商（一九一八—一九二四、一九二八—一九三〇），一九二一年當選新竹保甲聯合會會長，一九二六年任新竹街協議會員（一九二六—一九三〇），一九三〇年在新竹街改制為新竹市後，續任新竹市協議會員（一九三〇—一九三四），一九三三年被指定為後壠食鹽經銷商。[18]離開公學校教職後，他一方面從事公職，另一方面在實業上也有很好的發展，不僅取得多項專賣利權，也經營鐵工廠、米穀業、貸地業等。[19]

李良弼，新竹郊商李陵茂家族，一九〇九年自國語學校師範部畢業，先至樹林頭公學校（今新竹市北門國小）任教一年，後轉至新竹公學校，成為張式穀的同事。一九一七年，與同事黃旺成一起辭職；翌年兩人在南門合資開設「良成商行」，從事米、糖、麵粉、石油等批發工作。[20]但因生意不好，一年後就收店。之後李良弼成為鄭肇基家擎記株式會社總經理（支配人），一九二四年出任新竹街協議員（一九二四—一九三〇）。他與地方人士的關係很好，據說交際手腕也很好。一九二四年因公學校增班經費不足，李良弼出面募款，不出三日即募得千圓。[21]一九三〇年新竹市改制後，他續任市協議員（一九三〇—一九三五），一九三五年與東家鬧翻，辭市協，參選市會議員但未當選，直到一九三九年才當選，之後兩度連任（任期為一九三九—一九四四，一九四四年去世）。除了從政之外，李良弼也開設聯興商行（電器行）、皮革製造工廠等。

黃旺成，家中經營商行，生意尚佳。一九一一年國語學校畢業後即入新竹公學校任教。他的日記中數度表示薪水入不敷出，一直想要離職，後來幾度碰到日本人校長的不公平對待，更加深辭職之念。一九一七年與李良弼一起辭職，合作開設商行，商行結束後，先到臺中蔡蓮舫家出任西席（即家庭教師），一九二五年辭職，其後加入臺灣文化協會，擔任臺灣民報社記者、新竹支部長，積極參與政治社會運動。一九三五年當選新竹市民選議員，一九三七年連任（總任期為一九三五—一九三九）。

陳調元，竹南中港人，其父為當地士紳陳汝厚，[22]一九〇八年自國語學校畢業，至中港公學校任教，同時也接手父親的鹽務事業，一九一三年辭去教職，自營中港郵便局（三等局），一九一七年任中港信用組合長，一九二〇年任竹南庄協議員，一九三〇年任新竹州協議會員（總任期為一九三〇—一九三六）。

從以上諸人的動向來看，這些人好不容易進入國語學校就讀，畢業後出任公學校教職，是地方上極少數的新知識分子，有一定的社會地位及生活保障，可是顯然這些公學校教師不願安於其位，往往在任職幾年後離開教職。也許有人是因為公學校教師身分的限制，無法自由行動，感受到心靈的苦悶而不願意繼續任職。然而從上述諸人的經歷來看，他們離開教職後，或自營商業，或經營郵局，或出任公職，也有不少人取得專賣特權，從這些動向來看，經濟或未來發展性的考量才是他們選擇離開教職更重要的因素。

在一九一〇年代之前，地方上比較有企圖心的青年，他們的選擇不外乎進入醫學校或國語學校，畢業之後擔任醫師或教師。但是一九一〇年代以後，社會上出現了一些更吸引人的選項，導致明顯的公學校教師離職潮。

這個社會變化主要是一九一〇年代以後，以製糖業為中心的各種產業開始興盛起來，實業界迫切需要懂日文、受一定教育的臺灣人擔任經理人才。根據當時輿論的觀察，國語學校師範部乙科畢業生，「畢業後從事教職，因而得到社會的信賴，又解日語，有一定的學力，因此甚受雇主喜愛」，[23]甚至比國語部畢業生還受歡迎。[24]一九一〇年代後期，訓導轉職過多，甚至出現教員不足的現象。當時《臺灣日日新報》上還這樣報導：

近來本島受時局影響，公學校本島人教員，國語學校義務年限既滿，成績優良、品行方正，有交際者，爭捨教鞭向實業方面持籌握算。教員不足，補充又難……。[25]

顯然，公學校教師們發覺社會上有很多更好的機會，這正好可以說明張傑、李良弼、黃旺成、陳調元這一波辭職潮。同時，這些報導也透露了，這些臺籍教員之所以有能力在機會來臨時辭去教職，追求新的機會，根本原因有二，一是他們所受的新式教育，二是因為他們過去數年的教職經驗所累積起來的社會關係。這樣的觀察應該有一定的可信度。

回過頭來看張式穀，他也具有相同條件，然而卻沒有加入這波辭職潮，而是頂著當地臺灣人唯一教諭的光環繼續從事教職，一直到一九二〇年地方制度改正，由統治者指定他出任新的地方行政職務，才辭去教職。為什麼他沒有像其他人那樣早早離開公學校，追求新的發展呢？辭職另謀他職，並非百無風險，黃旺成的日記中曾提到，同事鄭元璧辭職後，「知其名為三美路（Samuel Smauel & Co. LTD）雇，實則黃東茂之私雇，收入亦甚平凡，未知有可發展否。」[26]或因個人個性，不喜冒險，或因父親長久以來教學不倦，影響張式穀對教職的執著，皆不無可能。其實，張式穀也曾有機會離職發展，黃旺成的日記中提到「聞小張（指張式穀）將就職於鄭肇基，因月俸不對，辭令發回」。[27]如果待遇不如預期，當然就繼續留在教職等待機會。離職創業，需要有基本的資產，黃旺成、李良弼、張傑等人，都出身商家，家裡不但有經商的經驗，也有一定的資本。張式穀的父親張麟書是當地宿儒，年輕時「家境貧寒，賴剖製蓪草紙為生。工作偶有餘暇，即開卷苦讀」，後來曾受聘於新竹名門鄭家及郊商黃家[28]，所以張麟書應該是沒有什麼家業，難以支持張式穀創業。

雖然，家裡沒有什麼有形資產，但是張麟書自一八九七年即受聘於新竹國語傳習所，一八九八年公學校改制後，繼續在新竹公學校擔任漢文教師，一直到一九一六年新竹廳全面裁撤漢文教師才離職。幾乎所有新竹出身、接受新教育的人都是張麟書的學生。離開公學校後，張麟書在自家開設書房，繼續教授漢學，也在地方上參加各種漢文活動，與地方上的傳統文人及舊家族維持良好關係，至一九三三年以七十八歲高齡過世。[29]

黃旺成的日記常常提到他去找張麟書，請張先生幫忙修改詩文或是諮商各種事情，也數次提及張麟書與新竹市街郊商家族或北門鄭家的往來，顯示張麟書與當地臺灣人社會，不論新舊世代皆有良好關係。張麟書所建立起來的人際關係，對張式穀是無形的資產。以父親為中心的師生關係及詩友圈，在臺灣人社會中有相當的加分作用，然而對殖民政府而言，這種人際關係的有效性就比較有限。誠然，張麟書長期任教於公學校，可視為殖民統治的協力者，但是，當統治逐漸穩定，就不再迫切需要拉攏本地傳統知識分子，一九一六年全面裁撤公學校漢文教師是其象徵。張式穀如果希望在殖民統治的行政圈中有所發展，父親的作用顯然比較有限，他還是必須靠自己的實力找到出路。[30]

## 二、一九二〇年代街庄層級的發展空間

### 1. 街庄層級的政治舞臺

一九二〇年地方制度改正，頒布市街庄制，全臺分為五州三廳，廳下設市及郡，郡下又設街、庄。其中新竹州大致包括今日的桃園、新竹、苗栗三縣域，新竹地區則包括新竹街及舊港、紅毛、湖口、新埔、關西、六家及香山七個庄。新竹街長為日本人，七個庄中，除了關西庄之外，其餘都由臺灣人擔任庄長。

張式穀於此時被任命為香山庄長。香山庄與新竹街相鄰，一九四一年併入新竹市。市街庄制施行前，此處長期由當地士紳陳雲如擔任庄長。[31] 一九二〇年張式穀被任命為庄長，對香山庄或陳雲如來說，張式穀其實是從「外地」空降來的庄長，年僅三十歲的他，代表的是受新式教育的新青年，報紙上便以「維新人物，斯文種子」來形容新庄長。[32]

張式穀為什麼會被當局選上，並沒有直接的資料可以說明。新竹州六名臺籍庄長中，有三位曾任原地的庄長（新埔庄潘成鑑、六家庄何樹滋、紅毛庄周延昌），是地方上具有傳統勢力的頭人，另有一人家世不明（湖口庄吳帝昌）。與張式穀同樣長期擔任公學校訓導而於此次轉任庄長的還有舊港庄的曾瑞堯。曾瑞堯屬貓兒錠（約位於今竹北市大義里、尚義里）曾家，是當地的大家族。[33] 在被任命為庄長的前一個月，他就已經辭去公學校教職，準備從事實業，地方制度改正後出任庄長，三年後辭職，往實業界發展。[34]

雖然沒有全島的統計，僅就新竹郡來看，一九二〇年地方制度改正時派任的庄長，半數以上採用在地有力家族出身者，但在可能範圍內，也引進一些受過新式教育的新人。新任的庄長中，有二位與張式穀一樣由公學校教師轉任，有三位雖然沒有國語學校的學歷，但是在出任庄長前皆曾在庄役場（鄉鎮公所）擔任書記或通譯，雖然無法一一確認家世，不過，這些人都不是來自舊世家大族，顯見總督府用人的原則有很大的改變。由此可以確認的是，街庄行政是總督府設法與臺灣社會共治的平臺，藉由將適當的人選拉進協力機制，減少被統治社會的反彈。在不同時期，殖民者會因統治條件的變化而尋找不同的協力對象。雖然我們沒有確切的資料可以說明為什麼張式穀會被選中，但是，可以確定的是，張式穀絕對符合當時總督府的需要。

張式穀從一九二〇年就任庄長，到一九二九年辭職，在任九年，在同時期出任庄長的人當中算是久任者（新竹州同時期出任的七位庄長，至一九二九年時，只剩下張式穀仍舊在任，其餘六位在就任後不久，陸續遭撤換）。在庄長任內，張式穀的重要事蹟，可以確認的有一九二六年倡設香山信用組合及香山漁業組合。[35]香山庄以農民和漁民居多，張式穀認為庄內沒有金融機關可以融通，對庄民很不利，因此積極設立信用組合。組合辦公室就設在庄役場內，與庄政的關係十分緊密。這兩個信用組合的運作狀況如何，並沒有留下太多資料，不過看來很受民眾肯定，該區域總戶數的七成五、共一千餘人都加入組合。[36]《臺灣新民報》曾報導：「該組合自開辦以來，成績不壞。」[37]「兼庄長之張式穀君長於農村啟蒙的手腕，現時置有純農民本位的信用組合、養豬組合、養雞組合等，所以不至陷於農村頹廢的狀態。」[38]雖然張式穀任內，庄政似乎運作得不錯，但是內部因為立場或利益不同，形成派系。一九二九年張式穀辭職後，由在地陳家的陳揚鏡（陳雲如之弟）接任庄長，但陳揚鏡任職後不久就離職，換回老庄長陳雲如出任。

《臺灣新民報》曾報導香山信組的鬥爭：

> 新竹郡香山庄，於近數年來，因庄長問題，遂釀成很尖銳的黨派之爭。迨後表面上雖各裝著融洽的樣子，而其實在裏面潛行的暗鬪，比前為尤甚。……由庄政問題所發生的黨派，當然要延長而為信組的黨派了。……[39]

雖然這是張式穀卸任後的報導，但看來在他擔任庄長期間即有內部問題，或許是張式穀的手腕，才未讓問題爆發。陳揚鏡在職年餘旋即離職，顯然是受到內部鬥爭的影響。[40]然而嗣後又由陳雲如回任，顯見陳家在香山的勢力十分穩固。《臺灣民報》對傳統勢力的陳雲如，抱著些許對立感，有時稱之為御用派，也曾經報導牛埔庄（香山庄治所在）對陳雲如占有土地的不滿。[41]在香山這樣具有在地勢力的村落，張式穀頂著新式學歷、受到當局拔擢，如果不是憑著他個人的能力以及良好的社會關係，應該無法長期在職。

### 2. 地方上的青年活動

一九二〇年代以前，新竹地方上雖然有青年組織，但並不活躍，張式穀也沒有積極參與。一九二〇年張離開教職，出任香山庄長。這一年，臺灣文化協會成立，全島性的文化啟蒙運動展開，新竹地區的新教育青年也開始有比較積極的活動。張式穀雖然職務在香山，不屬於新竹街，但是他仍然參與了新竹街上的青年組織，與過去公學校時代的同事一起活動。

新竹地區最早的青年組織，是一九一五年成立的新竹青年會，由當時新竹區長陳信齋擔任會長[42]，活動以開設夜學會為主，至少自一九一五年至一九一七年，連續三年舉行了三期國語夜學會。[43]根據宮崎聖子對臺灣青年團的研究，一九一〇年代的青年會主要是臺灣總督府對臺灣青年的教化活動。[44]青年會以學習國語為主，算是官方主導的教化活動。

整體來說，此時青年會的活動不算活躍，因此到一九一九年才有「復活」之舉。「復活」的青年會由張式穀及數名地方紳商擔任起案委員，於一九二〇年成立，命名為「咸一會」，會址設在區長（陳信齋）辦公室，正會員資格限制為有公職者、紳商、有力者、上級學校出身者。雖然主旨還是不脫總督府推行國語的教化活動，且與官方保持密切關係，推舉新竹廳長為會長，但是接受新教育的青年扮演了比較積極的角色，活動內容也比較明確，明列推動設置幼稚園及中等學校、設立獎學金及慈惠救濟事業等四項事業，由新竹廳長指派各項事業的實行委員。這些實行委員大致包含了當地紳耆及新教育者，張式穀也名列其中。[45]

一九二〇年張式穀出任香山庄長後，除繼續參與新竹街的活動外，也在香山組織青年活動。一九二一年張式穀在香山庄結合地方有力者組成香山尚風會，宣示以啟發民眾，達成自治為目標，但限於資料，未看到實際的活動。同一時期他也在新竹街結合新教育青年章錫樹、曾圭角、蘇培堃、戴良等，發起新竹街的青年組織，後來定名為「竹聲會」，由張式穀擔任會長，街長擔任顧問。[46]張式穀等受新教育青年，成為青年團體實際的指導者。這些青年組織的活動雖然在一定程度上依賴官公廳的支持或受其規範，但似乎地方青年們也有自己的主張。例如有報導提到，竹聲會的國語夜學會與街役場方針有牴觸，因此必須重新審議。[47]雖然無法知道詳情，但是顯然地方有志青年的構想或做法，與官方的期待未必一致。

由張式穀主導的竹聲會，很快就發生營運問題。一九二二年，報上出現竹聲會中，有會員對該會的運作方式不滿，看起來是內部有不同派系的聲音。[48]一九二三年曾有一次重組，但仍以張式穀為會長。這次改組會議中，新竹郡守、新竹街長、新竹郡警察課長、公學校校長等許多官公廳職員都列席，顯示行政當局想要掌握本地青年的活動，而其主要原因則是為了裕仁皇太子即將到來的東宮行啟。[49]在街當局主導下的竹聲會，被要求舉辦國語、禮儀等講習會，輔佐社會救助事業，在東宮行啟之後也要負責紀念活動。在這段期間，不知何時會長改由李良弼出任，李良弼主持的會務中，皆有行政官員出席、致辭。另一方面，如後所述，一九二五年青年會再度改組時，排除官方勢力，再度推舉張式穀擔任會長。[50]由此來看，或許是因為張式穀對青年會有自己的主張，不接受當局的擺布而被撤換也未可知。李良弼雖然也是國語學校出身的新教育青年，其後也常與黃旺成、張式穀一起在本地青年自主的青年演講會中演講，不過在後來新竹信組的爭議中，屢屢被《臺灣民報》記者指為是「御用派」。[51]

這個接受官方指導的青年組織，在一九二五年有一次重大改組，「把金看板的顧問——郡守、視學、校長、州協議會員等一律革除，取還青年獨立自主的精神」[52]，重新登記成立「新竹青年會」，以張式穀為會長。受新教育的青年取得青年會的主導權，宣稱「以促進文化的向上」為宗旨，顯然是受到文化協會的影響。[53]其主要活動有解決撤廢墓地問題、宣導普渡改良、舉辦漢文夜學會及通俗演講會等。[54]墓地問題是由於新竹街當局擬撤廢市街內的墓地，引起當地居民反彈；改良普渡及通俗演講會是臺灣文化協會啟蒙民眾的活動；而漢文夜學會則與之前青年會主辦的國語夜學會正好相反，前者代表民族運動陣營的主張，後者則是臺灣總督府的教化政策之一。

由此我們可以看到以一九二五年為界，一九二五年之前，可說是官方支持的青年會，功能在於輔助地方官廳的教化活動，起初以地方官員為會長，但受新教育的青年逐漸扮演重要角色；一九二五年改組之後，青年會轉而偏向民族運動陣營，宣揚啟蒙運動，脫離地方官廳的掌控，此由其所主辦的活動也可以略窺端倪。[55]這個變化不只發生在新竹青年會，根據《臺灣民報》的報導，此時「如通霄、苑裡、竹南、香山各處的青年會，都在掙扎要脫離官廳的束縛」。[56]

其後二、三年，陸續看到新竹青年會舉辦演講及各種講習，主要人物除張式穀外，還有黃旺成、張傑、洪石龍、李良弼、蘇福等人，除洪石龍無法確認其學經歷之外，其餘都是國語學校出身、有公學校教師經驗、且與張式穀熟識交好的人。[57]張式穀並沒有加入臺灣文化協會、臺灣民報社或臺灣民眾黨，但是他與民族運動陣營的人保持著良好關係，有著共同的關心與行動，因此才能獲得民族運動陣營青年們的信賴，唯其在公開場合的行動比較謹慎一些。

不同的政治傾向使得新竹青年會分裂成兩派，一派親近官方，稱為「御用紳士派」，另一派則與民族運動陣營比較親近，《臺灣民報》稱為「青年派」。張式穀雖然擔任行政職的庄長，但基本上被歸類為青年派。《臺灣民報》報導：「新竹的青年，自表面上看去，到〔倒〕很融和〔合〕團結在青年會裡頭，其實裡面未必盡然。……自大正十四〔一九二五〕年改組以來，幹部是超出於名利關係的人占大多數。……及至後來，新竹青年會為著地方的公益起見，幾次和御用紳士們意見不合……而幹部中一部分的野心家，平常奔走於御用紳士之門，勢不得不幫助他們誹謗青年會，因此大受以外的幹部和會員等見外……豈知野心家們不曉的〔得〕內心自省，反要怪人說：他們征服了老人、紳士……。」[58]這樣的內部問題，後來也成了青年會解散的背景。

一九二七年以後，臺灣總督府開始強力規範青年活動，新竹內地人青年於天長節（二月十一日）成立「新竹實業青年團」，隱有與臺灣人青年團對抗之意。[59]受到這種外在環境的刺激，加上內部的世代和派系問題，一九二九年，新竹青年會決定解散。御用的《臺灣日日新報》刊載其經過，強調世代問題為主因：

> 新竹本島人一邊之青年團中老諸人頗多，與青年意見不能一致，爰為純青年組織，自十七歲以上至二十五歲，制限年齡，新組青年團，訂來九日午後七時，在公會堂開創立總會，而中老組，則脫去向來之青年會，組織有如自治問題研究會者云。[60]

但其實並不是世代問題，民族運動陣營的《臺灣民報》認為新竹青年會內部分裂的原因，在於有人想靠近官方：

……自去年來，殆陷於萎糜〔靡〕不振的狀態，其直接原因是為幹部的不熱心，而又逢這回於會員中出了一二過重虛榮的青年，由體育部誘出數十名的會員，別樹一幟，組織新竹青年團，開著倒車，制限會員的年齡在三十歲以下，恢復四年前的舊制，再聘出郡守，視學，學校長，地方名望家等為顧問，以做為同團有力的靠山。青年會……幹事們……一氣決定了解散案。[61]

顯然，黃旺成、張式穀等「青年派」的人希望青年會能獨立於官廳，但是部分較年輕的會員則想向官廳靠攏，將靠近民族運動陣營的青年會改組為官方統制下的青年團，因此才以年紀為由，將張式穀這些原先的主導者排除。之後，年輕一輩的團員便改組成青年團，限制十五至三十歲者參加，提出的團綱明顯受到政府青年組織統制的影響。[62]新的青年團成立後，由壯丁團員郭韻鑫（二十六歲）擔任團長。[63]這一年張式穀三十九歲，被歸類為「中老組」而受到排擠，從此他再也沒有參與地方上的青年活動。

整個一九二〇年代，張式穀進入總督府地方基層行政體系，在庄長任內，主導信用組合的創立，方便庄民融資。這段期間，他除了擔任庄長及信組理事之外，最主要的活動便是參加青年組織的活動。一九二〇年代前期，他參與青年會，配合地方政府推行的青年統制政策，透過青年組織推行教化工作、協助政令宣導。一九二五年以後，他主導本地新教育青年自主的青年會，與民族運動陣營的文化協會、臺灣民眾黨合作，舉辦啟蒙演講。

加入殖民統治體制、出任行政職的庄長，對一個新教育青年的意義是什麼呢？唯一可以稍稍揣測張式穀心意的資料，是他在青年會的演講題目，目前可以確認的演講題目有「共同生活」[64]、「臺灣陋習及改除惡俗之必要」[65]、「宿命觀與現代社會之缺陷」[66]等。黃旺成非常讚賞張式穀的演講，在日記中數度批評別的講者講得不好，式穀講得很精采。雖然無法確認張式穀的演講內容，但從演講題目來看，至少不是正面批判殖民統治，而比較偏向啟蒙民眾的題目。然而，在一次新竹青年會附屬的讀書會中，張式穀報告的題目是「民族心理的研究」。[67]這個題目，隱約透露了張式穀對臺灣殖民狀況的關心。[68]

另一方面，庄長雖然要聽命於上級的郡守、州知事，但是「庄」基本上是臺灣人的生活場域，透過庄長職務之便，為庄民服務，實為對地方懷抱理想之青年可以發揮的政治舞臺。庄長所能接觸的層面比公學校教師更廣，在行政體系中累積的人脈，也能幫助農村民眾的經濟生活，不但可以在職務上發揮自己的抱負，也可以在公餘與志同道合的朋友開研究會互相切磋、對民眾啟蒙演講，發揮社會影響力。行政職的庄長與（一九二五年以後）靠近民族運動陣營的青年會會長，看似立場對立，但對張式穀來說，並沒有衝突。從他之後的人生發展來看，庄長時期跨足行政體系、金融產業界及民族運動陣營的重層經驗，具有極大的暗示性。

## 三、一九三〇年代市、州協議會的舞臺與實業界的發展

與張式穀同世代的國語學校畢業生、與民族運動關係密切的原「青年派」，在「庄」層級的發展，雖然既要面對行政體系的規範，又受到地方各種勢力的交互牽制，而且在一九二〇年代結束之際，又失去了「青年會」這個舞臺，然而他們已累積足夠實力去開拓新的舞臺。

一九二九年，張式穀辭去庄長職務，前文提及的內部派系問題可能是原因之一，此外，亦可能此時有新的機會找上張式穀。辭去庄長一職後，他旋即出任大東信託株式會社新竹支店長。

大東信託創立於一九二六年，為臺灣人自辦的金融機構，主張糾集臺灣人的資金，供臺灣人利用，主要的據點在臺中，另於臺北、臺南設有支店。一九二九年春，新竹商工協會決議邀請大東信託至新竹開設支店，派遣會員至大東臺中事務所遊說陳炘[69]，得其諒解，甚至在消息尚未明朗化前，報上就已經透露「聞支店長，將擬有令聞現為庄長之某氏云」。[70]顯然大東決定設置新竹支店時，新竹在地的商工業者即已打算邀請張式穀出任，同時也得到大東信託的支持。一九二九年九月，新竹支店成立。[71]在內外機緣下，張式穀再度轉換跑道，離開總督府的行政系統，加入臺灣民族運動陣營。

### 1. 地方商工團體的活動

在大東信託任職，有比較多機會接觸到本地的商工業者，建立新的人脈，張式穀在這個時期開始進入實業界，也在地方上的商工團體積極活動。

一九三〇年代初，新竹市區主要有三個商工團體。一是一九一八年創設的新竹商工會，本來為純日商的團體，後來也有臺籍商人加入，但仍以日商為主，此時主導者是鈴木商店的鈴木壽作。[72]二是一九二四年自新竹商工會脫離的新原龍太郎另行成立的純日人團體「新竹實業會」。[73]三是前文提及的「新竹商工協會」，為純臺人的團體，前身為一九二四年以舊港庄的中國貿易商為主成立的新竹貿易商會[74]，一九二九年四月，擴大改組為新竹商工協會，以全新竹郡臺籍商工業者為中心，成立時，會員有三〇九人，由曾渭濱擔任會長，張式穀也有加入，但非核心成員，並沒有被選為協會理事。[75]

新竹商工協會成立後，很快便開始進行多項改善本島工商團體運作的行動。如前所述，其首先派人與大東信託會社協商，要求設立新竹支店，方便資金融通。在此之前，大東信託也曾想在新竹設置支店，但因缺乏商界後援而作罷，此時新竹地區工商業界有所需求前來商議，大東信託立即表示同意，並決定由張式穀擔任支店長。[76]其次，與臺灣軌道會社談判改善運送問題[77]、向當局要求開設夜市等。[78]第二年的總會也提出促進舊港築港、要求增設市內電話交換機及降低電費運動等。[79]其後由於與電力公司協商電費降價不成，甚至有解散商工協會的提議[80]，其事未果，乃改推張式穀為會長。[81]

一九三二年底到一九三三年，新竹市日、臺商工業者開始分別籌設新的信用組合。日本人方面由新竹實業會主導，準備創立購買販賣利用組合。而臺灣人方面的新竹商工協會，加上市內中小商工業者，得到市役所的援助，由張式穀和桑原佐一郎擔任準備委員，籌設新竹商工販賣利用組合。[82]

張式穀在參與商工會的同時，也正式進入實業界。一九三三年，他辭掉大東信託新竹支店長職務，轉而擔任大同運輸合資會社代表社員。[83]大同運輸會社於一九二七年成立，詳細情形不是很清楚，根據報紙零星的記載，起初似名為「運輸研究會」，創立者為何朝霖，但何朝霖於一九三三年去世，之後可能即由張式穀接任該公司的代表者。[84]一九三七年時，資本額四萬圓，經營貨物代管、海陸運送業務。[85]該公司營運得很好，張式穀每年從該公司配息即可得一千圓。[86]

一九三四年，在市役所的推動下，新竹市的三個實業團體急速合併，名義上說是為了強化新竹市的工商實力，實際是為了統合這些實業團體，合併後名為新竹商工會議所，會員有內地人一百名，本島人一百五十名。[87]會頭由日本人鈴木壽作擔任，張式穀與清水源次郎任副會頭，列名顧問的有新原龍太郎、鄭神寶、鄭肇基、桑原佐一郎等人，大致包括了日臺兩方政商界的重要人物。[88]

工商團體合併時，張式穀代表臺籍的新竹商工協會發言時說：「在小的點上，內臺間或許有利害衝突，但在與其他先進都市對抗的觀點上（從新竹市立場來看），我贊成實業團體合同。」[89]顯然臺日雙方商工團體的利益有所衝突，可能因為如此，這個聯合團體並沒有運作得很成功，因此沒多久就重新改組為新竹商工會，內部組成也變成日人較多的團體，但張仍任副會長。一九三八年，籌設新的新竹商工會議所，有資格者內地人五十四名，本島人二〇六名，預算額約七千圓。[90]會長為日本人（谷口與助和林田正治），張式穀與許延壽、新原謙相出任副會長，會員中臺籍人士多於日籍。[91]

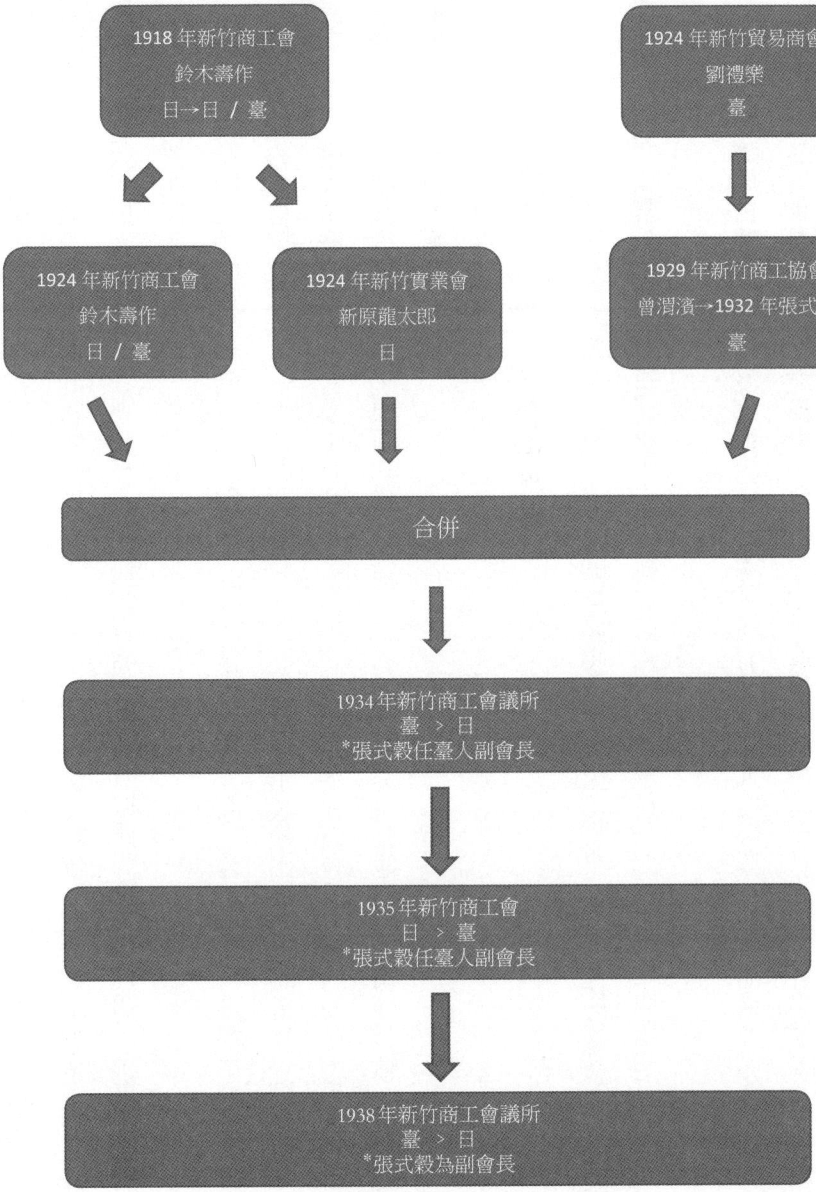


**圖 1-1　新竹市街商工會議所分合示意圖**

新竹商工會議所名義上是為了保障新竹地區的商工業者，也有一些實際的行動，例如要求商工會議所代替市內商工業者出面向官廳陳情，希望新竹市內的官廳、學校不要向臺北或臺中的文具商訂貨，而能向本地商家購買。[92]張式穀一直都在新竹商工會議所擔任要職，一九四二年重新改選幹部，張也仍舊在任。[93]

由前述說明及圖1-1可以看到，張式穀在一九三二年成為臺人商工會的會長，這表示他在臺灣人工商業界已經取得重要地位。一九三四年新竹三商工會合併，張式穀出任臺人副會長，則表示他已經可以代表臺人工商業者對抗日人工商業者。也在這個時候，張式穀有了自己的公司，正式成為商工業者。商工會此後幾次分合，但張式穀一直都占有一席之地，可見他已經成功從公職人員轉變為地方代表性的商工業者。

### 2. 地方的政治舞臺：市會與州會

一九三〇年，新竹街升格為新竹市，原來的街協議會變成市協議會，重新派任協議會員。此時，《臺灣新民報》報社舉辦模擬議員選舉，張式穀高居州會議員榜首[94]，由此可見他在地方社會受到高度肯定。

張式穀雖然也批評協議會沒有議決權，臺灣的地方團體並未獲得真正的自治權，但比起制度，他更重視議員人選是否合適。在模擬選舉結束後，《臺灣新民報》記者訪問各「當選人」，張式穀的談話如下：

在沒有政權的我等臺灣人，對於地方自治機關所屬公民權的獲得，比之普選實施後的內地，還要加倍痛切感著必要。因為捨此而外，更沒有可反映我等民意的政治機關故也。可是要確立公民權，除把現時官選議員改為民選議員，諮問協議會改為有議決權的議會而外，老實別沒辦法。上述二事之中，依鄙人的實感，是議員的人選之適否，比較會議樣式的議決與諮問之差異，尤覺關重。從觀點而言，貴報此番所主催的模擬選舉，可謂深獲我心。其效果最小也可以促進些當局的反省，並得以喚起一般民眾的關心。也許是很有意義的主催吧。[95]

在《臺灣新民報》得到日刊發行許可時，張式穀的感想也表現了此種思維。

試問！臺灣自來有沒有真正的言論？那代表一部分優越階級的言論機關，斷不能夠表現大多數臺灣人的輿情。我們所以歡迎新民報日刊的許可，為其能替大多數臺灣人說話，或說新民報日刊的許可，會破壞臺灣在來的言論政策。這麼推想，或許不錯。但要知道在來的言論政策，是出於欺瞞——抑壓臺灣人的偏見，阻礙臺灣政治不會反映民意。若非加緊把此惡習打破，臺灣終沒有真正的言論，而臺灣的政治也永難達到光明之路。臺灣新民報因為能打破在來沈悶極了的言論政策，所以才值得我們歡迎。我們望新民報今後須充分發揮新聞人高尚的天職，以不偏不黨的態度，一邊要求輿論之母的使命，以指導臺灣人輿情的趨向，一邊要促優越階級的反省，以作臺灣政治的指南。如此才不失新民報應當擔負特殊的使命，方可以報大多數臺灣人熱列〔烈〕期待的至誠。[96]

對「地方自治」有充分認識，並認同《臺灣民報》等民族運動陣營的主張，應該是臺灣地方社會尊重張式穀的原因；而從實務考量，與其批判殖民統治下制度的不完全，他更現實的著眼於人選之適合與否，這種不具威脅性的行動策略，也能讓統治者感到放心。張式穀因此得到臺灣社會及統治者兩方面的重視，但正因為如此，有時也會讓同志感到疑慮。一九三一年新上任的總務長官巡視全臺，抵達新竹時，招待州內官紳於公會堂。根據《臺灣新民報》報導，有「御用黨」日、臺人代表五、六名受邀，然而「還未被編入御用黨」的張式穀居然也參加，讓《臺灣新民報》記者十分憂心，報導中甚至還呼籲張式穀要小心：「因為這種無聊的工作，自來是御用黨的專營事業，張君之參加，究竟是克服牠？也是被牠克服？頗有想想看的價值。但近朱者赤近墨者黑，由民眾的立場，是希望張君不要模模糊糊地追隨這班人去幹那無聊的勾當為是，君其三思之！」[97]雖然此報導刊登在前引張式穀的談話之前，但仍可看出民族運動陣營對張式穀的疑慮。

一九三二年，任職於民族運動陣營大東信託的張式穀，被統治當局任命為新竹市協議會員。新竹市協議會員共二十名，臺籍有連任的許延壽、連煥明、李良弼、古雲梯、鄭邦泗、張傑及新任的張式穀、何乾欽、林鑑等九名，其中連煥明、何乾欽是醫學校畢業的開業醫；許延壽出身新竹地區商家，未受新教育；李良弼、張傑與張式穀一樣，出身公學校教師，但此時都已經是家產豐厚的實業界人士了。[98]

與張式穀同時期離職的公學校教師當中，李良弼於一九三五年與東家發生糾紛而離開鄭家，同時辭掉市協，同年出馬競選新竹市議員[99]，雖然有侵占東家財產的負面新聞，但仍有一定的支持者，甚至也有不少日本人支持。[100]當次雖未當選，但一九三九年即當選民選議員，其後也在一九四一及一九四三年連任。[101]黃旺成的路線和李良弼比較接近，他也在離開公學校教職後從商，之後進入清水蔡家。結束與東家的關係後，他回到新竹，活躍於《臺灣民報》及臺灣民眾黨系的活動，一九三五年與李良弼同時競選新竹市會議員，以最高票當選民選議員，並於一九三七年再度連任。張傑於累積雄厚資本的同時，一九三〇年出任新竹市協議會員，一九三二及一九三四年兩度連任，但一九三五年開放選舉後即未再參政。竹南的陳調元，於一九一三年辭職後，經營郵局，同時也接手父親取得的食鹽經銷權，一九二〇年出任竹南庄協議會員，其後五度連任，至一九三〇年被指派為新竹州協議會議員，一九三四年連任一次。張式穀則在一九三二年初次擔任市協議員，其後連任一次。一九三五年地方選舉實施，曾獲模擬選舉最高票的他未出來參選，也沒有擔任官派議員。據《黃旺成日記》，張式穀與張傑本來都在官方考慮的官派名單內，但結果都落選了。[102]至一九三七年，張式穀才被指派出任官選新竹州會議員。[103]

在市會議員及州會議員任內，張式穀最活躍的場合自然是在議會。州會議員任內的資料比較少，但市協議會議員期間仍留有少數資料，可以大概瞭解在新竹市協議會中，張式穀關心什麼樣的問題。一九三二年，張式穀第一次擔任市協議會員時，在會場上就商工業獎勵費及施療所所費、公學校就學困難及漢文科廢止等問題提出質詢。[104]從《臺灣新民報》的報導來看，張式穀的發言非常積極，在廢止學費徵收的議題上，市役所助役回答說事關財政，要審慎考慮，張式穀很明快地雄辯道：「這問題極其明白，哪有研究考慮的餘地？新竹市就學兒童百人中已達到七八十之譜，公學校可以說是市民大眾的教育，入學兒童中產以下的較多，所以廢止授業料（學費）即是輕減貧民的負擔。」在其他臺灣籍協議員的互相唱和下，據說市尹（市長）當場只好答應。[105]只不過，後來幾度又重新提出廢止學費的要求，顯然市當局並沒有做到當初的承諾。同年另外一個場合，當市役所官員以財政問題為由，表示無法增加公學校收容數時，張式穀也是明快地駁斥：「如云預算，請為臨時追加，事關教育問題，我們協議員儘可能即刻承諾，哪裡有什麼為難呢？」[106]一九三三年，他又在協議會中提出小、公學校學費全免的動議。[107]一九三五年他提出新竹第一公學校的移轉問題、出租店鋪新營費，同時也再度提出廢止學費的問題。[108]從有限的資料來看，張式穀十分積極地替地方民眾爭取教育機會。

### 3. 專賣利權的取得

一九三四年張式穀取得新竹區酒類經銷商資格。雖然酒類經銷也是商業活動，但因隸屬於總督府專賣政策，身為經銷商的張式穀也可以說一腳又跨回總督府的統治體系之中。

臺灣的酒類專賣始於一九二二年，其專賣制度為兩級制，即專賣局→經銷商（賣捌人）→零售商（小賣人）→消費者，全臺有一百二十四個經銷區，其下有一萬一二四六個專賣局核可的零售商。除了經銷商之外，自一九二八年起，另外設置了「匿名組合員」制度，在各經銷區除了一位檯面上的經銷商外，還可以有數名不公開名字的人參與投資，相當於該經銷商的股東。[109]經銷商、匿名員及零售商皆是申請制，符合規定者可向專賣局提出申請，由專賣局審查後指定，名單每三年更新一次。

一九二二年以後，經銷區幾度改正，待一九三四年張式穀出任經銷商時，全臺共有八十九個經銷區，也就是有八十九位經銷商，另有九十九位匿名員。這一百八十八人可以說是拿到成為富豪的入場券。

一九二二年剛開始實施酒類專賣時，為了減少原有製造及銷售業者的反彈，專賣局規定經銷商必須為原造酒業者或賣酒業者方能加入。傳統的造酒業者很多都是臺灣本地人，而經營買賣或日本進出口（移出入）的商家則多為日本人。其後歷經多次調整，逐漸不需考慮既有勢力的問題，而讓酒類經銷權成為統治者運用的籌碼。

根據一九三一年的新規定，經銷商或匿名員的條件主要是「有資產、信用確實、人格良好者」、「多年在官界勤務、功勞顯著，或在民間對社會有貢獻，且將來也能繼續參與公共事務者，及將來可能對社會有貢獻者」，同時淘汰了營業成績不良者、對社會無貢獻者等。[110]對社會有無貢獻的標準，自然是依據統治者的判斷。根據這樣的條文，經銷商制度成為政府酬庸或威脅的籌碼。

一九三四年更新規定時，這個方向被強化，要成為經銷商，除了年齡、資產、信用、國語能力等基本條件之外，還有下列幾項附加條件：

1. 長年在專賣局服務，為高等官或判任官者，任職中成績特別優秀者優先。
2. 長年擔任官吏，在本島服務，功績顯著者。

3. 曾任總督府評議會員、州市協議會員、街庄長等公職，熱心服務，對統治有極大貢獻者。

4. 即使不曾任公職，然對社會公共事務盡力，功績極大者。

5. 與專賣局關係密切的酒、啤酒販賣等相關業者中，能滿足本局指定業務者。[111]

報導中還特別強調「酒、煙草的經銷，絕不是利權，而是純粹的營利事業」，由此項強調可知，煙酒專賣對專賣局來說當然是很大的營利事業，但它也確實是「利權」。

經銷商指定制度在當時即被視為統治籠絡手段。《臺灣新民報》曾經公開批評將專賣特權做為酬庸的做法：

> 第一項所謂有信用資產的人，自然是較有資力可以運動、餽贈、旅費等運動資金充足的人，而當局要特許給這樣的人，實是情所當然的。第二對於多年服勤官界的人，明明是優遇退職官員，這是臺灣當局的傳統方針，為維持其優越的地位，官員的地都已拍賣殆盡，何況專賣的特許？近年來退職官員得特許者激增，臺灣人自然多被摒斥了。第三所謂對統治上有貢獻的人，這是明白指著那些久為御用，而擅於歌功頌德的人，這也是粉飾太平的政治家理所當為的。[112]

從表1-2酒類經銷商的日臺籍人數變化，可以看到做為籌碼之經銷制度的運用。一九三〇年之前確實是要拉攏臺灣本地有力人士，但一九三〇年代之後形勢逆轉，漸漸成為對退職日籍官員的酬

**表 1-2　各年度日、臺籍酒類經銷商人數變化**

| | 1922 | 1925 | 1928 | 1931 | 1934 | 1937 | 1940 |
|---|---|---|---|---|---|---|---|
| 日籍 | 42 | 38 | 31 | 42 | 65 | 83 | 88 |
| 臺籍 | 82 | 73 | 58 | 47 | 24 | 10 | 6 |
| 合計 | 124 | 111 | 89 | 89 | 89 | 93 | 94 |

**資料來源：**《臺灣酒專賣史》，頁 258。

庸。[113]張式穀被指定為經銷商的一九三四年，有五百八十一人申請成為酒類專賣人，但僅有八十九人得到此特權，[114]其中日籍經銷商人數大幅超過臺籍人士。到了一九三七年，臺籍經銷商僅剩十名，而張式穀又再度取得經銷權。

張式穀擔任經銷商後，更進一步累積自己的實力及人脈。經銷商的利益到底如何？當然，其利潤必然依各經銷商的經營手腕而有不同，但是一般說來，專賣基本上是高利潤、低風險的生意。

蕭明治指出，煙酒經銷商一般年收多在數萬日圓以上，甚至也有高達數十萬日圓者。[115]張式穀於一九三七年交給專賣局的資料中提到，他擔任酒經銷商的年收入是三千四百圓，土地等年收二千二百圓，大同運輸合資會社年收一千圓。[116]如果僅從收入來看，公學校教師的薪資完全無法與實業界的收入相比，特別是政府的特許行業。

一九三四年張式穀首次取得專賣利權時，他的身分有大同運輸會社代表者、新竹商工會議所副會長，並身兼新竹市協議會員。如果專賣利權的分配是總督府的統治工具，那為什麼總督府拉攏的對象是張式穀？而此時期的張式穀在新竹市街的社會位置如何呢？

本書附錄一收錄一九三五年新竹市街各官公廳署、主要私人企業的重要幹部以及醫師、律師的名單。雖然不齊全，不過這個名單大致網羅了新竹市街的臺灣人有力者。本章暫且不對該表做全面性的分析，只提出這些有力者的大致背景，做為替張式穀定位的根據。這些人當中大概可以分為幾種類型：在日本領臺以前就是地方上有力者，像北門鄭家（鄭肇基、弟鄭大明、子鄭鴻源）出身者；另外，雖財產不如鄭家，但也有一定家業者，如陳雲如、何金城等；也有本來即有一定家業，但主要在自己這一代經商致富者，如張傑、李良弼、許延壽、許振乾等；也有具留學經驗，通過文官考試，成為官僚，或是成為醫生、律師者，雖然無法一一確認其家世背景或家產，不過不少人應該是有家業支持，才能夠留學。當然，也有像張式穀這樣，雖然有些特殊的家庭背景與條件，但主要靠自己的努力不懈，而取得某些成就。

上述這些人在家世、財力、能力、對臺灣社會的影響力、與殖民政府合作的經歷這些條件中，大概都具備一個或數個條件，因此才有契機出線。四十多歲的張式穀，一方面有基本的財力，另一方面，也受過相當的新教育，長期留在地方社會耕耘，具有一定的個人聲望，能力及識見都受到肯定，得到臺灣社會知識分子及一般民眾的支持，而對統治者又沒有侵略性的攻擊意圖，這就是他所具備的條件。

整體來看，張式穀固然是檯面上的人物，但也不是唯一具有這些條件的人。與張式穀條件相近的，有先前提過的幾位國語學校出身、一九一〇年代後期陸續轉換跑道者，如張傑、李良弼、黃旺成、陳調元等人。張傑及陳調元的狀況，與張式穀最為接近，尤其一九三五年新竹州市當局在選擇官選議員時，還將張傑與張式穀一起列入考慮，可見對統治者來說，他們兩人的社會位置十分相近。而陳調元與張傑早就是殖民當局拉攏的對象，他們都比張式穀更早取得專賣利權。至於黃旺成，他先於一九二五年加入民族運動陣營，一九三五年又出來參選市會議員；而李良弼在一九三五年前後時，一方面有官司纏身，後來也出來參選民選議員。黃旺成與李良弼的背景可能會讓統治者有所猶豫，但對於張式穀，統治者則沒有這種顧慮。

對地方菁英來說，一九三〇年代的殖民地臺灣，充滿各種可能性。除了可以選擇自營商業之外，社會上出現大量的、廣義的「政治參與」機會——包括各種商工團體、信用組合、街庄協議會員或市會、州會議員。在這個充滿機會的時期，張式穀憑著一身的學識、能力以及長期累積的聲望，一步步拓展發達之路。不過，他在取得這些資格、利權的同時，勢必也要表現出某種與政權合作的姿態。比如說，一九三七年中日戰爭爆發後，剛被任命為州會議員的張式穀，便與同為州會議員的許延壽等人發起捐款活動，名義是因為臺灣人沒有服兵役，因此透過國防獻金表達愛國舉動。[117] 一九四一年以後，他出任皇民奉公會的幹部應該也是基於相同考量。

一九四〇年，張式穀州會議員任期屆滿，未繼續連任；同年，大同運輸會社停止營運，同時他也失去酒類經銷商資格。張式穀在地方社會的活動達到頂峰時，一夕結束。到了戰局緊張的一九四〇年代以後，張式穀的「頭銜」只剩下皇民奉公會幹部，他的「發達之路」告終。不只是張式穀，這一年，全新竹州三十四位庄長，只餘七名臺灣人；十二名煙酒經銷商全部都是日本人。臺灣人雖然還可以擔任各級議員，但此時的議會已經沒有什麼功能。張式穀的「發達之路」受殖民政策影響暫時告終，一直要到戰後，他才重新登上地方政商界的舞臺。

## 結論

本章以過去未受注意的人物——張式穀在日治時期的經歷，考察其人生道路中各個職位在當時社會的意義，及其與日本殖民統治的關係。

像張式穀這樣，日本領臺時，大約正好是入學年齡，可以說是臺灣第一代接受完整新式教育的地方菁英。在一九一〇年代之前，就讀國語學校、醫學校，畢業後回家鄉教書或開業當醫生，幾乎就是這些臺灣地方有志青年的最好出路了。醫師這個行業，在臺灣歷久不衰，但是，對於選擇國語學校的青年，當他們自國語學校畢業、回到地方擔任公學校教師的同時，臺灣的產業正好開始有比較長足的發展，社會上各種產業有更好的發展空間及待遇吸引著這些青年教師。許多青年教師受到吸引而放棄教職，轉行從事實業，開啟與公學校教師完全不同的人生，其後以各種形式嶄露頭角。

一九二〇年代，總督府透過地方制度改正，創造出相當多街庄層級的行政人員。許多家產雄厚的地方士紳，從日治初期以來即受到地方政府拉攏，擔任地方區長或庄長，至一九二〇年地方制度改正之初也仍然保有其勢力。然而，一九二〇年代以後，家業普通的新教育菁英，也有可能憑藉自己的實力，趁此改制之契機進入行政體系，擔任庄長、庄協等職務，在地方行政體系中累積自己的實力。

對張式穀來說，民族運動陣營的據點與殖民政府行政體系並不是對立的。張式穀以其個人的學養及行事風格，同時受到臺灣人民族運動陣營及殖民當局的看重。一九三〇年代以後，總督府釋放了更多政治參與空間，除了州會、市會之外，還有信用組合、工商團體等，雖然名義上是民間團體，實則在政府強烈的規範之下運作，具有強烈的政治意涵。而藉由定期更新專賣利權的制度，可以讓總督府充分利用經銷商制度做為統治的籌碼，酬庸或拉攏特定對象。成功轉為工商界人士的張式穀，到了一九三〇年代以後，其實力也大到可以取得專賣利權。

不過，不論是公學校教師也好，行政末端的庄長也好，工商業者也好，張式穀的發展都深受統治當局的規範與限制。透過張式穀的人生歷程，我們可以看到不同時期，他在總督府設定的框架中摸索「發達」的道路，或許這也可以視為臺灣地方菁英尋找人生出路的一種典型模式。張式穀模式特別適用於一八九〇年前後出生，在日本領臺時正好達到入學年齡的世代。這個世代有機會接受新教育的人當中，有些因為家業支持，得以有更多的人生選項；也有少數人有機會到日本留學，而得以開闢更大格局的人生。然而，這個世代多數接受新教育者，很可能像張式穀這樣，憑著一身的學識、能力，在地方社會、而且只在地方社會中活動，在總督府的框架中，累積自己的實力、摸索發達之路。

日本的朝鮮史研究者並木真人，對於殖民時期朝鮮的對日協力問題曾經提出以下主張，他指出，所謂的協力機制是指對統治者和被統治者雙方都具有利用價值的治理方式。對統治者而言，透過本土菁英的協力可以使統治深化落實，也可以降低統治成本。對協力者而言，透過協力可以確保手中的利益，也能取得邁向現代化所需的各種資源。他將對統治者的協力分為「意識形態型的協力」和「技術官僚型的協力」。前者即是過去所謂的「親日派」，後者則是指次級菁英藉由職務所形成「功能」性對日協力。他特別強調後者的重要性，因為他們是殖民地政府與被統治者之中介點，也扮演扶植當地社會走向殖民現代性的角色。[118]張式穀的角色，對殖民政府來說，即是屬於「功能性協力者」。南投草屯洪氏家族中的洪清江、洪深坑，應該也屬於這個類型。充分掌握這類型臺籍菁英的言論、行動，對於解明臺灣社會的殖民現代性是不可或缺的課題。

1 吳文星，《日據時期臺灣社會領導階層之研究》（臺北：正中書局，一九九二年）。本書在二〇〇八年由五南出版社出版修訂版《日治時期的臺灣社會領導階層》。此外，其更早之《日據時期臺灣師範教育之研究》（臺北：臺灣師範大學歷史學研究所，一九八三年）也已經提出類似的觀察。

2 王興安，《殖民統治與地方菁英——以新竹、苗栗地區為中心（一八九五—一九三五年）》（臺北：臺灣大學歷史學研究所碩士論文，一九九九年）。

3 李維修，《日治時期新竹地區士紳的社會角色變遷（一八九五—一九三七）》（新竹：新竹教育大學社會科教育學系碩士論文，二〇〇四年）。

4 陳文松，《植民地支配と「青年」——台湾総督府の「青年」教化政策と地域社会の変容》（東京：東京大学大学院総合文化研究科地域文化研究専攻博士論文，二〇〇八年），頁五三—五九。另參見陳文松，〈日治時期臺灣「雙語學歷菁英世代」及其政治實踐：以草屯洪姓一族為例〉，《臺灣史研究》一八：四（二〇一一年十二月），頁五七—一〇八。其博士論文中文版已出版，陳文松，《殖民統治與「青年」——臺灣總督府的「青年」教化政策》（臺北：國立臺灣大學出版中心，二〇一五年）。

5 國語學校於一九〇二年將師範部分設甲、乙兩科，甲科招收日本人中學畢業生，乙科收臺灣人公學校畢業生；一九一〇年改制為公學師範部甲科與公學師範部乙科，另設專門培育小學校師資的小學師範部。為免繁瑣，除特別有需要說明者，此處將一九〇二年的師範部甲、乙科及一九一〇年以後的公學師範部甲、乙科分別統稱為師範部甲、乙科。關於國語學校制度上的變革，參照謝明如，《日治時期臺灣總督府國語學校之研究（一八九六—一九一九）》（臺北：臺灣師範大學歷史學研究所碩士論文，二〇〇七年）。

6 根據謝明如的研究，公學校訓導的待遇是根據一八九八年發布的「公學校訓導俸給令」，其中規定訓導月俸在八至四十五圓之間，分為十二級，初任訓導為九級，月俸十二至十五圓。一九〇五年發布「臺灣小學校助教、臺灣公學校訓導俸給規則」，將訓導月俸改為八至三十五圓，分為九級，每級又有上、下俸之別，各級之間差額僅一圓，另規定初任者需在十三圓以下。見謝明如，《日治時期臺灣總督府國語學校之研究（一八九六—一九一九）》，頁二八九—二九一。但是這個規定與總督府職員錄登錄的薪俸有些差距，或許其中仍有權量空間，此處依據總督府職員錄。

7 陳緯坤在新竹公學校待了二年後，一九一一年轉到新成立的牛埔公學校（後來的香山公學校），也是擔任雇員，其後取得訓導資格，成為正式教員，一直待到日本統治結束前。在臺灣省行政長官公署檔案中，有一份出身新竹香山的陳緯坤之公務人員履歷表，應該是同一人。根據這份履歷書，陳緯坤生於一八八八年，一九〇三年入新竹公學校，一九〇八年畢業，後於一九一九年自臺北師範學校講習科畢業，取得訓導資格。「日產處理委員會新竹分會人員任免」，《行政長官公署檔案》，典藏號〇〇三〇三二三一〇〇六〇二二，一九四七年一月二十日。

8 黃旺成在日記中曾忿忿不平地提及校長因對他不滿，連續二年都不給他加薪，這也是他後來想離職的原因之一。

9 〈祝陞教諭〉，《臺灣日日新報》（以下簡稱《臺日》）一九一二年十一月一日（六）。

10 臺灣總督府民政部學務部，《臺灣總督府學事第十二年報》（臺北：臺灣總督府民政部學務部，一九一七年），頁一三八。

11 謝明如自臺灣總督府公文類纂之人事檔案歸納，一九一一年起初任教諭月俸為二十七圓。見謝明如，《日治時期臺灣總督府國語學校之研究（一八九六—一九一九）》，頁二八三。

12 參見謝明如，《日治時期臺灣總督府國語學校之研究（一八九六—一九一九）》，頁二八九。

13 日治時期資料皆做陳旺成，為方便閱讀，以下皆統一稱黃旺成。

14 國語學校師範部畢業後的義務年限，原為三年，自一九一四年起的畢業生，服務年限改為五年。見謝明如，《日治時期臺灣總督府國語學校之研究（一八九六—一九一九）》，頁二九一。

15 從全臺灣的數字來看也有類似情形。謝明如以一九一四年及一九一七年的資料統計，國語學校畢業後在職五年內離職者約占半數，在職十年以上仍在職者僅餘約三分之一。謝明如，《日治時期臺灣總督府國語學校之研究（一八九六—一九一九）》，頁二九一。

16 〈新竹特訊　志合道同〉，《臺日》一九二一年五月二十三日（四）。

17 〈訓導辭職〉，《臺日》一九一三年二月九日（三）。

18 福田廣次，《臺灣專賣事業の人物》（臺北：臺灣實業興信社，一九三七年），頁一四八。

19 林進發，《臺灣官紳年鑑》（臺北：民眾公論社，一九三四年），頁二〇六。

20 〈開店〉，《臺日》一九一八年六月十七日（二）。

21 〈學校增級費既足〉，《臺日》一九二四年七月一日（四）。

22 陳汝厚於清朝時為監生，捐授五品同知，曾任中港街總理，一八九七年授紳章，任新竹廳參事，一八九八年改任臺北縣參事，家業豐厚。吳文星，《日據時期臺灣社會領導階層之研究》，頁七二，表2-3。另參見邱瓊瑩，《世變與家道——臺灣中港陳汝厚家族的發展（一七四六—一九四五）》（臺北：臺灣師範大學歷史學系碩士論文，二〇〇八年）。

23 〈產業發展と教育　注目すべき教育界の一現象〉，《臺日》一九一〇年三月十二日（二）。

24 〈訓導と轉職　國學卒業生の傾向〉，《臺日》一九一七年七月二十五日（七）；〈訓導轉職頻頻〉，《臺日》一九一七年七月二十六日（六）。國語學校師範部乙科，是專門收臺灣籍學生的師範教育，由總督府提供公費，畢業後必須在公學校服務數年，而國語部則為自費的升學機構，當時因為沒有提供臺灣人就讀的中學，因此國語學校國語部，大致可以算是臺灣人普通中等教育機關。

25 〈教員之補充難〉，《臺日》一九一八年八月十二日（四）。

26 黃旺成著，許雪姬編注，《黃旺成先生日記（六）》（臺北：中央研究院臺史所，二〇一〇年），一九一七年三月十一日，頁五〇。

27 黃旺成著，許雪姬編注，《黃旺成先生日記（七）》（臺北：中央研究院臺史所，二〇一〇年），一九一九年二月二十六日，頁四七。

28 國家圖書館特藏組編輯，《臺灣歷史人物小傳——明清暨日據時期》（臺北：國家圖書館，二〇〇三年），頁四三七。

29 根據稍晚就讀新竹公學校的陳錦標回憶，張麟書在學校中獨立行事，並不太理會校長或日籍教員。其漢文教學有自己的作風，他不使用臺灣總督府編纂的漢文課本，而是使用傳統書房的《秋水軒尺牘》、《小倉山房尺牘》等教材，教學十分嚴格，如果學生怠讀，便加以體罰，也因此新竹公學校畢業生的漢文程度十分優異，日後進入國語學校學習漢文科也完全不成問題。見陳錦標，《陳錦標回憶錄》（新竹：新竹市立文化中心，一九九九年）。

30 另一個例證是一九三三年張麟書過世時，新竹市內約有四百人送葬，但當時新竹州知事內海忠司在當日行程中完全沒有提到這件事。〈新竹張麟書氏告別式盛況〉，《臺日》一九三三年三月二十七日（八）；近藤正己、北村嘉惠、駒込武編，《內海忠司日記一九二八—一九三九：帝国日本の官僚と植民地台湾》（京都：京都大学学術出版會，二〇一二年），〈日記〉，一九三三年三月二十七日，頁四八六。此點承新竹教育大學李維修先生提示。

31 陳雲如（一八七五—一九六三）為香山當地士紳，一八九八年國語傳習所甲科畢業，一八九九年授紳章，歷任香山區長、香山庄長、香山庄協議員等職。菅武雄，《新竹州の情勢と人物》（新竹：菅武雄，一九三八年），頁二一六。

32 〈庄長送迎宴〉，《臺日》一九二〇年十月二十六日（六）。

33 李維修，《日治時期新竹地區士紳的社會角色變遷》，頁五五。

34 〈新竹特訊　情深惜別〉，《臺日》一九二〇年九月十二日（四）；〈庄長異動〉，《臺日》一九二三年八月十三日（六）。

35 〈香山信組總會〉，《臺日》一九二六年二月二十二日（四）；〈稟設香山漁組〉，《臺日》一九二六年二月二十三日（四）；〈籌設漁業組合〉，《臺日》一九二六年二月二十六日（四）。

36 〈新竹州下の信組　一般的に事業成績良好〉，《臺日》一九二九年一月二十七日（三）。

37 〈香山信組反對派　利用金融梗塞時機　煽動組合員領金　終是無識者吃虧〉，《臺灣新民報》三四〇號，一九三〇年十一月二十二日（四）。

38 〈牛埔庄民的陳情〉，《臺灣民報》一六一號，一九二七年六月十二日（十二）。

39 〈香山信組反對派　利用金融梗塞時機　煽動組合員領金　終是無識者吃虧〉，《臺灣新民報》三四〇號，一九三〇年十一月二十二日（四）。

40 關於陳揚鏡下臺，《臺灣新民報》報導：「……前庄長（陳揚鏡）雖然平和，但過於畏事，當不起反對派的壓迫，於是斷然辭職，後任者是昔日的老區長（陳雲如），敢作敢為，和反對派旗鼓相當，今後的黨爭或許要更深一層。」雖然未明言「反對派」究竟是哪一些人，但可見確實存在著相當激烈的內部鬥爭。〈竹塹旋風〉，《臺灣新民報》三七一號，一九三一年七月四日（五）。

41 〈牛埔庄民的陳情〉，《臺灣民報》一六一號，一九二七年六月十二日（十二）。

42 陳信齋，一八六九年生，清朝貢生，日本領臺以後，歷任商會長、衛生組合長、保甲局長、新竹廳參事，一八九九年授紳章，基本上算是與日本政府合作的傳統士紳。鷹取田一郎，《臺灣列紳傳》（臺北：臺灣總督府，一九一六年），頁一二一。

43 〈夜學開會〉，《臺日》一九一五年九月二十六日（六）；〈新竹青年會國語夜學會第三期修了式〉，《臺日》一九一七年十月十日（二）。

44 參考宮崎聖子，《植民地台湾における青年団と地域の変容》（東京：御茶の水書房，二〇〇八年）。

45 〈竹青年會復活〉，《臺日》一九一九年九月十九日（六）；〈新竹咸一會〉，《臺日》一九二〇年三月十五日（四）；〈咸一會況〉，《臺日》一九二〇年八月十六日（六）；〈新竹咸一會況〉，《臺日》一九二〇年八月二十八日（六）。

46 〈香山尚風會與新竹青年會〉，《臺日》一九二一年二月十七日（五）；〈竹聲會發會式〉，《臺日》一九二一年五月二十七日（三）。

47 〈竹聲會月例會〉，《臺日》一九二一年六月十日（三）。

48 〈新竹竹聲會改善〉，《臺日》一九二三年十月十三日（四）。

49 東宮行啟指當時擔任攝政的皇太子裕仁到殖民地臺灣巡視（稱為「行啟」）一事，時間是一九二三年四月十六日至二十七日。在行啟之前，以臺灣總督府為首的各地方州廳，為了讓皇太子看到整齊、被教化好的臺灣社會，各地皆有各種清潔、教化活動，甚至將路上的遊民全部抓到看守所，導致看守所人滿為患。行啟之後，各地也每年舉辦各種紀念活動。對臺灣總督府及各地方州廳來說，東宮行啟是很好的教化材料。參見若林正丈著，富田哲譯，〈一九二三年東宮臺灣行啟與「內地延長主義」〉，收於若林正丈著，臺灣史日文史料典籍研讀會譯，《臺灣抗日運動史研究》（臺北：播種者出版社，二〇〇七年），頁三八七－四二〇。

50 〈竹聲會　改善さる〉，《臺日》一九二三年三月十二日（七）；〈新竹街社會事業〉，《臺日》一九二三年三月十四日（六）；〈對竹聲會補助七百圓〉，《臺日》一九二三年四月九日（五）；〈竹聲會例會〉，《臺日》一九二三年五月十二日（四）；〈竹聲會總會祝賀會開催〉，《臺日》一九二三年五月二十九日（二）等。

51 例如，〈新竹信組總會狀況　青年輩惡戰苦鬪　御用黨敗流會〉，《臺灣民報》一九四號，一九二八年二月二十六日（四）。其中被歸入青年派（或稱為改革派、正義派）者有黃旺成、吳廷輝、何朝霖等人。

52 此為四年後新竹青年會解散，回顧過去成立經過的報導內容。〈新竹青年會解散受反動勢力的波及〉，《臺灣民報》二五四號，一九二九年三月三十一日（二）。

53 〈臺灣社會運動團體調查（四）〉，《臺灣民報》一九二號，一九二八年一月二十二日（五）。

54 〈青年會的活動〉，《臺灣民報》一三九號，一九二七年一月九日（五）。

55 例如改組後的一九二五年十一月，《臺灣民報》即有「新竹青年熱心漢學」的報導。《臺灣民報》八〇號，一九二五年十一月二十二日（七）。

56 〈青年會的活動〉，《臺灣民報》一三九號，一九二七年一月九日（五）。

57 〈青年講演〉，《臺日》一九二五年七月二十七日（四）；〈青年會演講〉，《臺日》一九二五年七月三十日（四）；〈新竹青年講演〉，《臺日》一九二六年三月二十四日（四）；〈青年政治講演〉，《臺日》一九二六年五月十三日（四）；〈青年演講會〉，《臺日》一九二七年四月十四日（四）等。蘇福一九一七年於國語學校畢業後，即擔任公學校教師，至一九三九年辭職任新竹保甲聯合會長，同年當選新竹市會議員。興南新聞社，《臺灣人士鑑》（臺北：興南新聞社，一九四三年），頁三四六。洪石龍學歷不詳，曾任臺灣民眾黨幹部。

58 〈新竹短訊〉，《臺灣民報》一五二號，一九二七年四月十日（七）。

59 〈新竹實業青年團〉，《臺日》一九二七年二月十一日（五）；〈新竹內地人籌設青年會〉，《臺日》一九二七年二月十一日（四）；〈青年團發會〉，《臺日》一九二七年二月十五日（四）。

60 〈新竹青年會決定解散〉，《臺日》一九二九年二月二十六日（四）；〈新竹之青年團與中老組分離〉，《臺日》一九二九年三月八日（四）。

61 此為四年後新竹青年會解散，回顧過去成立經過的報導內容。〈新竹青年會解散受反動勢力的波及〉，《臺灣民報》二五四號，一九二九年三月三十一日（二）。

62 〈新竹青團續聞〉，《臺日》一九二九年三月十三日（四）；〈新竹青年發會〉，《臺日》一九二九年三月二十日（五）。

63 〈新竹青年團十九日發會式〉，《臺日》一九二九年五月十八日（四）；〈新竹青年團結團式　式後分列式〉，《臺日》一九二九年五月二十六日（五）；〈結團した新竹青年團〉，《臺日》一九二九年五月三十一日（五）。郭韻鑫的年紀根據臺灣新聞社編《臺灣實業名鑑》（臺中：臺灣新聞社，一九三四年），頁五〇。

64 〈青年會演講〉，《臺日》一九二五年七月三十（四）。

65 〈新竹青年講演〉，《臺日》一九二六年三月二十四日（四）。

66 〈新竹短訊　青年會開演講〉，《臺灣民報》一五五號，一九二七年五月一日（十二）。吳萬來於一九一七年離開公學校教職後，受鈴木商店之聘為駐廈門代表，後來留在廈門自營商業，至戰後才回臺灣。

67 〈（地方通信　新竹）讀書會驚倒警官〉，《臺灣民報》一七七號，一九二七年十月九日（六）。

68 已出版的黃旺成日記中，經常提及他與張式穀、李良弼、張傑等人的交往，此時期張式穀在青年會活動的情形及演講內容，在黃旺成日記中應該可以找到一些線索，唯目前黃旺成日記只出版至一九二七年，其後的日記尚未對一般研究者公開，有待日後補充。

69 陳炘（一八九三—一九四七），為大東信託創辦人之一，擔任專務取締役。

70 〈請設大東支店　新竹續聞〉，《臺日》一九二九年五月二十一日（四）。同樣的消息也刊載在《臺灣民報》上，該報導稱「尤其是要荷重任的支店長，已經物色有最適當的人物，陳專務〔炘〕也很表示同意。唯尚未得本人的承諾而已。」〈地方通信　新竹　促設大東支店　實行委員訪專務〉，《臺灣民報》第六一號，一九二九年五月十九日（六）。

71 林獻堂日記中曾提及大東信託新竹支店開張當日，林與陳炘等人至新竹參加並致辭。許雪姬、鍾淑敏編，《灌園先生日記（二）一九二九年》（臺北：中央研究院臺灣史研究所籌備處、中央研究院近代史研究所，二〇〇一年），一九二九年九月二日，頁二四一。

72 鈴木壽作，愛知縣人，一八九五年十二月即到臺灣，很快就開始從事醬油釀造業，一八九六年移居新竹，後開設鈴木商店，為當地資本雄厚的商行，李良弼與黃旺成開設之良成商行即是向鈴木商店批發商品。鈴木壽作曾任新竹商工會長、新竹州協議會員、新竹信用組合長等職，也曾取得煙草經銷權。大園市藏，《臺灣の中心人物》（臺北：日本植民地批判社発行所，一九三五年），頁一〇五；橋本白水，《臺灣統治と其功勞者》（臺北：南國出版協會，一九三〇年），頁一三七。

73 新原龍太郎，鹿兒島縣人，一九〇一年渡臺，在新竹經營藥品及雜貨生意，開設新原泰生堂。大園市藏，《臺灣人物誌》（臺北：谷澤書店，一九一六年），頁三九。

74 〈新竹貿易商會〉，《臺日》一九二五年四月三日（四）；〈新竹貿易商會　創立さる〉，《臺日》一九二五年四月三日（一）。

75 〈新竹街に新商業團體〉，《臺日》一九二九年四月六日（五）；〈新竹商工協會本日總會　將議會則選役員〉，《臺日》一九二九年四月七日（四）；〈新竹貿易商會改組商工協會〉，《臺日》一九二九年四月十二日（四）；〈新竹商工協會總會を開く〉，《臺日》一九三〇年四月十五日（二）；〈新竹商工協會成立　由貿易商會改組的臺灣人本位的團體〉，《臺灣民報》二五六號，一九二九年四月十四日（四）。曾渭濱為曾逢辰之子；曾逢辰為清朝秀才，一八九八年與張麟書一起受聘於新竹公學校擔任漢文教師，同年授紳章，資產六千圓，見鷹取田一郎，《臺灣列紳傳》，頁一二八。曾渭濱學歷不詳，長大後從商，從報紙零星記載，可知其曾開設布店，也曾參與大同運輸、昭和木材等公司的經營，在新竹商界應該相當活躍。

76 〈臺中大東信託　將由新竹街派員　交涉設支店〉，《臺日》一九二九年四月三十日（四）；〈請設大東支店　新竹續聞〉，《臺日》一九二九年五月二十一日（四）。

77 〈新竹商工協會の直接談判　運送改善問題で〉，《臺日》一九二九年五月三十日（五）。

78 〈請設夜市〉，《臺日》一九二九年六月一日（四）。

79 〈新竹商工協會第二回總會　十三日在公會堂〉，《臺日》一九三〇年四月十一日（八）。

80 〈新竹商工協會，將提議解散〉，《臺日》一九三一年一月二十一日（四）。

81 〈新竹商工協會改選役員〉，《臺日》一九三二年九月二十五日（四）。

82 〈籌信購組〉，《臺日》一九三三年一月二十日（八）；〈狹い新竹市內に　同一目的の組合が，二つ設立の計畫中〉，《臺日》一九三三年三月八日（三）。桑原佐一郎，宮崎縣人，一九〇一年渡臺，歷任各種官職，一九一九年任新竹信用組合專務理事，一九二〇年地方制度改正後，任新竹街會計役，一九二八年任新竹街長，一九三〇年新竹實施市制，改任市協議會員，一九三一年任州協議會員，一九三五年任官選州會議員。菅武雄，《新竹州の情勢と人物》，頁一二五。

83 〈昭和十二年　酒類賣捌人及匿名組合員戶籍謄〔謄〕本履歷書綴〉，《臺灣總督府專賣局檔案》典藏號〇〇一〇三六一七〇〇〇〇五，藏國史館臺灣文獻館。張式穀初擔任大東信託新竹支店長時，成績不錯，但後來似乎較不理想，林獻堂於一九三二年時，在日記中提到，張式穀因為「開業以來，逐年損失……深抱不安，故欲辭職」，但林獻堂認為「式穀雖不能積極擴張，然其小心不致誤事亦是難得」，與陳炘一起勸留。張式穀此時似接受了慰留，但仍於翌年辭職。見許雪姬、鍾淑敏編，《灌園先生日記（五）一九三二年》（臺北：中央研究院臺史所，二〇〇三年），頁一三五，一九三二年三月二十五日。

84 〈新竹街　大同運輸會社　期明春開辦〉，《臺日》一九二七年十二月二十日（四）；〈運輸研究會舉發會式〉，《臺日》一九二八年八月十五日（四）；〈腦溢血で死亡〉，《臺日》一九三三年八月二十一日（七）。

85 根據《臺灣會社年鑑》的資料，大同運輸會社創立於一九二七年十二月，出資四萬圓，一九三三年時的代表社員是何皆再，一九三四年以後代表社員是張式穀，至一九四〇年時，便無此公司資料。參考各年度《臺灣會社年鑑》（臺北：臺灣經濟研究會，一九三三－一九四二年）。另參考李維修，〈日治時期新竹地區士紳的社會角色變遷〉，附錄三。

86 〈昭和十二年　酒類賣捌人及匿名組合員戶籍謄〔謄〕本履歷書綴〉，《臺灣總督府專賣局檔案》典藏號〇〇一〇三六一七〇〇〇〇五，藏國史館臺灣文獻館。

87 〈新竹商工會議所　十五日に創立總會　三實業團體の合同運動　急轉直下的に進展して〉，《臺日》一九三四年五月二日（七）；〈新竹商工會議所　十五日創立總會　準備委員會で決る〉，《臺日》一九三四年五月十四日（二）。

88 〈新竹商議所創立總會　役員も決定〉，《臺日》一九三四年五月十六日（N二）。鄭神寶與鄭肇基均為北門鄭家出身。

89 〈新竹市の商工團體の統一　市發展のために　實に喜ばしい（商工協會會長張式穀氏談）〉，《臺日》一九三四年四月二十七日（三）。

90 〈新竹にも商工會議所を準備を進む〉，《臺日》一九三八年一月二十一日（N二）。

91 趙祐志，《日據時期臺灣商工會的發展（一八九五－一九三七）》（臺北：稻鄉，一九九八年），頁一四－二六。許延壽，一八九二（或云一八九〇）年出生，幼學漢學，為許練記商行主、新竹共榮信用組合（樹林頭信用組合）長、新竹殖產株式會社社長，歷任新竹街協議員、新竹市協議員、新竹州會議員、新竹商工會議所副會頭，家產有四、五十萬圓。大園市藏，《臺灣の中心人物》，頁一四二。

92 〈地元商人尊重方を陳情〉，《臺日》一九三九年三月十七日（七）；〈地元尊重を陳情　商業校の處置に不滿〉，《臺日》一九四〇年四月二十四日（五）。

93 〈新竹商議所新役員決定〉，《臺日》一九四二年五月十七日（N二）。

94 張式穀獲得八三七票，其次為李良弼七九六票，第三名為心心診所的張忠五三一票。〈模擬選舉　州議員當選者如左〉，《臺灣新民報》第三四七號，一九三一年一月十七日（一七）。

95 〈模擬選舉完結了　請聽民選議員的政見!!皆在大叫急施真自治〉，《臺灣新民報》三四八號，一九三一年一月二十四日（五）。

96 〈（對本報許可日刊的感想）臺灣真正的言論　從此才可切實發現　新竹張式穀氏談〉，《臺灣新民報》三九八號，一九三二年一月十六日（五）。

97 〈竹塹旋風〉，《臺灣新民報》三五五號，一九三一年三月十四日，第四版。這個專欄的作者應該是當時擔任《臺灣新民報》記者的黃旺成。

98 〈新竹市協廿一日任命〉，《臺日》一九三二年一月二十三日（八）。

99 〈鄭肇基氏の財產を　李元支配人が著服　新竹郡警察課に留置さる〉，《臺日》一九三五年八月九日（七）；〈李良弼氏が市協辭任屆〉，《臺日》一九三五年八月二十五日（七）；〈新竹市議員選舉立候補　本島人出馬有九名　內地人一邊僅四名〉，《臺日》一九三五年十一月六日（八）。

100 〈各候補者の陣營　新竹市の政戰も漸く酣〉，《臺日》一九三五年十一月十四日（五）。

101 〈新竹臨時市會〉，《臺日》一九四三年十二月一日（五）。

102 《黃旺成日記》，一九三五年十一月六日、十一月七日。見吳沁昱，《新竹市自治選舉與議會運動——以黃旺成政治參與經驗為中心（一九三五—一九五一）》（臺北：臺北教育大學臺灣文化研究所碩士論文，二〇一二年），頁二三。

103 州會議員選舉於一九三六年舉行，此次選舉並無張式穀的名字，一九三七年應該是中途有人離職而遞補。《新竹州報》號外，一九三六年十一月二十一日。

104 〈新竹市協議會　廿七日午後一時再開〉，《臺日》一九三二年一月二十九日（N四）；〈新竹市協議會熱鬧　臺灣人議員大發議論　市政質問疊出　議場甚形緊張〉，《臺灣新民報》四〇〇號，一九三二年一月三十日（五）。

105 〈新竹市協議會熱鬧　臺灣人議員大發議論　市政質問疊出　議場甚形緊張〉，《臺灣新民報》四〇〇號，一九三二年一月三十日（五）。

106 〈新入生過剩問題　協議員訪問市當局　阪本視學窮於答辯　女公亦超過八十人〉，《臺灣新民報》四〇八號，一九三二年三月二十六日（二）。

107 〈新竹市の協議會　墓地制限に反對論〉，《臺日》一九三三年二月一日（二）。

108 〈議長の映畫說明に　協議會員ら傾聽　獨身宿舍新營と葬儀堂で　議場大いに賑ふ〉，《臺日》一九三五年一月二十四日（三）。

109 蕭明治，《日治時期臺灣煙酒專賣經銷商之研究》（嘉義：中正大學歷史研究所博士論文，二〇一〇年），頁三八、一五七。本書已出版，蕭明治，《殖民樁腳：日治時期臺灣煙酒專賣經銷商》（臺北：博揚出版社，二〇一四年）。

110 臺灣總督府專賣局編，《臺灣酒專賣史》（臺北：臺灣總督府專賣局，一九四一年），頁二五六—二五八。

111 〈賣捌人更新の方針は　專賣事業第一主義　七月一日更新期に當り　田端專賣局長語る〉，《臺日》一九三四年七月一日（五）。

112 〈專賣品的販賣要委公共團體　不該擁護私人〉，《臺灣新民報》一九三一年七月四日（一）；蕭明治，〈日治時期臺灣煙酒專賣經銷商之研究〉，頁一三一。

113 蕭明治，〈日治時期臺灣煙酒專賣經銷商之研究〉，頁一三四。

114 〈賣捌人更新の方針は　專賣事業第一主義　七月一日更新期に當り　田端專賣局長語る〉，《臺日》一九三四年七月一日（五）。

115 蕭明治，〈日治時期臺灣煙酒專賣經銷商之研究〉，頁一五二。

116 〈昭和十二年　酒類賣捌人及匿名組合員戶籍騰（謄）本履歷書綴〉，《專賣局檔案》典藏號〇〇一〇三六一七〇〇〇〇五，藏國史館臺灣文獻館。

117 〈新竹市內の本島人から　國防獻金一萬圓　近く募集に著手せん〉，《臺日》一九三七年八月三日（五）；〈本島人有志達が一萬餘圓を國防獻金　新竹市內で募集し〉，《臺日》一九三七年九月十五日（七）；〈籾一石につき　二圓づつを醵出　新竹市內の公業及び祭祀公業から〉，《臺日》一九三七年九月二十四日（二）。

118 並木真人著，陳文松譯，〈朝鮮的「殖民地近代性」、「殖民地公共性」和對日協力——殖民地政治史、社會史研究之前置性考察〉，收於若林正丈、吳密察主編，《跨界的臺灣史研究——與東亞史的交錯》（臺北：播種者出版社，二〇〇四年），頁一〇二—一〇三。關於對日協力，詳見並木真人，〈植民地期朝鮮人の政治参加について——解放後史との関連において〉，《朝鮮史研究会論文集》第三十一號（一九九三年十月），頁四〇—四七。

張式穀

新竹州會議員　新竹酒類賣捌人　大同運輸合資會社代表社員

（現）新竹市榮町三ノ五二

【經歷】明治二十三年二月二十九日張麟書ノ長男トシテ新竹市南門町ニ生ル　明治四十二年臺灣總督府國語學校師範部乙科卒業　直チニ臺灣公學校訓導ニ任セラレ　新竹公學校ニ勤務　大正元年十月臺灣總督府乙種教諭免許狀ヲ受ケ　臺灣公學校教諭ニ昇進ス　大正九年教職ヲ去リ　新竹郡香山庄長ヲ拜命シ幾多ノ功績ヲ殘シテ　昭和四年庄長ヲ辭シテ大東信託株式會社ニ入リ新竹支店長ヲ命セラル　同七年新竹市協議會員ニ任命サレ　同九年新竹酒類賣捌人ニ指定セラル　同八年大同運輸合資會社代表社員ニ就任シ　昭和十二年新竹州會議員ニ官選サル　新竹市實業界ノ錚々タリ　趣味ハ讀書

張式穀。出生於一八九〇年，可說是臺灣第一代可以完整接受新式教育的地方菁英。他於一九〇九年從國語學校畢業，回到新竹擔任公學校教師，一九二〇年離開教職，進入基層行政體系擔任庄長。一九三〇年代以後成功轉為工商業界人士，同時成為臺灣總督府以專賣利權拉攏的對象。戰後出任新竹第三區區長，一九四六年，新竹市第一屆參議會成立，當選議長。二二八事件時，被列為新竹市二二八事變處理委員會主任委員，一度被政府訊問拘捕，後被友人保出。一九五一年，當選第一屆新竹縣議會議長，並出任新竹市建築信用合作社主席、新竹市信用合作社理事長、新竹市商會理事長等職。一九七七年去世。（上圖出自臺灣新民報編，《臺灣人士鑑》，臺北：臺灣新民報社，一九三七年，頁二二九；下圖為黃滋淳提供）

臺灣總督府國語學校。國語學校成立於一八九六年，目的在於培養國語傳習所及其後的小、公學校師資。初設時分為語學部與師範部，語學部後來改為國語部，成為臺灣人在公學校畢業後的升學管道。師範部於一九〇二年以後分設甲科及乙科，甲科招收日本人學生，乙科招收公學校畢業的臺灣青年。一九一〇年代之前，除了當醫師之外，升學國語學校，畢業後回故鄉擔任公學校教師，是臺灣地方菁英的最好選擇。但一九一〇年代以後，由於社會各種產業迫切需求人才，許多青年教師受到吸引而放棄教職，轉行從事實業，開啟與公學校教師完全不同的人生，其後以各種形式飛黃騰達。臺灣總督府國語學校一九一九年以後改制為師範學校，為今日臺北市立大學的前身。（村崎長昶著，《臺北寫真帖》，臺北：新高堂書店，一九一三年，頁十九。取自日本國會圖書館 デジタルライブラリー）

臺灣總督府醫學校。在一九一九年《臺灣教育令》發布之前，臺灣人在公學校畢業後，除少數職業講習所之外，僅有國語學校及醫學校可以升學。有一種說法是，日治時期的臺灣菁英，不是醫師，就是教師，這其實是因為在日本統治前期，只開放這兩個升學管道。與公學校教師比起來，醫師的收入較豐，受政府限制小，因此，日治時期醫師參與政治、社會運動更為普遍。臺灣總督府醫學校，為今日臺灣大學醫學院前身。（村崎長昶著，《臺北寫真帖》，臺北：新高堂書店，一九一三年，頁二二。取自日本國會圖書館 デジタルライブラリー）

新竹公學校。前身為一八九六年設立的新竹國語傳習所，起初設置在明志書院（約位於今新竹市西大路），一八九八年改制為新竹公學校。張式穀就讀時，即是在明志書院時期。一九〇六年遷至新竹孔廟（約位於今新竹市林森路），一九一〇年起改建新校舍，於一九一二年完成，此為當時校舍落成紀念照，後方為孔廟大成殿。張式穀於國語學校畢業後，即在位於孔廟的新竹公學校服務。一九三七年遷至興學街現址。（《新竹國小老照片說故事》，新竹：新竹市文化局，一九九八年，頁三〇。黃滋淳提供）

新竹公學校一九一三年第十一屆畢業照。背景為一九一二年完成的新校舍，張式穀應該也在裡面，第一排左三應為黃旺成。（《新竹國小老照片說故事》，新竹：新竹市文化局，一九九八年，頁三一。黃滋淳提供）

黃旺成（一八八八—一九七八），即陳旺成，筆名菊仙，新竹人，家裡經營雜貨店。一九一一年自國語學校師範部畢業後，回母校新竹公學校任教，與張式穀為同事，兩人感情很好，時常互相往來，黃旺成也常去張家找張麟書談論詩詞。一九一八年辭去新竹公學校教職，一九二二年加入臺灣文化協會，一九二五年起擔任《臺灣民報》記者，一九三五年地方選舉時，以第一高票當選新竹市會議員。戰後，加入重組的《民報》擔任主筆，二二八事件時被通緝而暫時避走京滬。回臺後，曾任省參議員、新竹縣文獻委員會主任委員，一九七八年去世。其日記正由中央研究院臺史所整理出版，其中有許多與張式穀往來的紀錄。（《黃旺成先生日記（二）》，臺北：中央研究院臺灣史研究所，二〇〇八年。中央研究院臺灣史研究所提供）

張麟書（一八五六—一九三三），張式穀的父親。一八九七年受聘為新竹國語傳習所教師，一直任教至一九一六年新竹廳裁撤漢文教師為止，新竹地區許多接受新教育的青年皆曾受教於他。離開新竹公學校後，仍在家中開設書房，至一九三三年去世。（《新竹國小老照片說故事》，新竹：新竹市文化局，一九九八年，頁十七。黃滋淳提供）

陳雲如（一八七五—一九六三），世居新竹香山地區，一八九七年畢業於新竹國語傳習所甲科，一八九九至一九二〇年長期擔任香山區長。一九二〇年地方制度改正後，張式穀接任香山庄長，但陳家在香山仍具勢力。一九二〇至一九二九年，張式穀擔任香山庄長，即是在此香山庄役場工作。張式穀離職後，由陳雲如之弟陳揚鏡接任庄長，一九三一年又由陳雲如接任，至一九三八年離職。有名的畫家陳進，是陳雲如的女兒。（《臺灣地方行政》四：五，一九三八年五月，頁一四三。臺灣圖書館提供）

總督府專賣局新竹支局廳舍，建於一九三六年。張式穀自一九三四年取得新竹區酒類經銷權，應該也常出入這裡。該建築物仍留存，目前為菸酒公司新竹營業所，位於新竹市東門街。(《臺灣建築會誌》九：一，一九三七年，頁六四。臺灣圖書館提供)

# 第二章

# 公學校畢業生的社會史意義

在就學率普遍低靡的年代，
那些只念完公學校（小學）而沒有繼續升學的人，
畢業後可以做什麼？
這個學歷能幫助他們找到好工作嗎？

# 前言

如導論所述，日治前期的教育以初等教育為主，初等教育畢業之後的升學管道，只有國語學校、醫學校及少數職業教育機關；一九二二年《新臺灣教育令》頒布後，臺灣逐漸建立起與日本本國相仿、由小學到大學的升學體系。一九四五年日本統治結束前，臺灣有帝國大學、高等學校各一所，專門學校五所，學生共三千八百餘人，其中臺灣人學生僅七百五十餘人；師範學校三所，學生二千八百餘人，其中臺灣人學生五百二十餘人。中等階段的學校有中學校與高等女學校各二十二所，學生二萬八千餘人，其中臺灣人一萬二千餘人；實業學校二十七所，學生一萬四千餘人，臺灣人九千一百餘人；國民學校一〇九九所，學生九十三萬二千餘人，其中九成五是臺灣人。[1]由上述數據可知，臺灣人在臺灣所能接受的高等教育相當有限；中等教育階段的日、臺人數雖然較為相近，但是對總人口數占絕對多數的臺灣人來說，中等教育無疑也是相當高的門檻，而且一直要到一九三〇年代後期以後，臺灣人的就學人數才大幅增加。在日本時代建立起來的教育體系中，從就學人數來看，初等教育階段的公學校可以說是臺灣人最重要的近代教育機關。

以往的研究已經指出，殖民時期的新教育為臺灣社會帶來很大的改變，舊社會領導階層讓其子弟接受新式教育，甚至送到日本留學，因而得以繼承或取代其父兄的社會領導地位。根據吳文星的研究，一九一〇年代，社會領導階層中有四八％受漢學教育，五三％受公學校、中學、師範、醫學或留學等新式教育；到一九三〇年代，受漢學的社會領導階層約占二四％，受新式教育者約占六四％；到一九四〇年代前期，漢學出身者僅餘四％，受新式教育者攀升到八四％。從上述比例的變化，我們可以很清楚看到新、舊教育優位性的改變。在受新式教育的人當中，公學校程度者在三個年代皆約占一〇％左右；一九二〇年代中等以上教育尚未開放之前，醫學校與國語學校是臺灣人最重要的兩個升學管道，在三個年代所占的比例皆約三〇％；升上中等學校，或之後不論在臺灣或是島外留學，繼續就讀專門學校或大學者，在一九一〇年代僅占三％，一九三〇年代占二四％，到一九四〇年代占四一％。由此可知，在新式教育中，變化最大的其實是中學校、專門學校及留學生（專門學校及大學）的比例。因此，吳文星指出「受過高等教育的留學生日漸成為社會領導階層的重心」。[2]

這樣的觀察確實精準指出了日治時期新教育的社會意義，但是筆者在意的是，在這個新教育體系中，只完成初等階段的公學校教育，而沒有或不能往上升學的大多數受新教育者，他們在社會上扮演的角色如何？「公學校畢業」的學歷能否為他們帶來社會流動的可能性？也就是說，我將從社會史的角度思考，公學校畢業生與「公學校畢業」的學歷在日治時期臺灣社會的意義。關於時期的設定，考慮到日治前期，就學率不到三成，能畢業者更少，其意義與中後期必然有所不同。而一九二二年《新臺灣教育令》發布以後，有了上級升學機關，公學校成為升學系統中的第一階段；一九三〇年代後半進入戰爭時期以後，為了因應戰爭，教育政策方向及社會都有很多變化，因此，本章擬以一九二二年至戰爭爆發前為考察對象，特別著重描繪一九三〇年代的情形。

## 一、公學校畢業生出路的趨勢

在許多回憶錄或訪談紀錄中，我們常常看到很多人提到他們自公學校畢業後想繼續升學，可是家裡很窮，家長不同意，只好忍痛放棄；有些人則考不上中學校或高等女學校，或是因為中學校或高等女學校學費太貴，退而求其次，轉而就讀職業學校。究竟公學校學生畢業之後都到哪裡去了呢？有多少人升學、多少人就業？不同學校的升學情況如何？不同職業者其學歷分布狀況如何？得以升學的人，自然掌握了社會上升重要的通行證，然而那些沒有辦法繼續升學的人，僅憑著公學校的學歷，是否有機會向上流動呢？他們的學歷有沒有發揮什麼效用呢？

要瞭解這個問題，我們可以試著利用官公廳統計書中對公學校畢業生的出路調查來考察。由於資料限制，並鑑於較小的地域社會較能具體掌握人事資料，因此以下擬以宜蘭為中心考察此問題。

宜蘭地區在一九二〇年地方制度改正以後，隸屬於臺北州，分成宜蘭郡、羅東郡、蘇澳郡三郡，本節主要考察宜蘭市街所在的宜蘭郡。

《臺北州第一統計書》在一九二六年由臺北州出版，裡面收錄的是一九二四年的數據。這些數據是該年度學生畢業（三月）後，於年底所做的調查，可以呈現公學校學生畢業後不久的情形，至於畢業後一、二年，甚或三、五年後的情形，就無法從這份資料得知。一九二四年度的統計，分成「升學」及「就業」兩類，其中升學又分成「島內」及「島外」，就業則分成「從事實業者」、「官廳或公職者」、「任學校教員者」及「在銀行、公司就職者」四種。資料可以上溯到一九二〇年度，唯一九二〇年至一九二三年僅有全臺北州的統計，一九二四年起才有州以下各市郡的數字。該年度統計並沒有包括所有畢業生，被列入升學或就業的人大約僅占所有畢業生的三分之一，其餘未計入的人應該不隸屬於上述「職業」，例如從事農業或留在自家幫忙的人。

自一九二五年度的《第二統計書》起，調查項目分得更細，升學分成「修習上級教科者」及「升入上級學校者」，前者是指升上公學校高等科者，後者則是升上其他中等以上學校者。除了升學者之外，還有「有職者」及「其他」兩類統計，「有職者」分為「農業」、「水產業」、「礦業」、「工業」、「商業」、「交通業」、「公務及自由業」、「其他有業者」、「家事使用人（家庭幫傭）」、「有收入者」[3]；「其他」則包括「無職者及職業不詳者」、「死亡者」。如此則將所有畢業生統計在內，也就是包括了升學、就職以及從事各種傳統產業者。[4]此後一直到一九四一年最後一本臺北州統計書，大抵按此分類統計。本書附錄二為宜蘭郡公學校兒童畢業後狀況統計一覽[5]，從中我們可以觀察到幾個現象。

(1)一九二〇年代中期以後，雖然中高等教育的學校體系完備，但是從公學校升上中等學校的人還是相當有限。歷年來，宜蘭郡公學校畢業生升上中等學校的比例，一直沒有超過一〇%，大部分介於三%至六%之間，人數非常少。對地方上的人來說，如果要升學，顯然公學校高等科是最有可能的選擇，宜蘭郡公學校畢業生就讀高等科的比例，一九三五年以前約在一〇%至二〇%之間，一九三六年以後提升到二〇%以上，一九三八年以後則超過三〇%。

(2)大部分公學校學生在畢業之後就立刻就業，也就是就學者當中，大部分的人是以公學校為最高學歷。在就業的人當中，以勞力工作為主的農業、水產、礦業、工業等占最多。商業、交通業、銀行會社員、公務自由業等業別人數雖然相對較少，但是六年公學校畢業後，可以脫離勞力生活成為薪水階級，應該是最能突顯公學校學歷有效性的一群人。此外，「家事使用人」（家庭幫傭）的人數不少，也很值得注目。

除了上述統計數字可以觀察到公學校畢業生的大方向之外，我們還可以從另外一份資料將這些統計數字具象化。宜蘭公學校於一九三九年舉行開校四十週年的紀念活動，之後出版了專刊，其中調查了歷屆畢業校友的住所、現職。[6]將這一份資料與統計書中的數字相互參照，我們對於統計數據中顯現的傾向會有更具體的認識。

但這一份定時性的資料有很多限制。首先，它是一九三九年的調查，其中登錄在學或就業的現況，都是一九三九年調查當時的情形，除非是還在上級學校的就學者，否則無法確認此人是否在取得更高學歷之後才能從事目前這個工作。其次，在登錄畢業校友目前的職業時，有些人可能僅寫「被雇」，至於被什麼樣的單位雇用，則無法確認。最後，對一個生活在一九二〇年代或一九三〇年代的臺灣人，在離開學校出社會後，更換工作或是謀生的方式，應該不少見，如前章所述的公學校教師，很多人在工作數年之後即轉換跑道，或到日本留學深造。但也有人因為家裡有田地或家業，為了繼承家業，從十幾歲開始就一直在相同的領域工作。總之，我們現在只能看到這些在不同年代出生、不同時期自公學校畢業的人，在一九三九年時的職業分布。儘管有上述限制，但對於瞭解「公學校畢業」這個學歷在不同時期的社會意義，這仍是少數可用的資料。以下，配合其他統計資料，先來看看不同年代公學校畢業生的職業分布情形。

從一九三四年的畢業生來看，本科六年畢業的一百二十五位學生當中，有二十九人進入高等科，於二年後（一九三六）畢業（也有可能有入高等科一年後，即升上別的學校者，無法確認）；繼續升學者有十八人，其中五人高等科畢業後繼續升學。升學機關以宜蘭農業學校最多，其次為基隆中學校，另有二位在高等科畢業後到日本留學（參考附錄三）。同年（一九三四）高等科畢業生有四十四名，一九三九年調查時，有七名在官公廳任職，七名受雇於公司行號，十名升學，四名從商，四名地主（貸地業），二名農業，一名工業，九名不詳。從上面的數據大致可以看到，高等科畢業者的升學比例更高，在就業上也有較高比例進入官公廳及受雇於公司行號。

其次，參考前引臺北州統計書的職業分類，我們將各人職業分成以下十一類來標記，其中不免有

表 2-1　宜蘭公學校歷屆畢業生職業分布分類表

| 標記 | 類別 | 細目 |
|---|---|---|
| A | 官公吏及自由業 | 任職於官、公廳、學校、醫師、律師 |
| B | 公司、銀行 | 店員、司機、職員 |
| C | 商業、自營商、自己開店 | 料理業、理髮業、實業 |
| D | 工、礦、漁業 | 木工、職工、營造業 |
| E | 被雇用 | |
| F | 日傭 | |
| G | 農業、種田 | |
| H | 地主 | |
| I | 自宅、家務 | |
| J | 升學 | |
| K | 死亡、不明 | |

難以判斷者，但是仍可根據表2-1的分類瞭解公學校畢業生職業分布的概況。

以下從宜蘭公學校設置高等科的一九二二年開始，每隔四年觀察畢業生的職業分布。得到如表2-2。

由於資料限制，分類或標記很可能有許多誤差，因此，本章不擬計算各職種的百分比，僅從大致的分布狀況來考察。

一九二二年畢業的學生，如果以七歲入學計，一九三九年時約三十歲。雖然在一九一〇年代之前，兒童超齡入學的情形還是相當普遍，但到一九三〇年代差距減少，不至於對推論有重大影響。一九二六年畢業的學生，一九三九年約二十六歲；一九三〇年畢業的學生，一九三九年約二十二歲；一九三四年畢業的學生，一九三九年約十八歲。因此，表2-2大約是宜蘭街上公學校畢業、二十至三十歲青年的職業分布。此時所登錄的職業，也

**表 2-2　宜蘭公學校畢業生職業分布**

| | A | B | C | D | E | F | G | H | I | J | K | 計 |
|---|---|---|---|---|---|---|---|---|---|---|---|---|
| | 官公吏及自由業 | 公司、銀行 | 商業、自營商、自己開店 | 工、礦、漁業 | 被雇用 | 日傭 | 農業、種田 | 地主 | 自宅、家務 | 升學 | 死亡、不明 | |
| 1922 | 15 | 12 | 24 | 4 | 0 | 0 | 0 | 8 | 0 | 0 | 20 | 83 |
| 1926 | 16 | 15 | 40 | 5 | 2 | 1 | 10 | 7 | 0 | 0 | 46 | 142 |
| 1930 | 13 | 22 | 39 | 11 | 0 | 6 | 2 | 12 | 5 | 0 | 2 | 112 |
| 1934 | 9 | 33 | 26 | 13 | 0 | 2 | 3 | 0 | 0 | 18 | 21 | 125 |
| 1938 | 2 | 28 | 10 | 5 | 0 | 5 | 5 | 2 | 0 | 87 | 28 | 172 |

有可能是幾度轉職後的結果，或是取得更高學歷之後的工作，無法一一確認，本節先分析整體的分布狀況，觀察一九三〇年代中期公學校畢業生的出路，個別人物的例證則留待次節。

這幾個年代，除了一九三八年剛畢業的學生，半數在就讀高等科之外，以從事各種商業者最多。在登記的職業中，例如「吳服商」，從字面上看應該就是開了一間布店，而不是在布店工作，如果是受雇於布店，有些會寫「店員」，或是「某某店雇用」。可以被歸入廣義「商業」的有米穀商、藥種商、吳服商、雜貨商、材木商、古物商、鐘錶商、鞋類商、獸肉商等等。除此之外，很引人注目的是，官公吏以及受雇於醫院、公司行號或商店的店員、公司職員、技術人員（如司機）等也不在少數。

由表2-2可以看到，一九三〇年代以後，最明顯的變化是升學者激增，一九三〇年代之前原本無人升學，但至一九三八年已有半數畢業生升學。再對照附錄二全宜蘭郡的統計，可以看到，升學者最多的是「修上級教科者」，也就是念公學校高等科。一九三八年，全宜蘭郡八〇一名畢業生，有五十一人升學中學校、高等女學校及實業學校等中等教育機關，另有超過三分之一的人（三一三人）繼續就讀高等科。雖然公學校高等科不屬於正規的中等教育機關，但是仍然顯示在一九三〇年代後半以後，有愈來愈多人在取得公學校的學歷之後，希望追求更高的學歷。

在官公廳工作的公學校畢業生，一九三四年畢業者有九人，一九三八年雖然人數減為二人，但前一年（一九三七年）有十七人，就職機關有街庄役場、火車站，或是擔任保甲書記或公學校職員等。其次，擔任店員、公司職員也不少。一九三八年一七二名畢業生中，除了上述半數升上高等科之外，二十八名受雇於公司、銀行，也是很高的比例。在官公廳工作或是受雇於商店、擔任店員自然有各式各樣的可能性，也有可能還是以勞力為主的工作，不過基本上應該可以算是薪水階級。表2-2中，A、B、C三類薪水階級或自營商業的人數，明顯大於傳統行業或依賴勞力的工作者。

為了瞭解公學校畢業是否有可能讓農漁工礦子弟脫離傳統產業，以下再將職業分成傳統依靠勞力為主的工作以及受薪階級的白領工作，將表2-2進一步要約為表2-3。

由表2-3來看，「受薪工作」的比例沒有太大變化，大約都是二○%左右，這表示透過公學校教育成為薪水階級的人一直有一定的比例。傳統的農、漁、礦業部分，從一九二○年代到一九三○年代有很大的落差，但在一九三○年代大約維持在三分之一。最明顯的變化是升學的比例持續上升，其中的改變主要來自高等科的就學，扣除掉高等科的升學比例，其他的升學者大約都維持在五%至七%之間，但升上高等科者所占的比例，則從一九二六年的九%變成一九三八年的二○%。雖然高等科一般不被視為中等教育升學機關，但進入高等科卻是得以與一般六年公學校畢業生區別開來的機

**表 2-3 宜蘭公學校畢業生升學及各類職業比例**

| | 升學：高等科及上級學校（ ）內為高等科 | 傳統產業：農、水產、礦、工業 | 受薪工作：商業、銀行公司職員、官公吏約聘雇 | 其他：其他有業者、家庭幫傭、無職、不詳、死亡 |
|---|---|---|---|---|
| 1926 | 14%（9%） | 42% | 22% | 22% |
| 1930 | 19%（12%） | 34% | 20% | 27% |
| 1934 | 22%（16%） | 34% | 20% | 24% |
| 1938 | 26%（20%） | 32% | 22% | 20% |

會，而公學校畢業的學歷，便是保證可以升上高等科的資格。

總的來說，在學齡兒童中，取得公學校學歷的人雖然仍占少數[7]，但這些少數的公學校畢業生，除了取得升上上級學校的學歷資格外，也比一般沒有就讀公學校者較有可能成為農村或城鎮上的受薪階級。

## 二、一九三〇年代的公學校畢業生：以澎湖洪四川為例

本節擬以一位一九三〇年代自公學校畢業，沒有繼續升學的人物為例，從他的生活經歷，考察當時人們如何思考進入公學校就讀、公學校畢業後的出路以及自己的未來。

這裡選定的人物是一九二〇年在澎湖郡湖西庄隘門（今澎湖縣湖西鄉隘門村）出生的洪四川。[8]隘門村靠海，距離馬公市區走路約兩小時，四川的祖父以行走貨船維生，但很年輕就過世，不久祖母也過世。父親一八九〇年出生，本來有機會讀書，然因家中貧困，沒有受教育，也因為不識字，受族人欺負，祖產被侵占。四川自幼不時聽到父親提起這段困苦往事，下定決心以後要出人頭地。

四川出生後，父親一面從事澎湖最常見的捕魚工作，家裡也有幾分薄田，可以種些雜糧；此外，父親也是個打石師傅，冬天會和村裡的男人一起到臺灣打零工，春天再回澎湖。但是，即使如此勤奮努力，也很難養活一大家子的生活。

父親認為男孩子應該認點字，於是在四川七歲時，就把他送到村裡的書房讀漢文。當時已經有

公學校，父親見鄰家小孩都九、十歲才上公學校，認為大一點再去念公學校即可，以免被大孩子欺負。但是，對幼年的四川來說，公學校老師是全村最吸引他注目的對象，老師的制服筆直耀眼，夏天是白色，冬天是藍色，鑲金線、按金扣，是全世界最漂亮的衣服。而穿著整齊文官制服的老師，象徵著知識與富足，因此他非常嚮往到公學校讀書。九歲時，老師為了招生，到村裡拜訪家長，四川擅自拿了父親的印章蓋了章，跟老師登記要上公學校，父親也拿他沒辦法。一九二八年，四川進入湖西第一公學校隘門分教場就讀，但下午仍然到書房繼續讀漢文。日治前期許多臺灣家長，一方面受到新式教育的吸引，或是被勸誘，不得不將子弟送到公學校就學，但另一方面仍然認為傳統書房所傳授的四書五經，才是真正的學問，因此許多人讓孩子早上到公學校讀書，下午到書房讀漢文。洪四川的例子顯示了，在澎湖，甚至到了一九二〇年代後期，早上去公學校讀日本書，下午到書房讀漢文，仍很普遍。

洪四川就讀的書房叫訓蒙軒，是當地三代秀才、族親洪庭華所開設。四川在這裡讀了三年，念完《三字經》及《四書》，因書房停辦才中止。沒上書房後，四川仍繼續自習漢文、用毛筆手抄古書，求知若渴。隔年，另一位老師繼續開辦訓蒙軒書房，四川又去讀了三年，念完《尺牘》、《瓊林》及《詩經》。甚至在公學校畢業後，因為父親沒錢讓他讀高等科，而漢文書房收費較便宜，因此，他又回到書房念了一段時間。由於村裡識字的人不多，像洪四川這樣念了幾年漢文書，也練過書法，過年時便可以幫村裡的人寫春聯，有時也可以得到一些賞金，這是他幼時最喜歡的事情之一。

公學校求學期間，四川表現良好，老師對他印象很好，尤其六年級的老師高振坤，鼓勵他一定要念高等科。一九三四年洪四川以第二名畢業，他雖然想繼續升學高等科，但家裡說經濟不好，沒有辦法讓他升學，洪四川因此感到非常失望。然家裡覺得他年紀還小，不能出去工作賺錢，遂讓他再去書房讀漢文。不久，公學校的老師便介紹他到馬公街上的捷興百貨店當童工。

捷興百貨店就在澎湖醫院對面，店裡販賣生活用品、衣服、鞋子、化妝品等，四川大開眼界，見識到所謂的「文明」。百貨行一星期工作七天，沒有休假，童工的工作就是一大早起床，打掃店面，整理架上貨品，此時十五、十六歲的四川，已經相當懂事，店裡不論什麼事，他都勤快去做。老闆見他做事勤快，又懂漢文，因此願意多教他一些，不久後，店裡的記帳、收帳，都由四川負責，他也努力觀察學習，因此瞭解了公司營運的道理。

四川雖然念完六年公學校，但日文並沒有學得很好，倒是在店裡幫忙期間，因為遇到很多日本顧客，因此有機會練習日文；在馬公也可以借到一些日本文史刊物和小說，日文便漸漸熟練。雖然工作很順利，但四川對於沒能繼續升學，一直耿耿於懷，認為沒得念書，差人一等，因此要加倍努力。一次在老闆家中意外發現了日本早稻田中學函授講義，便拿來自修。此時才發現，幼時訓蒙軒漢學堂紮實的漢文基礎，非常有助於他自修日文。

在百貨店，他學會記帳、收帳、買賣訂貨和待客應對的道理。剛開始一個月薪資二、三圓，他都寄回家，對家裡幫助很大。過了兩年，他的薪水上升到一個月七、八圓，其實已經算是不錯的收入，但他開始思考未來的發展。如果繼續做下去，永遠只能當店員，他希望擁有自己的事業。有一次剛好聽到老闆娘的妹妹在臺灣做撞球店計分小姐，一個月的薪水有十六圓，他非常羨慕，決心到臺灣發展。

對澎湖人來說，臺灣是文明的所在，賺錢的好地方。澎湖有一句俗話：「有賺沒賺吃一漢」，意思是到臺灣，就算沒賺到錢，吃飯也吃得比較好，有白米飯可吃，至少可以養活自己。四川決定到臺灣打拼，離職前，他把百貨店所有來往店家的聯絡資訊全部抄錄下來，以備不時之需。離開澎湖時，他就只帶著公學校畢業證書和店家資料，坐船到高雄，投靠姐夫，那時是一九三六年。

來高雄之前，他已經先將履歷表寄給姐夫，請姐夫幫忙留意工作。姐夫也拜託朋友幫忙，但都沒有著落。每天一早，四川就到高雄港碼頭、鼓山附近，大街小巷沿街尋覓，看看是否有人張貼徵人啟事。幾個月來，他每天都早出晚歸找工作，但都沒有結果。後來終於在一家日本人開的腳踏車店，找到擦腳踏車的工作。腳踏車店老闆包攬到很多生意，每兩天派人擦一次，按月收取維護費。小伙計三、四人一組，提著擦腳踏車的工具箱，沿著高雄市區，一家接一家地擦。做了四個月後，四川認為這個工作繼續做下去，頂多只能開一家腳踏車店，實非長久之計，便辭職另謀他就。不久後，經人介紹進入一家建築師事務所工作。

洪四川認為像自己這樣沒有家世背景的人，由澎湖僻壤小村，來到大都市高雄，要有好的學歷文憑，別人才比較願意給他工作機會，他才可能獲得自我發揮的舞臺。因此，他白天在建築師事務所工作，晚上則到高雄建築技術練習生養成所上夜校。後來也參加了大阪工業技術專門學校建築科及東京高等工業學校函授課程，日後進入營造業，成為一名成功的企業家。[9]

這個故事很值得我們思考一九三〇年代公學校學歷在社會上的地位。洪四川在澎湖的鄉下成長，一九二八年他進入公學校就讀時，澎湖學齡男童的就學率是四八・四六％[10]，幾乎每兩位男生就有一名就學，甚至比全臺灣的平均值（四四・六八％）更高一些。而且他所住的隘門村就設有公學校分校，因此對四川來說，到公學校就讀，並非難事。此時日本統治臺灣已經三十多年，家長也不反對讀日本書，甚至覺得不識字會使生活不便，受人欺侮，因此有些家長會有意願送子弟去讀公學校，但是只限男生。如果是女生，就幾乎沒有機會入學，例如同樣這一年，澎湖女童的就學率只有六・七九％。[11]只不過家長對於六歲入學這種近代學校的規定，並沒有認真當一回事。

一想到讀書，洪四川的父親最優先的選項還是傳統書房。洪四川入學這一年（一九三二年），澎湖廳還有十九間書房，學生人數約五百名。[12]但是，在兒童眼中，有著漂亮建築的公學校以及穿著文官制服的公學校教師，便是知識、財富與文明的象徵。在楊肇嘉、吳濁流等人的回憶錄中，也都出現過對公學校教師制服的嚮往，可見公學校教師的文官制服，確實有著宣示文明權威的效果。洪四川受到教師制服吸引，自己想辦法入學，在校表現良好，自己也很樂於學習，所以即使如願進入公學校，每天下午仍到書房繼續學漢文。書房教育雖然以漢文、書法等為主，但洪四川認為在書房學習漢文的紮實基礎，對他後來自修日文有很大的幫助。

如同下節所示，很多臺灣學生雖讀了六年公學校，但並沒有真正學好日文，畢業後，也沒有機會使用，很快就忘記。洪四川也有這樣的問題，他認為自己雖然畢業自公學校，但並不能自在地使用日文，直到後來因為工作上有機會接觸日文，再加上努力自修，才慢慢熟練。

一九三四年，洪四川自公學校畢業。這一年全臺灣從公學校畢業的學生約有三萬五千人，但澎湖只有四百五十三人。[13]此時澎湖只有馬公第一公學校設有二班高等科，這一年澎湖的公學校畢業生，有四十二人升上高等科繼續就讀，沒有人升上中學校和高等女學校，有一人升上農業學校，還有二十一人升上實業補習學校。[14]從數字上來看，此時在澎湖地區，雖然學齡兒童就讀公學校的比例略高於全臺灣平均值，但和前一節的宜蘭郡比起來，公學校畢業後繼續升學的人相當有限。

洪四川有很強烈的求學意願，想繼續念書，但他也明白不可能奢望到臺灣本島升學，只求能在澎湖本地的高等科升學，卻也不能如願。洪四川的回憶錄中說到，父親認為他從公學校畢業時年紀尚小，還不能去賺錢，顯然家裡雖然貧困，但也不是需要他立刻去工作賺錢，然而念高等科還是需要學雜費等，家裡供應不起，因此決定讓他念學費較便宜的漢文書房。

公學校畢業後沒多久，學校老師介紹他到馬公市街上工作，四川這個時候大約十五歲。十五歲，對現在的我們來說確實還很小，還不是出去工作賺錢的年紀，在回憶錄中，四川也說自己去當童工。不過，當時報紙上的徵人廣告，不少都徵求十四、十五歲小弟，所謂的童工在當時應該不是太稀奇的事。

在馬公街上的百貨店工作二年後，四川決定渡海到臺灣本島打拼。他覺得自己沒學歷、沒人脈，很難有工作機會。不過，他還是把僅有的學歷證明——公學校畢業證書，當作開創未來前途的門票，小心翼翼地帶到臺灣來。後來也因為這個學歷，才得以進入相當於實業補習學校的高雄建築技術練習生養成所修業，然後也才能透過函授，學習專門學校的課程。

像洪四川這樣的人，只有公學校畢業，在日治時期，一般不會被視為菁英分子，他也自認為書讀得不多。然而他之所以得以在日後有所發展，不得不說是基於公學校的學歷。他可以在百貨店擔任店員，固然是基於書房學習的漢文根基，但在公學校習得的日文，雖然不夠熟練，但還足以應對日本客人，老闆也才願意雇用他，而有機會在接待客人的過程中慢慢熟練。公學校畢業的文憑，正是他日後得以繼續進修的入場券。

其實，不只是洪四川，從目前已經出版的口述訪談或是回憶性質的文字，也可以找到不少類似的例子。例如作家鄭鴻生的母親施傳月，公學校畢業後，在家裡的雜貨店幫忙時，意外發現包東西的字紙中，有日本婦女雜誌的洋裁教學。施傳月因為讀過公學校，懂得簡單的日文，在公學校的家政課也學過基礎的裁縫，她便靠著婦女雜誌自學洋裁。起先是在自家幫人做簡單裁縫，後來到洋裁公司上班，看到有洋裁師傅到日本留學學習洋裁設計，從沒離開臺南的她，因此興起留學的念頭，請人幫她買了車票、船票，到東京學習洋裁，回臺後自己開設洋裁補習班，一直延續到戰後。她與洪四川有些類似之處，他們在當時都稱不上菁英分子，但是卻依靠公學校的學力以及學歷，為自己開拓了一片天。[15]

洪四川的故事，讓我們看到一九三〇年代前後，臺灣社會對進入公學校及公學校畢業後進路的考量；以及一名公學校畢業生，憑藉公學校畢業的學歷，能有什麼樣的選擇。雖然只是單一個案，卻提供很好的具體例證。

## 三、公學校畢業生的鏡像

日本在臺灣引進近代學校，自然有其統治目的，然而臺灣社會之所以接受近代學校，也有自己的如意算盤，如同折射鏡一般，映照出不同的鏡像。

對教育官僚或教育者來說，把兒童、青年集中在學校，根據固定的作息，施以設計規劃好的一套教育，是最能確保兒童、青年不脫離政府規範的有效方法。學生一旦畢業，如何確保學校的規訓持續有效，便成為教育相關人士關心的重點，所謂「卒業生指導」或是一九二〇、一九三〇年代以後的青年團、青年學校等制度，基本上都是在這種想法的延長線上。另一方面，對於臺灣民眾來說，隨著日本統治而建立起來的近代學校，並不是傳統社會文化中固有的組織。日本統治初期，臺灣人曾經對學校要上體育課、音樂課感到困惑，這也表現了新舊教育觀的衝突。然而，由於統治初期迫切需要基層的行政、通譯人員，因此，短期（半年或一年）就學之後，要在公家機關謀得一官半職並不困難，看在窘於生計的民眾眼中，學校不僅是新科舉，甚至是一步登天的捷徑，因此而將子弟送入學校的也不少。隨著行政末端人才補足，學校不再是立刻見效的社會上升管道後，就學人數仍然持續增加。此時把孩子送到學校的家長，有可能是受到學校所代理之新文明的吸引，也有可能是因為傳統文化中對學問知識的尊重，也有可能只是因為教師或地方社會的學務委員勸說的人情壓力，但是無論如何，他們對學校教育（學歷）的社會或經濟效用還是有某種期待。

我們家很窮，所以沒辦法讓弟弟讀書。而且去年畢業的哥哥，沒有工作，現在在放水牛，不能去做什麼賺錢的工作，花了錢和時間，只是讓我們操心，實在沒有必要把他們送去學校。務農、放牛，不懂國語也可以，又不是為了放牛才到學校。農業的話，只要像父親那樣做就可以。[16]

這是一九三〇年代前後，一位農家母親的心聲。對普通農家來說，要不要送孩子去學校讀書，關鍵在於家長對學校教育的認知與期待。從這段文字中，我們看到這位母親對學校教育的失望，因為學校教育（學歷）並沒有為子弟帶來看得到的社會或經濟效用。然而，從另一個角度來看，即使像這樣貧窮的農家，也願意試著將長子送到學校去讀書，而且還讓他讀到畢業，這種失望的背面，其實也反映了對學校（學歷）的期待，期望著學校教育（學歷）能帶來更好的謀生方式。

而家長對教育的期待，也會影響兒童與青年的觀念。我們可以從當時的相關紀錄、回憶錄或訪談紀錄，來觀察受公學校教育的人如何看待新教育。大體說來，特別是在農村地區，受過新教育的人對自己的教育引以為傲——即使只是公學校階段的教育。當時的公學校教師們，經常批評公學校畢業生，「說著半調子的國語，在街上晃來晃去」、「醉心於公學校畢業生這種半調子的虛榮摩登氣氛」、自以為是「高級青年」。[17]「他們好像覺得自己受了六年初等教育，就好像從大學、專門學校出來一樣神氣。」但其實「不會寫信，連報紙雜誌也不能讀，不能成為領薪水的人，不能輕鬆賺錢，而又討厭流汗身體勞動，什麼工作都沒有，只好整天遊手好閒。」[18]日本人教師的批評，當然可能隱含著民族偏見，但是也有部分臺灣青年有類似的觀察：

公學校畢業者，不想幫忙家業的很多。家裡是農家的話，就逃家，一心只想去店裡當學徒，或到學校或公所找個工友做做。他們的父兄也好，社會也好，都認為與其拿鋤頭、用水牛，不如當個月薪十圓左右的工友，或是做學徒比較好。[19]

這種批評的背後，事實上顯示了在公學校入學率還只有三成時，公學校畢業生對於自己身為受過新教育者的自豪。這種自豪的背後，是臺灣民眾對於公學校教育的期待，希望透過接受新教育來接近摩登、文明，離開「流汗、身體勞動」的傳統產業。

與臺灣社會的期待不同，殖民者並不關心臺灣農家希望子弟有機會脫離農業辛勞生活的心情，而是站在教化的立場來看公學校教育。前述去訪問農家母親的那位公學校老師向家長鼓吹：「（到學校去）學了大家都不知道的國語和其他知識，可以變成更好的人。」但其實重點並不在於提升個人知識品德（「更好的人」），而是去學習象徵日本精神教育骨髓的國語。這位教師接著說：

懂國語是絕對必要的。因為大家都不懂國語，所以一般都講臺灣話，等到變成「國語的臺灣」就是要使用國語的時代了。懂國語的人到鎮上辦事的話，某種程度也可以做得來。沒有受學校教育的話，很難變成社會人。畢業後立刻有用賺錢是沒辦法，以前公學校畢業生少的時代或許可以也不一定，但像現在如果不是中等學校以上畢業就沒辦法。但是，不懂得一般社會人的常識，已經是很丟臉的現在，如果不是公學校畢業生，做為社會人，做為農村民都做不來的時代早晚會來。喔，不，其實已經來了。因此至少要公學校畢業，否則，將來沒有用。現在不到學校，在家裡放牛養豬，雖然可以幫點忙，但以後朋友們都變成了不起的農民，那（孩子）不是很可憐嗎？而且一樣是放牛，一樣是幫忙農事，有到學校和沒到學校的人完全不同……（到學校的話），可以應用學理，改良舊有習慣……而且大家都想到鎮上領薪水，那農村就沒有年輕人，沒有有希望者，農村就會疲弊，好的農民應該務農，讓村子發展。（底線為筆者所畫）

從上面這段話，我們可以看到教師對公學校教育的期待。他們把公學校教育視為社會人的基本教養，強調到學校學習國語能力及社會常識，畢業後仍應留在農村，繼續務農，振興農村，完全不考慮民眾對教育翻身的期待，兩者間有不小的落差。

一九二二年《新臺灣教育令》公布後，臺灣逐漸建立起金字塔型的學校體系，小、公學校是最初級的教育階段，必須完成小、公學校教育才能升上上一級的中學校、高等女學校、實業學校、實業補習學校等。在這裡公學校畢業就有一個很重要的意義，即是取得升學的資格。另一方面，社會上有許多職業開始要求學歷。一九〇七年臺灣總督府公布的《助產婦講習生規程》，規定參加者必須是公學校三年級以上者。[20]到了一九三〇年，臺北市幾位臺灣人醫師，自行創立臺北看護婦產婆講習所，自行訓練產婆，資格限定在小、公學校畢業者。[21]一九三三年，臺灣總督府辦理的助產婦產婆講習，則需要高等小學校或公學校高等科畢業者才有資格參加。[22]

從戰前就開始擔任護士的尹喜妹，一九二八年自楊梅公學校畢業後，曾短期就讀公學校附設的農業補習學校，雖想升學新竹高等女學校，但家裡不允許，加上經濟狀況也不好，後來農業補習學校也中輟，只能回家幫忙農作。一九二九年透過親戚幫忙，參加日本紅十字社臺灣支部醫院附設的護士養成所考試。根據尹喜妹的回憶，護士養成所分為急救護士和醫院護士兩組，前者是戰地護士，要高等女學校畢業才能報考；後者則只要小學校或公學校高等科畢業就可以報考。尹喜妹讀過農業補習學校，在學校位階上與公學校高等科相當，雖然沒有畢業，但還是可以參加醫院護士組的考試，錄取後接受三年訓練課程，即可成為正式的護士。後來，尹喜妹一生便以護士為業。尹喜妹的例子，印證了公學校畢業不只是升學體系的第一階段，也是許多職業考試要求的基本資格。[23]

另一方面，報紙上的求人廣告，也開始增加學歷的要求，例如：

ボーイ募集　年十七八歲　小公學校卒業　希望者自筆履歷書持參
卅日午後六時來談　カフヱーボタン（《臺灣日日新報》一九三五年十月三十日〔九〕）

時計子弟入用　拾四五六歲　公學校卒業
臺北市京町正川時計店　電三四九七（《臺灣日日新報》一九三九年四月七日〔五〕）

雖然，明確要求學歷的廣告不算多，但是這類廣告的出現，確實也標誌了「學歷時代」的來臨。如同前述公學校教師所言，公學校畢業並無法保證在社會上立刻有效賺錢，但是不可否認的，「公學校畢業」確實在許多方面具有學歷資格的效用，可藉以參加升學考試或各種職業資格考試，也開始成為部分工作的基本學歷要求。

## 結論

本章以一九三〇年代為中心，考察日治中期公學校畢業生在社會上的狀況。日治中期以後，學校體系逐漸整備，就學人數也逐漸增加，但是一直到一九三九年臺灣學齡兒童的入學率才超過五〇%。也就是說，日本統治的大部分時期，沒有進公學校讀書的人，一直都比有機會進公學校讀書的人還要多。雖然公學校畢業生不算多數，但是公學校教育卻能為他們帶來不同的生涯發展。農村中從公學校畢業的人，至少有二〇%的人日後脫離農業等傳統行業，成為銀行、公司或學校的聘雇人員。到了一九三〇年代後期，公學校畢業後想繼續升學的人增加，但中等教育沒有相應的成長，因此愈來愈多人進入高等科就讀。一九三八年，宜蘭公學校畢業生中，有一半都進入高等科，而高等科畢業之後，雖然在當時算不上中等學歷，但高等科畢業生「脫農」的機會比本科畢業生更高，甚至也成為部分職業的學歷要求。[24]

一九二二年以後，臺灣總督府在臺灣整備起初等、中等、高等教育體系，要追求學歷，必須從初等教育階段的公學校開始。另一方面，臺灣社會已經比較能接受近代學校，也認識到在社會中，學歷是可以證明自己能力的東西。有學習意欲的臺灣兒童，會爭取機會進入近代學校，也透過自己的努力，以公學校為起點，一階一階取得更高學校的入學資格，或是以此學力／學歷為基礎，嘗試正規升學管道以外的學習機會，以便在社會上有更多發展的可能性。而社會上也逐漸形成以學歷來規範求職門檻，報紙上的求人廣告開始出現學歷的要求，標誌了學歷時代的來臨。從總督府或教育相關人士的立場來看，雖然在一九二〇年代以後不得不整備中高等教育，但是他們預想的是，大部分臺灣人只要公學校畢業即可投入職場，他們期待臺灣青年受過公學校教育後，回到農村成為以科學、合理方式耕作的農民，以振興地方。但是，對接受近代教育的臺灣人來說，很多人卻是想藉此擺脫農民的位置，兩者的期待有很大的落差。而次章所討論的「實業補習學校」，正可視為填補兩者落差的機制。

1 以上均為一九四四年四月之統計，根據臺灣總督府的官方文書，高等學校屬於高等教育，因此高等學校尋常科人數也併入高等教育人數。初等教育階段完成後的升學機關，除中學校、高女及實業學校之外，還有實業補習學校。在日治時期的公文書中，實業補習學校並不被納入中等教育機關，因此，此處暫不放入中等教育統計。但事實上，日本統治的最後幾年，實業補習學校才是臺灣人完成初等教育之後，最多人就讀的教育機關，一九四四年時，實業補習學校有九十所，學生一萬八千餘人，其中臺灣人一萬五千餘人。臺灣總督府，《臺灣統治概要》（臺北：臺灣總督府，一九四五年），頁四四—五〇。

2 吳文星，《日據時期臺灣社會領導階層之研究》（臺北：正中書局，一九九二年），頁一五二—一五七。

3 「有收入者」意義不是很明確，但這一項目人數極少，且於翌年以後就沒有統計，因此在附錄二中併入「其他有業者」統計。

4 日本學者佐藤（粒來）香以「生業」與「職業」來區分日本近代化前後不同的生計活動，「生業」包括農業等傳統行業，而「職業」是工業化以後新出現的工作，當然也存在混合性。她主張在近代日本的觀念中，從事生業的人通常被認為不如從事職業的人（被雇傭者，即所謂白領階級），佐藤從這裡看到近代日本社會從「生業的世界」往「職業的世界」的轉換。見佐藤（粒來）香，《社会移動の歴史社会学——生業／職業／学校》（東京：東洋館出版社，二〇〇四年）。此處雖然不探討從事傳統職業（生業）或就職新行業（職業）的問題，但是這樣的討論也可以讓我們思考殖民時期的臺灣是不是也存在這種上升志向。

5 在歷年統計書中，一九三三年以後，「交通業」沒有獨立項目，變成「銀行會社員」，而「公務自由業」變成「官公吏雇傭人」。原先的「銀行會社員」應該不等同於「交通業」，而「公務自由業」的範圍也比「官公吏雇傭人」的範圍大，「自由業」應該包括醫生、律師、畫家等在內。不過為求統計表格易讀，僅在表格中附注，直接將欄目改變，不另設新欄目。

6 宜蘭公學校，《臺北州宜蘭公學校創立四拾周年記念誌》（臺北：宜蘭公學校，一九三九年）。

7 根據一九三四年的統計，宜蘭郡有學齡兒童一萬五千餘人，就學率三九%，修畢公學校課程者僅六五六人。見《昭和九年臺北州統計書》（臺北：臺北州知事官房文書課，一九三六年），頁五二—五三。

8 由於資料限制，無法延續前節使用宜蘭地區的例子，但是澎湖在一八九五年以後的發展，與臺灣本島有很類似的地方，做為一個農漁村發展的例子，仍然有其有效性。此外，本文主要並不是討論地域性問題，而是考察臺灣社會整體的問題，因此不拘泥於某一特定地區的史料。

9 洪四川，《八十自述——洪四川自傳》（高雄：洪四川文教公益基金會，二〇〇一年）。

10 臺灣總督府文教局，《臺灣總督府學事第二十七年報》（臺北：臺灣總督府文教局，一九三一年），頁八四—八五。

11 臺灣總督府文教局，《臺灣總督府學事第二十七年報》，頁八四—八五。此年全島學齡女童就學率為十三．八%。

12 臺灣總督府文教局，《臺灣總督府學事第二十七年報》，頁四二二—四二三。

13 臺灣總督府文教局，《臺灣總督府學事第三十三年報》（臺北：臺灣總督府文教局，一九三六年），頁一〇二。

14 臺灣總督府文教局，《臺灣總督府學事第三十三年報》，頁一三二—一三三。

15 參考鄭鴻生，《母親的六十年洋裁歲月》（臺北：印刻出版社，二〇一〇年）。

16 JJ生，〈公學校卒業生と社會環境（二）〉，《第一教育》九（一九二九年十月），頁七一—七三。

17 JJ生，〈公學校卒業生と社會環境〉，《第一教育》八（一九二九年九月），頁一〇四—一〇九。

18 恭男生，〈公學校卒業生の現狀に對する一考案〉，《臺灣教育》三四五號（一九三一年四月），頁一三五—一三八。

19 李朝根（金山青年團），〈健全なる農村青年團の進むべき道（一）〉，《臺灣教育》三五八號（一九三二年五月），頁七八—八〇。

20 〈助產婦講習生規程〉，《臺日》一九〇七年七月四日（二）。

21 〈臺北看護婦產婆募集講習生〉，《漢文臺灣日日新報》一九三〇年三月三日（八）。

22 〈看護婦助產婦講習生募集〉，《臺日》一九三三年一月二九（N二）。

23 游鑑明訪問，黃銘明記錄，〈尹喜妹女士訪問紀錄〉，收於游鑑明訪問，吳美慧、張茂霖、黃銘明、蔡說麗記錄，《走過兩個時代的臺灣職業婦女訪問紀錄》（臺北：中央研究院近代史研究所，一九九四年初版，二〇〇一年三刷），頁九—七二。

24 一九三九年的臨時國勢調查，有各業種從業者的年齡及教育程度調查，在這份調查中，教育程度僅分成「未達高等小學校及公學校高等科卒業程度者」、「高等小學校及公學校高等科卒業程度以上」、「中等學校卒業程度以上」、「專門學校卒業程度以上」四種，並未區分未受教育或公學校本科，顯示基本的學歷有往上提升的傾向。臺灣總督府，《臨時國勢調查結果表　第一卷　州廳篇　臺北州の部》（臺北：臺灣總督府，一九四一年）。

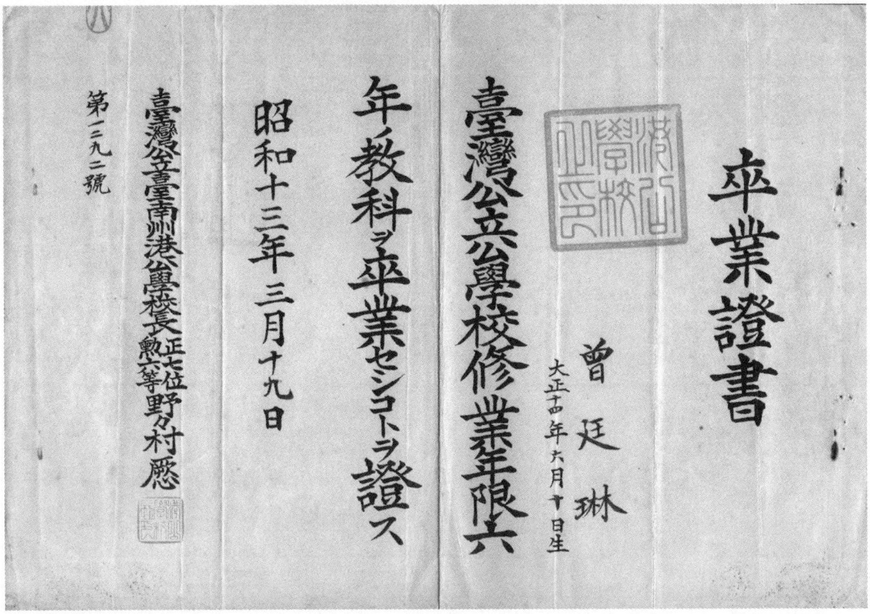

卒業證書
曾廷琳
大正十四年六月十日生
臺灣公立公學校修業年限六
年教科ヲ卒業セシコトヲ證ス
昭和十三年三月十九日
臺灣公立臺南州港公學校長正七位勳六等野々村愿
第一三九二號

公學校畢業證書。臺南市港公學校成立於一九二七年，為今臺南市協進國小前身。（許佩賢提供）

高雄第一公學校畢業照。現今小學畢業拍紀念照及編畢業紀念冊的傳統，從日本時代即有。高雄第一公學校前身為一八九七年成立的打狗國語傳習所，一八九八年改制為打狗公學校，一九二一年改稱高雄第一公學校，以棒球隊聞名，現今為高雄市旗津國小。（陳仁郎提供，時間不詳，一九二一至一九三七年之間）

公學校上課模樣（大茅埔公學校，一九三二）。大茅埔公學校前身為東勢角公學校大茅埔分校，一九二一年成立，一九二五年獨立，此為一九三二年第六屆畢業生在學時照片，為今臺中市成功國小。（張維信提供）

公學校理科上課模樣（臺北第二師範學校附屬公學校，一九三四）。從照片中可以看到不同組的學生分別在操作氣壓實驗、內臟觀察、攝影等不同的項目。臺北第二師範學校附屬公學校，前身為一九〇五年成立的大安公學校，現今為臺北教育大學附設實驗小學。（陳仁郎提供）

公學校學生上學景象（金瓜石公學校，一九四〇）。教育官僚、公學校老師、學生、家長，對「上學」各自抱著不同的心情與期待。金瓜石公學校成立於一九二〇年，原為瑞芳公學校分校，一九二二年獨立，為今新北市瓜山國小。（九份鄉土館提供）

一九三〇年代以後，報紙上的徵人廣告，開始出現比較多的學歷要求，象徵「學歷時代」即將來臨。（《臺灣日日新報》一九三八年三月二十九日（五）、一九三九年四月七日（五））

# 第三章
# 實業補習學校的成立與臺灣社會的教育欲求

一九三〇年代，
公學校畢業的學生逐漸增加，
想升學的人也隨之增加，
實業補習學校為何會成為受臺灣人歡迎的升學選項？

# 前言

日本統治臺灣以後，在臺灣引進近代學校體系，主要目的是想透過學校教育培養能配合殖民統治的人。雖然一九二二年《新臺灣教育令》發布以後，日本統治者逐漸在殖民地臺灣建立完整的學校體系，但是對於臺灣人的教育，基本上仍是以普及初等教育及推廣實業教育為重心。初等教育要培養勤勞、服從、健康及具有基本讀寫算能力的底層人民；實業教育則希望訓練殖民地人民成為基層技術人員，兩者皆是遂行殖民地統治不可或缺的人力資源。一九二二年以後，實業教育體系主要分成實業學校及實業補習學校，本章以「實業補習學校」為研究對象，探討其設立目的、發展過程及其社會意義。

實業補習學校顧名思義，就是一種簡易的實業學校。日治時期的實業學校，在學制上屬於正規的中等職業教育機關，我們所熟知的臺北工業學校、嘉義農林學校等日治時期的「名校」，即是屬於實業學校。一九二〇年地方制度改正以後，包括實業學校在內的中等學校，屬州（廳）立學校，由州（廳）負擔學校經營費用，實業學校修業年限原則上是五年。[1]而實業補習學校多以「補習學校」、「專修學校」或「家政女學校」為名，設置的規定較彈性，可由州（廳）設立，也可由市街庄或市街庄組合（數個市街庄合辦之意）來辦理，甚至也有私立的實業補習學校。入學資格為小、公學校畢業，修業年限為二年，得延長一年。一般說來，農業補習學校多為二年，商工類補習學校及家政女學校則多為三年。

實業補習學校，因為屬於實業教育體系，歷來在實業教育的研究脈絡中稍有提及。吳文星曾討論日治前期實業教育設施，包括國語學校實業部、農業講習生、糖業講習生、工業講習所等制度，雖然與實業補習學校沒有直接關係，但對於日治前期實業教育的開展有詳盡的整理。蔡明達與金柏全的論文皆討論了整個日治時期實業教育的發展，前者提出就讀實業學校不一定是為了從事實業，實業教育是臺灣人改變社會位置的跳板；後者特別著重與日本、朝鮮的比較，很敏銳地觀察到戰爭時期快速成長的實業補習學校，但是僅止於簡單描述。[2]

直接以實業補習學校為研究對象的，有王榮〈日本統治時代台湾の実業補習学校について〉，[3]該文主要利用通論性的文獻，包括吉野秀公的《臺灣教育史》、臺灣總督府出版的《臺灣の教育》及《臺灣教育》雜誌上若干文章，整理簡易實業學校及實業補習學校的概況，但未有較深入的討論。蘇虹敏〈臺灣農業職業教育研究——以國立關西高農為例（一九二四—一九六八）〉，[4]則是以個別的實業補習學校為研究對象，貫穿戰前及戰後，對校史做考察。該文於戰前部分主要提出關西高農前身——關西農業補習學校的設立與當地產業有關，但多是整理性的描述。除此之外，也有部分學校的校史介紹可供參考。[5]

整體說來，實業補習學校的研究仍然十分欠缺，連能瞭解學制變化的制度史研究都還沒有，自然也無法進一步討論此種學校與統治政策、教育政策乃至與臺灣社會的關聯。相關研究的不足主要是因為欠缺史料，實業補習學校主要在一九三五年以後蓬勃發展，但日本統治最後幾年，統治者留下的體系性資料相對較少，除了報紙及少數雜誌之外，沒有太多史料。而且，實業補習學校多是市街庄或市街庄組合設立，比起總督府層級或州廳層級，街庄層級的資料更不容易留存，因此尚有許多空白，有待基礎的研究。

本章嘗試在上述限制中，利用報紙、檔案以及學校的校史紀錄做初步考察。以下首先究明學制的變化，之後依農、工商、家政的類別，分別介紹各種實業補習學校的發展，考察實業補習學校的實際狀況，最後再提出實業補習學校在臺灣教育史乃至社會史上的意義。

## 一、實業補習學校制度的沿革

在日本本國，一八九〇年代就有實業補習學校的制度，而在臺灣，是一九二二年《新臺灣教育令》發布之後才正式成立，前身是一九一九年臺灣教育令發布時公布的「簡易實業學校」。在一九一九年之前，部分公學校附設二年制的實業科，收容公學校畢業的學生，應該也可以算是實業補習學校的前身，皆是在六年初等基礎教育之後，再增加二年以職業教育為主的學校教育。[6]

日本本國的實業補習學校，最早是基於一八九三年發布的《實業補習學校規程》而設立，主要是補充小學校教育的不足。一九〇二年規程改正，明定其屬於實業學校，主要是加強勞動青年的實業教育。一九二〇年以後，規程再度修改，從過去比較偏重「補習」的特色，改為偏重「職業教育」，並且重視公民教育，將德性涵養納入教學目標。此後，各地的實業補習學校在學校數及就學人數上都有明顯發展。一九二六年以後，與新設的青年訓練所功能相同，皆為青年勞工的教育機關，軍事教育的性質濃厚，甚至逐漸超過實業教育本身，最後在一九三五年公布《青年學校令》，將青年訓練所與實業補習學校統合為青年學校。青年學校則於一九三九年為了因應戰時體制下的人力資源計畫，變成義務制。[7]

一九二二年以後，在內地延長主義政策下的《新臺灣教育令》規定：臺灣的實業教育準據日本本國的實業教育令，分為實業學校及實業補習學校，但是其發展與日本本國有很多不同的地方。根據一九二二年府令七十九號「臺灣公立實業補習學校規則」，實業補習學校收容小學校或公學校畢業生，其主旨是「教授關於職業的知識技能及國民生活所需之教育」，分成農業、工業、商業及其他地方所需職業。修業年限二年，可延長一年。由州廳、市街庄或市街庄組合、街庄組合來設立，可併置於小學校或公學校。學校中的教學科目有修身、國語、數學及職業，得加設理科、歷史、地理、體操、簿記、外國語、臺灣語等其他科目。女子則教授修身、國語、數學、家事、裁縫及關於職業之科目，得加設理科、歷史、地理、體操、簿記、臺灣語及其他科目。[8]

由於公學校就學率成長緩慢，一九三〇年代中期之前，臺灣的實業補習學校並不發達，學校數不多，就學人數也有限，女子就學者更少。一九二二年時，臺灣公立實業補習學校有七所，學生數三八七人；一九三〇年，學校數三十二所，學生數一五二九人。[9]學制改制前的一九三四年，學校數三十五所，學生二四七二人。男生二一九一人中，內地人僅二〇七人，本島人有一八七九人，另有原住民一〇五人；女生內地人一六九人，本島人一一二人，可見此時的實業補習學校主要是臺灣人男子的升學機關。由學校的類別來看，以農業補習學校最多，有二十六所，商業、商工、水產及其他分別是四、一、二、二所；大部分學校都是二年制，少數三年制。以設立者來區分的話，州立一所，廳地方費立三所，市立七所，街庄立有二十三所，私立一所，表示實業補習學校在農村地區的街庄最為發達，就學人數也占一半以上。[10]從數字上來看，此時實業補習學校不具什麼重要性。

一九三五年日本本國的實業補習學校和青年訓練所合併為青年學校，青年訓練所和後來的青年學校，基本上可以說是徵兵青年的預備學校，在沒有實施徵兵制的殖民地臺灣和朝鮮，要如何對應中央政府的政策，成為兩地總督府頭痛的事。最後決定在臺灣和朝鮮，都保留實業補習學校。

關於保留臺灣實業補習學校的原因，臺灣總督府的報告書中有如下說明：

一、本島實業補習學校，大概在農村地方發達，主要是本島人學生入學；青年訓練所主要在都市地區發達，主要是內地人學生入所。兩者同樣都注重國民精神之涵養及公民教育之徹底，以國民資質向上為目標，前者致力於實業教育之徹底及國語之習熟；後者以訓練及實務的教育為主旨。

……

二、本島青年訓練所於昭和五年（一九三〇）做內地之例，於內地人比較多的地方，自發性的開設，昭和七年（一九三二）才依陸軍、文部兩省告示第一號，同意其課程與內地青年訓練所等同。本島青年訓練所依其教育內容及教育後的特典，使內地人青年入所，以資國民資質向上，雖時日尚淺，但發展極為順利。目前所數十七所，學生數一一四九名，平均出席率八〇%以上。與其立刻新設和內地一樣的青年學校，不如依現在設施，期教育徹底，最適合本島實情。

三、本島之實業補習教育自大正元年（一九一二），在公學校設實業科（修業二年）開始，後來變成簡易實業學校，再改制為實業補習學校。目前除一校私立外，餘皆日間上課，實質上以尋常小學校畢業為入學資格，修業年限二年至三年。內地之實業補習學校，以後期程度以上者占最大多數，而青年訓練所與實業補習學校內容近似。臺灣與內地情況有很大不同，如果立刻將本島實業補習學校一下改成和內地一樣的青年學校，並不符合本島實情。希望能保留現在的實業補習學校，徹底普及簡易、實際的實業教育。

四、本島人就學率在昭和八年度（一九三三）才三七%。就實業補習學校來看，內地小學校總數二五六六五校，實業補習學校一五〇八三校，小學校一〇〇比實補五八．七六；而本島小、公學校合計九〇九校，實業補習學校三十五校（含私立一），小、公學校一〇〇對實業補習學校僅三．八五。依此本島現況，如果延長教育年限，採劃一制度，設置必然導致經費增加的青年學校，不如由目前存在的各種設施來教養一般青年：對內地人，依青年訓練所、青年團等；對本島人，依青年教習所等青年輔導教育施設、青年團等，就本島實情施以教育。此外，保留現在的實業補習學校，致力於實業補習教育。由本島教育現狀觀之，此時最應著力的是初等普通教育的擴充。[11]

由上述理由書可以看到，一九三五年臺灣仍然保留實業補習學校的原因主要有二，一是實業補習學校是臺灣人主要的升學機關，一旦改制，對臺灣青年的教化將發生問題；二是改制為青年學校，預算將會增加，臺灣的當務之急應該是擴充初等教育，以及加強教化自公學校畢業的臺灣青年。

一九三五年，在臺灣總督府的爭取之下，臺灣保留了實業補習學校，此事反而成為實業補習學校制度發展的轉捩點。一方面是總督府決定要好好利用實業補習學校，做為本島農村青年的教化機關；另一方面，隨著公學校就學率提升，希望接受更高教育的人也隨之增加，但其他升學機關收容量有限，實業補習學校正好滿足想升學的臺灣青年。一九三五年，臺灣人就讀實業補習學校的人數一年大約只有八百人，但是一九三五年以後，人數快速成長，也新設許多學校，各校隨時間推移，或延長年限或增班、增科。至一九四二年，共有八十三所實業補習學校，收容男生七六九五人，幾乎全部都是臺灣人（七四七二人）；女生五九二〇人，臺灣人占七成以上（四一五六人）。[12]一九四三年，有八十六所實業補習學校，臺籍男子有八五二六人、女子有五一三六人在學[13]；一九四四年，校數增至九十所，臺籍學生男女合計一萬五八二八人[14]，可見其急速擴張的趨勢。

## 二、各類別實業補習學校的發展

實業補習學校的設立有許多彈性，名稱也沒有一定的規範，一般來說都會冠上當地地名，然後加上農業、商業、工業、水產等業別，大致說來，商、工業多半在都市設立，而農業、水產則在農漁村。一九三五年以後各地陸續設置提供女性就讀的實業補習學校，多以「家政女學校」或「實踐女學校」為名。以下分別就農業、商工、家政女學校進行考察。[15]

## 1. 農業類的實業補習學校

農業補習學校在各種實業補習學校中校數最多、就學人數也最多，設立時期也較早，名稱以「農業補習學校」和「農業專修學校」最常見，也有「農業國民學校」（與一九四一年小、公學校改制的「國民學校」不同）、「農業公民學校」等不同稱呼，修業年限依規定為二至三年，但事實上一至三年皆有。

最早設立的農業補習學校是高雄州的萬丹農業補習學校，一九二二年附設在萬丹公學校內，為二年制的學校，其後各地陸續設立。（參閱附錄四）

實業補習學校與其他學制相比，有一點很特別，許多實業補習學校是由數個街庄合辦，這個做法源自於一九二六年東石農業補習學校的新嘗試。一九二六年，東石郡朴子街想設立農業補習學校，但一個小小的街要編列一萬餘圓的預算有其困難，因此聯合鄰近的一街六庄，共同經營，成立了東石農業補習學校。[16]組合經營的申請書於該年三月送出之後，主管當局一直沒有核准，但地方人士等不及，先行開始授課，過了半年，得到認可，於翌年三月才舉行正式開校典禮。[17]此舉被視為街庄組合設立學校的創舉，其後各地開始仿效數個街庄合作辦學校的模式。

農業補習學校多設在農村，以該地特產為主要教授內容，是十分具有地方特殊性的學校類別。一九二七年臺北州郡市視學協商會中，即提及當時州內之木柵農業補習學校是因為該地產茶而設；金山農業補習學校則因該地產米而設置；接著將在和尚洲（今新北市蘆洲區）設置新的農業補習學校，以產銷該地特產的蜜柑、蔬菜。[18]可見實業補習學校的設置構想，多與當地產業發展有密切關連，目的是為地方提供當地產業產銷的人才。

以下以早期成立的龍潭農業補習學校為例，說明農業補習學校的教學內容及學校發展概況。[19]龍潭農業補習學校由大溪郡龍潭庄設立，為獨立的學校（沒有併設在公學校中），一九二四年創設，修業年限二年。一九三二年新竹州內所有農業補習學校均改名為農業專修學校，因此改稱龍潭農業專修學校。早期入學並不困難，一九三二年申請入學者有男二十九人，女一人，結果男生錄取二十八人，女生未錄取。[20]這一年該校有一年級學生男二十八人；二年級學生男二十三人，女六人。老師有六人，四位日本人，二位臺灣人，其中只有一位日本人為專任教師，校長及其他五位教師，皆由公學校教師兼任。[21]

該校學科課程如表3-1。一、二年級的課程時數相同，每週上課三十二小時，其中一般科目二十二小時，與農學相關的課程只有四小時；另有農業實習六小時（二年級女子裁縫、家政實習為五小時）。實習項目有種稻、種茶、養豬、雞、種蔬菜等。學生平均每月要負擔的費用約一圓上下，比起中學校或高等女學校，是很小的負擔。在一九三二年的調查中，該校向當局提出希望改為三年、由街庄組合設立的學校，如果不行的話，希望能有州費補助，看來在經費上應該有不少困難。但是，之後並沒有實現，一直都是二年制的補習學校。此外，學校方面還提出希望州能設立修業年限三年的甲種農林學校，以便收容補習學校畢業生。可見從學校的立場來看，念完實業補習學校如果可以繼續升學，將能吸引更多人來就讀，這顯示實業補習學校也被期待成為升學體系中的一個階梯。

龍潭農業補習學校是農業補習學校很好的代表，規模不算太大，也不算太小。一九四〇年新竹州內的十所農業補習學校，除了中壢街的中壢農村國民學校為三年制之外，都是二年制，學生最少的是大湖農蠶專修學校，只有三十六人，最多的是中壢農村國民學校，有一一四人，龍潭農業補習學校男女合計七十四人，規模適中。因為是農村地方，女子也未必有其他學校可以升學，因此男女兼收。幾乎每年都有少數幾個優秀子弟，經由農業補習學校升學，到日本內地留學的人也有。畢業後，從事農業者最多，但是每年都有四分之一到二分之一的人，得以離農轉至其他職業，或至公家機關、學校任職。

愈到日治後期，就有愈多公學校畢業生想繼續升學，農業補習學

**表 3-1　龍潭農業專修學校各學年學科課程及每週教授時數**

| 科目＼時數 | 第一學年 | 第二學年 |
|---|---|---|
| 修身 | 2 | 2 |
| 讀書 | 5 | 5 |
| 算術 | 6 | 6 |
| 地理 | 1 | 1 |
| 歷史 | 1 | 1 |
| 理科 | 1 | 1 |
| 作文 | 1 | 1 |
| 書法 | 1 | 1 |
| 漢文 | 2 | 2 |
| 唱歌 | 1 | 1 |
| 體操 | 1 | 1 |
| 農學：土壤肥料 | 2 | - |
| 作物 | 2 | - |
| 農業經濟 | - | 2 |
| 養畜 | - | 2 |
| 時數合計 | 26 | 26 |
| 實習：農業<br>裁縫、家政 | 6<br>- | 6<br>5 |

**資料來源：**阿部洋主編，《日本植民地教育政策史料集成（台湾篇）第 98 卷》，頁 261-262。

校成為農村青年升學選項之一。這些比一般公學校畢業生多讀二年的農村青年，頗受產業界青睞。東石農業補習學校一九四一年的三十二名畢業生全部被公司行號預約就職，受到這種就職好景氣的影響，希望入學者甚至高達預定招收人數的四至五倍。[22]也就是說，到了日本統治的最後幾年，連農業補習學校也成為農村公學校畢業生升學的熱門選項，而出現入學困難的情形。

與戰時糧食增產有關，一九四一年臺南州新設四所農業補習學校（北港、斗南、玉井、曾文）；翌年在新化、玉井、曾文、斗南、北港、虎尾、東石等七所農業補習學校各增設一班，大幅增加農業補習學校

**表 3-2　龍潭農業專修學校學生及畢業生概況**

| | 一年級入學者 | 畢業者 | 前年度畢業者 | |
|---|---|---|---|---|
| | | | 升學者 | 非從事農業工作者 |
| 1926 | 27 | 15 | 4 | 3 |
| 1927 | 24 | 18 | 3 | 5 |
| 1928 | 35 | 13 | 4 | 6 |
| 1929 | 27 | 20 | 2 | 3 |
| 1930 | 29 | 14 | 0 | 8 |
| 1931 | 38 | 13 | 2 | 6 |
| 1932 | 30 | 19 | 2 | 6 |
| 1933 | 55 | 10 | 3 | 8 |
| 1934 | 24 | 10 | 1 | 7 |
| 1935 | 38 | 14 | 2 | 5 |
| 1936 | 32 | 16 | 2 | 4 |
| 1937 | 33 | 19 | 1 | 6 |
| 1938 | 61 | 18 | 3 | 5 |
| 1939 | - | - | - | - |
| 1940 | 32 | 46 | 3 | 19 |

**資料來源：**各年度《新竹州統計書》。

收容人數。[23]至一九四二年，八十三所實業補習學校中，有三十九所是農業補習學校，學生人數將近四千人，約占實業補習學校學生總數的三分之一。[24]許多商業類、家政類補習學校在戰爭的最後一、二年，改制為農業類補習學校。(參考附錄四)

## 2. 商工類的實業補習學校

一九三八年之前，只有專門的商業補習學校，工業則多併設在商業補習學校內，稱為商工補習學校，一九三八年以後才有獨立的工業補習學校。一九四二年時，商工補習學校有二所，學生臺籍五八一人、日籍一二六人；商業補習學校八所，學生臺籍一八五三人、日籍三十一人；工業補習學校四所，學生臺籍七七一人、日籍四十二人。[25]由數字來看，校數雖較農業補習學校少很多，但收容數相差並不大，也是以臺灣人為主。

一九二〇年代初，高雄、臺南、彰化等市鎮陸續設置了商業補習學校，很多學校初成立時都是私立，由地方商界或商工會出面設置，表示此時社會上有商業人才的需求。一九二二年有由簡易商業學校改制的嘉義商工補習學校及臺南商業補習學校；高雄也有附設於高雄第一公學校的高雄商業補習學校。[26]一九二三年臺南商業補習學校附設一年制的女子技藝科(詳後)，一九三一年改為臺南商業專修學校，本科及女子技藝科皆改為三年制。[27]一九二五年，彰化商工會於彰化第一公學校內設置了三年制的私立彰化商工補習學校。雖然名為商工補習學校，但打從一開始就只有商科，一九三四年申請更改校名，並改為公立，成為彰化商業專修學校。[28]其他各地也有類似動向，一九二七年，斗六商工會提出增設商工補習學校的建議[29]；一九三〇年，新竹州勢調查會提出，以新竹市現狀來看，最需要設置的是市立商工補習學校[30]；一九三三年，臺北市也開始討論欲設置商工補習學校。[31]這些討論都是以「商工補習學校」為名，但實際上一直到一九三〇年代中期，各市鎮迫切需要的其實是商業科人才。一九三五年高雄新設三年制的商工專修學校，只收商業科學生。[32]一九三六年，臺中也成立了由霧峰林家出資的私立臺中商業專修學校。

一九三七年以後，由於戰爭及工業化的進展，開始需要工業人才，因此，高雄商工專修學校自一九三七年起設立工業科。[33]一九三八年，彰化商業專修學校併置工科；同年，新設臺南專修工業學校。一九三九年，新設花蓮港工業專修學校。一九四〇年，嘉義專修工業學校自嘉義商工專修學校獨立；臺北新設商工專修學校。工業人才需求孔急，一九三九年，報上幾度報導「技術者用罄」。[34]一九四二年，彰化商業專修學校廢止，名額轉至彰化工科學校。[35]由上述可知商工類實業補習學校發展的概況。

以下以早期設立的嘉義商工補習學校為例，說明商工類別學校的發展。[36]

嘉義商工補習學校一九二二年由嘉義市設立，為獨立校，分為商業科與工業科，工業科以家具製造為主，原為二年制，一九二三年起商科改為三年制，一九三六年工科也改為三年制。

一九三二年時有六名教員，皆為專任，全為日本人。比起龍潭農業補習學校只有一位專任教師，顯然市區的商工補習學校條件較好。入學在此時還不算困難，該年度申請入學商業科的日臺人分別為九人及六十人，錄取八人及四十七人；工業科申請者，日、臺人分別為十人及十二人，分別錄取十人及十一人。此時，學校共有日本人四十五人、臺灣人一四三人。

商業科每週上課時數三十一小時，有修身、公民、國語、數學、地理、體操、圖畫、英語等一般科目及商業科目，一、二年級一般科目較多，商業科目僅三、五小時，三年級商業科目增加為九小時，包括商業簿記、銀行簿記、簡易的商業實踐、重要商品等，英語課教授簡單的商業用語。工業科每週三十六小時，一般科目時數較商業科少，工業課程一、二年級都是八小時，三年級三小時，但非常重視實習，實習時數三個年級分別為十五、十八、二十五小時。

學校特別的設施有木工家具製作實習，夜間也設有每年三個月的夜間專修科，提供嘉義市上班族於夜間進修。

一九四〇年工業科擴大，除原有的木工家具科外，增設電氣科、機械科，也計劃增設土木建築科。[37]此時入學變得困難，商業科收五十人，有四八七名申請者；機械科收三十名，有三八五人申請；電氣科收三十名，有一六五名申請者；家具科收二十名，有三十七名申請者，除家具科以外，皆相當競爭。[38]由於規模擴大，至一九四一年，學校分離成專修商業學校和專修工業學校二校，分別招生，但競爭愈來愈激烈。

一九四一年時，專修工業學校機械科四四〇人申請（預定收三十人）、電氣科二一三人申請（預定收三十人）、木工科七十九人申請（預定收二十人）；專修商業學校預定招收五十人，有三七四人申請，各科皆深受民眾歡迎。[39]

不只是嘉義商工，其他商工類學校的報考人數，在一九三五年以後都急速成長。彰化商工專修學校，一九三二年預定收五十名，有七十人報考；到了一九三六年，一樣只招收五十名，但卻有二五〇人報考。[40]同年，臺南商業專修學校預定錄取四十六人，竟有四百多人報考。[41]

從表3-3來看，嘉義商工的畢業生，雖然有零星的升學者，但人數不多，有可能是因為畢業後已經可以找到很好的工作，減少了繼續升學的意願與需要。同時，從事農業者很少，大多是到公司、銀行或工廠就職。

統計書中無法得知確切的就職機關，不過從報上零星報導，可以略知一二。很多商工學校在學生畢業前一年，就有公司行號、官廳來預約畢業生。一九三八年成立的二年制臺南工業專修學校，在一九四〇年送出第一屆畢業生的前一年，就有各單位來預約畢業生。臺灣鐵工所、遞信部表示「（電氣科）所有畢業生全部都想要」；此外，各製糖公司、電力公司也需要很多人。各官廳土木課、水利團體、嘉南大圳等，也都表示要土木科畢業生。木工科雖然沒那麼熱門，但也有很多公司想要。[42]一九三九年以後，報紙報導中高呼「工程師售罄，工科萬能時代到來」[43]，由此可以看到一九三〇年代前半期商科畢業生，以及一九三〇年代後半期工科畢業生受歡迎的程度。工商類的實業補習學校於此時擴張，正是為了滿足當時社會上的需求。

### 3. 家政女學校

工業、商業、水產業的補習學校，基本上並不收女生；部分農業補習學校有收女生，但人數不多；而「家政女學校」、「實踐女學校」則是專以女性為對象的實業補習學校，也有少數以「技藝女

表 3-3　嘉義商工補習學校學生及畢業生概況

| | 入學者（日/臺） | | 畢業者（日/臺） | | 前一年畢業生出路（日籍/臺籍） | | | | | |
|---|---|---|---|---|---|---|---|---|---|---|
| | | | | | 升學 | | 從事農業 | | 從事農業以外職業者 | |
| | 商 | 工 | 商 | 工 | 商 | 工 | 商 | 工 | 商 | 工 |
| 1927 | 17/38 | 12/14 | 0/21 | 1/7 | 0/1 | 0 | 0/4 | 0 | 0/12 | 0/11 |
| 1928 | 28/91 | 13/25 | 4/23 | 2/6 | 0/1 | 0 | 0/6 | 0/2 | 0/10 | 2/5 |
| 1929 | 6/46 | 2/13 | 12/32 | 7/5 | 0 | 0 | 0/5 | 0 | 2/14 | 2/6 |
| 1930 | 11/47 | 9/10 | 8/30 | 1/9 | 2/1 | 1/0 | 0/5 | 0 | 7/19 | 6/4 |
| 1931 | 8/42 | 4/14 | 5/27 | 2/6 | 0 | 0 | 0/6 | 0 | 7/21 | 1/8 |
| 1932 | 8/45 | 10/10 | 7/32 | 8/9 | 1/0 | 0 | 0/3 | 0 | 3/22 | 2/6 |
| 1933 | 15/39 | 7/12 | 7/32 | 4/6 | 2/1 | 1/0 | 0/5 | 0 | 4/26 | 6/9 |
| 1934 | 17/33 | 10/10 | 5/34 | 9/9 | 0 | 0 | 0/5 | 0 | 7/23 | 4/5 |
| 1935 | 9/46 | 4/13 | 9/36 | 5/9 | 0/2 | 0 | 0 | 0 | 5/32 | 9/9 |
| 1936* | 15/42 | 8/14 | 15/30 | 7/9 | 1/2 | 0 | 0 | 0 | 8/34 | 5/9 |
| 1937 | 12/48 | 7/13 | 5/44 | 4/10 | 0 | 0 | 0 | 0 | 15/30 | 7/9 |
| 1938 | 12/48 | 2/17 | 16/41 | 8/11 | 0 | 0 | 0 | 0 | 49** | 14** |
| 1939 | 3/52 | 18/62 | 9/48 | 6/11 | 3 | 0 | 0 | 0 | 54 | 19 |
| 1940 | - | - | - | - | - | - | - | - | - | - |
| 1941*** | 0/65 | 4/86 | 3/47 | 13/58 | 0 | 2 | 0 | 0 | 52 | 15 |

**資料來源：**各年度《臺南州統計書》（缺 1940 年度）。
**說明：***1936 年起工科也延長為三年。
** 以下年度未分日、臺人。
*** 工科、商科分成二校。

學校」、「淑德女學校」為名者，名稱在不同時期時有更改，整體來說，以「家政女學校」之名最常使用，因此除了交代個別學校的名稱、沿革之外，以下以「家政女學校」稱呼此類以女性為對象的實業補習學校。

首先以「家政女學校」之名成立的公立實業補習學校，是一九三五年的臺中市立臺中家政女學校。在此之前也有幾所類似的學校，最早應該可以上推至一九二四年附設於臺南商業補習學校的女子技藝科（一年制），該科於一九三二年獨立，改為臺南女子技藝學校。一九二九年，臺南市彌陀寺住持王兆麟成立私立家政裁縫講習所，一九三〇年改稱臺南家政女學院。一九三四年，嘉義也有嘉義女子技藝學校成立。包括這些學校在內，其後一直到一九四五年，共成立了三十所左右的家政女學校。一九四二年時，家政女學校有日籍學生一七五七名，臺籍學生三九四四名[44]，臺籍學生仍占壓倒性多數，但日人學生的比例比起農業或工商業類型的學校要高出很多，並且如下文所述，臺北、新竹、臺中、嘉義等市區的家政女學校，都是以日籍學生為多數。市區家政女學校的成立，經常是為了收容無法進入高等女學校的日籍女學生。

由本書附錄四可以看到，一九三〇年代後，才開始有家政類女學校，一九三八年以後，快速增加。其中以臺南州最多，有十一所，其次為臺中州，有七所；新竹、高雄兩州各四所。除了市區之外，也有三分之二設於農村地區的街庄，顯示農村女子升學意願提高。

家政女學校課程每週三十三小時，科目有修身、公民、國史、國語、數學、家事裁縫、手藝、音樂、圖畫、體操等。其他課外科目，尚有插花、茶道、園藝、禮儀、習字、珠算、理科實習等。[45]

三十三小時中，有將近一半是裁縫手藝、家事，畢業生也一直被說成是「未來的賢妻良母」。[46]一九三八年臺北市立家政女學校成立時，即宣稱其教育「內容類似新娘學校，使學生畢業後能成為一家主婦」。[47]

家政女學校的目的，很明顯是為了培養有日本知識及日本式教養的女性，臺中市立家政女學校「於年末實地指導年菜（歲暮）、做麻糬（搗餅祭）、做新年用的繩飾（注連作）、準備拜拜用的麻糬（御鏡餅）、新年作曲（節付）等；於年始教授各種禮儀、料理、神棚奉齋式、新年書法（書初）、新年會、七草粥等」[48]，完全是日本式生活所需的教養。

家政女學校與正規升學管道的高等女學校相比，從名稱來看，家政女學校著重「家政」課程；「實踐女學校」的「實踐」二字，事實上也是在強調其教學目標，比起抽象的知識，更重視實際操作的課程。兩者同樣有「女學校」之名，但教育當局及官方報紙的主張，皆有意將兩者區隔開來。一九三七年臺北家政女學校議設時，即有報導指出，目前高等女學校教育與生活游離，因此要教授實用技能，以便學生畢業後嫁人可以立刻派上用場。[49]一九三八年臺東曾討論要設立高等女學校或家政女學校，當局認為該廳的重點應該是未來可以實際應用、職業導向的學校，因此決定設立家政女學校。[50]一九三九年新竹欲設置家政女學校，也提出「（本校的）學科教授是實用取向，裁縫手藝家事是重點……與官公立高等女學校方向全然不同。」[51]一九三九年高雄州潮州郡議設女子中等學校，郡當局方面認為「與其徒然在上級學校學習，毋寧從養成實材的見地……對公學校女子畢業生，教授裁縫家事等所謂家庭主婦完整的補習教育」。[52]

然而，臺灣社會的預想，卻未必與官方相同，日本式生活的教養，固然也受到臺灣家長的歡迎，然而除此之外，臺灣家長很可能更希望女兒們拿到「女學校」的學歷。一九三四年成立的嘉義女子技藝學校，於一九三七年改名為嘉義家政女學校，即因為家長們擔心校名為技藝學校，會讓人誤以為只教授技藝，而不被認為是女學校。[53]由此可見，家長們期待的是「女學校」的「學歷」，而未必是可實用的「技藝」。

家政女學校開始增設時，正好也是皇民化運動展開的時期，因此，地方上推動學校成立時，便會搭上皇民化說詞的便車，說是要「陶冶非常時期女性的情操」[54]、「使她們成為中流家庭好主婦，為皇民化運動中樞的內臺人女子養成計畫」[55]、「時局下母性所持重大使命，對以往等閑視之的女子教育，此次由國語普及見地，也是真正皇民化的目標下圖求振興……完全避免偏重學科知識，而重視實踐，以便其將來能成為標準的家庭主婦。」[56]

一九四一年以後，各地陸續增設家政女學校，甚至新竹州還喊出「一郡一家政女」的口號。要增設這麼多家政女學校，自然與戰爭脫不了關係。州當局方面認為「地方上本島人青年男女的皇民錬成，只有短期間的訓練還不足夠，必須有更長期的訓練，像農業補修（習）學校、家政女學校這樣的中間教育機構，才能施以徹底的真正日本人之教育」。[57]顯示統治當局對實業補習學校的期待是，透過更長期、固定的「學校教育」，來教化從公學校畢業的男女青年。

以下以嘉義家政女學校為例，觀察其學生概況及畢業生動向。

由表3-4可知，申請入學的日籍學生成為入學者的比例極高，每年招收的一百名新生中，日本人多於臺灣人，雖然如此，卻有愈來愈多臺籍學生申請入學。畢業後升學者人數不多，多數就職。一九三八年以後，統計書中沒有標示升學、就職者的民族別，整體來看，畢業生的出路以銀行、公司員工及公家機關約雇人員占絕大多數。從一九四一年的統計來看，九十六名有職者，有二十四人在銀行、公司上班，有二十七人為公家機關約雇人員，畢業生就職的比例很高，但無法區分日、臺籍人士的狀況。

如果我們看農村地區、以臺灣人為主的家政女學校之統計，便可以瞭解家政女學校畢業之臺灣女性的出路。一九三八年成立的北港實踐女學校，一九四一年改稱北港家政女學校，入學者幾乎都是臺灣人，每年招收四十到五十人，僅有一九三八年第一屆有五名日本人入學，其餘皆臺灣人。一九四一年第一屆畢業生的統計，有二名升學洋裁學校，三十六名有職者中，一名在銀行會社，三十五名為公家機關約雇人員，另有一名無職或不詳。[58] 一九四一年臺南州國民學校初等科畢業的臺灣籍女性有三六三〇

**表 3-4　嘉義家政女學校學生及畢業生概況**

| | 預定招收人數 | 申請入學者（日 / 臺） | 入學者（日 / 臺） | 去年畢業者狀況（日 / 臺） | | | |
|---|---|---|---|---|---|---|---|
| | | | | 畢業者 | 升學 | 有職者 | 無職或不詳 |
| 1936 | - | - | 38/13* | 26/15 | 0 | 12/0 | 8/10 |
| 1937 | - | - | 42/8* | 33/11 | 0 | 7/2 | 19/13 |
| 1938 | 100 | 79/71 | 72/31* | 35/12 | 3** | 24** | 17** |
| 1939 | 100 | 53/85 | 53/48* | 41/9 | 2 | 23 | 22 |
| 1941 | 100 | 54/107 | 33/78* | 51/48 | 0 | 96 | 45 |

**資料來源：**各年度《臺南州統計書》。

**說明：**＊同年度入學者在統計書中分別出現在不同的統計表中，有時有少許出入，應該是有入學之後即刻退學者。

＊＊以下年度未分日、臺籍。

人，升上高等科的有二二六人，升學高等女學校的有二三九人，升學實業補習學校的人最多，有二九一人；畢業後就職者有二六五四人，其中有將近一半從事農業（一一九九人），公家機關約雇人員有九十七人，到別人家幫傭者七一九人，從事商業者二九四人，其他三四五人。[59]由此可見，臺灣農村的女性在公學校畢業後至家政女學校就讀三年後，比起只有公學校畢業的女性，更有機會成為領薪水的職員。

另一方面，我們看屬於正規普通中等學校——嘉義高等女學校的情形：根據嘉義高等女學校一九四一年的調查，前年度臺籍畢業生三十三人中，有一位升學臺北女子高等學院，二十一位有職者中，一位為公家機關約聘雇，二十位為學校職員。[60]高等女學校畢業生的就職比例也很高，但其中多是進入公學校擔任教職，此時公學校因為一九四三年義務教育實施而大幅擴張，釋出許多職缺。由上可知，高等女學校與家政女學校之間的畢業出路與社會觀感，存在著微妙的差異，高女畢業者較多人擔任公學校教員，而家政女學校畢業生進入社會職場者較多。

## 三、實業補習學校與臺灣社會

前節分別就不同類別的學校進行討論，本節擬綜合考察實業補習學校與臺灣社會的關係。

表3-5是一九二五年以後，公學校畢業生升學管道的學校數及就讀人數。由於各種學校的修業年限不同，如果只看在學學生總數，五年制學校的人數就會明顯比二年制學校多出許多，因此表中除

了在學總數之外，也列出一年級新生的人數，由一年級新生人數就可以明顯看出公學校畢業生升學的趨勢。暫且不討論島外留學部分，只就臺灣島內來看，直到日本統治結束都沒有改變的是，師範學校普通科及高等學校普通科人數都很有限。一九三五年公學校畢業後在臺灣島內的升學者中，中學校和高等女學校是主要的升學機關，實業補習學校總人數雖然最多，但男女合計，仍較中學校加高女人數少；實業學校人數也不少。但是到了一九四〇年，與一九三五年相比，中學校和高等女學校人數大約是倍增，然實業學校約增加了四倍，實業補習學校更是超過四倍。一九四四年雖然沒有一年級新生的人數，不過從總在學人數的大幅增加可以推知，實業補習學校新生的人數有極大幅度的成長。從總數來說，實業補習學校的學生人數已經超過其他各種升學管道人數的總和，表示在日本統治的最後幾年，不論從學校數、分布的地域以及就學人數，實業補習學校已經成為最「普遍」的升學機關，尤其從女性的角度來看，實業補習學校是非常重要的存在。

就學人數的急速增加，顯示了臺灣社會對更高學歷的需求。一九三〇年代中期以降，臺灣社會對更高教育的欲求，表現在兩處：一是實際的就學行動，二是對學校經費的投注。

一九三〇年代中期以後，報紙上經常出現臺灣人要求擴充教育機構的呼聲，他們的訴求主要可以分成二方面，一是擴充初等教育機關，二是擴充上級升學機關。上級升學機關中，有些訴求成立州立的中學校、高等女學校或實業學校，但是更常見的訴求是，由市街庄或市街庄組合自己成立的實業補習學校。可見，當公學校就學率、畢業生都慢慢增加時，有愈來愈多家長、學生都希望在公學校畢業後能再多讀一點書、取得更高一層的學歷，以便站在更有利的位置。從臺灣社會的訴求來看，如果不能有普通中等教育機關，那麼至少也要有實業補習學校。[61]也就是說，對民眾而言，進入「實業補習學校」，未必是想要學習實業的技能，而是希望獲得更高的學歷。筆者曾經訪問過幾位新竹家政女學校畢業、而後長期擔任新竹公學校（現新竹市新竹國小）的老師，她們提及之所以去讀家政女學校，是因為沒能考上新竹高女，而沒有考上新竹高女，並不是她們能力不足，而是入學考試的不公平。她們也不認為家政女學校的教育重點在「家政」，反而是校長非常重視她們的道德教育，也讓她們具備得以到公學校教書的知識及條件。[62]對臺灣社會來說，實業補習學校是正規中等學校的替代品。

在農村地方，公學校畢業生雖然升學農業補習學校，不過，很多並不是因為想學農，而是希望取得更高一級的學歷，以便能繼續升學

**表 3-5　公學校畢業生島內的升學管道及人數（1925-1944）**

| | 中學校校數／臺灣學生第一學年人數／臺人學生總數 | 高女校數／臺灣學生第一學年人數／臺灣學生總數（本科） | 高校尋常科／臺灣學生第一學年人數／臺灣學生總數 | 師範學校校數／臺灣學生第一學年人數／臺灣學生總數（普通科） | 實業學校校數／臺灣學生第一學年人數／臺灣學生總數 | 實業補習學校／臺灣學生第一學年人數／臺人學生總數 |
|---|---|---|---|---|---|---|
| 1925 | 8/ 387/1,387 | 11/ 364/1,110 | 1/ 4/11 | 3/ 91/724 | 4/ 215/569 | 18/ 413/653 |
| 1930 | 10/ 443/1,908 | 12/ 363/1,324 | 1/ 4/23 | 4/ 44/312 | 6/ 347/1,437 | 32/ 705/1,234 |
| 1935 | 10/ 618/2,355 | 13/ 416/1,549 | 1/ 6/23 | 4/ 46/229 | 6/ 344/1,456 | 40/ 812/1,603 |
| 1940 | 17/ 1,336/5,832 | 18/ 925/3,160 | 1/ 4/14 | 6/ 42/162 | 18/ 1,361/3,680 | 71/ 3,553/6,869 |
| 1944 | 22/ -/7,888 | 22/ -/4,855 | 1/ -/10 | 4/ -/522 | 27/ -/9,212 | 90/ -/15,828 |

**資料來源：**1925-1935 年根據各年度《臺灣總督府學事年報》、1940 年根據《臺灣總督府統計書》、1944 年根據《臺灣統治概要》（臺北：臺灣總督府，1945 年）。

或得以從事農業以外的職業。一九三四年東石農業補習學校，提出該校的困境之一是：「過去本校許多畢業生，有討厭農事的傾向，只想成為領月薪的人，違背本校原訂宗旨。」[63]

當時的文教局長深川繁治對此表示不滿，他說：「實業補習學校的本旨，本來是對修完初等普通教育者，教授關於職業的知識技能與國民生活必須的教育，但就向來的實情觀之，學生通常是將之視為為了準備進入上級學校的階梯。」[64]

確實如深川繁治所觀察到的，對總督府來說，實業補習學校最重要的目的是吸引農村優秀青年來就讀，以養成「青年篤農家」，但是對臺灣人而言，這是提升自己「學歷」的管道，以便在「學歷社會」的競爭中，可以擁有更多優勢。[65]

一九三五年以後，總督府強化實業補習學校的另一個目的是，緩和中等學校入學的困難。一九三五年前後，報紙上開始不斷有各種關於「試驗地獄」、「中等學校入學難」的報導，而總督府想到的辦法除了在現有學校增設班級之外，就是新設學校。[66]

一九三五年成立的臺中家政女學校，即是臺中市為緩和入學困難而設立的。[67]一九三八年臺南州一舉新設三所修業三年的女子實業補習學校（麻豆、朴子、北港）、一九四一年屏東市籌設實踐女學校，也都是為了緩和入學困難。[68]一九四二年成立的臺中州北斗家政女學校，在成立二、三年前，地方上即有升學困難的呼聲。根據報導，由於希望升學的兒童日多，近年來每年希望升上中等學校的男女學生達四百餘名，其中九〇％落第，兒童如在「試驗地獄」，家長們多期待能增設中等教育機關。最後，郡當局決定以設立街庄組合經營的家政女學校為目標，先經街庄長會議同意，便開始籌設，後於一九四二年開校。[69]

讓有志升學的臺灣青年升上實業補習學校，不但可以將臺灣青年對學問的熱情轉向程度較低的實業補習教育，也比較省錢。根據報紙報導，新設中學校至少要三十萬圓[70]，但實業補習學校可能只要五萬餘圓。[71]

實業補習學校滿足了部分想升學，卻無法升上普通中等教育機關的臺灣青年；另一方面，一九三〇年代後半，在戰局還對日本有利的時期，各種產業欣欣向榮，需要更多中間層級的技術人員。大約自一九三六年起，報上不斷有各實業補習學校畢業生受到職場歡迎的報導，臺南商業專修學校、高雄商工專修學校、嘉義商工專修學校等校的畢業生都是在畢業前就被公司行號預約完畢。[72]隨著日本勢力往中國南方發展，也需要能到對岸工作的臺灣青年。[73]對臺灣青年來說，比起念五年才能畢業的中學校或實業學校，一至三年即可畢業的實業補習學校是在社會立足的捷徑。報紙上也常提到，在人才需求量大增的時期，短期訓練、有實務經驗的「徒弟級實際家」，比「高級技術者」更適合當時社會的需要。[74]

考察臺灣社會教育欲求的另一個線索是教育經費。戰爭時期初等教育的擴張，乃至後來得以實施義務教育，其經費有不少比例來自地方民眾的捐款（詳見第八章）。事實上，初等教育後的實業補習學校擴增，也有相當程度來自地方社會的積極推動與捐款。

一九三九年新竹市議設家政女學校的經費有一部分即來自寺廟整理後成立的教化財團。[75]中壢家政女學校也是由地方民眾商議，決定新設費用全部由郡民自發捐款來負擔。[76]一九四〇年彰化市的家政女學校是由「寺廟整理委員會中的綜合寺廟建設基金一萬圓，捐給菁英事業，加上部分市民捐款」，才能順利設立。[77]宜蘭的羅東郡為了申請設立商工專修學校，由地方民眾捐款二千圓。[78]一九四二年花蓮港廳立農業專修校移轉，所需建築費二萬，由郡內民眾捐款。[79]苗栗街決定新設三年制農業補習學校，所需教員費用，由州編列預算，而建築物等其他所需三十萬圓經費，由地方社會負擔。[80]

一九三〇年代後期之後的實業補習學校，在總督府的統治需要與臺灣社會的教育需求兩相配合之下，大幅成長，既成為總督府舒緩社會升學壓力的管道，也成為許多想獲得更高學歷的公學校畢業生之升學選項。一九四三年以後，隨著戰局愈加緊迫，富有彈性的實業補習學校又變成總督府調配人力資源的機關。

一九四三年，閣議（內閣會議）決定「關於教育的戰時非常措置方策」，規定自一九四四年起，男子商業補習學校轉成工業補習學校、農業補習學校或女子商業補習學校，若不能轉換者則縮小規模。在此政策下，臺灣各地的實業補習學校開始轉變，臺南州以「農村女子在戰時下生產擴充的角色漸次加重，為謀此等農村女子的農民精神鍊磨，給予農業相關知識」，將州內十一所專修農業學校的其中三校，改組為女子農業專修學校，同時在玉井專修農業學校新設女子部，對農村女子實施農業教育，以「養成地方農村中堅女子」。[81]同年，高雄州在屏東農業補習學校新設女子部，「教授農業一般學科、農產加工技術，以及日本婦人不可或缺的教養。」[82]一九四四年，多數家政女學校皆改為農業實踐女學校，以配合帝國戰爭所需之人力及物力調配。83

## 結論

本章究明了一九三〇年代中期以後蓬勃發展的實業補習學校之發展概況，確認其制度演變、不同類型學校的發展、學生出路，及其與戰爭時期教育政策乃至與臺灣社會的關係。

在日本統治的最後幾年，因為戰爭，殖民政府要動員人力、人心，推動皇民化運動，因此多被稱為「皇民化時期」。「皇民化時期」這樣的稱呼顯示，我們對這個時期的關注，比較著重將臺灣人變成「皇民」的各項措施或動員政策，因此反而忽略了正是在這個時期，臺灣社會有很大的改變。從教育領域來說，這個時期，是學齡兒童就學率快速成長的時期，女童的就學率更是顯著提升；同時，此時也是各種學校、班級數大量擴增的時期。一方面，殖民政府因為戰爭動員的因素，期待能更大規模地將臺灣兒童、青年網羅進教化網中；另一方面，臺灣社會也更積極地要求更多的教育機會，公學校六年的學歷已經不能滿足臺灣社會，然而，屬於正規升學管道的中學校與實業學校，校數少、收容人數有限，競爭激烈，學費也高，對許多想升學的臺灣青年來說，仍是高嶺之花。此時，更普遍存在、容易入學、學費便宜、具有彈性的實業補習學校，成為有意願升學者的最佳選擇。

一般對於日治時期教育史的發展，大致會有如下概說：日治前期以初等教育為重心，臺灣人子弟於公學校畢業後，只有國語學校、醫學校及少數職業講習所可以升學，在一九一五年臺灣士紳請願而設立臺中中學校之前，並沒有中等普通教育機關可以就讀。一九一九年《臺灣教育令》頒布，有限度地開放臺灣人的中等學校；一九二二年《新臺灣教育令》頒布之後，中等以上學校開放日臺共學，各地陸續增設中學校、高等女學校及實業學校。同年臺北高等學校開校，一九二八年臺北帝國大學開校，以臺北帝國大學為頂點，在臺灣整備了從小學到大學的學校體系。

這樣的說明雖然沒有什麼錯誤，但是，「以臺北帝大為頂點的學校體系」之歷史認識，意味著我們將「小、公學校─中學校─高等學校─帝大（大學）」這樣的升學體系視為理所當然的升學管道，而忽略了其中的諸多問題。首先，是學齡兒童就學率的問題，臺灣學齡兒童就學率，在《新臺灣教育令》頒布的一九二二年只有二八．八二％，一九三二年男子的就學率好不容易超過五〇％，而到一九三九年男女平均就學率才超過五〇％。[84]可見即使到了一九三〇年代，不能進公學校讀書的人都比能去就讀的人多，能夠入學者當中也有不少中途退學，能夠自公學校順利畢業、還能夠升中學校的人就更少了。也就是說，問題在於到底有多少臺灣人子弟可以在這個體系中升學。

其次是忽略多元升學體系的存在。從中等普通教育的中學校畢業後，雖然也可以直接就業，但大部分去讀中學校的人就是希望升學，升學的管道除了透過高等學校到帝大（大學）之外，更多人選擇升上專門學校，「小、公學校─中學校─專門學校」也是很重要的升學途徑。此外，也有自公學校畢業後，不升上正規的普通中學，而往實業教育發展。實業學校分為實業學校及本章所討論的實業補習學校，因此也有「小、公學校─（高等科）─實業學校」或是「小、公學校─實業補習學校」這樣的管道。

第三是性別的問題，這樣的升學管道只說明了男子的升學途徑，中學校、高等學校都只收男學生，帝大很晚才收女學生，且是極少數的特例。女子的教育體系，在臺灣只有「小、公學校—高等女學校」。臺灣的女性讀完高等女學校，如果想繼續升學，多半是到日本的女子專門學校就讀；在臺灣的話，則有臺北女子高等學院，大抵相當於專門學校的學歷，但並非正式的專門學校。[85]除此之外，師範學校（一九一九年之前的國語學校）、醫學校、實業學校，當然也都是很重要的升學管道，而這些學校也都是男子的升學機關。如同中學校，高等女學校的升學機會也相當有限，因此，公學校畢業的女性，如果想繼續升學，實業補習學校是很好的選擇，因為它相對來說比較容易進入、學費也比較便宜，一九三〇年代中期之後，各地陸續設置、快速擴張的「家政女學校」，便是最好的例證。

在日本統治末期，實業補習學校是臺灣人十分重要的升學機關，也是臺灣社會教育欲求的重要表現，究明實業補習學校的歷史，不僅可以填補教育制度史及實業教育史上的空白；另一方面，一九三〇年代中期以後，隨著初等教育就學情況逐漸穩定，中等教育機關逐步擴張。此時期不能滿足於公學校學歷又無法升上中學校、高等女學校的人，他們可能選擇實業補習學校做為進一步升學的管道。雖然實業補習學校出身者未必被視為社會菁英，但他們很可能是末端地方社會的新中間階級，他們所受的技術教育與教養，至戰後也可能成為他們發展的重要資本。萬海航運創辦人陳朝傳（一九二九—二〇一三）即是畢業於臺北商工專修學校[86]；奇美實業董事長許文龍則是臺南專修工業學校畢業，許文龍甚至說：「我未來做工作的技術功夫都是從那裡（指臺南專修工業學校）學到的。」[87]究明這群人的出現與存在樣態，是瞭解當時臺灣社會變化的重要線索，也可以藉由這種就學動態，考察此時期民眾教育觀的轉變。

---

1 一九二二年依臺灣教育令規定，臺灣的實業教育必須依照本國的實業教育令，另行訂定《臺灣公立實業學校規則》，其中規定實業學校收容尋常小學校畢業程度者，修業年限為三至五年，收容高等小學校畢業程度者，修業二至三年，其後也有一些彈性規定及些微修正，但主要是修業五年。

2 吳文星，〈日治前期臺灣職業教育之建立與資源之開發〉，《第三屆臺灣總督府公文類纂學術研討會論文集》（南投：臺灣省文獻委員會，二〇〇一年），頁七九—九七；吳文星，〈日本統治前期の台湾実業教育の建設と資源開発——政策面を中心として〉，《日本台湾学会報》第三號（二〇〇一年五月），頁一〇三—一二〇；蔡明達，《日據時期臺灣實業教育與社會流動》（臺北：臺灣師範大學歷史研究所碩士論文，一九九九年）；金柏全，《日治時期臺灣實業教育之變遷》（臺北：臺灣大學歷史學系碩士論文，二〇〇八年）。

3 王榮，〈日本統治時代台湾の実業補習学校について〉，《東洋史訪》七號（二〇〇一年六月），頁二三—三五。

4 蘇虹敏，《臺灣農業職業教育研究——以國立關西高農為例（一九二四—一九六八）》（桃園：中央大學歷史研究所碩士論文，二〇一〇年）。

5 例如褚晴暉，〈從「臺灣總督府臺南專修工業學校」回顧「成大附工」早期之歷史〉，《（國立成功大學校刊）成大》二三六期（二〇一二年二月），頁十四—二〇。也有部分學校於戰後出版的校史紀念專刊中提及學校歷史，如戰前屬於實業補習學校的私立臺中商業專修學校，一九三六年由霧峰林家出資設立，戰後改為新民高中，一九八六年出版《新民五十年》（臺中：臺中市私立新民高級商工職業學校，一九八六年）。

6 為免模糊焦點，本章暫不討論公學校實業科及簡易實業學校。簡要發展可參考臺灣教育會，《臺灣教育沿革誌》（臺北：臺灣教育會，一九三九年）。

7 豐田俊雄編著，《わが国産業化と実業教育》（東京：国際連合大学，一九八四年），第二章〈実業補習学校の成立と展開〉，頁二一—九三。

8 臺灣教育會，《臺灣教育沿革誌》，頁八九八—九〇四。

9 臺灣教育會，《臺灣教育沿革誌》，頁九一五—九一七。

10 阿部洋主編，《日本植民地教育政策史料集成（台湾篇）第九八卷》（東京：龍溪書舍，二〇一一年），頁八一、八三、

八九、一三三、一三五。頁一二九的數據略有不同。

11 阿部洋主編，《日本植民地教育政策史料集成（台湾篇）第九七卷》（東京：龍溪書舍，二〇一一年），頁二六五—二七三。

12 臺灣總督府，《臺灣總督府第四十六統計書（昭和十七年）》（臺北：臺灣總督府，一九四四年），頁三九〇—三九三。

13 阿部洋主編，《日本植民地教育政策史料集成（台湾篇）第九七卷》，頁三二五。該統計實業補習學校校數為六，疑有誤，唯人數男女合計與《臺灣省五十一年來統計提要》（臺北：臺灣省行政長官公署，一九四六年）數字相同，應無誤。

14 《臺灣省五十一年來統計提要》，人數未分男女，僅有總數。本章使用者為線上資料庫，http://twstudy.iis.sinica.edu.tw/twstatistic50/Edu.htm，二〇一三年十一月十三日檢索。

15 根據當時學事統計的分類，實業補習學校除了農業、商工、家政女學校外，還有水產類及其他。「其他」指的是像一九三九年設置的鳳山園藝專修學校，不歸屬於上述類別的學校；水產類別則有一九二二年設置的東港水產補習學校、馬公水產補習學校及一九三〇年設置的安平水產專修學校等。因校數不多，資料有限，本章暫不討論。日治前期水產教育可參考吳文星，〈日治前期水產講習會與臺灣近代水產教育之發軔〉，收於國立臺灣圖書館主編，《近代東亞中的臺灣國際學術研討會論文集》（臺北，國立臺灣圖書館，二〇一三年），頁八一—一二三。

16 〈東石郡の一街六庄が共同で學校經營　農業教育を授ける〉，《臺灣日日新報（以下簡稱臺日）》，一九二六年三月二十日（N二）。

17 〈東石街庄組合　農業補習學校　始實習作業〉，《臺日》一九二六年五月十三日（四）；〈東石郡の農業補習校　創設以來順調に經營〉，《臺日》一九二六年十月二十五日（二）；〈東石農業補習　開校式期〉，《臺日》一九二七年三月二十四日（四）。

18 〈臺北州郡市視學礎商會〉，《臺日》一九二七年二月十二日（N四）。

19 以下參照阿部洋主編，《日本植民地教育政策史料集成（台湾篇）第九八卷》，頁二五六—二六四。

20 第二章提及的尹喜妹回憶說，當時（一九二八年）公學校畢業後，可以不經考試直升附設在公學校的農業專修學校（當時應名為農業補習學校）。見游鑑明訪問，黃銘明記錄，〈尹喜妹女士訪問紀錄〉，收於游鑑明訪問，吳美慧、張茂霖、黃銘明、蔡說麗記錄，《走過兩個時代的臺灣職業婦女訪問紀錄》（臺北：中央研究院近代史研究所，一九九四年初版，二〇〇一年三刷），頁十五—十六。

21 《臺灣總督府職員錄　昭和九年》（臺北：臺灣總督府，一九三四年），頁四〇八。

22 〈志願者は五倍か〉，《臺日》一九四一年三月二十日（四）。

23 〈兒童就學率向上　中等教育の充實　臺南州．教育事業に萬全〉，《臺日》一九四二年二月四日（四）。

24 《臺灣總督府第四十六統計書（昭和十七年）》，頁三九〇—三九一。

25 《臺灣總督府第四十六統計書（昭和十七年）》，頁三九〇—三九一。

26 〈商工專修學校を　高雄市で新設　商業補修學校は廢止　附屬幼稚園も私立に〉，《臺日》一九三四年十二月七日（N二）；〈高

雄市立商工專修學校　新入生募集〉，《臺日》一九三五年三月三十日（三）。

27 〈臺南商業專修學校〉，《臺日》一九三一年四月五日（五）。

28 〈商工補習學校〉，《臺日》一九二五年九月一日（四）；〈商工補習學校　準備開校〉，《臺日》一九二七年四月二日（N四）；〈彰化商工補習學校　改為商業專修學校　即係公立　今後務充內容〉，《臺日》一九三四年七月二十七日（八）。

29 〈商工補習學校〉，《臺日》一九二五年九月一日（四）。

30 〈新竹州勢調查會　教育部會の各種決議事項〉，《臺日》一九三〇年七月三日（N二）。

31 〈州立中學校を一校　臺北に新設と決まる　中等學校の入學難緩和　簡易專修學校男女各一校も新設　他の地方は學級を增加〉，《臺日》一九三四年八月一日（N二）。

32 〈商工專修學校を　高雄市で新設　商業補修學校は廢止　附屬幼稚園も私立に〉，《臺日》一九三四年十二月七日（N二）；〈高雄市立商工專修學校　新入生募集〉，《臺日》一九三五年三月三十日（三）。

33 〈商工專修學校を　高雄市で新設　新商業補修學校は廢止　附屬幼稚園も私立に〉，《臺日》一九三四年十二月七日（N二）；〈高雄市立商工專修學校　新入生募集〉，《臺日》一九三五年三月三十日（三）。

34 〈嘉義商工專修校に　技術者の卵殺到　百四十名の所へ　七百十名〉，《臺日》一九三九年四月二日（五）；〈初卒業生は引張凧「全員貰ひ受け」の大量申込み　臺南專修工業は朗か〉，《臺日》一九三九年十一月六日（五）。

35 〈彰化市立商業專修近く廢校〉，《臺日》一九四二年一月二十八日（四）。

36 參照阿部洋主編，《日本植民地教育政策史料集成（台湾篇）第九八卷》，頁三五二—三六一。

37 〈專修校を改組擴充　先づ工科と商科を分離〉，《臺日》一九四〇年二月二十五日（五）。

38 〈商工專校入試〉，《臺日》一九四〇年四月三日（五）。

39 〈專修學校好評〉《臺日》一九四一年三月二十九日（四）。

40 〈商業專修〉，《臺日》一九三六年四月七日（N四）。

41 〈商業專修〉，《臺日》一九三六年四月十二日（N四）。

42 〈專修工業腕試し　巣立つ初卒業生を目ざして　もう物凄い求人爭奪戰　技術家は引張り凧〉，《臺日》一九三九年十月二十八日（五）。

43 〈初卒業生は引張凧「全員貰ひ受け」の大量申込み　臺南專修工業は朗か〉，《臺日》一九三九年十一月六日（五）。

44 《臺灣總督府第四十六統計書（昭和十七年）》，頁三九〇—三九一。

45 〈臺北家政女校　設立認可　著手募生〉，《臺日》一九三七年三月十七日（八）。

46 〈家政女卒業式〉，《臺日》一九三八年三月十五日（五）。

47 〈臺北市立家政女校　按四月十五日開校　募第一學年生徒百名〉，《臺日》一九三八年三月九日（八）。

48 〈新年の諸作法　家政女で教授〉，《臺日》一九三七年十二月二十七日（五）。

49 〈島都ニュース　臺北家政女學校設立認可さる〉，《臺日》一九三七年三月十六日（九）。

50 〈家政女學校（三年制）を　臺東街に新設　十四年度に實現〉，《臺日》一九三八年五月三十日（五）。但是後來沒有設立家政女學校，而於一九四〇年設立臺東高等女學校。

51 〈三年制の家政高女　新竹市に新設　新年度から授業開始〉，《臺日》一九三九年二月六日（五）。

52 〈女子實業補習學校　潮州郡で明年度に新設〉，《臺日》一九三九年八月十日（五）。

53 〈嘉義女子技藝學校　家政女學校と改稱　父兄、生徒の望成り二月から〉，《臺日》一九三七年一月二十八日（五）。

54 〈彰化家政女學校　明春から開校に內定〉，《臺日》一九三九年七月二十三日（五）。

55 〈三年制の家政高女　新竹市に新設　新年度から授業開始〉，《臺日》一九三九年二月六日（五）。

56 〈岡山家政女學校　近鄰街庄で新設を計畫〉，《臺日》一九三九年十月十六日（四）。

57 〈奉公運動の推進力　一郡に一家政女　新竹州で教育方針再檢討〉，《臺日》一九四一年九月十九日（四）。

58 臺南州，《昭和十六年　臺南州第二十三統計書》（臺南：臺南州總務部總務課，一九四三年），頁五六—五七。

59 臺南州，《昭和十六年　臺南州第二十三統計書》，頁八一。

60 臺南州，《昭和十六年　臺南州第二十三統計書》，頁五〇。

61 例如這則報導中即提出此種主張：〈臺北市の商工專修學校　新設は駄目らしい　州の教員俸給が削除さる〉，《臺日》一九三四年十一月二十八日（七）。

62 二〇〇九年三月十八日及三月二十五日訪談，地點：新竹國小。訪談對象：吳女士、李老師、鄭老師。

63 〈篤農家養成が目的　農業補習學校へ一大改革を加へる〉，《臺日》一九三三年一月二十八日（三）。

64 文教局長談，〈實業補習學校規則の改正に就て〉，《臺灣教育》三九四號（一九三五年五月），頁七七—七八。

65 關於臺灣「學歷社會」的討論，可參照陳文松，〈日治時期臺灣「雙語學歷菁英世代」及其政治實踐：以草屯洪姓一族為例〉，《臺灣史研究》一八：四（二〇一一年十二月），頁五七—一〇八。

66 連玉如，〈日治時期臺北市的升學樣貌——以臺籍子弟入學中等教育機構為中心（一九一九—一九四五）〉（臺北：臺灣師範大學臺灣史研究所碩士論文，二〇一三年）有討論到此問題。

67 〈臺中市籌緩入學難　明年設家政女學校　修業三年收容百五十名〉，《臺日》一九三四年十月十九日（八）。

68 〈入學難を緩和　四百二十名の收容生增加に　父兄も愁眉を開く〉，《臺日》一九三八年三月九日（五）；〈緩和される「穿〔窄〕き門」　屏東市に近く實踐女學校創立〉，《臺日》一九四一年九月十一日（四）。

69 〈女學校の新設を要望　臺中州南端の北斗郡が〉，《臺日》一九四〇年四月二十日（五）；〈北斗に家政女學校　組合立として開校準備〉，《臺日》一九四〇年九月二十九日（五）。

70 〈中等學校の入學難緩和〉,《臺日》一九三四年八月一日(N二)。

71 〈臺中市籌緩入學難　明年設家政女學校　修業三年收容百五十名〉,《臺日》一九三四年十月十九日(八)。事實上,各實業補習學校的設置費用,未必都如此篇報導中所說的五萬圓,有些學校要購置土地、新建校舍,就會需要比較高的預算。但實業補習學校確實較有彈性,經費不足時,甚至也可以附設在公學校中,以公學校校長兼任校長,以節省經費。

72 〈商業專修卒業生　賣れ行き良好　二月中に全部就職決定か〉,《臺日》一九三六年一月二十八日(五);〈商業專修校　就職甚易〉,《臺日》一九三六年三月二十一日(一二);〈商工專修生　初卒業生豫約濟〉,《臺日》一九三八年三月四日(五);〈卒業生の就職全部決定〉,《臺日》一九三九年三月十七日(五)等;〈一年も前から　引張りの工生　各方面から求人殺到〉,《臺日》一九三九年三月二十五日(五);〈初卒業生は引張凧　「全員貰ひ受け」の大量申込み　臺南專修工業は朗か〉,《臺日》一九三九年十一月十六日(五)等。

73 〈對岸からも求人　嘉義商工專修生引張　〉,《臺日》一九四〇年一月十日(五)。

74 〈專修工業腕試し　巣立つ初卒業生を目ざして　もう物凄い求人爭奪戰　技術家は引張り凧〉,《臺日》一九三九年十月二十八日(五)。

75 〈三年制の家政高女　新竹市に新設　新年度から授業開始〉,《臺日》一九三九年二月六日(五)。

76 〈中學と家政校を中壢に設置　近く期成同盟會結成〉,《臺日》一九三九年六月一日(七)。

77 〈市立家政女の新設は有望　財源は寄附說が有力〉,《臺日》一九四〇年一月二十八日(五)。

78 〈商工專修新設を羅東で要望　近く關係當局に陳情〉,《臺日》一九四〇年二月十六日(五);〈商工專修建設資金に二千圓を寄附〉,《臺日》一九四〇年十一月八日(四)。

79 〈農業專修校を鳳林街に新設〉,《臺日》一九四一年五月二十一日(四)。

80 〈苗栗街に農業　補習學校設置〉,《臺日》一九四二年一月七日(四)。

81 〈「戰ふ農魂」吹きこむ　農村女性へ新教育企畫〉,《臺日》一九四三年一月十二日(四)。

82 〈增產へ女子を動員　高雄州で農業補習校を新設す〉,《臺日》一九四二年十月三日(四)。

83 〈農商業の實科に重點　家政女は農業教育へ　臺南州中等、實補校の學級增加〉,《臺日》一九四四年一月三十一日(二)。

84 派翠西亞・鶴見,林正芳譯,《日治時期臺灣教育史》(宜蘭:仰山文教基金會,一九九九年),頁一二七—一二八。

85 關於臺北女子高等學院,可參考洪郁如,〈女性高等教育の植民地的展開—私立台北女子高等学院を中心に〉,收於香川せつ子・河村貞枝編,《女性と高等教育》(東京:昭和堂,二〇〇八年),頁八四—一一三。

86 〈萬海創辦人陳朝傳辭世〉,《經濟日報》二〇一三年十月二十一日,http://udn.com/NEWS/FINANCE/FIN12/8240472.shtml。二〇一三年十月二十一日更新,二〇一三年十一月八日擷取。

87 許文龍口述,林佳龍、廖錦桂編著,《零與無限大:許文龍幸福學》(臺北:早安財經,二〇一一年),頁三二〇。

永靖農業補習學校農業實習。農業類的補習學校在各種實業補習學校中校數最多、就學人數也最多。永靖農業實業補習學校成立於一九二五年，修業年限二年，為今永靖高工（位彰化縣永靖鄉）前身。（《臺中州教育年鑑》二五九四年版〔一九三四年〕，無頁碼。臺灣圖書館提供）

嘉義商工專修學校校舍。一九三〇年代前期是商業類補習學校興盛時期，後期則變成工業補習學校，也有數所商、工科合併的學校。嘉義商工專修學校設立於一九二二年，原名嘉義商工補習學校，為市立的二年制實業補習學校，後改為三年制。一九四一年學校規模擴大，分離成商業專修學校及工業專修學校，為今華南高商（位嘉義市）之前身。（柯萬榮，《臺南州教育誌》，昭和新報社臺南支局，一九三七年，頁一二四。臺灣圖書館提供）

高雄商工專修學校實習課。與實業學校相比，實業補習學校的設立較具彈性、容易入學，修業年限較短，重視實作課程，在一九三〇年代後期深受臺灣社會的歡迎。高雄商工專修學校成立於一九三五年，為市立的三年制實業補習學校。起初只設商科，至一九三八年增設工科，一口氣收四個班，可見至一九三〇年代後期，工科生的需求量大增。一九四五年一月併入州立的高雄工業學校，為今高雄高工前身。（《高雄商工專修學校商科第五回、工科第二回畢業紀念帖》，該校，一九四二年。陳仁郎提供）

斗六家政女學校上課情景。由於高等女學校收容數有限，因此家政女學校成為許多日、臺女性升學的選項。其他類別的實業補習學校多為臺灣籍學生，但家政女學校不同，約有三分之一的日籍女學生。家政女學校大多為三年制，比高等女學校更重視各種實用課程，如和裁、洋裁、烹飪等。斗六家政女學校成立於一九三九年，今斗六家商前身。（《第二回卒業紀念》，斗六家政女學校，一九四三年。臺灣圖書館提供）

高雄淑德女學校。高雄淑德女學校成立於一九三六年，原名為高雄女子技藝學校，一九三七年更改校名，為今高雄市新興國中前身。照片中的女學生桌上各有一串香蕉、一個餐盒及一杯水，可能是在練習用餐前的禮儀。（陳仁郎提供）

中壢家政女學校開校典禮。家政女學校幾乎都是在一九三五年以後成立。一九四〇年，新竹州更是喊出「一郡一家政女學校」的口號，在一九四〇至一九四一年成立了新竹、中壢、苗栗、桃園四所家政女學校。中壢家政女學校成立於一九四〇年，今中壢高中前身。（《新竹州時報》第三十七號，卷首無頁碼。臺灣圖書館提供）

# 第四章

# 「愛鄉心」與「愛國心」的交錯

一九三〇年代，

日本政府想透過鄉土教育培養學生愛鄉愛國的精神，

可是臺灣總督府卻遮遮掩掩，

想推行又不敢大力推行，

為什麼會這樣呢？

在日本統治時期，

誰才可以學臺灣的歷史？

# 前言

一九九〇年代初期臺灣的教育改革運動中，本土派改革勢力開始使用「鄉土」來對抗長期以來國民黨政府主導的中國意識形態教育，要求在國民教育中增加關於臺灣的教材內容，促使教育部在一九九三、一九九四年先後修訂國小、國中課程標準，將「鄉土教育」納入國民義務教育課程中。在這個課程標準下，各縣市開始自編鄉土教材。但是，研究者指出，國民黨執政縣市的鄉土教材，敘事多著重「中國人」「固有」的歷史文化傳承，教材中所介紹的鄉賢聖哲多為明鄭時期開臺有功的人物，凸顯臺灣與中國「血濃於水」的歷史淵源，並強調戰後政府建設臺灣的成果；而民進黨執政縣市的鄉土教材，則重視現在生存空間（如高雄、宜蘭）的群體身分建構（如高雄人、宜蘭人），強調臺灣人的祖先是平埔族及原住民，藉此建構「臺灣人」的認同。顯然前者認定的「鄉土＝臺灣」是在中國文化的下位文化，而後者認定的「鄉土＝臺灣」是相對於中國文化的對等文化。同樣是「鄉土」，不同認同的人就會有不同的詮釋。由於「鄉土」一詞有可能使臺灣成為中國下位的「鄉土臺灣」，因此二〇〇〇年政黨輪替後，在持續的教育改革計畫中，教育部取消了原先的「鄉土教育」課程，宣稱要「將本土意識融入各領域教學中」；二〇〇二年教育部成立「本土教育委員會」，此後，以臺灣為「本土」的「教育本土化」的主張，取代「鄉土教育」的主張。[1]

從這裡可以看到「鄉土」成為權力競合的焦點，場域中的各種勢力都想爭奪「鄉土」的詮釋權，因為「鄉土」牽涉到認同，很容易成為民族主義論述的工具，也可能因此成為排擠或警戒的對象。

一九三〇年代，日本殖民統治者也曾經企圖利用「鄉土教育」強化臺灣人的國家認同。然而對於殖民地時期鄉土教育運動這個重要課題，研究成果意外的少，二〇〇四年文建會出版的《臺灣歷史辭典》也沒有收錄「鄉土教育運動」相關的條目，表示我們對於一九三〇年代的鄉土教育運動的認識及討論還相當不足。

詹茜如的碩士論文是早期較完整討論日治時期臺灣鄉土教育的論文。詹廣泛討論了學校教育及社會教育中鄉土教育實施的狀況，學校教育方面包括編寫鄉土讀本、公學校課程及學校活動；社會教育方面則涵蓋了青年團、部落振興會及地方上的相關活動。最後詹提出的結論是：日治時期鄉土教育運動的目的在於將臺灣鄉土改造為「日本化」的鄉土，培養臺灣民眾的愛鄉心，再從愛鄉意識擴大為愛國意識。[2] 詹的論文表面看起來似乎網羅了與鄉土教育有關的所有議題，但是或許處理面太廣，很多問題都只點到為止。更重要的是，該文沒有把時間因素列入考慮，也就是說她把日治時期的鄉土教育看成一個不變的東西，散布在各個時間及空間，鄉土教育的議論與實踐也沒有被區別出來。相對於此，吳文星利用當時報章雜誌有關鄉土教育的議論，清楚提示了關於鄉土教育的幾種輿論，主要仍著眼於鄉土教育與國民教育的關係。[3] 周婉窈則在分析第三期國語讀本時，發現其中包含相當多的鄉土教材，但是這些鄉土教材所顯現的是「去歷史化」的鄉土，因此是統治者連結「鄉土愛」與「國家愛」的工具。[4] 林初梅的近作基本上也是承繼過去研究的觀點，從「鄉土愛」與「國家愛」的矛盾來考察一九三〇年代的鄉土教育，探討鄉土教育運動的理論與實踐，同時從中找尋與一九九〇年代以後鄉土教育的接點。[5] 土屋洋則是將考察範圍限定在嘉義地區，探討嘉義地區鄉土教育運動的推動情形及其影響。[6]

過去的研究大抵都同意，一九三〇年代臺灣在日本本土鄉土教育運動的潮流中，也展開了類似的鄉土教育運動，發揮了連結「愛鄉心」與「愛國心」的效果。筆者基本上也同意這樣的推論，但是做為一個「運動」，至今尚有許多很基本的事項，例如運動的推進者及其主張、運動的推進方法等，並沒有被清楚說明，以至於我們無法對它做出適切的評價。本章主要站在運動史再解明的立場，留意「愛鄉心」與「愛國心」的交錯，希望能究明（一）運動的推進者，（二）運動的主張，及（三）運動的實際成果及其限制。在這個過程中，我特別留意臺灣人公學校教師的觀點與行動，及其與日本人教師的差異。

## 一、臺灣總督府的兩難

「鄉土」這個我們現在很熟悉的詞，在清代臺灣的文獻中並不常出現，偶爾出現時，大多只是用來指本鄉，並沒有什麼特別的指涉，也很少和其他詞彙連用擴展它的意義。[7]日本統治以後，鄉土一詞也不常被使用，一九三〇年黃石輝發表〈怎樣不提倡鄉土文學〉一文，展開有名的「鄉土文學論戰」，最後黃石輝終於提出「把臺灣規定做一個鄉土」的主張[8]，這應該是鄉土一詞在臺灣被賦予意義的開始。而就教育的範疇來看，一九三〇年以前臺灣教育會的機關誌《臺灣教育》上面，沒有任何一篇文章使用鄉土一詞。[9]一九三〇年代以後，《臺灣教育》雜誌中，才開始出現鄉土一詞，除了各科目如何採用鄉土教材的討論之外，「鄉土教育」也被提出來討論，而成為一個常用語。

不過整體看來，如果以《臺灣教育》代表臺灣教育界言論的動向，其中對於鄉土教育的討論還是很有限。《臺灣教育》第一篇使用鄉土一詞的文章是在一九三〇年四月[10]，其後自一九三三年六月開始至十二月，有一系列各州廳教育介紹專欄，其中介紹臺中州教育的篇幅最多，共有六篇，其餘臺北州二篇、臺南州三篇、新竹州一篇。這十二篇介紹各州廳教育的文章，篇名未必全部都有鄉土一詞，但內容大抵都與鄉土教育或教育實際化（意指教育應該切合社會實際狀況）有關。其後，篇名有冠上鄉土一詞的文章，一九三四年有四篇，一九三五年一篇，一九三七年一篇[11]，此後就未見有關鄉土教育的討論，直至一九四一年才又有一篇提倡振興鄉土體育的文章。此外，一九四一年以後，由於改制國民學校，於四年級新設「鄉土的觀察」一科，因此一九四一年至一九四三年有四篇關於「鄉土的觀察」的討論。也就是說，即使用最寬鬆的標準來看，一九三〇年以後，《臺灣教育》上有關鄉土教育的論述，也不過二十七篇。從數量上來看，不得不說非常少。

另一方面，臺中州於一九三一年提出「教育實際化」的口號，在州下大力推動鄉土調查與鄉土教育。一九三三年由隸屬州役所的臺中州教育會發行機關誌《臺中州教育》雜誌，成為該州鄉土教育運動的論述場所。創刊當年至翌年初，每一期都有「教育實際化」專欄，不只刊載州教育當局的政策宣傳，很多現場教師也在這份刊物上發表其對於鄉土教育的主張、交流鄉土教育的經驗，這些文章占有相當篇幅，充分表現了臺中州當局及現場教師對鄉土教育運動的熱忱。同時，我們也可以看到此時期有許多由小、公學校或地方教育會編纂出版的《鄉土誌》或《鄉土調查》類的書籍。目前可以確認的至少有二十本，其中絕大部分是一九三一至一九三四年出版。這些鄉土調查的主力大多是各地小、公學校的教師。二十本並不算多，不過也有些學校做了類似調查卻未出版[12]，可以想見，實際在這個時期做過鄉土調查的學校應該不只此數。數量多寡暫且不論，在這麼集中的時期，全臺灣各地小、公學校做了這麼多鄉土調查的工作，卻是不容忽視。這告訴我們在一九三〇年代的臺灣，出現一股鄉土教育運動的風潮，只是這個風潮並不是由總督府中央推動，而是由地方州廳分別進行，其中以臺中州的運動最積極。

日本的鄉土教育有許多不同的脈絡，明治前期有利用鄉土誌教授歷史、地理；之後受到德國鄉土科的影響，也有人提倡透過實際觀察、操作來學習的主張；教科書國定化之後，也有因為對劃一化的反彈而開始主張鄉土教育。一九一九、一九二〇年以後新教育運動勃興，主張教育應以兒童的生活或體驗為中心，而鄉土教育正好符合這種主張。一九二七年文部省開始調查各高等師範學校、師範學校附屬小學校及各府縣小學校的鄉土教授時數、設施，顯示了文部省對鄉土教育的關心。一九三〇年，文部省補助師範學校鄉土研究施設費；同年民間也成立「鄉土教育連盟」，各地以小學校、師範學校或地方教育會為中心，積極展開鄉土調查、鄉土資料的收集與展示以及鄉土讀本的編纂。由於文部省的積極態度，一時之間，鄉土教育運動大為盛行。[13]

然而，為什麼以臺灣教育會為首的臺灣中央教育界對鄉土教育運動表現得不甚關心呢？這應該不是因為臺灣接收本國教育運動的流行訊息有困難，而是有別的原因。

臺灣的教育相關人士對於日本本國的新動向應該有相當的掌握，如臺北州漳和公學校校長帶刀千太郎在該校出版的鄉土調查專書中，便提及「鄉土教育漸次勃興，在第七回全國聯合小學校教育會總會中，也討論關於鄉土教育事項，後又有文部省獎勵全國師範學校的鄉土研究，因此鄉土教育熱潮高漲，風靡教育界。」[14]臺南州土庫公學校教師新庄輝夫，在其發表的〈本島教育と鄉土教育〉一文中，也抄錄了一九三〇年在東京舉行的全國聯合小學校教育會總會關於鄉土教育的調查報告，文末還羅列了十數本日本本國出版的鄉土教育專書。[15]當時臺灣人教師在鄉土教育的相關論述中，也常引述本國教育家有關鄉土或鄉土教育的論述。[16]由此可見，在臺灣的教師應該可以從本國輸入的雜誌、書籍及相關報導[17]，相當程度地掌握本國的教育動向。

日本本國文部省自一九三〇年起，連續二年交付給各師範學校鄉土施設研究費，經費來源是原本擬用來延長義務教育的經費。[18]在殖民地臺灣，文部省的職責由臺灣總督代行，此時並未看到總督府有特別費用交付給師範學校的紀錄，延長本國義務教育的經費應該也不會流用到殖民地臺灣。一九三三年臺灣的師範學校規則修正，與本國一樣也在地理科加入「教授地方研究」的條文。除此之外，就沒有看到臺灣的文教當局對鄉土教育運動有什麼主張或作為。而全島規模的教育團體、可以視為總督府外圍機關的臺灣教育會，如前所述對鄉土教育運動也不太積極。

以往的研究已經明白指出，在殖民地臺灣推行鄉土教育運動，統治者最要小心的就是不要讓鄉土教育運動引發的鄉土愛，成為被殖民者自我意識或民族意識的來源，以免阻礙日本國家愛的形塑。因此，教科書中的鄉土教材明顯欠缺臺灣歷史[19]，而鄉土讀本則特別強調經過日本改造的現代化鄉土。[20]雖然可以藉由這些技術性操作，避免鄉土臺灣的形象顯影，但顯然臺灣中央教育界還是擔心鄉土教育運動帶來的後果，因此選擇不正面大力鼓吹鄉土教育運動，以免形成以臺灣為單位的認同。

## 二、地方的鄉土教育運動——以臺中州為例

如前所述，一九三〇年代臺灣的鄉土教育運動，並不是由臺灣中央的文教當局或是全島規模的臺灣教育會主倡，而是由臺灣各地方在州以下的層級各自進行，在各州廳中，對鄉土教育運動著力最深的就是臺中州。

臺中州鄉土教育運動的正式展開，應該可以從一九三一年臺中州教育會提出「教育實際化」的口號，做為州下學校「總動員、總努力」的目標算起。

臺中州教育會原本是臺灣教育會臺中支會。一九三一年臺灣教育會改組為社團法人，原先在臺灣教育會底下的各州廳支會便在形式上各自獨立。一九三一年臺中支會獨立為臺中州教育會，以臺中州知事為會長，事務所設在臺中州教育課內，成為教育課的附屬機關，並於每年舉辦一次臺中州教育總會，會員為臺中州以下的教育相關人員及各級學校教師，約一千五百名，其後隨初等教育的擴充，逐年增加。教育會每年經費約有三千至四千圓，除了會費收入及臺灣教育會的補助金之外，主要來自州當局的補助。[21]一九三三年機關誌《臺中州教育》創刊，原則上為月刊，但偶有無法準時發刊的情形，因此，每年約出刊八至十一期，每一期約五十餘頁，刊載的內容包括一般的教育論

述、教育活動的報導、教師的教學心得、兒童作品等。目前可見的雜誌發行到一九三九年十二月第七卷第九期為止，該期並沒有宣稱要停刊，因此並不確定是否無預警停刊，或是其後仍繼續發行只是未留存。從創刊號至一九三八年四月第六卷第四期為止，由臺中州教育課職員加藤虎太郎擔任編輯。[22]加藤離職後由小林廣三郎接任編輯[23]，直至一九三九年目前所見最後一號雜誌為止。

在臺中州教育會改組之前，一九二九年臺中州提出「從教室到教室」的口號，宣言「在教室產生的我等之研究，再次歸還生產的教室，從體驗到原理，從原理到實踐」，[24]主張將教室中所產生的教學經驗與心得回饋到教室。一九三一年臺中州教育會成立，遂承繼前兩年的活動經驗，提出「教育實際化」的口號，開始「教育更新五年計畫」。[25]

概觀五年的教育實際化運動，其進行的方式是每年由州教育會提出主題，州下各小、公學校組成研究會，各自研究發表，在年度結束時，再由州主辦實際化研究發表會，讓各校發表，小學校與公學校的發表會通常分開舉行，重要成果被刊載在《臺中州教育》雜誌上。各年主題如下：

一九三一——一九三二年：公民、地理、理科、農業各科研究

一九三三年：德育、訓練

一九三四年：學校經營（包括班級經營）

一九三五年：綜合活動[26]

此外，自一九三一年起，至五年計畫結束的一九三五年，臺中州教育會也陸續將各項研究成果刊行出版，共刊行了二十一冊，其中大部分是提供現場教師在課堂上可以直接應用的各科教授指引，包括話方（說話課）、讀方（讀書課）、修身、算術、國史、公民、地理、理科、農業、家事、裁縫等科目。[27]這些補充教材，當然是根據國家教育目標選取，以達到愛鄉愛國的目的，不過由於是依據學校的教科來編纂，應該非常有助於小、公學校教師教授鄉土教育，或許這也是臺中鄉土教育運動能有明顯成果的原因之一。

那麼，「教育實際化」的具體內容是什麼呢？《臺灣教育》中的「各州廳教育」專欄，應該可以視為各州宣傳自己特別教育主張的場所。臺中州在這個專欄裡介紹了教育實際化的方法原理，說教育實際化包含教育的生活化乃至鄉土化，要讓教育變得「有用」，具體的目標及努力項目有涵養國民性、熟習國語、陶冶情操、養成實力。[28]從這裡可以看到教育現場對於教育未能「實際化」的批判，同時也可以看到州當局的鄉土教育觀。

如同以往研究者指出的，鄉土教育的目標是涵養愛鄉心，從而擴大為愛國心。臺中州以「教育實際化」為口號的鄉土教育運動，其目標也不脫愛鄉愛國的邏輯。豐原女子公學校校長山崎睦雄說，教育實際化的目標是培養「小小的鄉土振興者」，與一九三〇年代日本本國農山漁村振興運動的言說十分接近。山崎指出這個小小的鄉土振興者必須具備以下兩個特質：（一）自覺我國國體之尊嚴冠絕世界，可盡報國之誠者。（二）做為強力的生活改善行動者，能貢獻鄉土開發者。也就是說，山崎的鄉土教育觀，是站在「認識鄉土」而後愛鄉土，從而能改造鄉土、振興鄉土，最後和國家認同連結在一起。[29]《臺中州教育》雜誌的中心人物加藤虎太郎也明言：「教育的實際化，是出於鄉土還於鄉土，社會化、生活化，歸結於國家意識的體得。」[30]臺中州視學錢目長三郎在五年計畫結束的總結中也指出：教育實際化的目標是養成「忠良的國民、有為的鄉土民」。[31]連結鄉土愛與國家愛，並不只是日本教育相關人士的主張，臺灣人教師也有同樣的說詞，如臺中市村上公學校教師廖來興也主張教育實際化的目的，是要培養可貢獻國家社會的「有用之人」。[32]

由上所述，的確很容易看到將鄉土連結到國家的方向，但是值得注目的是，也有與此主流論述不同的主張，例如豐原公學校教師張崑山在討論地理教育實際化時，指出地理教育應該要養成地理的基礎觀念以及對鄉土的理解，因為「知之始能愛之」，究明地理事實事象，理解鄉土之自然及文化的由來與現狀，可以培養兒童的愛鄉心。[33]由此顯示，並不是每一位教師都會立刻將愛鄉與愛國連結在一起，他們甚至會刻意不做連結。

在日本本國，鄉土教育運動與生活綴方運動有很密切的關係，生活綴方運動是透過日文作文描寫日常生活的情景，來實踐教育的生活化與實際化。然而，這一點在殖民地臺灣顯然會有很大的問題。日文並非臺灣人的母語，一般的公學校學生，日文程度十分有限，如何能自在地使用日文描寫日常生活，便是一大問題。事實上，提出作文教育實際化的，只有小學校教師[34]，公學校的臺灣人教師則特別注意圖畫及工藝課的生活化。

臺籍公學校教師廖世深重視手工科的實際化。他說，鄉土教育應該要讓學習生活化，並活用鄉土資源。學習生活化就是從兒童的玩具、遊戲出發，如此，「思考力被鍛鍊，創作力被養成，觀察美的事物之能力也可以被養成。」而要活用鄉土資源，就必須先從事鄉土調查，但只有調查還不夠，如果沒有活用與創作的趣味，就不能發展。因此手工科很重要，應該要加強培養兒童的興趣，經常花工夫創作，往鄉土工藝發展。[35]

另一位公學校教師、也是著名畫家葉火城，同樣強調工藝課及圖畫課的重要性，他對鄉土教育的意見十分值得注目。葉火城在檢討圖畫和工藝兩科的實際化時，除了「鄉土的調查」之外，還特別重視「鄉土的鑑賞」。[36]他認為：「兒童凝視、鑑賞、觀察自己周遭的社會環境，由這些美好正確的表現，才能加深對鄉土的鑑賞，更能培養愛鄉土的心。這樣培養起來的鑑賞力、創作力，可以成為追求更高、更深之美感的力量。因此，其發達進展，對於如何發展今後的鄉土，有直接及間接的作用，由此深入鄉土人的實際生活中，提高美感與實用的鑑賞眼光，豐富生活，建設正確的文化。」

葉火城認為鄉土教育是為了培養愛鄉土的心，以及抽象層次的美感，至於要如何提升鑑賞力、創作力以及追求美感的力量呢？他說創作靈感的來源，便在於鄉土的自然、風俗習慣及傳說俚謠。「不是地理科、理科式的調查，而是從圖畫、手藝、手工的立場，來做鄉土的觀察。讓他們接觸鄉土的自然美、鄉土的動物、鄉土的植物。」「讓他們記得雜草的名字，描寫小魚的形態，觀察它們活動的狀況，藉以對之產生親切感，加深對自然、對鄉土的愛情。」

葉火城更進一步指出，實際在指導兒童作畫時，鄉土的題材是無限的：「鄉土的年節活動、兒童的遊戲、學校活動、季節活動、鄉土風俗、鄉土的歷史、鄉土的傳說、鄉土的地理、鄉土人的生活。」在鄉土教育中正面面對鄉土的歷史與文化，從而得到生活的能量，這是敏感的臺灣人教師委婉的主張。

那麼，這樣的鄉土愛與國家愛的關係如何呢？葉火城說：「圖畫科的實際化在鑑賞、利用鄉土美，培養美化生活的能力。」鑑賞的對象從班上兒童的作品到學校全體，到附近學校，到全國、外國，透過自己的製作體驗，可以發現自己。」從鄉土確實可以擴大到國家，但是很快的，便跳過國家，將視野擴展到世界，其重點在重新認識自我。

除了觀察、鑑賞之外，葉火城也沒有忽略現實的問題。他提出在從事鄉土調查時，應該特別注意鄉土的物產要如何宣傳、包裝，推廣銷售通路，並且利用圖畫科設計海報標籤，這些都是鄉土愛的實際化。對葉火城來說，所謂的教育實際化，最後是投射到現實鄉土的經濟振興問題。

一九二九年受到世界經濟恐慌的影響，農村窮困激化，大正新教育中的浪漫主義褪色，一九三〇年代日本本國興起新一波的鄉土教育運動，開始要求教育生活化。但是如何才能達到生活化的目標，各方見解不同，一九三一年及一九三二年在鄉土教育相關人士之間，發生了兩次鄉土科特設與否的論爭。他們表面上爭論的是，到底要特別設立一個「鄉土科」來教學，還是要將各教科的教材鄉土化，但是論爭的背後其實隱藏著兩種不同的鄉土教育觀。主張特設鄉土科的人認為，鄉土科可以讓學生以科學而有系統的方式學習鄉土知識，如此才能建設新的鄉土社會；而反對的人則認為，鄉土教育的目標應該是培養鄉土愛，以做為愛國心的基底，因此應該讓各教科都鄉土化，特設鄉土科只會流於單純的知識傳授。當時的論者將前者稱為「客觀的鄉土教育論」，也就是把鄉土當成一個自然物，以自然、客觀的角度解釋；後者稱為「主觀的鄉土教育論」，即鄉土是基於該地域居民之相互關心而形成，每個人生活在鄉土中，受到歷史、文化影響，自然會產生對鄉土的感情。在論爭中，基本上是特設鄉土科的主張占上風，但是文部省之所以支持鄉土教育，實則站在培養鄉土愛及愛國心，偏向「主觀鄉土教育論」的立場，因此，最後特設鄉土科並沒有成功，而論爭的雙方也沒有將「教育生活化」的具體內涵辯論清楚。總結來說，這次的論爭只停留在提出問題的階段，因此雖然一九三一與一九三二年間，鄉土教育相關著作達到高峰，但是一九三三至一九三四年以後便急速退潮。[37]

在殖民地臺灣這邊的鄉土教育運動則有不同力量的拉鋸。臺灣的教育官僚或日本人校長這種指導級人物，乃至日本人教師對鄉土教育的主張，基本上比較傾向主觀主義的立場；但同時我們也可以看到部分臺灣人教師從美術、工藝鄉土化、生活化出發，著重培養兒童的思考力、創造力，提升美感的鑑賞力，主張其目標是要「自我發現」，並將鄉土教育投射到現實鄉土的經濟振興，比較傾向客觀主義的鄉土教育觀。而且，這些思考力、創造力、鑑賞能力的源頭是鄉土的歷史、文化，並不是為了國家而存在的鄉土；鄉土擴張的對象，雖然也有國家層次，但他們的眼光是放在更廣大的世界。由此，我們可以略為窺見臺灣人教師對州當局教育實際化反向的作用力。

## 三、重層的鄉土

前節介紹了臺中州的鄉土教育運動，解明了州教育當局的主張與意圖，同時也說明了現場教師不同的意向。本節擬從鄉土範圍的設定及鄉土調查的項目來考察在這種主張與意圖下，實際上如何實踐鄉土教育呢？以及在這樣的實踐中，我們可以如何考察「愛鄉心」與「愛國心」的交錯呢？

在這個鄉土教育運動中，最具體的實踐便是從事鄉土調查、編纂鄉土讀本。因為要從兒童出發、直觀、具體，就必須貼近鄉土，而要貼近鄉土，就必須先瞭解鄉土，也就是必須從事鄉土調查，掌握有什麼可以具體、直觀或是施行的勞作教育。豐原公學校的教師張崑山用兒童的個性調查來比喻鄉土調查，要瞭解兒童，必須先對兒童做家庭訪問，以瞭解兒童的個性、成長過程等，而要瞭解鄉土，也必須對鄉土做個性調查。[38]臺中州視學錢目長治郎也說：「貼近鄉土的教育是教育實際化的一大目標，掌握鄉土的實際狀況是先決問題，在這個意義上，鄉土的調查是教育實際化上最優先的直接工作。」[39]在這一點上，臺、日籍教師的意見沒有太大不同。

要從事鄉土調查，首先必須確認調查的範圍，也就是鄉土的範圍。豐原公學校教師張崑山在介紹該校的鄉土調查時，先檢討鄉土的字義與範圍，列舉了各種不同說法，最後自己下了一個定義：

鄉土的範圍，是由我們這個地方的特色來決定，這樣才叫鄉土。以本校所在地豐原來考察的話，是指以豐原街為中心的地帶，以商工業為主，具備教育、政治、交通、經濟的文化體。……因此，不以豐原為中心，掌握豐原街背後之自然與人文，就不能瞭解豐原的存立與發展。換言之，此一地域，即是以豐原為中心的一個有機體，是一個文化的地理區。豐原街這個文化地理區正是本校的鄉土。[40]

不論有多少種鄉土的定義，最後還是以學校所在地的市街庄為實際的鄉土，並且這個鄉土是具有內在自我完結性，具備各種社會機能的有機體。不只是豐原公學校，此時期出版的鄉土調查或鄉土讀本，多採取相同立場。如嘉義市玉川公學校的鄉土調查，以嘉義市為中心，旁及周邊的嘉義郡[41]；臺北州海山郡漳和公學校以中和庄為鄉土範圍[42]；臺中州大屯郡北屯庄北屯公學校調查的鄉土是北屯庄；[43]高雄市高雄第二尋常高等小學校出版《鄉土史》，則以高雄州為調查對象。[44]目前可以確認的二十本鄉土調查．鄉土讀本中（不包括在其他書籍或雜誌中刊載的單篇文章），有十七本是以學校所在地的市街庄為「鄉土」，其餘三本則是以州或郡為單位。（參見表4-1）

**表 4-1　一九三〇年代鄉土調查．鄉土讀本一覽**

| | 鄉土讀本名 | 編　纂　者 | 編纂年 | 鄉土範圍 |
|---|---|---|---|---|
| 1 | 豐原鄉土誌 | 豐原公學校 | 1931 | 豐原街 |
| 2 | 我等の鄉土 | 淡水尋常高等小學校 | 1932 | 淡水庄 |
| 3 | 鄉土讀本 | 新社公學校 | 1932 | 新社庄 |
| 4 | 鄉土誌 | 北屯公學校 | 1932 | 北屯庄 |
| 5 | 鄉土調查 | 南屯公學校 | 1932 | 南屯庄 |
| 6 | 鄉土概況 | 玉川公學校 | 1933 | 嘉義市 |
| 7 | 鄉土の概觀 | 大甲公學校 | 1933 | 大甲街 |
| 8 | 鄉土調查 | 北斗公學校 | 1933 | 北斗街 |
| 9 | 我等の海山 | 海山郡教育會 | 1934 | 海山郡 |
| 10 | 我が基隆 | 雙葉小學校 | 1934 | 基隆市 |
| 11 | 鶯歌鄉土誌 | 庄役場 | 1934 | 鶯歌庄 |
| 12 | 鄉土史 | 高雄第二尋常高等小學校 | 1934 | 高雄州 |
| 13 | 鄉土調查 | 八角林公學校 | 1934 | 獅潭庄 |
| 14 | 鄉土讀本 我が里 | 士林公學校 | 1935 | 士林庄 |
| 15 | 鄉土誌 | 北埔公學校 | 1935 | 北埔庄 |
| 16 | 都市に近接せる農村の鄉土教育 | 漳和公學校 | 1935 | 中和庄 |
| 17 | 鄉土資料 | 羅東公學校 | 1936 | 羅東街 |
| 18 | 鄉土のしらべ | 臺中州教育課 | 1937 | 臺中州 |
| 19 | 樹林鄉土誌 | 張福壽編 | 1938 | 樹林庄 |
| 20 | 臺南市讀本 | 臺灣教育研究會 | 1939 | 臺南市 |

清代以來的「鄉土」，本來只是很素樸地指出生地與成長地，但是經過一九三〇年代的鄉土教育運動，「鄉土」變成必須藉由各種社會科學的解釋、日本國內或西洋諸國各家名人的解釋才能定義的詞彙，其指涉的範圍則一律是一九二〇年地方制度改正後的州郡、市街庄。一九二〇年的地方制度改正是在充分考量各地區自然、人文的因素下，重新調整臺灣的行政區畫，一直到現在臺灣的行政區畫也還受到此次區畫的影響。以嘉義郡小梅庄（今嘉義縣梅山鄉）為例，地方制度改正後，小梅庄成立，將原先的十四個村落分設十三個區，區的劃分以自然村為依據，有些區本身即是一個自然村，有些較大的聚落分成二、三個區，而有些散居數處的小聚落則統設一區。[45]鄉土調查的範圍，是行政上的市街庄，這個市街庄一方面具有自然村的基礎，同時也是國家新成立的新鄉土，甚至給予了新地名，被置於整個行政體系的架構中。

例如《豐原鄉土誌》中調查的豐原街，正是一九二〇年出現的新區畫與新地名，不是清代以來的捒東上堡，也不是一九一九年以前的葫蘆墩區，正是在臺中州豐原郡下的豐原街。以往的研究往往指出鄉土教育的根本假設即在於「愛鄉即能愛國」，但是卻沒有辦法充分說明為什麼「愛鄉即能愛國」，其實原因即在於「愛鄉」的「鄉」，並不是自然村的「鄉土」，而是經過政府規劃的行政單位，而行政範圍可大可小，往上推至最大的行政單位，便是「國家」。

在這樣的邏輯下，確實在臺灣推行鄉土教育也可以達到「愛鄉即愛國」的目標。但是，要如何避免在這個過程中，讓臺灣兒童產生「臺灣規模」的鄉土認同呢？關鍵就在於鄉土調查的項目及鄉土讀本的形式。

有關鄉土調查的調查項目，《臺中州教育》前後刊登了兩篇文章，一是二林公學校的日本教師矢口卯兵所撰，二是豐原公學校的臺灣教師張崑山所撰。[46] 矢口將鄉土調查的項目分成十類：地理的鄉土、歷史的鄉土、風俗習慣、自然科學的鄉土、教育的鄉土、宗教的鄉土、政治的鄉土、經濟的鄉土、衛生的鄉土、美術的鄉土等。而張崑山分為鄉土的歷史、鄉土的自然、鄉土的土地、鄉土的戶口與勞力、鄉土的產業、鄉土的交通、鄉土的經濟、鄉土的行政、鄉土民的生活、鄉土衛生等十項。從項目別來看，兩者沒有很大的差別，基本上與清代以來地方志書的內容近似，但是如果細究鄉土歷史研究的內容，就可以看出二者的細微差異。表4-2列舉兩篇鄉土調查文

**表 4-2 「鄉土的歷史」調查項目**

| 矢口卯兵 | 張崑山 | 豐原鄉土誌 |
|---|---|---|
| 大砲的研究 | — | — |
| 磚廠 | — | — |
| 鄉土紙牌 | — | — |
| 祖先的研究 | — | — |
| 牌位 | — | — |
| 祖先歷史的研究 | — | — |
| 墓場 | 古蹟古墳 | 古蹟古墳 |
| 鄉土先賢紀念碑 | 舊家及人物 | 舊家及人物 |
| 二林的傳說 | 傳說、口傳故事 | 傳說、口傳故事 |
| — | 鄉土沿革 | 鄉土的沿革 |
| — | 廟 | 廟 |
| — | 街的變遷 | 街的變遷 |
| — | 地名的起源 | 地名的變遷 |
| — | 照片 | 卷首照片（古地圖及其他） |
| — | 考古資料 | — |
| — | — | 行政區域的變遷 |
| — | — | 豐原郡役所的變遷 |
| — | — | 歌謠 |

章中，於「歷史的鄉土」項目下的調查事項，以及豐原公學校鄉土調查成果《豐原鄉土誌》中「鄉土歷史」中的項目。

從表4-2來看，矢口列舉的九個項目中，「祖先的研究」、「牌位」、「祖先歷史的研究」等三項看起來很類似，甚至與「墓場」也很接近，都與個人家庭的歷史有關。臺灣一般漢民族的傳統當然也非常重視祭祀祖先，但是在調查鄉土的歷史時，如矢口這麼重視個人家庭的歷史，還是十分引人注目。二林公學校的鄉土調查最後是否完成，無法確認，僅從矢口列舉的項目來看，不得不令人聯想起明治以後日本透過家族來橋渡愛國心的「家族國家觀」。其次，矢口與張雖然都提到鄉土先賢，但是矢口的重點不在於人物、事蹟及與地方社會的關係，而特別著重物質形式的紀念碑；相對於此，張崑山的「舊家及人物」，列舉了林振芳、潘氏一族（指岸裡社頭目潘敦仔家族）、張氏一族（指岸裡社通事張達京家族）。而從該校鄉土調查的成果《豐原鄉土誌》來看，書中確實大幅介紹了這三個家族，還蒐集了這些家族的照片與文物，這一項目占了全書三百餘頁近十分之一的篇幅。此外，「大砲」及「磚廠」雖然也有可能與鄉土的歷史有關，但基本上還是比較「不歷史」；而「鄉土紙牌」雖然可以寫入鄉土的故事、傳說，但這種日本式遊戲，可能也不是大部分鄉土民眾可以分享的。另一方面，張的「古蹟古墳」雖然接近矢口的「墓場」，但實際上《豐原鄉土誌》中的「古蹟古墳」並不是個別家族的墓場，其中介紹了與豐原舊名「葫蘆墩」地名來源有關的三個小丘，以及清朝該地械鬥留下的舊墳遺跡。此外，張崑山對於廟、自然村的小地名起源與變遷（「地名的起源」）等的重視，都是矢口完全沒有提到的項目。至於兩人共同提到的「傳說、口傳故事」，則可以看到民俗學的影子。

研究鄉土不得不考慮到鄉土過去的歷史，矢口比較著重個人的歷史，而張崑山考慮的是地方共同記憶的歷史。張崑山在介紹調查項目時說，這些項目大抵是根據文部省社會教育官千葉敬止的方案，再根據自己鄉土的實際狀況加以調整，或許未必能說完全是因為張崑山具有特別強烈的鄉土意識；同時也不能直接推斷這是由於日本人教師和臺灣人教師對鄉土認識或鄉土教育主張的差異，因為也有其他例子不能明顯表現出民族的差異。例如鹿谷公學校的日本人教師並木直人，他採用鄉土的歷史傳說、宗教材料、教育行政、經濟產業、交通風景、地勢氣候等做為鄉土紙牌的內容，其中歷史傳說、宗教材料的部分，包括了地方上的福德廟、孝子節婦碑等各種史蹟以及人物傳說等鄉土共同記憶的豐富材料。[47]然而，我們的確可以看到這裡表現了對鄉土歷史的不同眼光。

基於這樣的調查原則，一九三〇年代前半很集中地生產了很多鄉土調查及鄉土讀本。這個鄉土調查的實踐，對於瞭解一九三〇年代鄉土教育的內涵極為重要。詹茜如曾經統計鄉土誌中鄉土史的比例，發現鄉土史的比例相當小，而做出了此時期鄉土教育著重現代化的鄉土，忽視臺灣鄉土史的結論；[48]周婉窈的研究也特別強調當時的鄉土教材缺乏鄉土歷史。[49]兩位的說法十分正確，但是當我們實際去看鄉土調查的項目時，發現除了鄉土的歷史之外，鄉土調查也包含了鄉土的傳說、舊跡、年中行事的調查，這些項目的意義十分重大。如嘉義市玉川公學校的《鄉土概況》中，除了有一章鄉土的歷史外，還有史蹟名所、鄉土人物、鄉土傳說及鄉土年中行事等章節，而且皆獨立成章，其中鄉土的傳說包括北港朝天宮、紅毛井、保生大帝或阿彌陀寺等九項；漳和公學校的鄉土調查也有舊蹟名所、風俗習慣等章；北屯公學校的《鄉土誌》是由學校教師分項調查，其中宗教狀態那章，調查了庄內福德祠、大眾廟等二十多所舊廟；而年中行事，則將新曆的國家祝祭日及舊曆的民間節慶都放在同一個行事曆中。這些根植於日常生活的調查項目，也使殖民政府想要塑造而刻意抽離歷史的鄉土臺灣，產生了歷史的深度。

這些鄉土讀本中，特別值得注意的是高雄第二尋常高等小學校出版的《鄉土史》，這是此時期唯一以「鄉土史」為名的鄉土讀本。此書分為兩大部分，前半是「臺灣通史」，後半是「高雄州地方史」，這兩部分大致都分成無所屬時代、蘭領時代、鄭氏時代、清領時代及帝國領有以後。此書於一九三四年出版，書名也有「鄉土」二字，應該可以視為一九三〇年代鄉土教育運動的產物。如前所述，對殖民統治者來說，或許期待透過認識鄉土，培養兒童的愛鄉心，從而提升為愛國心，但如果以臺灣為鄉土範圍，則有形成臺灣規模的認同之虞。因此，站在總督府的立場，不由總督府或全島性的臺灣教育會出面，毋寧由地方州廳以下的行政單位來推動鄉土教育；此外，在殖民地推行鄉土教育，也要小心不要讓殖民地人民興起祖國懷舊的聯想，因此即使教授鄉土教材，也必須抽離歷史，或是強調日本帶來的現代化鄉土。然而，這些都是針對被殖民者才有的考量，目的是避免被殖民的臺灣人形成「臺灣規模」的認同。但對於在殖民地的日本人，就不用擔心這個問題，反而是為了統治的需要，毋寧需要對該殖民地的歷史有所認識。如同在滿洲的日本人小學校，編有《滿州補充讀本》等教材，詳細教授滿蒙的歷史。[50] 因此，如前所舉的二林公學校或豐原公學校，因為對象是公學校兒童，在從事鄉土調查時，比較接近民俗學的手法，而針對小學校之日本人兒童的鄉土教育，便可以非常「歷史」。

## 結論

一九三〇年代殖民地臺灣的鄉土教育運動，與同時期日本本國的運動一樣，也被期待透過認識、改造與振興鄉土，從而能從愛鄉心提升為愛國心，但是在異民族統治的臺灣，基於臺灣統治上的考量，鄉土教育運動不由臺灣中央的文教當局出面，而由地方州廳推行，其調查主力則是各地方的小、公學校教師。殖民地地方教育當局提出的鄉土教育，以「教育實際化」為口號，透過各科目教材的鄉土化，來補強總督府的鄉土教育意圖。然而，實際上，公學校的臺灣兒童，很難透過本國的生活綴方運動，以日文作文實踐教育生活化，而不得不從美術、工藝的鄉土化、生活化出發，投射到現實鄉土的經濟振興。由此，我們可以窺見臺灣人教師對教育當局構想的反作用力。

一九三〇年代前期，鄉土教育運動最重要的實踐就是實際從事鄉土調查、編纂鄉土讀本，而在這些實踐中，「鄉土」的範圍設定在行政單位的市街庄。由於行政單位的可變動性，才使得「愛鄉即能愛國」可以成立。鄉土調查的項目，包括不少日常生活素材。由於必須調查日常生活，使得被剝奪歷史的「鄉土」也不得不具有「歷史」的深度。殖民地也同時存在著「有歷史的鄉土」，只是這個「有歷史的鄉土」是為了殖民地的殖民者而存在。

如同日本本國，臺灣有關鄉土教育的討論乃至鄉土調查的熱潮，在一九三五年以後急速衰退。

但是，一九四一年改制國民學校以後，於四年級新設「鄉土的觀察」一科，一方面要透過科學的方法觀察鄉土，同時也承繼了主觀的鄉土教育論，期待「鄉土的觀察」能連結愛鄉愛國的邏輯。同一時期，日、臺民間人士組成的《民俗臺灣》集團，則致力於調查臺灣的民俗，在精神與方法上，與一九三〇年代前期的鄉土教育運動若合符節，且其中不乏小、公學校教師的參與，再次表現了殖民統治下「鄉土」的多義性與重層性。

1 徐崇嵐，《「鄉土」如何論戰？一個場域與權力的分析》（新竹：清華大學社會學研究所碩士論文，二〇〇三年），頁八二。

2 詹茜如，《日據時期臺灣的鄉土教育運動》（臺北：臺灣師範大學歷史研究所碩士論文，一九九三年）。

3 吳文星，〈日治時期臺灣鄉土教育之議論〉，收於《鄉土史教育學術研討會論文集》（臺北：中央圖書館臺灣分館，一九九九年）。

4 周婉窈，〈實學教育、鄉土愛與國家認同——日治時期臺灣公學校第三期「國語」教科書的分析〉，收於《海行兮的年代：日本殖民統治末期臺灣史論文集》（臺北：允晨，二〇〇三年），頁二六二—二七三。

5 林初梅，《「郷土」としての台湾——郷土教育の展開にみるアイデンティティの変容》（東京：東信堂，二〇〇九年），以及林初梅，〈一九三〇年代植民地台湾の郷土教育論の一側面：在台「内地」人児童の郷土化と台湾人児童の日本化をめぐる葛藤〉，《植民地教育史研究年報》第十五號（二〇一二年三月），頁一〇—二八。

6 土屋洋，〈日治時期嘉義地區「鄉土」想像初探——以地域振興運動與鄉土教育為主〉，《嘉義研究》第三期（二〇一一年三月），頁一一一—一四七。

7 從臺灣文獻叢刊資料庫中檢索「鄉土」一詞，可以得到約五十筆資料，其中有九筆出自連雅堂的《雅言》在討論一九三〇年代的鄉土文學時所用，其餘清代以前的資料，有不少應是重覆傳抄的資料，不同的用法並不多，如「令各回鄉土」、「保障鄉土」等用法最常見。

8 黃石輝，〈所謂「運動狂」喊聲——給春榮克夫二先生〉，《臺灣新民報》九六七—九六九號（一九三三年十月），收於中島利郎編，《一九三〇年代臺灣鄉土文學論戰資料彙編》（高雄：春暉出版社，二〇〇三年），頁四〇四。

9 並不是一九三〇年之前臺灣的出版品中沒有人使用「鄉土」一詞，例如詹茜如論文即提到，目前可見最早的鄉土讀本，是一九一五年由沙轆公學校出版的《沙轆支廳管內鄉土資料》。

10 第一篇是吉松比古詩，〈鄉土に立脚したる農村公學校終學年學級經營の實際〉，《臺灣教育》三三三號（一九三〇年四月）。其後有〈鄉土に活躍する青年〉，《臺灣教育》三五一—三五三號（一九三一年十—十二月）；〈青年團を中心とする鄉土の改善〉，《臺灣教育》三五九、三六一號（一九三二年六月、八月），後者為文部省青年教育課長的演講紀錄。

11 可能有些文章標題未必冠有「鄉土」二字，但內容實際與鄉土教育有關，但這一類文章極少，應不致影響本文推論。

12 例如新竹州八角林公學校（現在苗栗縣獅潭鄉的豐林國小）即留有一九三四年製作的《鄉土調查》油印本，目前仍收藏於該校。臺中州北斗公學校（彰化縣北斗鎮北斗國小）也於一九三一年編纂《鄉土調查》，且逐年增補新資料，亦未出版，二〇〇三年才由彰化縣文化局翻譯出版。張素玢編注，陳弼毅譯，《北斗鄉土調查》（彰化：彰化縣文化局，二〇〇三年）。

13 參考〈鄉土教育論爭（解說編）〉，收入久木幸男等編集，《日本教育論爭史錄　第二卷　近代編（下）》（東京：第一法規出版社，一九八〇年），頁三三七—三三八。

14 帶刀（千太郎）校長，〈私の學校の鄉土教育に對する態度〉，漳和公學校編，《都市に近接せる農村の鄉土教育》（臺北：漳和公學校，一九三五年），頁五—十二。

15 新庄輝夫，〈本島教育と鄉土教育〉，《臺灣教育》三八一號（一九三四年四月），頁二四—三九。

16 如張崑山，〈鄉土的取扱の地理學習〉，《臺中州教育》五（一九三三年五月），頁十三即引用小田內通敏的著作。

17 另外的線索是鄉土教育連盟的刊物及其重要人物的著作，目前臺灣的圖書館也都還有留存，顯然當時在臺灣應該也有相當的流通。

18 伊藤純郎，《鄉土教育運動の研究》（東京：思文閣出版，一九九八年），第一章。

19 參考周婉窈，〈實學教育、鄉土愛與國家認同——日治時期臺灣公學校第三期「國語」教科書的分析〉，頁二六二—二七三。

20 參考詹茜如，《日據時期臺灣的鄉土教育運動》，頁五八。

21 臺中州教育會會費每人每月十錢，臺灣教育會對支會會員每人補助八錢，一九三二年度州補助一千圓。〈臺中州教育會〉，《臺中州教育年鑑》（臺中：臺中州教育會，一九三二年）。

22 加藤筆名花塘生，除了執筆每一期的卷頭言及編輯後記之外，也負責撰寫「教育春秋」專欄，原為曙公學校教師，但在《臺中州教育》發表文章的所屬單位皆注明為臺中州教育課。

23 小林為村上公學校教師，並未在州教育課兼職。

24 〈臺中州教育の展望〉，《臺灣教育》三七三號（一九三三年八月），頁八九。

25 花塘生，〈教育實際化五箇年の前後〉，《臺中州教育》四：三（一九三六年三月），頁二。

26 花塘生，〈教育實際化五箇年の前後〉，《臺中州教育》四：三（一九三六年三月），頁二。

27 臺中州教育會，《臺中州教育の展望》（臺中：臺中州教育會，一九三五年），頁六一—六三。

28 〈教育實際化の方法原理〉，《臺灣教育》三七三號（一九三三年八月），頁九〇—九三。該文未署名，其作者為高橋金四郎（村上公學校長），同樣內容另題為〈教育實際化と學校教育の目標〉，刊載在《臺中州教育》一（一九三三年一月），頁一三—一四。

29 山崎睦雄，〈私の考へてゐる教育實際化〉，《臺中州教育》一（一九三三年一月），頁一七—一八。

30 〈卷頭〉，《臺中州教育》五（一九三三年五月），頁一。

31 〈講評〉，《臺中州教育》四：三（一九三六年四月），頁一三。

32 廖來興，〈（臺中州教育筆談會）教育實際化を覗く〉，《臺中州教育》二：一（一九三四年一月），頁三四—三五。

33 張崑山，〈鄉土的取扱の地理學習〉，《臺中州教育》五（一九三三年五月），頁一〇—一三。約略相同的文章也刊載在《臺灣教育》的「各州廳教育介紹」系列中，《臺灣教育》三七三號（一九三三年八月）。

34 野村藤作（二水尋常小學校長），〈手紙文に躍る兒童の生活〉，《臺中州教育》四（一九三三年四月），頁一三—一四。

35 廖世深（東勢公學校），〈手工科の實際化〉，《臺中州教育》十（一九三三年十月），頁六—八。

36 葉火城（豐原女子公學校），〈圖畫の生活化と工藝重視〉，《臺中州教育》四（一九三三年四月），頁二六—二九。

37 參考〈鄉土教育論争〔解說編〕〉，頁三三六—三四六。

38 張崑山，〈我が校の鄉土調查〉，《臺中州教育》四（一九三三年四月），頁四九—五二。

39 錢目長治郎，〈教育實際化の歩みの上に〉，《臺中州教育》三（一九三三年三月），頁一一—一三。

40 張崑山，〈我が校の鄉土調查〉，頁四九—五二。

41 玉川公學校，《鄉土概況》（嘉義：玉川公學校，一九三三年）。

42 游阿喜，〈鄉土の展望〉，收於漳和公學校編，《都市に近接せる農村の鄉土教育》（臺北：漳和公學校，一九三五年），頁一三一—一七四。

43 北屯公學校，《鄉土誌》（臺中：北屯公學校，一九三二年）。

44 高雄第二尋常高等小學校，《鄉土史》（高雄：高雄第二尋常高等小學校，一九三四年）。

45 李若文，〈日治臺灣的自治行政（一九二〇—一九三四）——以小梅庄為例〉，《淡江人文社會學刊》第十三期（二〇〇二年十二月），頁五九。

46 矢口卯兵，〈我が校の鄉土調查〉，《臺中州教育》一（一九三三年一月），頁三一—三四；張崑山，〈我が校の鄉土調查〉，頁四九—五二。

47 並木直人，〈本校鄉土かるた〉，《臺中州教育》一（一九三三年一月），頁二四—二六。

48 詹茜如，《日據時期臺灣的鄉土教育運動》，頁五一—五三。

49 周婉窈，〈實學教育、鄉土愛與國家認同——日治時期臺灣公學校第三期「國語」教科書的分析〉，頁二六二—二七三。

50 參考磯田一雄，〈在満日本人教育におけるアイデンティティ論——「満洲鄉土論」の意味を中心に〉，《東アジア研究》四五（二〇〇六年三月），頁三九—五三。

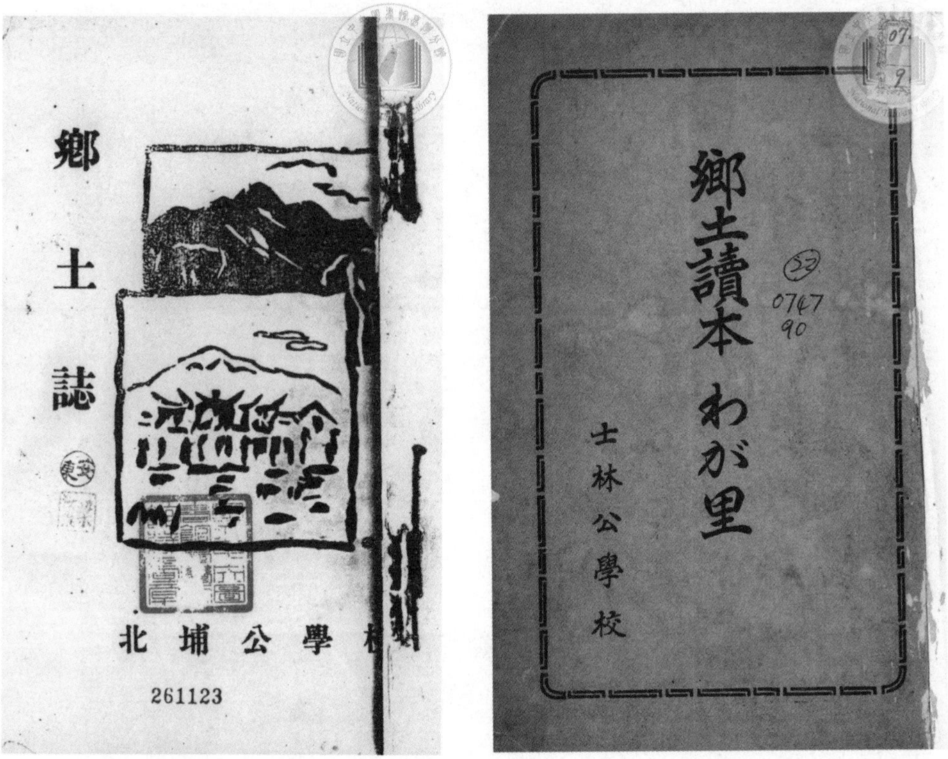


北埔公學校及士林公學校鄉土讀本封面。一九三〇年前後，從日本到臺灣都開始流行鄉土教育運動，其中最重要的活動之一就是鄉土調查，通常由小、公學校的教師負責實際的調查，也有許多學校在調查結束後出版鄉土讀本。北埔公學校編纂的《鄉土志》，一九三五年出版，內容包括地理、衛生狀況、風俗習慣、學校教育、產業、經濟、交通、機關等，共六十幾個項目。士林公學校編纂的《鄉土讀本　わが里》，也是一九三五年出版，內容包括士林的歷史、地理、各種組織、名勝等三十九項。（臺灣圖書館提供）

①

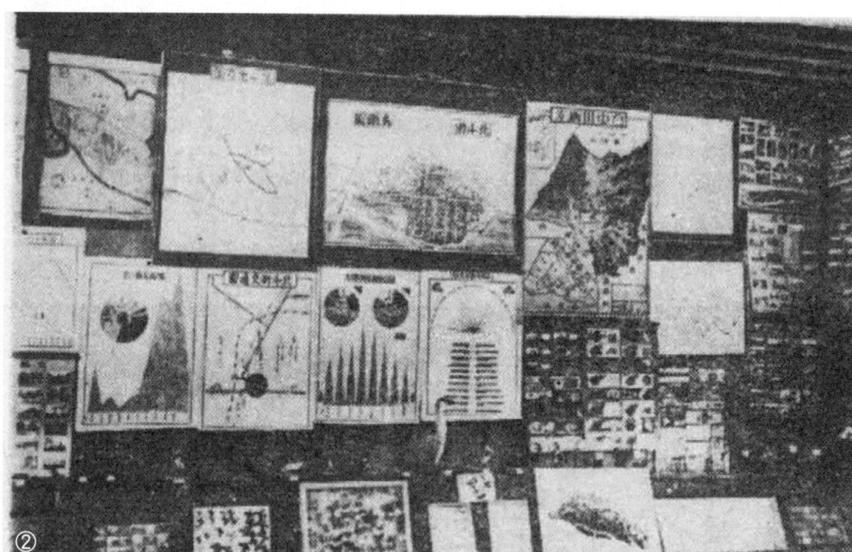

②

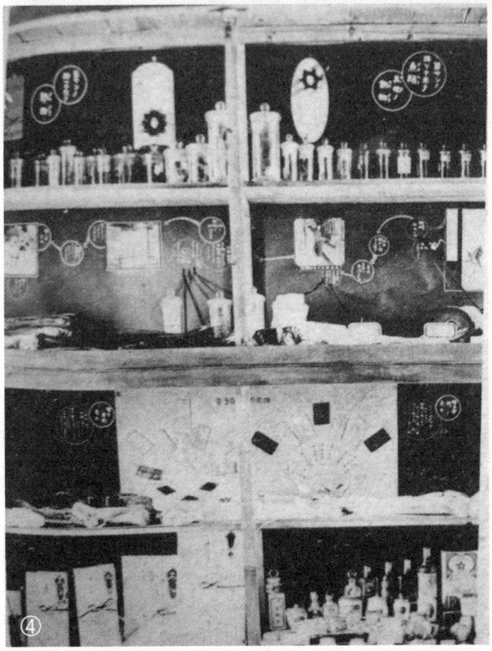

①豐原公學校、②北斗公學校、③岸裡公學校、④大甲女子公學校鄉土室。部分學校在校內設「鄉土室」，展示該地各種資料的圖表、介紹當地物產、地形、交通等圖像資料，也有動植物標本。（①~③《教育實際化　第二輯　地理教育》，臺中州教育會，一九三三年；④《臺中州教育年鑑》二五九四年版，一九三四年，無頁碼。臺灣圖書館提供）

大甲公學校鄉土教育設施。學校在鄉土調查結束後，經常會將調查結果融入課程。例如大甲公學校在學校公布欄上，貼著臺中州交通圖及大甲案內圖，讓學生認識大甲周邊環境，鄉土室則陳列各種模型及標本。(《教育實際化　第二輯　地理教育》，臺中州教育會，一九三三年。臺灣圖書館提供)

# 第二部

# 殖民政府的教育總動員

# 第五章

# 戰爭時期的臺灣教育會

臺灣教育會是日治時期最大的教育團體，
這個團體的存在是為了凝聚教師的認同感，
或有其他目的呢？

# 前言

臺灣教育會是日治時期臺灣教育官僚、教師及教育相關人士所組成的專業團體，成立於一九〇一年，一直存在至日本統治結束為止。近五十年間持續發行月刊雜誌《臺灣教育》（原名為《臺灣教育會雜誌》），會員數超過一萬五千人，主要成員是各級學校教師及教育官僚，其中又以小、公學校教師人數為最多。像這樣的教育專業團體，存在時間相當長，又持續發行機關誌，而其主要成員又是當時臺灣社會相當重要的菁英分子——教師，這個團體在日本殖民統治中所扮演的角色，應該是相當重要的研究課題。然學界對這個組織的研究相當有限，只有鄭政誠有一簡短的介紹。[1] 對於長期發刊的《臺灣教育》雜誌幾乎沒有較為全面的檢討。[2] 對該雜誌的立場、作者群、收錄論文取向等沒有一定程度的掌握，便利用其內容做為論證的依據，勢必存在著某些危險性。

本章基於以上出發點，探討臺灣教育會這個組織在殖民統治中所扮演的角色。臺灣教育會的存在時間甚長，應該有更大規模的研究，本章擬先以戰爭時期為對象，利用《臺灣教育》雜誌，探討戰爭時期臺灣教育會的動向及其官方立場，同時也考察第一線教師在戰爭時期的時局認識及教育觀。[3]

## 一、臺灣教育會的戰時活動

臺灣教育會的前身是國語教授研究會，該會於一八九八年由國語學校相關人士組成，並於一九〇〇年改名為「國語研究會」。一九〇一年二月，國語研究會召開第二回總集會時，決定改名臺灣教育會，三月召開臨時總集會，通過臺灣教育會規則，宣稱「以普及改進臺灣教育為目的」，會址設在國語學校內，此時會員有二百多人。一九〇七年修改會則，事務所遷出國語學校，以臺灣總督為總裁，民政長官為會長，會員有擴大至一般教育相關人士的傾向，其後會址遷入臺灣總督府，從人事及組織營運上來看，實為總督府的外圍機關。[4]一九三一年登記為社團法人，事務所自總督府移至新築成的臺灣教育會館（位臺北市龍口町，屬學租財團所有）[5]，營運經費除會費收入外，主要依賴學租財團的補助，表面上組織獨立，但事實上仍由總督擔任總裁、以總務長官為會長（一九一九年以前為民政長官），其做為總督府外圍機關的角色並沒有改變。《臺灣總督府學事年報》的教育團體介紹中即明言：「（臺灣教育會）專門遵從總督府的教育方針，遂行獎勵學事及關於社會教育的事業。」[6]至一九四四年時，資產額約二十萬。[7]一九三〇年代中期以前，臺灣教育會主辦每年例行的大型活動，包括新渡臺教員講習會等各種學事講習會、全島國語演習會（一九一七—一九四三年），以及臺灣美術展覽會（一九二八—一九三六年）等。

## 1. 戰爭時期臺灣教育會的事業與營運

臺灣教育會的主要成員除了總督府及州廳各層級的教育官僚之外，主要是各級學校教師，在人數上以小公學校教師為最多。一九三〇年代中期以後，隨著初等教育的擴充，人數也快速上升，目前可以確認至一九四二年的會員數。由於機關誌《臺灣教育》主要也是針對會員發行，因此以下也列出機關誌發行量（一九三七—一九三九年）（參見表5-1）。

《臺灣教育》每年年底（一九四〇年以後移至年頭）都會刊載會員名簿，直至一九四三年，為了節省紙張，僅刊載總人數。將一萬多人的名字，一一公開刊載，隨著雜誌寄送至各機關學校及各會員手中，對於引起會員的認同感，應該有一定的作用。

臺灣教育會的事業大致可分為例行事務和特別事務。例行事務由教育會底下的庶務部、學校教育部、社會教育部、寫真部、出版部等五部，各自擬定預算及業務計畫，各自執行。[8] 特別事務主要有芝山巖祭祀活動及臺北女子

**表 5-1　臺灣教育會會員數及《臺灣教育》發行量（1937-1942）**

| 年度 | 會員人數 | 《臺灣教育》發行量 |
|---|---|---|
| 1937 | 9,868 | 9,928 |
| 1938 | 10,779 | 10,834 |
| 1939 | 11,816 | 11,944 |
| 1940 | 12,955 | - |
| 1941 | 14,341 | - |
| 1942 | 15,639 | - |

**資料來源：**《臺灣總督府第三十六學事年報》、《臺灣總督府第四十一統計書》、《臺灣總督府第四十三統計書》、《臺灣教育》第 437 號（1938 年 12 月）、第 449 號（1939 年 12 月）、第 462 號（1941 年 1 月）、第 474 號（1942 年 1 月）、第 486 號（1943 年 1 月）。

高等學院的經營，這二項事業的預算獨立於例行事務的預算之外。[9] 目前可見最後一次代議員會[10]及總會會議紀錄是一九三八年度的開會紀錄，另外有一九四〇年度的事業預定表，我們可以從這二份資料及每期〈臺北通信〉的報導，瞭解戰爭時期臺灣教育會的教育活動。

一九三八年度總會及代議員會開會時間，分別是一九三九年三月三日及三月十日。每年代議員會，最重要的事情就是報告前一年度的會務及決算，以及審議次年度的預算案。一九三八年度代議員會的上年度事業報告中，我們可以將追加業務費的事業視為因應戰爭或時局而新施行的事業，這個部分有：陸軍醫院慰問費、海軍將兵慰問費、世界教育會議費（庶務部）；收音機體操普及獎勵費、國民精神總動員費（社會教育部）。中止的項目有小、公學校教員講習會、初等教育研究會、中等教育研究會、演講會、師範學校附屬公學校研究會（學校教育部）；國語講習所指導者講習會、演講會、女子青年內地派遣、社會教育會議派遣（社會教育部）；發聲映寫機購入（寫真部）。[11]

從「昭和十五年度（一九四〇）事業預定表」[12]來看，即使到了一九四〇年，臺灣教育會的活動，仍以例行活動為主，與以往並沒有太大不同，為了戰爭或時局而以教育會名義新增的活動並不多。不過，這並不是說，教育會不參與戰爭動員，總督府為了因應時局主辦的講習會，例如國民精神文化講習會、國民精神研修講習會、國民精神總動員講習會等活動，臺灣教育會都是協辦單位。

除了各種講習會及時局活動之外，出版事業也是臺灣教育會重要的工作之一。一九三九年出版的《臺灣教育沿革誌》不只是現在我們瞭解日治時期各種教育制度法規演變的方便參考書，在當時也頗受重視。教育會當初似乎有出版續集的計畫，但沒有看到實際的成果。出版事業另一受到矚目的活動，則是雜誌的刊行。除了機關誌《臺灣教育》之外，一九三〇年代以後為了配合總督府的社會教化運動，出版部的新動向即是發行社會教育方面的雜誌。一九三二年六月臺灣教育會社會教育部同時發行三種青年月刊雜誌：《國光》、《黎明》和《薰風》。《國光》是國語講習所使用的教材，也適合小、公學校初學年用；《黎明》適用公學校五、六年級生及畢業生；《薰風》則以青年團員為對象。其中，《薰風》似乎最受歡迎，一直發行至一九四二年一月改名為《青年之友》，又發行了十二期，其後情況不詳。《國光》則於一九四〇年三月宣告停刊；《黎明》可以確認至少發行至一九三六年十二月，其後情形不詳。由上可見，一九三〇年代以後一直到戰爭時期，教化社會青年成為臺灣教育會的重要業務之一。

此外，隨著國語講習所的增設，教科書的需求也隨之增多，起初多由各州廳自行編纂，至一九三二、一九三三年以後，逐漸由臺灣教育會統一編輯與出版。與公學校相比，一九三九年公學校的就學率好不容易才超過五〇%，但是一九三〇年代以後，已有相當多人雖沒有念公學校，卻在國語講習所接觸與學習日文，也就是說，臺灣教育會編纂的講習所教科書，或許是更多臺灣人接近日本（日文、日本文化、日本事物）的來源。

一九四三年十二月，連續刊行了四十多年的《臺灣教育》雜誌也在戰爭節省物資的國策中畫下休止符。不只是《臺灣教育》，文教局刊行的其他雜誌，包括《敬慎》、《臺灣佛教》、《社會事業之友》、《青年之友》、《皇國之道》、《學校衛生》、《科學的臺灣》總共八個雜誌也一起廢刊，另外發行《文教》雜誌。[13]《文教》也是月刊，然其後因戰局緊迫，未能每月按時發刊，偶有合刊或停刊之事。其創刊號於一九四四年一月出版，但是總號編號為四九八號，正是接在《臺灣教育》一九四三年十二月四九七號的編號之後，出版機關也掛「臺灣教育會」。因此，雖然《文教》是統合文教八誌的綜合性雜誌，但是我們可以將之視為《臺灣教育》雜誌的後身。《文教》之後陸續發行至一九四五年二月，總號五〇八號，之後未見，但該號也沒有宣稱要停刊，因此，無法完全確定是有出版但未留存，或是在戰局緊迫下無預警停刊。

除了例行業務及出版之外，臺灣教育會在臺灣教育決策上並未扮演重要角色。例如一九三〇年代後半，最重要的教育制度改變，即是一九三九年公布義務教育施行大綱，決定自一九四三年起在臺灣實施六年義務教育制度。這個重大決策，臺灣教育會完全沒有參與，甚至也不曾被諮詢意見。除了一九四〇年由臺灣教育會主辦的全島教育者大會，文教局曾提出諮問案之外，向來都不曾見到總督府文教當局向臺灣教育會詢問意見。由此可見，臺灣教育會在總督府文教政策中，比較像是總督府文教政策的輔助執行機關。

## 2. 教育會的自我定位

日治時期的教師，是帝國文官體系的一部分，雖然在很多場合，教師與醫師常常被相提並論，但是他們在國家中的位置與角色都有很大的不同。醫師團體自日治時期開始，除了專業的醫療領域之外，也廣泛參與社會運動，做為一個集團的共同自覺十分明確，甚至到戰後，醫師參與社會、政治活動時，也經常提出自日治時期以來醫師醫人醫國的傳統，賴和、蔣渭水等醫師的社會性角色更是常被拿來當作典範。然而，在日治時期與醫師同為網羅大量臺灣社會菁英的教師集團，卻沒有相對等的社會活動，雖然有師範學校的學潮事件，但是以教師身分參與社會運動，或是為社會發聲的例子就很少見。主要原因是教師做為國家的文官，深受國家權力的限制，自由度與醫師不能相提並論，教師一旦有了什麼偏離軌道的言行舉動，立刻會受到公權力的警告或排除。比較有名的例子如吳濁流，在擔任教師時因為對殖民體制下的教育環境有所反抗，最後不得不離開教職。本節想討論的是，臺灣教育會做為一個專業團體，對於自我角色的定位何在？與國家的距離如何？關於這個問題，我們可以透過教育會內部的討論來解析。

臺灣教育會創會之初，只是二百多人的團體，至一九三〇年代後期，卻超過一萬人，可說是歷史悠久、規模龐大的團體。但是教育會幹部自己卻認為，教育會是「貧弱的團體」。[14]在一九三八年的代議員會中，討論了教育會應該從事什麼正務。代議員們認為目前教育會學校教育部所做的事情，大部分都是官方事業，大可從國庫得到更多補助。理事波多野清太郎（文教局庶務部長）則回答，雖說學校教育部的事業，不論形式上或實質上，都是官方應該做的工作，但是實際上有些東西從內容來看，是文教局委託教育會來做，有些則是教育會以文教局的名義來做。所以，教育會與文教局實為唇齒相依之形。在國庫支應有實際困難時，就由教育會出面，就好像校友會從事無法以學校名目從事的工作。[15]由此可見，教育會的幹部很清楚自己的定位是總督府的外圍機關，功能是協助總督府的文教施策。

此次代議員會中，總裁（總督）及會長（總務長官）都沒有出席，而由副會長（文教局長）島田昌勢代理會長主持會議。總會時，連島田都沒出席，而由慶谷隆夫理事（文教局社會教育課長）主持。島田在代議員會的開幕致辭說：「本會在過去三十九年間，做為本島文政上諸施設之一翼，致力於本島文運之進展，但隨時局之推移與時代的演進，本會應該要做的事業日益增加，責任也更加重。」[16]這段話顯示了臺灣教育會要走向更配合戰時體制的動向。

一九三八年三月十日召開總會，約百餘名會員出席。[17]一萬人的團體僅百餘人出席，可見臺灣教育會做為一個團體的向心力並不明顯。會場上代理會長慶谷隆夫理事致辭，他說：

> 鑑於時局，吾等應更確認教育的重要性，皆奉體聖旨，以更大的決心與覺悟，對島民的教育教化及皇民化運動，以及守護後方，以不退轉的意氣邁進，以一意奉公之誠心對應。而本島之本會存立的意義及使命也在於此，一方面感此重責大任，同時，為達成教育報國之使命，更發揮機能，以對應此重大時局。[18]

這裡的「教育報國」，是戰爭時期的教育言論中常提及的說法，表現了教育會的自我定位。

一九四一年日本本國的各教育團體全部解散，集結成「大日本教育會」，與文部省保持一體不離的關係，做為其外圍團體，負責教學、政治、產業、文化指導協力者，原府縣教育會，變成大日本教育會的支部，而朝鮮、臺灣、樺太、滿洲、北支等各教育會則準據大日本教育會道府縣支部。[19]臺灣教育會雖然在機關誌中報導了這個消息，然而實際的會務運作，還是一如往常，並未有任何調整，也未見與大日本教育會有什麼主從關係。

三澤真美惠在研究臺灣教育會的電影活動時曾指出，在臺灣的教育者（主要指日本人教育官僚及教師）透過教育會的活動，一方面向日本本國宣揚臺灣的重要性，另一方面也對臺灣一般大眾啟蒙，藉此凝聚自己做為教育者的自我認同。教育界利用電影進行宣揚臺灣的活動，透過電影宣傳達成「臺灣教育界」的自我認同，並透過對電影的發言權，加強自己身為教育者的重要性。雖然這些教育者的意見被採納，促使「電影教育」的概念出現，不過卻使得電影活動開始受到管理，最後臺灣教育會只能推薦國家同意的電影，失去了藉此摸索自我認同的意義。臺灣教育會失去電影活動的創意，也是整個電影政策走向法西斯的表現。[20]不只在電影教育的範疇如此，整個教育會的活動都可以看出一樣的傾向，即戰爭時期的教育會，慢慢放棄追求自己身為教育者的正統性，而走向配合戰時體制。一九四四年四月十四日臺灣教育會舉行第十四回代議員會，會中變更條款，將會旨第一條「本會以普及改善臺灣教育為目的」，改為「本會依皇國之道，以發揮臺灣教育界總力，以舉教育報國之實為目的。」[21]由此可見，或許臺灣教育會在一九三〇年代之前，曾經嘗試摸索自我存在的意義，但是最後還是失去了自我。

## 二、戰爭時期臺灣教育界的教育言論

本節擬以《臺灣教育》雜誌為分析材料，首先就戰爭時期雜誌的內容及作者組成，來探究該雜

表 5-2 《臺灣教育》作者群分析（1938-1942）

| | 教育官僚 | 中高等學校教師 | 小公學校教師 | 其他與不明 | 總計 |
|---|---|---|---|---|---|
| 1938 | 7 | 36 | 21 | 25 | 89 |
| 1940 | 7 | 53 | 19 | 17 | 96 |
| 1942 | 10 | 31 | 36 | 7 | 84 |
| 總計 | 24 | 120 | 76 | 49 | 269 |

誌在戰爭動員體制中的位置及其意義，其次藉由卷頭言分析教育會的官方立場。

### 1. 雜誌內容及作者組成

首先，就作者的身分分析，以進入戰爭時期以後，隔年取樣，選取一九三八、一九四〇及一九四二年三個年度的雜誌為分析對象。此時期雜誌大致分為「論說研究」（有時分開為二類：「論說」、「研究」）、「雜錄」、「隨筆」、「文苑」、「彙報」等類，一九三八年一月至八月，另有「資料」類，主要是時局資料。其中「論說研究」與「雜錄」為主要內容，「雜錄」之名可能很容易引起誤會，以為不太重要，其實收在「雜錄」中的文章與「論說研究」性質相似，甚至有混用的情形，因此以下根據這二類文章的作者，分為教育官僚，中高等學校教師，小、公學校教師及其他（包括所屬不明者）等不同身分做成表5-2。

由表5-2的統計可知，占臺灣教育會員絕大多數的小、公學校教師，並不是機關誌的主要作者，主要作者群其實是中高等教育機關的教師。臺灣教育會做為教師的專業團體，主要會員是小、公學校教師，但《臺灣教育》雜誌基本上並不是小、公學校教師發表、交流、形成教師集團自我認同的園地，而比較接近教育官僚或中高等學校教師教育與教化小、公學校教師的地方。

其次，同樣以這三年度「論說研究」及「雜錄」類文章為統計對象，基於本章的問題意識，將文章分為「戰爭、時局、國策」、「學校教育」、「學術、研究及其他」。由於本章的問題之一是臺灣教育會做為協力國策的機關，究竟有多接近國策，尤其在戰爭時期，是否放棄教育的理念，而過度往戰爭協力傾斜？因此，必須統計在戰爭時期，雜誌中有多少國策宣揚、時局教育的文章，文章內容若是戰爭、時局、日本精神、日本國家或是大東亞共榮圈的介紹等均歸入此類（F）。如果是各級學校教育制度、施策或教育現場的教學討論均列入「學校教育類」（H）。社會教育可視為一九三〇年代以後為總體戰做準備，因此社會教育類的文章納入前者（F）。不特別提及國策，也不是學校現場教育的討論，如教育原理、數學教育或教育史問題等，則歸入「學術研究及其他類」（J）。文章性質的分類本來就極為困難，有些文章或許兼有不同性質，本文在分類時，每篇文章只歸於一類，有重疊性質的文章時，依F→H→J的優先順序歸類。例如討論應如何教授「神敕」一課的文章，雖然是學校教育現場的問題，但也是因應時局，鼓吹愛國心的文章，因此歸於F類。其結果如表5-3。

就文章內容來看，以教育現場的討論最多，時局教育的篇數與學術研究的篇數接近，顯示臺灣教育會還是保持著某種程度的教育團體性質。

表 5-3 《臺灣教育》收錄論文內容類別表（1938-1942）

| | F 戰爭、時局、國策 | H 學校教育 | J 學術研究及其他 | 總計 |
|---|---|---|---|---|
| 1938 | 27 | 30 | 32 | 89 |
| 1940 | 17 | 49 | 30 | 96 |
| 1942 | 35 | 34 | 15 | 84 |
| 總計 | 79 | 113 | 77 | 269 |

## 2. 臺灣教育會的官方立場

《臺灣教育》雜誌的卷頭言，執筆者是教育雜誌的編輯，很可能長期由加藤春城執筆。加藤春城出身廣島，一九〇六年渡臺入學國語學校師範部，一九〇八年畢業後擔任公學校教師，一九一六年被任命為總督府編修課書記以後，其後職務雖然有若干變動，但長期擔任《臺灣教育》編輯，也負責編纂公學校教科書。[22] 一九四三年四月加藤離職，同年五月號的卷頭言提到，加藤二十七年來擔任編修課長，負責編修本誌。[23] 在一九四二年六月號的卷頭言提到「筆者最近編了新教科書，還做了編纂要旨說明」，可見這篇卷頭言應該是加藤春城執筆，其他雖然沒有特別提及，但是同樣由加藤執筆的可能性很高。不論如何，做為臺灣教育會的機關誌，其卷頭言未必代表現場教師的意見，但是應該可以視為臺灣教育會的官方立場及正式發言，因此，我們可以視此為總督府中央教育官僚的意見。以下就卷頭言的內容，分別從「對臺灣的定位」以及「時局認識與教育觀」二方面來考察臺灣教育會的官方立場。

### 對臺灣的定位

對臺灣的定位，其實表現了臺灣教育界向本國教育界的自我主張。卷頭言屢次強調，位於帝國邊陲的臺灣教育界，在本國教育界所不能想像的艱惡環境中努力，期待喚起本國教育界的重視。只要是文中提及臺日關係，臺支（指對岸中國）關係，小、公學校的差異等，大概都有這種對本國發聲的性質。

例如在對新渡臺教師的談話中，卷頭言勉勵他們應該好好認識臺灣的自然人文及風俗習慣，同時也批評很多教育者，「數年間從事本島教育，卻不知觸目所見之禽獸蟲魚草木之名，又不能辨別本島人日常風俗習慣，更不瞭解本島歷史。」精通本島實情與否，對教育的影響很大，不能輕忽。[24]尤其在日本與中國發生戰爭的此時，更讓教育官僚找到臺灣的特殊性，即是做為日本與中國的中介。在關於義務教育施行的談話中，卷頭主張：「以此次事變（指中日戰爭）為契機，本島住民一方面是可參加興亞大業的我國國民，另一方面也具有往南支南洋方面進展的使命。」[25]

一九四一年七月卷頭言〈本島教育特殊性的再認識〉一文中，提出小、公學校雖然都改制為國民學校，但是本質上還是有很大的不同，必須正視其差異實施教育，並不是同樣對待就一定是好的。文中甚至主張即使是臺灣的小學校（國民學校一號表學校）也不要一味模倣本國國民學校，而應該活化臺灣國民學校的特殊性，這樣才是最適合臺灣的國民學校教育。之後更進一步指出：

> 本島是帝國南進據點。自很久以前即如此說，今日更要大聲說：臺灣是帝國的心臟部。強調做為帝國一地方的本島特殊性，順應這個特殊性而活動，即本島的使命。
>
> 一起思考這些，重新認識本島教育的特殊性，是施行國民學校制度時，應深刻考慮的重要問題

之一。[26]

強調臺灣教育的特殊性，其實便是臺灣教育界在向本國教育界主張自我的存在價值。在討論南方共榮圈的日本語問題時，卷頭指出：臺灣的經驗立刻就能活用於南方占領地，特別是在教科書編纂、有實際經驗教師的供給等方面，以及因地理上的方便，在招收留學生、訓練現地人員等問題上，特別有利，應加以活用。[27]

在與本國的關係上，臺灣教育界對於自己是異於本國教育界的存在，還是與本國教育界共為一體，界定有點模糊，經常變動。在宣稱「我等教育界」的時候，有時是以帝國規模發言，有時是以臺灣規模發言，可見他們雖然主張臺灣的特殊性，但是其「本國志向」還是十分明顯。

## 時局認識與教育觀

一九三七年七月蘆溝橋事變不久，臺灣教育會立刻以「時局與教育者」為題，呼籲教育者不僅要教育兒童，也要教化民眾。[28]一九三八年十二月再次以「時局與教育」為題，主張「正確的教育為興國之本，錯誤的教育將導致國家滅亡」。強調時局教育的重要性。[29]在一九三九年四月的卷頭言〈迎新會員諸君〉中，主張在臺灣的初等教育者，不僅要在學校教育方面盡力，也要關心社會教育，推進社會教育，甚至明言立於皇民化運動第一線者，即初等教育者。[30]

一九三九年義務教育制度施行要綱公布後，《臺灣教育》便在卷頭主張，教育是為國家養成所需人才，「義務教育是使兒童接受國家所要求的教育，而不是將國民教育一任父兄的自由」、「教育決不是只為彼等（指父兄）的利益，而是因為在國家存立上有所必要。」在臺灣施行義務教育制度的原因是「國家希望促進本島人皇民化」。[31]卷頭也指出，開戰以來徵用的臺灣人軍夫中，公學校畢業者與沒有完整接受普通教育的人比起來，前者的表現更令當局滿意，這才是在臺灣施行義務教育的重要理由。

隨著戰局的發展，臺灣教育界也表現了更積極的動員姿態，主張教育改革「不再是新體制而已，根本就已經是決戰體制」。[32]在物資緊繃的戰爭後期，教育官僚也不再強調什麼皇國精神，一九四三年八月號的卷頭言，呼應日本本國新公布的「學徒戰時動員體制」，主張「今後的教育要加上二大目標，即『緊急狀態體制』的確立及『勞力動員』的強化，使全國學生的學業與訓練、勞動渾然一體」。[33]透過學校教育宣揚戰爭、鼓舞戰意已經不夠，必須直接動員學生的身體及勞動力，因此主張勞動也是一種教育，讓學生停止在教室中的知識學習，而投入為戰爭服務的勞動市場。之後，也一再呼籲教育界呼應決戰態勢。

> 此次總督府決定臺灣決戰態勢強化方策。決戰下臺灣的特殊地位及使命為：以決戰態勢的強化與南方協力的目標，提高決戰意識，急速增強軍需生產，確保食糧增產及供給，貫徹國民動員，特別是勞務要員的供給很重要……。[34]

一九四四年以後《文教》的卷頭言，與其說是談教育，不如說是談戰爭，而且是相當明白地放棄教育的理念，只訴求勝戰。

一億蹶起這種文句很陳腐，但如今正是一億總蹶起的時候。不能只是口頭禪。全國國民應死守職場，兵器食糧大增產是絕對緊要。……這樣還不足。本島特別重要的是需在思想戰上打勝仗。[35]

到了戰爭末期，教育官僚更明言「教育即是戰爭」，除了殺敵之外別無目的。

今日沒有前線、後方的區別……教育是什麼呢？今日教育已經是戰爭。戰爭是什麼呢？戰爭就是憎恨敵人將之叩殺。也就是說，教育也是除了叩殺敵人之外沒有別的。[36]

日本研究者福嶋寬之指出，日本本國到戰爭的最後階段，政府各部會為了增強戰力，不斷向文部省要求停止教育，以便全面動員，但是文部省一直不肯放棄最後的防線。結果，雖然「教育停止論」大為盛行，但終究沒有實現。各部會的「教育停止論」後來就不再被提起，甚至軍部裡面也有人主張不能停止教育，陸軍大佐水野桂三說：「大家都說如果戰敗，何談教育，但是如果戰勝，失去中核層的國家，將來也必敗亡。」福嶋由此認為，最後沒有停止教育，並不是因為文部省的邏輯，而是在敗戰氣氛濃厚的極限狀況下，主張教育停止論的人也擔心國家的將來。[37]回過頭看臺灣，臺灣的教育官僚似乎沒有這種警覺，一直到最後，還是呼籲教育者投入決戰態勢。

## 三、公學校教師的時局認識與教育觀

本節擬從《臺灣教育》刊載之小、公學校教師的文章，探討初等教育第一線的教師，在戰爭時期抱著什麼樣的時局認識、臺灣定位及教育觀從事教育，與前一節教育官僚的設想有沒有落差。之所以探討小、公學校教師，不只因為他們在臺灣教育界人數最多，也因為他們在各級教師中是最接近臺灣社會大眾的一群。

由前一節的分析可知，在《臺灣教育》中發表文章的作者，小、公學校教師的比例並不高，而其中臺灣人教師更是有限。進入戰爭時期以後，漢詩、和歌等文藝欄還是很常見到臺灣人的作品，包括特殊場合的紀錄、感想，例如一九三八年竹田宮妃來臺灣，總督府安排她參觀很多學校的上課情形，此時也有部分臺灣人教師或兒童的感想刊登在雜誌上。但是一般的論文、雜錄當中，臺灣人教師唯一的一篇是宋登才的〈廣東教育工作的先決問題〉。宋登才自師範學校畢業後，就進入臺北第一師範學校附屬公學校任教，自一九二八年至一九三六年陸續在《臺灣教育》發表十數篇文章，大部分是現場教學的實踐研究。一九三九年發表這篇文章時，文末記有「於軍調查班」，可知他應該在一九三九年前後被軍部徵調到廣東。一直到一九四四年以後，《文教》雜誌上才又有臺灣人教師的文章，但僅有一篇。臺灣人教師在臺灣中央教育論壇中，似乎並沒有足夠的發言力量。

## 1. 一位公學校教師的心聲

歷來的教育理論或教育思想的研究，多著重於重要人物的教育思想，甚少注意第一線教師的教育理念、行動原理。以臺灣殖民地時期的歷史來看，小、公學校教師透過學校教育，在塑造殖民地民眾的心性上，應該扮演極重要的角色，但是以往的研究，卻甚少針對小、公學校教師的教育理念或生活條件等做實證分析[38]，因此，我們對於小、公學校教師的瞭解相當有限。究竟戰爭時期在教學第一線的小、公學校教師，是抱持著什麼樣的自我認識與教育理念，來從事殖民地教育？日、臺籍教師之間有沒有什麼差異？他們對教學環境、生活條件的想法意見以及對教育政策、時局政策的接受度，應該都會影響他們的教育表現。以下擬從一位公學校教師的實際經驗，略窺戰爭時期公學校教師的生活及其對教育當局的訴求。

一九三八年公學校教師松元夕峰（應為筆名）發表了〈公學校教育將往何處去？〉[39]一文，具體翔實地指出在總督府的教育／教化政策下，公學校教師面臨的問題。他指出目前小、公學校教師的負擔過重，最主要原因是學校教師被動員去做社會教育的工作。根據松元的描述，一般公學校教師一天的行程如表5-4。

這樣一天的工作結束後，晚上八點半到十點還有國語講習所、青年團及部落振興會等的指導工作。一般的情況，在一所學校轄區內，大概有數所以上的國語講習所、二所以上的青年團、數所以上的部落振興會，其他還有各種社會教育方面的工作，唯一休息的一天星期日也有各式各樣的活動，因此幾乎沒有時間休息。松元認為這是目前公學校教育最大的問題，社會教育無限膨脹，工作量都集中到公學校教師身上，影響本務的學校教育工作。所以他提出增加專任的社會教育人員、減少教育大型活動、禁止使用星期日、補充缺額、增加輔助教員及待遇改善等解決辦法。

一九三〇年代以後，總督府開始加強社會教育與社會教化工作，而其增加的工作量大部分落在小、公學校教師身上。這當然是因為總督府當局看準了小、公學校教師在地方社會的影響力，但是這也衝擊到小、公學校教師原本的工作。從松元的文章可以看到，他不是為個人發聲，而是站在整體教師的立場，為教師團體發聲，向當局提出改善教育環境的訴求。松元的文章發表後，我們在《臺灣教育》上並沒有看到任何回應的文章，無從追問該文的迴響。但是綜覽戰爭時期《臺灣教育》其

**表 5-4　公學校教師一日生活作息**

| 時間 | 活動 |
|---|---|
| 早晨 7：30 | 起床（洗臉，早餐，讀書） |
| 8：30 | 到學校 |
| 9：00-9：15 | 朝會 |
| 9：15-10：00 | 第一節 |
| 10：15-11：00 | 第二節 |
| 11：15-12：00 | 第三節 |
| 12：15-1：00 | 第四節 |
| 1：00-2：00 | 中餐 |
| 2：00-2：45 | 第五節 |
| 3：00-3：45 | 第六節 |
| 4：00-5：30 | 掃除監督、成績品處理、教材研究、<br>教案製作、其他明日的準備 |
| 5：30-6：30 | 簡單的體育運動或職員討論會 |
| 6：30 | 回宿舍 |

他文章，很少這種以學校教師為一個整體，對當局提出改善整體教師待遇訴求的例子。因此，松元的訴求雖然只是一位公學校教師的心聲，卻是極少數可以探討公學校教師專業團體認同的材料，同時也讓我們瞭解到戰爭時期第一線教育工作者所面臨的教育實況。

## 2. 複數的時局觀與教育觀

戰爭時期學校教師更被要求體現「芝山巖精神」，被要求懷抱「教育報國」的理念，而這樣被要求的教師，如何看待殖民地臺灣及臺灣兒童，應該也會影響他們在教育現場如何實踐教育理念。

從戰爭時期公學校教師的教育論述來看，教師面對他們的教化對象——臺灣兒童時，大多著眼於培養「日本國民性」。例如公學校教師吉良成雄特別強調公學校中，國語教育與歷史教育的重要性。他主張國語教育不應只當成外國語教授，而歷史教育也不能把日本歷史當成外國歷史，因為「公學校學生對文化財中我國固有文化傳統的教養，即日本的歷史淵源全然不知，完全不瞭解應該將其置於一定的歷史關係及思慕中來理解」。[40] 因此，他主張應該特別加強公學校兒童的時局知識。

臺北大宮國民學校（今臺北市大龍國小）的訓導松本瀧朗，在〈覺醒的南方之子〉一文中，列舉了兒童在班級日誌上的紀錄，證明臺灣經過日本四十多年的教化，南方之子——臺灣兒童已經覺醒了，因此感到十分欣慰。他舉的例子如下：

本島人的大人，為什麼都不穿鞋呢？老師這麼說時，我們覺得好丟臉。但是我們不是蕃人，也不是臺灣人。我們是堂堂正正的日本人，我們不會打赤腳。

老師說，看到雞就想要吃，就是本島人。老師又說看到自己家裡養的小雞，想到馬上就可以吃了，很高興，這好像南洋的蕃人喔。老師說，看到小雞時，會想「啊，好可愛喔」，那就是日本人。我們也和老師一樣，一點也不會想到吃。[41]

日本人公學校教師抱著文明者教化野蠻者的心態，在臺灣從事教育，於戰爭時期似乎只有更為明顯。這樣的教育會給臺灣兒童帶來怎樣的心靈扭曲與影響，自不待言。另一方面，臺灣人教師如何呢？這個重要問題，我們幾乎無法掌握，即使有部分戰爭時期臺灣人教師撰寫的教案或班級經營案，也很難看到教師心裡的想法。[42]但是，我們可以從臺灣人教師林金莖[43]在戰爭時期發表的文章略窺一二。

如前述，戰爭時期的《臺灣教育》，幾乎沒有臺灣人教師的一般論述，而臺灣人教師林金莖的〈教育者觀〉一文，卻於統治最後階段的一九四四年十二月刊登，特別值得注目。[44]文藝、漢詩欄不計的話，這是一九三九年以後唯一一篇臺灣人教師的文章。[45]該文主要論點是，教師是影響人格全面的教育者，因此要不斷修養自己。林金莖的這篇文章，在文末說是因教育敕語煥發記念日有所感而作，但是內容上，完全看不到任何戰爭、國家或時局的影子，看起來只是一篇很八股制式、宣傳教育理想的文章。在戰爭緊迫的皇民化時期，教師被要求教育報國，教科書也充滿軍國主義的教材時，臺灣人教師有沒有可能跳脫國家的皇民化要求呢？從當時留下的文字紀錄，我們幾乎沒有辦法回答這個問題，尤其在戰爭時期，如果不是順應政府政策方向的文字，顯然很難出現在大眾媒體上。雖然，訴求教育者的專業修養，並不是戰爭時期公學校教師或臺灣人教師特有的主張，早在《臺灣教育會雜誌》時代以來，即不斷有教育者修養的文章刊載。但是，在幾乎是日本人教師執筆的中央教育界雜誌中，有臺灣人教師的文章刊登出來，是值得注目的事。觀其內容，在「教育報國」口號的狂瀾下，這篇文章沒有同時期其他文章的時局色彩，這點也同樣引人注目。由於臺灣人教師在戰爭時期執筆的文章著實有限，我們無法做更多討論，但是可以確定的是，林金莖主張「自我修養」的文章，出現在戰爭時期的《文教》雜誌，是非常特別的，甚至可以大膽推測這是當時身為臺灣人教師的林金莖找到的出口，以教師的專業認同，取代來自國家的民族認同或國家認同的要求。

## 結論

臺灣教育會做為教師及教育官僚的專業團體，雖然偶爾有「臺灣教育界」這樣的集團認同出現，不過內部的專業認同感似乎不強，也很少嘗試摸索自主性的活動，只有意識到在臺灣從事教育的特殊性時，可以稍微看到其摸索自我認同的主張。臺灣教育會也幾乎不曾站在教育專業的立場，參與重要教育政策的制定，或監督總督府的文教施策，也不曾為教師團體發聲。臺灣教育會基本上是總督府的外圍團體，比較像是總督府的協力、執行機關。

從機關誌《臺灣教育》的言論分析來看，戰爭時期關於時局教育的篇幅，並沒有超過教育學理或教育現場的論述。戰爭時期配合時局的主要活動是出版國語講習所的教科書、青年讀物及辦理各種因應時局需要的講習會。然而，以卷頭言為代表的官方立場，還是呼應了總督府／國家的時局政策。

臺灣教育會做為教師的專業團體，主要會員是小、公學校教師，但《臺灣教育》雜誌基本上並不是小、公學校教師發表、交流、形成教師集團自我認同的園地，而比較接近教育官僚或中高等學校教師教育與教化小、公學校教師的地方。個別的小、公學校教師的言論，未必和集團的官方立場一致。在戰爭時期，大部分教師都配合國策，至少在表面上高倡時局教育；也有抱持著自以為是的文明者偏見，從事異民族教育的日本籍教師。但是，也有教師基於現實的考量，向當局訴求讓教師回歸教師專業，專心從事學校教育，而不是成為國家動員、投入社會教育的棋子。特別值得注目的是，在戰爭最末期的皇民化狂潮中，還有臺灣人教師特別提出教師專業性的提升，有意無意地迴避了當局所主張的「教育報國」。

1 鄭政誠，〈日治時期臺灣教育會的創立與發展〉，收於臺灣省教育會百年發展專刊編輯委員會編，《臺灣省教育會百年發展專刊》（臺北：臺灣省教育會，二〇一四年），頁三〇—五〇。

2 關於《臺灣教育》的前身《臺灣教育會雜誌》，有又吉盛清執筆的解說，他利用《臺灣教育會雜誌》刊載的重要文章，一一列舉說明其要點，並提示日治初期臺灣教育的問題。又吉盛清，〈解說　台湾教育会雑誌——台湾教育会の活動と同化教育〉，《臺灣教育會雜誌　別卷》（那霸：ひるぎ社，一九九五年），頁七—一〇三。其他也有少數以《臺灣教育會雜誌》為資料的碩士論文，然都是針對雜誌中某一主題的研究，未對雜誌有全面性的掌握。

3 關於戰爭時期的定義，研究者之間有各種不同說法，本章便宜以一九三七年七月蘆溝橋事變以後至一九四五年八月日本宣布投降為止。

4 〈臺灣教育會發達のあと〉，《臺灣教育》三〇〇號（一九二七年六月），頁一二三—一三二。

5 位於臺北市南海路，現為二二八國家紀念館。

6 臺灣總督府文教局，《臺灣總督府學事第三十六年報》（臺北：臺灣總督府，一九四〇年），頁六一。

7 臺灣總督府文教局社會課，《臺灣公益法人一覽》（臺北：臺灣總督府文教局社會科，一九四四年），頁七。

8 自一九三一年改組社團法人以後，將下級組織分為上述五部及會計部。

9 臺北女子高等學院是高等女學校畢業後的升學管道，本科二年，研究科一年。於一九三一年成立，名義上是私立學校，但接受國庫及學租財團的補助金，由臺灣教育會負責經營。其預算獨立為特別會計是自一九三三年起。〈第三回代議員會〉，《臺灣教育》三七一號（一九三三年六月），頁一。

10 代議員制是一九三一年改組為社團法人後採行的制度，代議員由會長指名，任期二年。

11 〈昭和十三年度代議員會竝に總會記事〉，《臺灣教育》四四一號（一九三九年四月），頁八八—一一七。

12 〈臺北通信〉昭和十五年度事業豫定表〉，《臺灣教育》四五四號（一九四〇年五月），頁八二—八三。

13 田淵武吉，〈編輯後記〉，《文教》創刊號（總號四九八，一九四四年一月），頁九八—一〇〇。

14 在一九三八年度代議會的發言中，代議員（富島）提到女子高等學院的經營時，即說由臺灣教育會如此貧弱的團體來經營此種學校，不論從內容強化或是從專門教育的立場來看，都是有欠妥當的。〈昭和十三年度代議員會竝に總會記事〉，《臺灣教育》四四一號（一九三九年四月），頁九八。

15 〈昭和十三年度代議員會竝に總會記事〉，頁一〇三。

16 〈昭和十三年度代議員會竝に總會記事〉，頁八九。

17 〈昭和十三年度代議員會竝に總會記事〉，頁一一三。

18 〈昭和十三年度代議員會竝に總會記事〉，頁一一四。

19 〈教育界時事〉教育團體を統合　大日本教育會結成へ〉，《臺灣教育》四七四號（一九四二年一月），頁一〇一。

20 三澤真美惠，《殖民地下的「銀幕」：臺灣總督府電影政策之研究（一八九五—一九四二）》（臺北：前衛出版社，二〇〇一年）。

21 〈彙報〉臺灣教育會通信〉，《文教》一九四四年五月號，頁七七—七八。

22 關於加藤春城的經歷，可參考陳虹彣，〈台湾総督府編修官加藤春城と国語教科書〉，《植民地教育史研究年報》第八號（二〇〇六年五月），頁六二—八〇；陳虹彣，〈台湾総督府編修官加藤春城の「自伝畧叙」〉，《植民地教育史研究年報》第十一號（二〇〇八年），頁九〇—一〇八。

23 〈出版部長送迎〉，《臺灣教育》四九〇號（一九四三年五月），頁一—二。

24 〈新會員諸氏を迎へて〉，《臺灣教育》四四一號（一九三九年四月），頁一—三。

25 〈義務教育の實施に就いて〉，《臺灣教育》四四九號（一九三九年十二月），頁一—四。
26 〈本島教育の特殊性の再認識〉，《臺灣教育》四六八號（一九四一年七月），頁一—二。
27 〈南方共榮圈に於ける日本語普及の問題を遶りて〉，《臺灣教育》四八〇號（一九四二年七月），頁一—二。
28 〈時局と教育者〉，《臺灣教育》四二一號（一九三七年八月），頁一—二。
29 〈時局と教育〉，《臺灣教育》四三七號（一九三八年十二月），頁一—二。
30 〈新會員諸氏を迎へて〉，《臺灣教育》四四一號（一九三九年四月），頁一—三。
31 〈義務教育の實施に就いて〉，《臺灣教育》四四九號（一九三九年十二月），頁一—四。
32 〈決戰體制下の教育界〉，《臺灣教育》四八六號（一九四三年一月），頁六—八。
33 〈學徒の蹶起を促す〉，《臺灣教育》四九三號（一九四三年八月），頁一—二。
34 〈決戰態勢の強化に貢獻せよ〉，《臺灣教育》四九七號（一九四三年十二月），頁一—二。
35 〈卷頭言〉，《文教》總號五〇三號（一九四四年九月），頁一。
36 〈編輯後記〉，《文教》總號五〇四號（一九四四年十月），頁五七。執筆者為小山直治，總督府文教局編修課員。
37 福嶋寛之，〈教育の戰時——学徒勤労動員と教育の存亡〉，《史学雜誌》一一四：三（二〇〇五年三月），頁二八五—三一八。
38 吳文星對師範學校及其後續臺灣社會領導階層的研究，相當具有代表性，此外就很少公學校教師的相關研究。吳文星，《日據時期臺灣師範教育之研究》（臺北：國立臺灣師範大學歷史研究所，一九八三年）。
39 松元夕峰，〈公學校教育は何處へ行く？〉，《臺灣教育》四三〇號（一九三八年五月），頁六一—六四。
40 吉良成雄，〈公學生と時局〉，《臺灣教育》四三八號（一九三九年一月），頁九五—九七。
41 松本瀧朗，〈（教壇隨想）眼覺める南方の子〉，《臺灣教育》四六二號（一九四二年一月），頁六九—七〇。臺灣總督府職員錄作「松本瀧雄」。
42 有關戰爭時期教師的教案或班級經營案的討論，可參考許佩賢，〈皇國健兒之道〉，收於《殖民地臺灣的近代學校》（臺北：遠流出版社，二〇〇五年），頁一三一—一七一。
43 林金莖（一九二三—二〇〇三），戰後於臺日外交中活躍、長期擔任駐日副代表，時為臺南州佳里興國民學校准訓導。
44 林金莖，〈教育者觀〉，《文教》一九四四年十二月號，頁四〇—四一。
45 一九三九年有臺北第一師範學校附屬公學校臺灣人教師宋登才的文章。

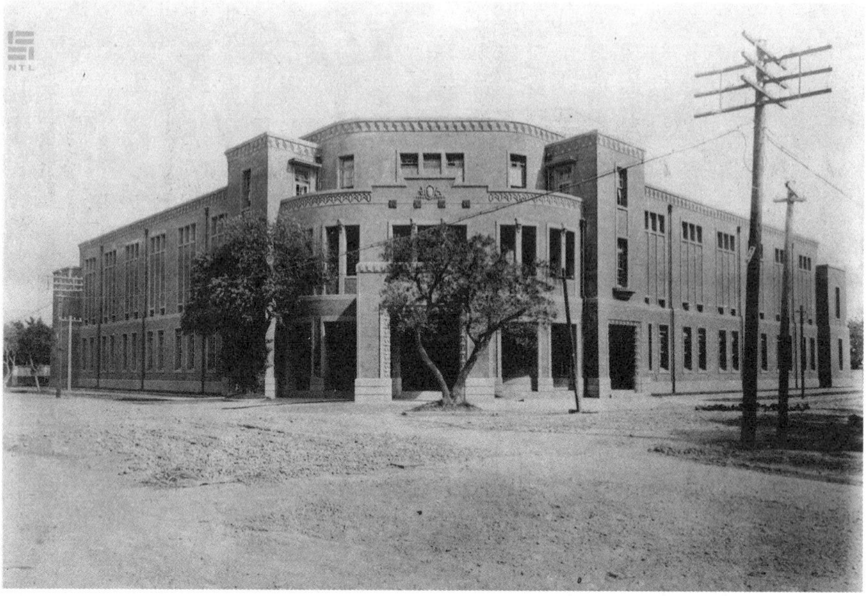

臺灣教育會館。臺灣教育會於一九〇一年成立，為教育官僚、教師及教育相關人士組成的專業團體。會址原設在國語學校，一九〇七年遷入臺灣總督府。一九三一年登記為社團法人，並將事務所遷至新落成的臺灣教育會館，位於今臺北市南海路，現為二二八國家紀念館。(《臺灣建築會誌》 三：五，一九三一年十一月，頁首。臺灣圖書館提供）

《國光》、《黎明》、《薰風》創刊號封面。一九三〇年代以後，總督府開始加強社會教育，一九三二年由臺灣教育會社會教育部同時發行三種青年月刊雜誌——《國光》、《黎明》、《薰風》。《國光》是國語講習所教材，也適合公學校初學年用；《黎明》適用於公學校高年級及畢業生；《薰風》則以青年團員為對象。三種雜誌都以彩色封面及趣味內容來吸引讀者。（臺灣圖書館提供）

國語講習所。一九三〇年代以後，普及國語是社會教育重要的一環，各地陸續成立國語講習所，在夜間或農閒時，讓失學民眾就讀，尤其是公學校就學率低的女性，國語講習所是她們很好的就學機會。然國語講習所很少專職人員，大多是由小、公學校教師兼任。①為南郭國語講習所第一回修畢生合照；②為潭子庄頭家厝國語講習所學生。（《臺中州教育年鑑》二五九四年版，一九三四年，無頁碼。臺灣圖書館提供）

第六章

# 做為機關裝置的收音機體操

中小學常做的國民健康操，
早在日治時代就有了，
當時為什麼要推廣收音機體操呢？
一九三〇年代的臺灣，
又在什麼社會環境下流行起收音機體操呢？

# 前言

中小學朝會或課間做的國民健康操，是許多戰後臺灣成長世代的共同記憶[1]，一直到現在，都還存在於中小學校園中。前幾年某連鎖超市的電視廣告「國民健康操篇」[2]，之所以引起不少迴響，就在於它喚起了臺灣社會的共同記憶。隨著擴音機播放的音樂節奏，配合指導者的號令擺動手腳運動的身體記憶，甚至可以上推至上個世紀的三〇年代，許多老一輩的臺灣人對於日本統治時期的「收音機體操」還有印象，甚至有老人家至今還在做日治時期學校教的收音機體操來保健養生。[3]

日治時期臺灣的收音機體操，是自殖民母國日本傳過來的。日本的收音機體操（ラジオ体操）顧名思義，就是配合收音機廣播的音樂節奏來做體操。一九二八年，收音機體操開始成為收音機廣播的固定節目，中文也翻譯成廣播體操。[4]臺灣則自一九三〇年四月起固定播放，一直到日本統治結束為止。戰後國民健康操的起源與發展之詳細過程，並沒有相關研究，與戰前收音機體操的傳播關係也無法確認，但是兩者之間，確實存有某些關聯。無論是戰後的國民健康操，還是日治時期的收音機體操，兩者都是配合一定的音樂節奏以及指揮者的號令，活動身體的手腳、關節等部位。同時，這兩種體操都設定很多人同時做，國民健康操基本上是在各級學校推行，收音機體操雖然不限定在學校，但也是以團體進行為主。此外，國民健康操以「健康」為訴求，而收音機體操也是基於健康的訴求，而且兩者都是由國家主導推動普及，表示這裡的健康並不只是個人的問題，而是國家的要求，身體健康是國民對國家的義務。從這些相似點，或許我們可以找到連貫戰前與戰後某些共通的身體印記。另一方面，中國、韓國、北朝鮮也都有類似的集體體操活動，如果把視野放大到整個東亞地區自十九世紀末以來國家形塑與身體形成的關係[5]，應該也是值得思考的方向。不過，本章暫且不處理如此大的課題，而擬以日治時期臺灣的收音機體操為對象，探究其在臺灣的發展過程及歷史意義。

關於日本收音機體操的發展，一九七八年收音機體操開播五十週年時，郵政省簡易保險局及日本放送協會（ＮＨＫ）與全國收音機體操連盟，合作出版了五十週年紀念集《新しい朝が来た　ラジオ体操五十年の歩み（新的早晨來了　收音機體操五十年的軌跡）》，可以說是官方版的收音機體操史。該書整理了五十年來收音機體操發展的軌跡，使用了不少簡保局及ＮＨＫ內部的資料，後來大部分收音機體操發展歷程的研究，大多參考本書。[6]此外，各時期收音機體操的音樂及號令，則是收音機體操重要的聲音史料，歷來也有不少復刻盤。近年蒐羅齊全重新發行的《ラジオ体操の全　ラジオ体操七十五年の歩み（收音機體操大全　收音機體操七十五年的軌跡）》，收錄了戰前長期擔任收音機體操實演號令的江木理一、佐佐野利彥的問候語及號令，戰前三套收音機體操的演奏及號令，戰前作曲的收音機體操之歌、文部省唱歌等，還有戰後各個版本的收音機體操配樂，除了ＣＤ之外，也整理了各版本體操的圖解及解說，是瞭解收音機體操不可或缺的聲音史料。[7]

除了基本的史料之外，日本的收音機體操還有兩個很值得注目的研究。一是高橋秀實的《素晴らしきラジオ体操（神奇的收音機體操）》。高橋並不是專業史家，該書也不是專門的學術論著，不過，高橋除了調查史料之外，也走訪日本各處的收音機體操會場，訪問許多從戰前持續到現在的「收音機體操人」（指每日不間斷、熱中於做收音機體操的人），以及直接參與收音機體操活動的人，企圖從收音機體操考察日本社會某些共通的行動原理。他整理出收音機體操的幾種特質：收音機體操的鋼琴伴奏一分鐘約七十拍，與心跳速度相近；體操的各個動作，配合身體自然的動作（例如打哈欠伸展背部的動作），透過一定的節奏，流暢地組合起來；收音機體操必須大家一起做，基本上是被牽引著做，被收音機的音樂牽引、被周圍的人牽引，形成一個「共振」的世界。此外，收音機體操有現代感、不僵硬，因此大家很愉快地做體操，很愉快地變成集體主義者。[8]這些敏銳的觀察，對於我們瞭解收音機體操的特質有很大的幫助。

高橋的作品大概只能說是「報導文學」；日本收音機體操最具代表性的專著應該是黑田勇的《ラジオ体操の誕生（收音機體操的誕生）》。[9]黑田認為一九二〇至一九三〇年代收音機體操的出現，與日本人身體及時間的近代化有密切關係，也與日本近代的價值觀有關。近代日本在都市化的過程中，以做體操來追求健康的身體，而收音機體操最能集體表現這種健康身體的成果。此外，收音機體操一方面可以呼應傳統社會早起、勤勉的價值觀，另一方面，也符合工業社會對於守時與效率的要求，因此可以普遍為社會所接受。其後也有一些關於收音機體操的研究，不過，所論大多沒有超出黑田勇的論述架構。[10]本章也是受到該書啟發，考察殖民地臺灣收音機體操的意義。

從殖民政府留下的資料來看，日治時期的臺灣有相當多人做收音機體操，應該是相當重要的殖民政策。但這個重要議題，長期以來卻沒有什麼研究。呂紹理在討論收音機廣播對臺灣近代生活作息規律化的影響時，曾提及每日清晨播放的收音機體操。他發現參加收音機體操大會的人數不斷增加，因而推斷收音機體操具體展現了日治末期透過廣播節目達到動員的效果，不過並沒有詳細的論證。[11]黃正安依照不同時期的發展，整理了收音機體操大略的發展軌跡，提出收音機體操與保健、體育教育及軍國民教育有密切關係。不過，究竟收音機體操如何與當時的保健觀念結合、如何促進體育活動，乃至如何被軍國主義動員，文中並沒有具體的連結。[12]

從相關研究，我們可以清楚看到收音機體操所象徵的近代性；同時，做為團體活動，收音機體操的集團特性也很明顯，在戰爭時期，這種集團性被利用轉化為「舉國一致」的動員力量。本章擬在日本及臺灣既有研究成果之上，將收音機體操視為一種「機關裝置」(device)，考察其在殖民地臺灣出現的過程，以及在殖民統治的近代化、國民化與戰爭動員過程中所扮演的角色。

與日本本國相比，臺灣留下的資料十分有限。臺北放送局（JFAK）的機關誌幾乎沒有保存下來，[13]主事官僚或指導者的發言留存於官方文書或當時報刊雜誌的材料並不多，臺灣社會方面（做收音機體操的人）留下的資料更是有限。因此，本章不得不仰賴報紙的報導做為主要史料。收音機體操做為一種大規模的、持續的、由政府主導的社會活動，我關心的是這項活動在政治史乃至社會史的意義，也就是殖民政府基於什麼樣的意圖推動、如何操作，而本地社會又如何觀感、如何行動。以下從報導及有限的線索來重建收音機體操在臺灣實施的過程，嘗試從中考察統治者的意圖及臺灣社會的動向。

## 一、渡海來臺的近代化裝置

ＪＦＡＫ、ＪＦＡＫ，這裡是臺北放送局，全島的各位，大家早安，現在要開始做收音機體操了。那麼，要放唱片了，各位請準備。[14]

這是一九三四年報上在介紹臺灣一天的生活時，以早上六點收音機體操的廣播詞來展開臺灣的一天。雖然此時才正要舉行第一次全臺灣的收音機體操大會，但此報導顯示，收音機體操已經是臺灣生活中值得注目的風景。

### 1. 日本收音機體操的出現與發展

日本收音機體操的發端，一般認為是一九二八年十一月一日早上七點由東京中央放送局開始播放，之後日漸普及，橫跨戰前與戰後，成為代表日本的象徵性活動之一。現在想到收音機體操，很多人都以為這是日本發明的，但事實上，收音機體操和許多日本近代制度一樣，是由日本的官僚從歐美輸入的。

將收音機體操介紹到日本的關鍵人物是遞信省簡易保險局的官僚。他們到歐美考察保險事業，在紐約大都會生命保險公司（Metropolitan Life Insurance Company），看到該公司為了促進被保險者的健康，而在自家公司頂樓播放收音機體操。他們蒐集了相關資料，在報告書中提出其運作實況及在美國引起的迴響，並且提議可以在日本推行。[15]

大都會生命保險公司的收音機體操，自一九二五年三月起播放，主要是為了促進被保險者的健康、減少保險金的支付而出現的廣告。廣告的主要目的，當然是希望吸引更多民眾加入保險，此外，以健康為訴求的廣告，也可以扭轉一般人對保險公司「以死換錢」的印象。事實上，收音機體操並不是大都會生命保險公司發明的，在此之前，美國其他地方及德國，也都有收音機體操的活動，但是大都會生命保險公司透過收音機廣播這種新媒體，大大提升了廣告效果。除了播放收音機體操之外，電臺也請專家演講預防生病或增進健康的方法，在公司刊物上也不斷出現死亡率降低的統計數字，強化收音機體操增進健康的廣告效果。[16]

日本的收音機體操幾乎複製了大都會生命保險公司的模式。一九二七年八月，簡易保險局開會討論慶祝昭和天皇即位的「御大禮紀念活動」時，提出收音機體操的提案。翌年五月，簡易保險局、日本生命保險會社協會及日本放送協會開會決定將實際體操的設計委託給文部省。文部省以體育課長北豐吉為委員長，組成委員會，成員包括文部省所屬體育研究所技師大谷武一、國民體操研究所松元稻穗等人，經過四個月的討論，參考國內外的體操模式，於十月發表。新體操的正式名稱是「國民保健體操」，有時也寫成「國民保險體操」，一般稱為收音機體操。但是，其實此時日本廣播事業也才剛開始三、四年，收音機受信機才五十萬臺左右，並不算普遍，收音機體操之所以可以普及，其實是遞信省利用了遍布全國的郵局網絡，由郵局職員負責發送收音機體操的圖解、伴奏樂譜到全國各地，並舉辦體操表演會和演講會，大力宣導之下的結果。一九二八年十一月一日，配合昭和天皇即位儀式，在東京中央放送局開始播放，成為電臺的固定節目。[17]

這套體操共有十一個動作，動作都很簡單，相較於當時在學校、軍隊通行的體操，算是十分輕鬆的體操。體操設計委員會在設計這套收音機體操時，設定了以下幾個基本原則：「一、不論男女老幼，任何人在任何地方都可以做；二、可以配合節奏愉快地進行；三、不使用器械，也可以簡單地進行。」[18]不使用器械、動作輕鬆簡單，主要是為了讓更多人可以參加；而「愉快」是收音機體操與以往體操的一大差異。可以想見設計委員會在設計體操時，很有意識地要將這個利用新媒體從事的活動與過往的兵式體操區隔開來。大谷武一明言收音機體操應表現「高級格調（ハイカラ）」。[19]

收音機體操的普及有一個非常關鍵的人物，就是負責在電臺現場實際做體操、發號施令的指揮官江木理一。江木理一是陸軍士官，從收音機體操開播以來，每天早上都到電臺指揮，十年間從未中斷，非常具有代表性，幾乎想到收音機體操就會想到江木理一。一九二八年十一月收音機體操開播後，其中有段時間大阪及名古屋電臺各自播放自己的體操節目，到了一九三四年以後，放送協會支部廢止，全國的收音機體操便由東京中央放送局統一放送，全國各處都是根據江木理一的號令來做收音機體操。直到一九三九年江木辭職，才由佐佐木利彥接替實演號令的工作。[20]

一九二八年制定的收音機體操屬於比較輕鬆、運動量較小的體操，一九三二年新制定了動作比較複雜、需要消耗較多體力的「收音機體操第二式」，遂將之前的體操稱為「收音機體操第一式」。隨著戰爭局勢的發展，日本政府比之前更期待透過收音機體操提升國民體力，並培養共同心。一九三九年，新成立不久的厚生省創設「大日本國民體操」，總共有三套，其中針對一般民眾的第一號體操後來被指定為「收音機體操第三式」，自一九三九年十二月開始廣播。一九四五年日本投降後，約有一週中止廣播，隨後又恢復，一九四六年改訂新版的收音機體操，其間一度中止，後來幾經修訂，直到現在NHK每天早晨仍會播放收音機體操的音樂。[21]

## 2. 身體與時間的近代化

為什麼在這麼長的一段時間，日本人持續不斷地做收音機體操呢？由於收音機體操的集團性，人們很容易認為是國家的推動所致。國家的動員確實是很重要的因素，但是事實上，接受者這方也有相當的主動性。高橋秀實即指出收音機體操充滿「自由、平等」的氣氛。一位在戰前曾指導收音機體操的人指出，學校或軍隊的體操，是教官一個口令一個動作，在動作結束、下一個口令還沒出來前，就只能等待，這其實是在訓練「等待指示」的服從意識，但是收音機體操不同，收音機體操從一開始就有預定的劇本，每個人都知道下一個動作是什麼，不用等待接收命令，感覺上是自己在做體操，因此比較輕鬆愉快。雖然收音機體操也有不少規訓的成分，但與學校或軍隊的兵式體操相比，還是較能讓做體操的人享受到自發性、自主性的愉悅。也有人指出，在收音機體操的世界中，每個人都可能成為指導者，每個人都可以透過收音機體操改善自己的身姿，不是有錢人才能做的運動。這些觀察透露了一般民眾想藉由收音機體操達到平等的願望。[22]

除了這種自由、平等的氣氛外，收音機體操還隱藏著非常重要的密碼，吸引人們自發地接近，這個密碼就是黑田勇所說的「身體的近代化」與「時間的近代化」。

如前所述，日本引進的收音機體操本來是民間保險公司的廣告手法，但是該廣告所訴求的「健康」卻正好符合當時民眾的需求。日本在近代以前，只有「養生」的觀念，並沒有「健康」的概念；受到傳染病流行的影響，明治以後開始流行「衛生」一詞，而大概到明治後期之後，才開始流行健康法。[23]收音機體操正是出現在保健衛生的觀念普及後，大家都想追求健康的時期。

收音機體操創始之初，簡易保險局為了推廣收音機體操，到處舉辦演講與實演活動，其成員除了體操的設計者之外，還包括各地的教育相關者、醫師等，主要訴求就是健康。在此之前雖然也有養生法，但多靠藥物或回歸自然的儀式，而收音機體操，則是文明、進步、科學、合理的健康法，把健康當作純粹身體的問題，透過鍛鍊身體達成健康。[24]

不只是宣傳體操的人以健康為訴求，做體操的人也追求健康。簡易保險局曾經在一九三〇年及一九三九年兩度舉行徵文比賽，募集參加收音機體操的感想文，出版紀念文集。當然，收錄的文章必然經過挑選，以符合簡保局的意圖，但是即使如此，我們還是可以窺見當時流行的理解方式。在這些感想文中，作者大多先說明自己的身體有多麼不好、生活多麼灰暗，但是開始做收音機體操後，身體就變好了、家庭也因此和樂，周圍的人也都變得開朗。也有文章透露他們認為自己（日本人）的身材不好，希望能透過收音機體操，變得像西洋人的身姿。[25]這裡表現了日本對近代的、西洋的身體的憧憬。

日本的研究者指出，收音機體操會在一九二〇年代後期流行起來，與同一時期都市中間層的興起息息相關。從日本近代化的進展來看，可說是必然的現象。收音機體操不只矯正身體本身，也調整身體的時間感。收音機不只透過報時介入民眾的時間管理，也藉由每日固定時間播出固定節目，讓人們的生活逐漸與近代時鐘的時間變得一致。不管季節變化、幾時天亮，每天早晨都在固定時間起床運動，收音機體操的廣播節目正是使身體與近代時間變得一致而有效的精巧設計。民眾也認為每天早晨在固定時間起床做收音機體操，是一種努力過規律生活的象徵。[26]不只時間固定，收音機體操的另一項特色，是在一定時間內把細分的各種動作連續起來，這種把時間細分、讓人們依照機械動作勞動，正是近代工廠生產制度的步調。在感想文集中，常出現「時間雖然很短但是很協調」或是「歐洲風格的韻律感」，表現出一種新的律動感或是某種近代的正確節奏，由此可見收音機體操正是將身體與時間近代化的裝置。[27]

### 3. 臺灣的收音機體操

一九二〇年代利用新媒體（廣播）追求健康、近代的身體活動，在帝國統治下，也渡海來到殖民地臺灣。

臺灣的廣播電臺自一九二八年開臺，由臺灣總督府交通局遞信部成立臺北放送局，模仿日本本國的體制，成立事實上由官方主導的社團法人臺灣放送協會，負責廣播業務，其後於一九三二年成立臺南放送局（JFBK）、一九三五年成立臺中放送局（JFCK），戰爭後期於一九四三年成立嘉義臺、一九四四年成立花蓮臺。在日本統治結束前，大體上已建立起全島性的廣播網。[28]

以目前可見的文獻來看，臺灣最早播放的收音機體操，是在一九二九年九月二十九日。根據報紙報導，臺北新公園似乎每天早上原本就有國民體操的修養會。[29]所謂的「國民體操」，是指一九二〇年代在日本流行的一種體操，與後來的收音機體操有些類似。國民體操有十二個動作，一邊做一邊喊「ヨイサ、ヨイサ」的節奏，據說在一九二一年時，全國有七萬多人每天早晨在神社或工場做國民體操。[30]國民體操的普及似乎與當時的修養團（一九〇六年在日本本國成立的社會教育團體）有密切關係，從《臺灣日日新報》的報導來看，當時臺灣有不少修養團在做國民體操。[31]

一九二九年九月二十九日早晨，臺灣第一次舉行收音機體操，這個創舉的活動僅有上述一則報導，並沒有更多資料幫助我們瞭解當時的狀況，看起來這是單一日的活動，沒有持續下去。

一九三〇年四月一日起，臺灣開始每日播放收音機體操，臺北放送局於每日中午十二點四十分及下午六點五十分各播放十分鐘的收音機體操。[32]當時因為廣播設備還不完備，臺北放送局每日早晨十點三十分才開播，因此並沒有清晨的收音機體操。當日的節目表中，在十二點四十分播放收音機體操前，於十二點三十分有遞信部官員本多庫吉的演講「收音機體操開始之際」，下午六點二十五分也有臺北高等學校今井壽男的演講「收音機體操的要領」。[33]從紀念演講的舉辦來看，此日應可視為臺灣正式開始播放收音機體操之日。

此後的收音機體操播放時間便固定在中午十二點四十分及下午六點五十分（有時候是六點五十五分）。十二點四十分應該是配合上班族或工廠作業員中午休息時間，下午六點五十分，應該是鎖定讓民眾在家裡做體操。此時，雖然開始利用廣播播放收音機體操，但是並不像日本本國現場實演直播，而是以唱片播放。一九三一年二月臺北放送局落成，廣播體制更為完備，三月十六日起，臺北放送局開播時間變成早上七點，一開播先是早晨的問候語，接著便立刻播放收音機體操，現場實演，下午播放收音機體操時間則改為十二點五十分。[34]六月以後，中午十二點多變成午間娛樂時間，收音機體操只有在早上播放一次。此後，原則上夏季（五月至十月）是六點或六點三十分開播，冬季（十一月至四月）則改為七點或七點三十分開始，週日及祝祭日不播放，時間偶有調整。一九三七年十月一日起，取消原本日、臺間一小時的時差，臺灣的廣播節目時間也重新調整，收音機體操與日本本國同時開播。[35]一九三八年五月二日起，除了早上之外，下午二點四十分至三點也播放收音機體操。[36]

在沒有辦法收到廣播的地方，或是電臺未直播的時間，事實上也舉行「收音機體操」。像臺南原本是在同樣的時間以唱片播放收音機體操，一九三二年七月十一日起開始可以接收臺北現場直播之後，便利用廣播做收音機體操，[37]十月起，由臺南放送局接手於每日早晨六點三十分播放二十分鐘，星期例假日及雨天暫停。[38]

收音機體操開播以來，各地皆有收音機體操的活動，尤其是機關、學校特別希望利用收音機體操來達到特定目的。例如一九三三年，高雄第一小學校以「增進健康」為目的，自年初起利用臺南放送局每天早晨六點三十分的廣播，播放收音機體操第二式。[39]同年，臺北市的大成青年團自九月五日起，每天早上六點在大正町四條通公園舉行收音機體操；[40]九月二十一日起在東本願寺境內，由西門公會、青年團、婦人會、大谷青年團、婦人會、日曜學校聯合舉行。[41]臺北煙草工場自一九三二年底開始，每天早晨上工前以收音機體操做為工場體操。[42]一九三四年九月，以基隆三所小、公學校校長為首，在基隆市的支持下，設立了基隆收音機體操會，定於九月十日至十五日在基隆神社境內舉行收音機體操，「以資涵養國民精神及養成健全身體」。[43]一九三五年六月十日，東石郡朴子街籌備時間紀念日的活動，連續三日每日早晨六點在朴子公學校舉行收音機體操。[44]一九三六年臺北州為了「振肅官紀、刷新事務、提高效率」，決定自十一月二十四日起，所有職員於正午報時之後，在州廳中庭做五分鐘的收音機體操。[45]一九三七年九月，臺中州員林郡於郡役所內的網球場，每日正午全體職員聽唱片做收音機體操。[46]這些零星的報導，一方面可以看到收音機體操在臺灣日漸普及，另一方面也可以看到政府、學校等機關團體希望透過收音機體操達成「健康」、「效率」的訴求。

希望透過收音機體操改造身體達到健康，即表現了一種近代的身體觀；而效率的追求則表現了近代工業社會的時間感。雖然我們沒有材料可以考察臺灣社會對這種將身體與時間近代化的裝置有什麼觀感，但是不可否認的，收音機每日的報時，日復一日於固定時間播放固定節目，自然使臺灣民眾的生活愈來愈依賴時鐘的絕對時間。[47]而愈來愈多人被捲入做收音機體操的行列，也表示收音機體操正在改造臺灣人的身體觀與時間感。

## 二、收音機體操大會與國民化

隨著收音機音樂起舞的手啊、腳啊，天空好藍。[48]

這是一九三八年一位臺灣兒童創作的俳句，這裡表現了臺灣人的身體已經是可以隨著收音機音樂起舞的近代身體。

## 1. 日本的收音機體操大會

做為身體與時間近代化裝置的收音機體操，於一九二〇年代後期與日本的都市化發展一同出現，而在一九三〇年代以後，也被引進臺灣。除了強調「健康」與「高級格調」之外，日本的收音機體操還有一大特色，就是集團體操。歐美的收音機體操，大多是以個人或家庭為對象，所以體操的圖解也多是穿著輕便的運動服，像是在室內做體操的樣子，然而日本的收音機體操打從一開始就預設在室外或工作場所和很多人一起做，所以圖解上的人都是穿著白襯衫的上班族模樣。[49]

大規模的集團收音機體操成為日本收音機體操的象徵，不只是平常做收音機體操，還特別在暑假或特別時間舉行收音機體操大會，集合很多人一起做體操。以放暑假的中小學生為主要對象的收音機體操會，最早是在一九三〇年夏天，由東京世田谷地區兒童保護課的巡查面高叶創始。他認為暑假期間兒童生活多不規律，如果能每天早起做收音機體操，對兒童的精神和健康都有益處，因此與附近町會及青年團合作，於一九三〇年七月二十一日開始，讓放假中的兒童參加。這個活動後來被認為是「收音機體操大會」的嚆矢。[50]

這個嘗試性的活動在第二年（一九三一）七、八月間，由東京府、東京市、簡易保險局、東京遞信局、東京中央放送局、在鄉軍人會、青年團連合會、少年團等主辦，在東京擴大舉行，一九三二年成為全國性活動，活動期間號稱有二五九三萬人次參加，警視廳也加入主辦單位，內務省、文部省皆署名後援。其後每年舉辦，規模愈來愈大，收音機體操的集團特性愈來愈明顯，政府方面也在宣傳上強調「國家觀念」、「國民精神作興」、「協同一致」。[51]

除了暑期的收音機體操大會之外，日本於一九三〇年四月成立了全日本體操連盟，為十一月天皇行幸明治神宮體育大會做準備，該年十一月舉辦第一回體操祭，做為明治神宮鎮座十週年慶祝活動。一九三一年同樣在十一月三日明治節舉辦。一九三二年起定名「日本體操祭」，在活動中透過收音機向全國廣播，在江木理一的號令下，全國同時一起做收音機體操，而成為全國性的活動。[52]不過雖然說是「全國性」活動，但是臺灣並沒有同步進行。翌年（一九三三）第二回日本體操祭以後，臺灣才配合本國，同步展開體操祭的活動。

明治神宮體育大會自一九二五年的第二回大會開始，也有集團體操（マスゲーム）的表演。例如體操祭前一年的一九二九年、第五回大會的體操表演中，就有一萬四千餘名表演者，但是這些節目都只是穿插在各項競技活動中間的表演，要到一九三〇年代以後，體操表演才成為獨立的活動。

一九三五年四月由大阪朝日新聞社主辦第一回日本體操大會，做為「大楠公六百年祭紀念體操大會」，在這次活動中，體操完全成為主角，會中幾乎有一半的體操表演都透過廣播於全國同步播放，號稱有一萬多人參加表演。其後日本體操大會每年舉辦，規模愈來愈大，參加人數也愈來愈多，由關東、關西、東海、九州四大會場輪流主辦，各府縣也都配合舉行。到一九四〇年第六回大會時，包括全國各地分會，約有二百萬人參加體操表演。[53]

不論是收音機體操大會或是體操祭，這種大規模的體操活動，重點不只在於提升個人體力，而是強調「集團性」的效果。正如當時文部省體育官所言，「理論上，本來體操就算是從個人的運動來看，也是很有價值的，但是，實際上，做為集團運動，就具有其他運動所沒有的特殊效果。」在第一屆日本體操祭演講的文部大臣鳩山一郎（一八八三—一九五九）也看到集團體操的特質，他說：「只是嘴巴說團結一致什麼的很容易，但是，要讓多數國民在同樣的號令下，具備同樣的心情，運動肌肉，名實俱符地協同一致，還是體操祭才有可能的事，這一點是其他運動遠遠不及的。」他更進一步地說：「透過體操實踐愛國總動員，才是體操的本旨。」[54]

在日本本國，收音機體操由每日清晨各地自行組成的小團體聽廣播做體操，到暑假變成大規模的全國性活動，之後體操的集團性效果愈來愈受到重視，開始有各種集團體操的表演活動，並且透過收音機廣播，擴大集團的效果，達於全國。此時的收音機體操，已經不只是將身體與時間近代化的裝置，而是培養國民一體感的國民化裝置。

## 2. 臺灣的收音機體操大會

日本本國於一九三一年在東京開始舉行收音機體操大會，一九三二年變成全國性活動。臺灣則在一九三三年舉行第一次收音機體操大會，由文教局、遞信部、臺北市、JFAK共同主辦，臺灣日日新報社、各青年團及生命保險協會後援，自八月十四日到八月十九日，每日早晨六點至六點三十分在臺北新公園廣場舉行。臺灣的收音機體操大會，從一開始就很明確是「一個有統制的國民運動」，[55]當天早晨五點三十分放煙火，五點五十分集合，在「君之代」奏樂中升國旗、皇居遙拜的儀式後，才開始做體操。六天的會期中，共有近三萬人次參加，第六日閉會時，也一樣有唱國歌、遙拜皇居、三唱萬歲的儀式。[56]但這個第一次的活動，似乎沒有很多臺灣人參加。[57]

第二年收音機體操會擴展到全臺灣，一九三四年八月十三日起至八月二十二日十日之間，每日早晨六點開始，在臺北新公園及各地舉行全臺灣收音機體操大會，體操之後也有皇居遙拜、萬歲三唱的儀式，當局宣稱收音機體操大會的目的在於「圖島民健康促進，兼作興國民精神」。[58]表示收音機體操不只是被期待帶來身體的改變，也希望有思想上的效果。全島各地都有數個會場，事先舉行講習會，安排適當的指導員及輔導員。各地為了這個活動都調整了一些作息，例如嘉義本來每天早晨五點有早起鬧鐘播放，為了配合收音機體操，比平常晚三十分鐘。[59]羅東則是將報時系統提早半小時。[60]有些地方早上停電，收音機便不能使用，電力公司還特地將熄燈時間延後三十分鐘到一小時。[61]各地主辦者是市街庄當局，如臺北市即由臺北市役所主辦。臺北市有三個會場：新公園、老松公學校、日新公學校。新公園的指導者為臺北第一高女的松下範治、臺北商業學校的山本由松、臺北第一中學校的田島繁得及第一師範的鶴居勇造，公學校則由各校訓導指導。[62]全島共四百二十三個會場，二百萬人次參加。八月二十二日閉會時，放送協會理事深川繁治在致辭中表示：「十日間出席者習得集團精神，為國民精神作興，處於非常時期日本之國運打開最後手段。來年希望更盛大舉行。」[63]其後，全臺灣收音機體操大會年年舉辦，會場數與參加人數也年年增加。

一九三三年臺北首次舉行的收音機體操會及一九三四年以後全臺灣收音機體操大會總覽如表

6-1。一九三九年以後，未見總人次及會場數的詳細報導。各年會場數及總人次，有些報導是預定人數，有些報導則是次年度將舉行時提報去年的人數，因此有時有些出入，不過數目差距不致大到影響我們的觀察。[64]為什麼可以如此精準掌握做體操的場所與人數呢？以目前可見一九三八年臺南州的資料來推斷，可能在活動日程決定後，總督府方面會發文給各州廳「全臺灣收音機體操大會要項」，說明大會舉行日期、時間及流程等項目，並要求各地會場每日由各地主辦者向該地郵局速報參加人數及參加者最高與最低年齡。各州廳收到這份通知後，便照會給所轄市街庄及各校校長，通知將舉行全臺灣收音機體操的活動，要求五日內必須回報各市郡預定會場名、主辦者、預定參加人數，同時要求每日活動結束後，各會場必須記錄參加者總數、年齡層及活動概況，於八月底回報。州廳方面於八月底回收統計後，於九月初回報給總督府文教局。[65]

從這個作業流程，我們注意到收音機體操大會的訊息是透過郵局下達到末端的地方社會。能預先掌握參加者有哪些人、多少人，表面上應該是要求欲參加者「事先登記」，但可以想見這必然透過某種動員分派的方式，才能確保人數。透過郵局這種可以有效到達末端的管道，不論是否被分派去做體操，收音機體操確實是存在於臺灣社會的共同經驗。

### 3.「全島的各位」與「全國的各位」

做為每年例行的活動，大約活動開始前一個月，報紙就陸續有相關報導，包括各地方有哪些會場、預定有多少人參加等等，報上會出現斗大的數字標題：「二十萬人將參加」[66]、「恐突破一百五

表 6-1　全臺灣收音機體操大會一覽

| 年 | 起迄日期 | 時 間 | 會 場 數 | 總 人 次 | 出 處（《臺日》） |
|---|---|---|---|---|---|
| 1933 | 8/14-8/19 | 6：00-6：30 | 1（臺北新公園） | 31,500 | 1933/8/12<br>1934/7/13 |
| 1934 | 8/13-8/22 | 6：00-6：30 | 423 | 200 萬 | 1934/8/12<br>1934/8/23<br>1935/8/10 |
| 1935 | 8/12-8/21 | 6：00-6：30 | 500 餘 | 200 萬 | 1935/6/27<br>1935/8/22<br>1935/8/23 |
| 1936 | 8/10-8/19 | 6：00-6：30 | 710 | 170 萬 | 1937/7/13 |
| 1937 | 8/9-8/18 | 5：30-6：00 | 927 | 230 萬 | 1937/8/19 |
| 1938 | 8/8-8/17 | 6：00-6：30 | 1519 | 318 萬 | 1939/6/18 |
| 1939 | 8/1-8/10 | 6：30-7：00 | — | — | 1939/8/1 |
| 1940 | 8/5-8/14 | 6：30-7：00 | — | — | 1940/6/29 |
| 1941 | 8/1-8/10 | 6：30-7：00 | — | 493 萬 | 1941/8/1<br>1942/9/7 |
| 1942 | 8/1-8/20 | 6：00-6：30 | — | — | 1942/8/1 |
| 1943 | 8/1-8/31 | 6：10-6：40 | — | — | 1943/7/31 |
| 1944 | 8/1-8/31 | 6：00-6：30 | — | — | 1944/8/2<br>1944/8/31 |
| 1945 | — | — | — | — | — |

十六萬」[67]，活動期間也經常報導活動「盛況」，也有不少照片刊登出來。這些「盛況」報導，雖然不無誇張之處，但是透過媒體報導，收音機體操形成了一種共同的想像。這種共同想像的範圍，是收音機體操音樂開始前問候語中的「全島的各位」。

關於收音機體操大會，黃正安以平均每日參加人數占全島總人數的比例過低，而認為其成效不彰。[68]其實重點未必在參與人數所占的比例，而是不管每個人做體操與否，各個地方都有大大小小的一群人在同一個時間做體操。對實際做體操的人來說，跟著收音機傳來的音樂聲，和周圍一群相識或不相識的人一起做體操，同時清楚知道臺灣各地也有一群「匿名的大眾」聽著同樣的音樂、依著一定的節奏、做著同樣的動作。報紙上的報導，無疑是讓參與者更確認自己的位置，讓他們感覺到自己確實參與著這個規律、整齊有序的團體。而報紙刊登的收音機體操照片，有穿著上班服的男性、穿著傳統和服的女性、打赤膊的男學生、穿著制服的女學生、也有農村裡普通的老婆婆，有學校運動場上整齊排列的隊伍、有辦公室一隅、有河邊、街邊的日常風景、也有集會所升旗臺前做體操的人，各式各樣的角色、各式各樣的場景，不管讀者是誰，都可以在這裡找到自己，也可以在這裡確認自己確實是屬於這一個做體操的團體。即使是沒有實際做體操的人，也可能在報導中找到得以自我投射的角色。

日本有研究者指出，近代日本國家，藉由每日準時重覆地播放廣播，使每個人的時間意識近代化，同時也讓每個人的日常生活作息都依照時鐘的普遍時間運作。而收音機體操則以收音機廣播這種媒體科技為媒介，操作全國所有人的身體，讓每一個人感覺自己的身體是國民的身體，讓每個人認為自己是國家或一定集團的一分子。[69]

透過集團體操讓民眾經歷集體化的經驗，期待以此為基礎形成共同感，應該是總督府官僚推動收音機體操的重要意圖。一九三七年八月，全臺灣收音機體操大會開幕時，文教局長島田昌勢的開會致辭就很明白地說：「收音機體操的目的，本來是衛生、保健，但是現在更進一步將之視為一種國民活動時，我們更加體認其根本、重大的意義。……早上於黎明中，男女老幼相集，於清明的氣氛中，進行皇居遙拜、國旗揭揚等國民活動，對於涵養、振作國民精神十分重要。藉由參加國民活動可以得到共通的情感、共同的體驗，這是國民自覺的基礎，我們正是可以在這個收音機體操大會獲得，加深我們的國民自覺，在本島，這種儀式性活動特別有意義。」[70]

臺灣每日早晨播放收音機體操時，呼喚的對象是「全島的各位」；每年夏季的全臺灣收音機體操大會，只有臺灣島內的人收聽臺北放送局的廣播做體操。也就是說，臺灣的收音機體操大會所凝結的共同感，應該僅限於臺灣島內。然而，總督府官僚所預想的共同感，自然是做為「日本國民」的共同感，臺灣的收音機體操如何達成總督府官僚的期待呢？這就有賴於與日本本國同步廣播、「帝國規模」的收音機體操。

日本本國自一九三二年開始有體操祭的活動，臺灣晚一年於一九三三年十一月三日第一次舉行，由臺北市教化聯合會主辦。當日由東京放送局自明治神宮外苑式場現場直播，全國一齊做收音機體操。[71]在新公園運動場，有工業學校、女學校、小公學校、青年團、少年團及一般官民二千餘人，播放收音機體操第一式及收音機體操第二式各二次，自臺灣時間九點三十分（日本時間十點三十分）

開始至十點結束，據說有不少婦女參加。[72]透過收音機廣播，臺灣人也可以聽到江木理一對「全國的各位」的問候語，可以和內地人一起聽江木理一的號令做體操，一起喊萬歲、一起合唱體操運動歌。[73]

一九三六年全國聯播，報上宣傳「內地固不用論，朝鮮、臺灣、樺太各市町村一千數百萬國民隨收音機一齊行動，展開體育水平運動的豪華版」。[74]總督府文教局對各州廳下各學校及各種團體發出正式通牒：「當日從東京靖國神社境內日本體操祭典式場放送的廣播，臺北放送局也向全島同步廣播，上午九點三十分（內地時刻十點三十分）先吹喇叭開會，國歌齊唱、國旗揭揚、明治神宮遙拜、文部大臣致辭之後，開始做體操。」[75]

對近代日本或日本統治下的臺灣來說，體操的主流是兵式體操，本來就是集團體操，軍事教練的性質相當濃厚。一八八六年，森有禮（一八四七—一八八九）文相時期，將兵式體操導入各級學校的體育課（當時稱為體操課），視之為德育的手段，希望透過反覆操作、重視規律的團體訓練，培養學生的服從心。[76]收音機體操的設計起初雖然意圖與學校的兵式體操區隔，然而實際上卻是放大了兵式體操的效果。從日常學校中的體操課、學校或州郡運動會的集團體操，到每日的收音機體操廣播、全島性的收音機體操大會，再到帝國規模的體操祭，透過收音機體操，總督府官僚所期待的共同感，才能由學校、州郡這樣的小團體，擴大到臺灣、然後到帝國，從而達到日本國民化的目標。[77]

## 三、戰爭動員體制與收音機體操

連纏足的老太太也在雨中做著收音機體操。[78]

這是一九三七年十二月報上的斗大標題，旁邊還附有照片。強調「連纏足的老太太」，意味著不論男女老少殘疾者，任何人都應該一起加入做收音機體操的行列。顯然進入戰爭動員體制以後，收音機體操的象徵意義更加重要了。

### 1. 國民精神總動員運動與收音機體操

一九三七年蘆溝橋事變後，日本本國的國民教化運動，很快整合出新方向，即一九三七年八月開始的國民精神總動員運動，標舉「舉國一致」、「盡忠報國」的口號，以「刷新社會風潮」、「強化大後方的後援」、「對非常時期經濟政策的協力」及「愛護資源」為運動目標。這些運動目標看起來十分抽象，但其實踐細目列舉了非常具體的行動，例如「去慰問出征軍人家屬」、「使用代用品」等，很明顯是以遂行眼前的戰爭為目的而推行的運動。[79]

日本國內發起該運動後，臺灣也隨即呼應本國，成立臺灣總督府國民精神總動員本部，以總務長官為部長、文教局長為副部長，各州廳、市郡及街庄分別設支部及支會，舉辦演講會、協議會、刊行時局解說資料、進行時局教育等，實踐要綱及實施事項幾乎都複製了日本本國的手法[80]，其後數年間的各種社會動員都在國民精神總動員的名目下推動，一九四一年被皇民奉公會吸收。

在一九三〇年代的部落振興運動中，於部落設置集會所、國旗揭揚臺、配置收音機成為部落的基本配備，殖民統治者試圖藉由收音機體操，做為提升村民體能、甚至是改良娛樂的活動。[81]國民精神總動員運動展開以後，也吸納了部落振興運動，該運動的一大特色是將抽象的精神論與日常生活規制放在同一平面上，宣稱全部都要總動員。[82]收音機體操也非常充分表現了這個特色，這個身體的運動，很快就被冠上「體位向上與精神作興」的目標。一九三七年八月九日開辦的臺灣收音機體操大會，在大會開始前，也都有國旗揭揚、國歌合唱及遙拜皇居等儀式。[83]收音機體操與國旗、國歌、皇居的皇國象徵合體，前引「連纏足老太太都做收音機體操」的報導便是彰化郡舉辦優秀部落選拔的情景，國旗揭揚、皇居遙拜、收音機體操是計分標準，收音機體操儼然成為表現忠誠的裝置。[84]翌年，臺灣總督府國民精神總動員本部便成為收音機體操大會的主辦單位之一。[85]

日本本國於國民精神總動員運動開始後，便由次官會議決議八月一日至八月二十日為「國民心身鍛鍊運動期間」，全國各地一齊加強身心鍛鍊。臺灣也配合中央的方針，其後每年八月全島同步舉行。該運動的主旨在於「根據國民精神總動員的趣旨，鍛鍊身心，育成旺盛的精神力與強健的身體，以完成後方國民的責務」，收音機體操的普及獎勵，是國民心身鍛鍊運動的主要活動，除了收音機體操外，也獎勵徒步、團體勞動、武道、游泳、相撲等。[86]

除了八月的收音機體操大會之外，各地方也在其他時間舉行收音機體操會。一九三七年九月，臺中州員林郡於郡役所內的網球場，每日正午利用唱片讓全體職員做收音機體操，說是為了在重要時期「鍛鍊身心、振興士氣」。[87] 一九三八年，宜蘭街為了預防結核，規定一戶至少一名參加收音機體操，於四月二日起，連續三日每日早晨六點三十分舉行[88]；羅東郡的街庄長會議中，決定讓街庄職員參加收音機體操會。[89] 臺中州北斗郡以體位向上與效率增進為目標，於四月十一日起，每天正午規定所有職員做收音機體操，還印製出席簿調查出缺席狀況[90]；彰化郡於五月十七日起，每天下午二點四十分在廳舍前廣場開始做收音機體操[91]；大溪街則自六月起，每個星期日早晨於大溪公學校校園舉行收音機體操，期望能提升體能、「健康報國」[92]；中壢街決定每個星期日早晨六點三十分在第一公學校舉行收音機體操[93]；花蓮港廳玉里郡、花蓮港公學校為了「增強體力」，也有同樣的計畫。[94] 這些報導中反覆出現「體力」、「體位」、「健康」，充分表現了總動員體制下，國家對健康的人力資源之迫切需求。

## 2. 各種集團體操的出現

收音機體操在當時體操相關人士及一般民眾的觀感中，基本上是比較輕鬆、偏向洋風的活動，當體操被期待可以增強體力並發揚日本國民精神時，這種輕鬆的、西洋風格的收音機體操就遭受質疑。一九三六年，原內務官僚松本學就和早先曾參與制定收音機體操的大谷武一商議，認為此時需要一個「(比收音機體操)更有力、且能燃起信念、打入魂魄，使心身一體的新體操」，以便提振國民精神、提升國民體位，並做為奉祝皇紀二六〇〇年的紀念活動。[95] 於是以松本為首的日本體育保健協會，便開始設計新體操，一九三六年底完成「建國體操」，一九三七年二月十一日紀元節在東京芝公園，集合了約一千名勞工公開發表。建國體操由十五個動作組成，運用古武道的刺、打、切等基本動作，調和全體的呼吸、動作、波長。集團進行時，是一邊行進一邊入場，一面唱「建國體操前奏歌」和「建國體操讚歌」，也就是結合了體操、行進、合唱三種活動[96]，三者都是培養身體一致性的最佳活動，大谷武一很滿意地認為這是「純日本式的體操」。[97]這個建國體操也被介紹到臺灣，一九三八年鹿港第一公學校創立四十週年紀念運動會上，除了收音機體操，也表演了建國體操[98]；一九三九年三月，臺中州主辦的全島青年團經營研究會中，約有一千名青年團員進行建國體操分列式[99]；一九四〇年奉祝皇紀二六〇〇年臺灣體育大會中，也有中等學校學生表演建國體操[100]；勤行報國青年隊的訓練、臺北酒工場的員工活動，也都進行建國體操。[101]

除了建國體操之外，國民精神總動員運動開始以後，也出現各式各樣的體操，主要以加強國民精神及增強體力為目標。一九三八年新成立的厚生省，第一年度的一項主要工作就是制定新的國定體操，以提升國民體力，一九三九年九月發表「大日本國民體操」、「大日本青年體操」、「大日本女子青年體操」三種大日本體操。「大日本國民體操」後來被採用為「收音機體操第三式」，以一般民眾為對象，動作較為簡單；「大日本青年體操」的運動強度及難度較高，以青年為對象；「大日本女子青年體操」以女子青年層為對象，一方面考量女性的優雅動作及律動，同時也提升難度及運動度。[102]厚生省不只想透過身體運動提升體力，也結合精神運動，仿照當時德國等許多歐洲國家的做法，企圖透過集團體操凝聚國民意識。[103]新的國民體操公布後，臺灣媒體也立刻報導了相關消息，同時，也有一些地方開始推廣。臺中州召集州下青年團指導者，教導他們大日本國民體操[104]；臺北市印製大日本國民體操的圖解，以求普及。[105]學校運動會的體操表演節目也開始出現新的國民體操。[106]一九三九年起實施的男子體力章檢定，收音機體操被列入檢定項目之中；稍晚於一九四三年實施的女子體力章檢定，在「體操」檢定項目中，初級、中級及上級的標準分別指定「收音機體操第二式」、「大日本國民體操」及「大日本女子青年體操」，也就是說，檢定對象的十五到二十一歲女子青年，都被要求熟習這些體操。[107]

體操成為大家關注的焦點之後，文部省也自己創立文部省體操[108]，並且鼓勵各學校創立自己的學校體操。[109]一九四一年二月，厚生省創立新的「大日本厚生體操」，厚生體操與大日本國民體操不同的地方在於，它不需要特別大的空間，全部九個基本動作，都是直立的姿勢，所需時間不到兩分鐘。[110]目的就是希望民眾隨時都可以做體操，可見在戰局緊迫下，提升全民體力的迫切性。這個厚生體操也迅速傳到臺灣，據報載，第一次厚生體操大會於一九四一年三月十八日在臺南南門小學校運動場舉行[111]；同年秋，臺南州主辦「厚生體操之夜」[112]，一九四二年第一屆全臺灣體操大會時，也有厚生體操的表演。[113]甚至到一九四四年，新營街役場職員每日正午都在役場後的廣場集合，做厚生體操。[114]

在體操「量產」熱潮中，臺灣也出現各式各樣不同名目的體操，其中大部分均可見於日本本國，有可能是透過體操講習等管道傳到臺灣，例如薙刀體操、相撲體操、日之丸體操、產業戰士體操等。這些體操的名目眾多，詳細的內容不清楚，但是從名目上看，應該有不少改編自日本傳統武道，可以看作是「純日本式體操」的追求。在殖民地臺灣，最能呼應這種總動員態勢的，便是由臺灣本地提案創設的「皇民體操」。

皇民體操，有時也寫成「みたみ體操」，如果我們想起朝鮮的「皇國臣民體操」，也就不難瞭解臺灣出現「皇民體操」的意義。在朝鮮，朝鮮總督府於一九三七年十月二日制定了有名的「皇國臣民誓詞」，為了配合誓詞，還同時制定了身體鍛鍊的「皇國臣民體操」。這個體操要拿著木劍進行，總共有十四節，是很簡單的體操。其基本原理是將劍道的型式簡化後，設計成體操，以便讓低年級的學童也可以輕易上手。朝鮮總督府指示，自初等學校三年級起的體操課，都要教授皇國臣民體操，其主要目的是透過傳統之武道精神鍛鍊身心，以「涵養皇國臣民的氣魄」，同時「達到端正姿勢、強健身體，以養成快活、剛毅、堅忍不拔的精神及耐苦持久的體力」。[115]

臺灣的皇民體操由皇民奉公會發起，約在一九四三年四、五月之間制定。根據報紙報導，皇民奉公會中央本部的考量是：「由於決戰下健民健兵的重要性受到重視，如何更進一步鍛鍊我們的肉體，以便隨時可以因應被徵召之日。」[116]皇民奉公會大約自一九四三年三月開始籌畫新體操，找來海軍體操的創始者講授海軍體操，然後加以改編，減少海軍體操的動作，選擇其中比較適合一般民眾者，特別是以青少年為主要對象。[117]海軍體操大約是一九四二年底或一九四三年左右出現的新體操，當時報紙上曾經刊載井下孟之關於海軍體操的談話。[118]他在演講中提到，海軍體操創始者某某中佐，苦心研究數十年，才發明海軍體操，其主要著眼點在於增強肺活量及握力，對於訓練降落傘部隊所需的身體動作非常有效。[119]參與制定皇民體操的人包括臺北市役所的宇佐見守及臺北一中的田島繁得等學校體育教師以及皇奉本部的若干職員。[120]其中，宇佐見守及田島繁得是一開始即參與臺灣收音機體操的成員。一九四三年四月皇民奉公會召集上述成員，設計皇民體操，五月到六月之間發函給所屬的青少年團，由皇奉本部派遣指導者至各地，舉辦講習會，讓各市郡青少年團指導者參加[121]，其後各地陸續有舉辦皇民體操的報導。

皇民體操公布後不久，一九四三年九月，臺灣總督府即發表將自一九四五年一月起在臺灣實施徵兵制。皇民體操很明顯是在為徵兵制做準備，總督府一方面確實期待透過體操鍛鍊肉體、提升戰力，另一方面從「皇民體操」的名稱來看，總督府也想透過「皇民體操」這個裝置，表現殖民地臺灣身為「皇民」的忠誠。

雖然有眾多新發明的集團體操，但是收音機體操仍然一日也不間斷地早晚放送，每年夏季的收音機體操大會也定時舉行，且規模年年擴大。這些推陳出新的集團體操，不但沒有取代收音機體操，反而更突顯收音機體操不動如山的地位。如前所述，收音機體操雖然是集團體操，但是另一方面，它又是很個人化的體操，每個人都知道下一個動作是什麼，可以按照自己的步調來做，因此可以說，有了收音機體操這個彈性裝置，其他的集團體操才更能發揮效果，達到戰爭動員體制下，對殖民地人民忠誠心與體力的要求。

## 結論

以上一方面考慮時序的發展，另一方面從不同的角色扮演來考察日治時期臺灣收音機體操的發展。臺灣的廣播電臺於一九二八年開臺，一九三〇年代以後設備逐漸整備，收音機體操也隨之在每日清晨展開。

收音機廣播是一九二〇年代最先進的媒體，收音機體操的音樂是用鋼琴演奏的西洋風樂曲，收音機體操不論是硬體（收音機）或是軟體（聲音），都充分表現其近代風格。同時，一九二〇年代以後都市中間階層興起，他們透過體操追求健康、調整身體的時間感，清晨的收音機體操正好可以使身體配合近代的時間規律，符合工業社會的生活作息。這種能配合近代工業社會時間感的身體，也正好符合殖民統治的需要。殖民統治需要的就是順從、勤勉、規律的新人民，而收音機體操正好具有這樣的特色——清晨即起，聽從固定的號令，以集團而規律的方式運動身體。因此，殖民地官僚將收音機體操引進臺灣，期待能發揮效果，改變臺灣人的身體。事實上，從日本領有臺灣以來，培養順從、勤勉、規律、可以依號令動作的身體，即為殖民者的目標。日治初期的學生，幾乎花一整年的時間練習整隊、行進、向左轉、向右轉等基本動作。[122]當臺灣人開始可以整隊、行進、還能進一步做體操時，殖民者卻還是認為臺灣人與日本人的身體是不同的，不僅需要不同的體操課程，體操的目標也不一樣：對日本人要求以培養沉著、剛毅及勇氣為目的，而對臺灣人則要求規律秩序、肅靜、順從及整齊。[123]由此可見，讓人民的時間感與身體動作符合近代工廠生產制度的步調，固然對明治以來訴求富國強兵的日本來說是重要課題，但是對於二十世紀以後要發展殖民地產業的殖民統治者來說，更是重要課題。

一九三〇年代以後，愈來愈多人自動或被動地加入收音機體操的行列，這些人之所以接受象徵近代的收音機體操，正因為他們是透過近代媒體形成的「大眾」。[124]透過電波的傳送，將原本在學校、地方社會的小團體與全島性的大團體連結起來，而使得收音機體操的集團性可以從學校、部落、州郡擴及到全臺灣；而當收音機播出東京放送局江木理一的號令時，在臺灣做收音機體操的大眾，當然會認為自己是「全國的各位」中的一人，而達到日本國民化的效果。收音機體操引進日本之初，雖然有意與兵式體操劃清界線，但實際上卻更加放大與加強了兵式體操培養集團心與服從心的效果。

一九三〇年代中期以後，日本開始走向戰時體制，一九三七年八月國民精神總動員運動展開，收音機體操被附加新的期待，即發揮戰爭動員的協力功能。此時期大量出現各式各樣的集團體操，強調集團性、均一性乃至日本性，同時也加強運動量，以提升體力，企圖在精神與身體兩方面都能強化收音機體操的效能，以符合戰爭動員的要求。在這個過程中，收音機體操和各種新發明的體操在整個帝國同步總動員，收音機體操是帝國確認人民忠誠的試紙，因此，日本本國一方面大大宣揚「大東亞共榮圈」的收音機體操[125]；另一方面，朝鮮、臺灣這些帝國周邊的殖民地，比本國更進一步，藉由自創的集團體操，向本國表達忠誠。

收音機體操的近代化、國民化及戰爭動員裝置這三種機能，其實是互相為用。由均質國民組成的國民國家本身就是近代以來最重要的特色之一，而所有近代國家都要教育、訓練他的人民成為規律、順從，可以配合工業社會時間及價值的勞工。做為戰爭動員裝置的收音機體操之所以可以有效，正是因為它同時也是近代化與國民化的裝置。民眾認為象徵近代的收音機體操，能夠改造身體、增進健康而接受它，此與戰爭時期國家對人民健康與體力的要求相符。而建立大東亞共榮圈的集團性，也唯有透過電波傳遍帝國版圖的收音機體操方能達成。

在這個研究中，我們還留下很多問題，例如到底是誰在做體操？這個問題，有許多種回答方式。從報紙零星的資料來看，起初臺灣人似乎不那麼熱中，但是從收音機體操大會的總人次來看，應該有相當多臺灣人在做收音機體操；女性應該也有不少人；特別是學生，應該是主要的動員對象，公務員及工廠勞工也是比較容易動員的一群人；如果考慮城鄉問題，都市人因為勞動比較不足，被認為更需要做體操。[126]更進一步，我們一定想問臺灣的「收音機體操人」在想些什麼？但我們並沒有充分的資料能夠回答這樣的問題。呂紹理曾經引用蔡秋桐的小說〈四兩仔土〉來說明收音機體操的動員效果。小說中的土仔接到役場通知領補助金，但土仔不知時間，清晨五、六點就跑到公所去，到了六點半看著公所外做收音機體操的人發楞。[127]蔡秋桐的小說發表於一九三六年，如果小說在某種程度上能表現當時社會共同情境的話，我們在這裡看到的是還沒被捲入收音機體操動員裝置的漠然眼光。一九三九年入學臺中第一中學校的施純堯於學校的《反省週錄》中，留下了以下二條紀錄。一九三九年五月國民精神總動員健康週活動中，他寫道：「這個星期是健康週，所以我要好好運動，每天早晨也一定要自己做收音機體操（一九三九年五月十日至十六日）。」一九四一年八月臺灣收音機體操大會結束後，他寫道：「收音機體操（大會）也結束了，但是我早上還是要早點起來，打掃庭院。（一九四一年八月十日至十六日）」[128]從這裡，我們看到了學生自動配合健康週的活動，立志要早起做收音機體操，即使體操大會結束後，也要維持早起的習慣，非常能夠體現收音機體操的裝置效果。當然，學生的週記不全然能夠反映學生的本意，學生當然知道老師想看的是什麼，然而，我們沒有更多線索。一九三六年土仔的漠然眼光是不是到一九三七年以後便被國民精神總動員的號召所動員，而成為像施純堯這樣熱心自發的「收音機體操人」？還是臺灣社會自始至終都存在這兩種看似對立，實則反映臺灣社會靈巧應對的心態——懂得在公開場合的表現應與私底下的自然流露有所不同。關於這個問題，我們還需要更多線索才能解明。此外，絕大部分目前可見的回憶錄或口述歷史中，幾乎沒有看到有人提到做收音機體操。口述歷史的部分，有可能是採訪者沒問，但是收音機體操確實是很少被提起的記憶。然而，筆者曾經訪問一些老一輩的人，問起收音機體操，他們會回答：「有啦！有啦！啊就大家做，我們就跟著做啊。」「就是在學校做啊！」這種不經意、不自覺的記憶，或許正好可以回應高橋秀實所說的「共振」現象，我們在不知不覺中，已經變成可以一起聽號令做體操的身體了。

幾年前，臺北市政府為了籌備花卉博覽會，下令市府所屬各單位員工每日早晨開工前必須先跳一段「花博舞」，員工隨著擴音器傳來的音樂手舞足蹈[129]；此外，中小學的國民健康操也推陳出新。從上一個世紀二〇年代到現在，收音機廣播不再是先進的媒體，收音機體操也不再是摩登的身體活動，這一百年來，民眾主動追求健康的努力不曾中斷，而國家對國民的健康要求以及意圖透過集體的身體操控來表現某一種集團感的思維也不曾改變。

1 「國民健康操~超懷念!!」，YouTube網站，二〇〇七年十二月二十一日上傳。http://www.youtube.com/watch?v=C33Do0J9yRk。二〇一〇年十月十二日擷取。

2 「全聯國民省錢運動國民健康操」，YouTube網站，二〇〇九年七月十一日。http://www.youtube.com/watch?v=fIEWzEP67ME&feature=related。二〇一〇年十月十二日擷取。

3 「林瑞祥看診不累兩法寶」，聯合新聞網，二〇〇八年九月七日。http://mag.udn.com/mag/life/storypage.jsp?f_ART_ID=147510。二〇一〇年十月六日擷取。林瑞祥出生於一九三二年，日治時期就讀至中學校，戰後進入臺灣大學醫學院，為糖尿病治療權威。

4 戰前報紙漢文欄則稱為「電音體操」。

5 如黃金麟，《歷史、身體、國家——近代中國的身體形成（一八九五—一九三七）》（臺北：聯經出版社，二〇〇一年）的視角。

6 ラジオ体操五十周年記念史編集委員会編，《新しい朝が来た　ラジオ体操五十年の歩み》（東京：簡易保險加入者協会，一九七八年）。

7 《ラジオ体操の全　ラジオ体操七十五年の歩み（ＣＤ）》（東京：KingRecordCo.，二〇〇三年）。

8 高橋秀實，《素晴らしきラジオ体操》（東京：小学館，二〇〇二年）。

9 黑田勇，《ラジオ体操の誕生》（東京：青弓社，一九九九年）。

10 例如山下大厚，〈国民化とラジオ体操——国家の身体とわたしの身体〉，《法政大学大学院紀要》四四號（二〇〇〇年三月），頁一四五—一五八；中川彰太，〈ラジオ体操導入と厚生省設置：国民体位低下問題を中心に〉，《中京大学大学院生法学研究論集》二四號（二〇〇四年三月），頁一一一—二一八。

11 呂紹理，《水螺響起——日治時期臺灣社會的生活作息》（臺北：遠流出版社，一九九八年），頁一七〇—一七一。

12 黃正安，《日治時期臺灣的廣播體操推展情形之研究》（臺北：臺灣師範大學體育研究所碩士論文，二〇〇二年）。雖然有許多不足之處，但無論如何，黃正安的論文提出了一些基本的認識，尤其該文寫作於許多日治時期史料的資料庫檢索系統尚未開發的時期，可以想見作者用功之勤。

13 臺灣放送協會機關報為《ラヂオタイムス》，自一九三三年一月開始發行，為月刊，每月五日發行，每期四至八頁，目前只留下第三六號至六六號（缺三八、六四號），原件藏於日本大分大學經濟研究所，臺灣的政治大學圖書館有收藏影印本。

14 〈ラヂオ體操　午前六時〉，《臺灣日日新報（以下簡稱臺日）》一九三四年八月十日（Ｎ二）。

15 黑田勇，《ラジオ体操の誕生》，頁一一—一五。關於日本收音機體操的引進與發展，簡易保險局有自己的官方整理，參見ラジオ体操五十周年紀念史編集委員会，《新しい朝が来た　ラジオ体操五十年の歩み》。黑田勇關於收音機體操發展史的整理，也大多參考該書。

16. 高橋秀實，《素晴らしきラジオ体操》，頁三七—四八。

17 黑田勇，《ラジオ体操の誕生》，頁三四—四〇。
18 ラジオ体操五十周年紀念史編集委員会，《新しい朝が来た　ラジオ体操五十年の歩み》，頁三二—三三。
19 竹村洋介，〈ラジオ体操と日本社会の近代化過程〉，收於《近代化のねじれと日本社会》（東京：批評社，二〇〇四年初版、二〇〇六年三刷），頁四三。
20 黑田勇，《ラジオ体操の誕生》，頁四〇—四一。
21 竹村洋介，〈ラジオ体操と日本社会の近代化過程〉，頁四五。
22 高橋秀實，《素晴らしきラジオ体操》，頁一三四—一三七、一四六—一四七。
23 鹿野政直，《桃太郎さがし——健康観の近代》（東京：朝日新聞社，一九九五年），頁二一四。
24 黑田勇，《ラジオ体操の誕生》，頁四九—五〇。
25 黑田勇，《ラジオ体操の誕生》，頁六二—六八。
26 竹村洋介，〈ラジオ体操と日本社会の近代化過程〉，頁四九—五二。
27 黑田勇，《ラジオ体操の誕生》，頁一〇八—一一一、一一四—一一五。
28 何義麟，〈日治時期臺灣廣播事業發展之過程〉，收於國立臺灣師範大學歷史系、臺灣省文獻委員會合編，《回顧老臺灣、展望新故鄉：臺灣社會文化變遷學術研討會論文集》（臺北：國立臺灣師範大學歷史系，二〇〇〇年），頁二九七—二九八。
29 〈ラヂオ体操〉，《臺日》一九二九年九月二十九日（七）。
30 高橋秀實，《素晴らしきラジオ体操》，頁七七—九二。「ヨイサ」有「與為作」（一起作）、「與為佐」（一起幫忙）、「世彌榮」（社會愈來愈好）的意思，有一點神祕氣氛。修養團是文部省所管的社會教育團體，創立於一九〇六年，現在也仍存在。一九二八年文部省收音機體操設計委員之一的松元稻穗，當時正擔任修養團幹部，後來還自己成立「國民體操研究所」。
31 一九二五年松元曾經來臺灣推廣國民體操。〈東京修養團の講師本日來臺〉，《臺日》一九二五年十一月二十二日（六）。
32 〈中繼放送は今月限りラヂオ體操其他新しい試み〉，《臺日》一九三〇年三月二十九日（九）。
33 〈JFAK　一日（節目表）〉，《臺日》一九三〇年四月一日（六）。
34 〈JFAK（時間表）〉，《臺日》一九三一年三月十六日（六）。三月十五日起，電臺的節目表改變，當日自八點開播，當天早晨沒有播放收音機體操，中午則改為自十二點五十分起廣播。三月十六日起便自七點開播。
35 〈內臺時差撤廢　放送時刻改正　新種目も增設　放送開始午前七時〉，《ラヂオタイムス》第五八號（一九三七年十月五日），頁三。
36 〈五月二日より　午後もラヂオ體操　每日二時四十分から〉，《ラヂオタイムス》第六五號（一九三八年五月五日），頁五。
37 〈臺南でも　ラヂオ體操〉，《臺日》一九三二年七月十一日（六）。
38 〈臺南市でもラヂオ體操〉，《臺日》一九三二年十月一日（三）。

39 〈高雄市民にラヂオ體操指導　第一小學校に於て〉，《臺日》一九三三年四月二十一日（三）。

40 〈大成青年團主催で　ラヂオ體操〉，《臺日》一九三三年九月五日（N二）。

41 〈ラヂオ體操開催〉，《臺日》一九三三年九月二十一日（七）。

42 M・T生，〈我等の工場體操〉，《臺灣時報》一九三三年九月，頁三五—三六。

43 〈ラヂオ體操會を十日から　基隆神社境內で〉，《臺日》一九三四年九月九日（N二）。

44 〈（東石）電音體操〉，《臺日》一九三五年六月十四日（N四）。

45 〈明朗ラヂオ體操〉，《臺日》一九三六年十一月二十五日（五）。

46 〈ラヂオ體操を開始〉，《臺日》一九三七年九月十一日（五）。

47 可參考呂紹理，《水螺響起——日治時期臺灣社會的生活作息》，頁一六六—一七六。

48 〈（兒童文集）俳句〉，作者署名水木（村上公五年級），應該是臺灣人兒童，《臺中州教育》四：九（一九三七年一月），頁二一。原文為「ラヂオにをどる手、足そらは青いよ」。

49 黑田勇，《ラジオ体操の誕生》，頁七七—七八。

50 ラジオ体操五十周年紀念史編集委員会，《新しい朝が来た　ラジオ体操五十年の歩み》，頁六〇—七〇。

51 黑田勇，《ラジオ体操の誕生》，頁二〇三—二〇五。

52 佐佐木浩雄，〈量産される集団体操——国民精神総動員と集団体操の国家イベント化〉，收於坂上康博、高岡裕之編著，《幻の東京オリンピックとその時代——戦時期のスポーツ・都市・身体》（東京：青弓社，二〇〇九年），頁四〇八—四一〇。

53 佐佐木浩雄，〈量産される集団体操——国民精神総動員と集団体操の国家イベント化〉，頁四〇五、四一〇—四一二。

54 以上皆轉引自佐佐木浩雄，〈量産される集団体操——国民精神総動員と集団体操の国家イベント化〉，頁四一四—四一五。

55 〈鍜へよ心身！　市民を集めて　ラヂオ體操の會　本社後援で　十四日から十九日迄臺北市新公園廣場に於て擧行〉，《臺日》一九三三年八月十二日（六）。

56 上松英夫，〈第一回臺北ラヂオ體操の會〉，《臺灣遞信協會雜誌》一四〇號（一九三三年九月），頁一五—一九。

57 小山戒三，〈國民保健體操（ラヂオ體操）に就て〉，《臺灣遞信協會雜誌》一四二號（一九三三年十一月），頁三七。

58 〈爽やかな夏の朝　全島でラヂオ體操　愈よ八月十三日から一齋に〉，《臺日》一九三四年七月二十二日（一一）。

59 〈嘉義市民のラヂオ體操〉，《臺日》一九三四年八月五日（三）。

60 〈羅東／電音體操〉，《臺日》一九三四年八月十二日（八）。

61 〈廿萬人參加して　一齊にラヂオ體操　十三日から全島四百ケ所で〉，《臺日》一九三四年八月十二日（七）。

62 〈ラヂオ體操　十三日から　市內三箇所に於て〉，《臺日》一九三四年八月八日（N二）。

63 〈ラヂオ體操の會　盛會裡に終る〉，《臺日》一九三四年八月二十三日（N二）。根據一年後的報導，提及本年度參加人數為一二一萬人次，會場四〇七處。見〈愈よ十二日から　全島ラヂオ體操の會會場四百六十三ケ所で參加者は　百五十六萬を突破か〉，《臺日》一九三五年八月十日（一一）。一九三五年八月十日（十一）。此處暫依當年度報導。

64 黃正安的論文也以《臺日》的報導數據做成統計表，然引用資料不同，其數據與本文所引有些許誤差，見黃正安，《日治時期臺灣的廣播體操推展情形之研究》，頁八九、二二八。呂紹理則引用日本放送協會出版的《ラジオ年鑑》的數據，其數據也有所不同，見呂紹理，《水螺響起》，頁一七一。

65 《臺南州報》一五七〇號，一九三八年七月十五日，頁一九七─一九八。

66 〈廿萬人參加して　一齊にラヂオ體操　十三日から全島四百ケ所で〉，《臺日》一九三四年八月十二日（七）。

67 〈愈よ十二日から　全島ラヂオ體操の會　會場四百六十三ケ所で參加者は　百五十六萬を突破か〉，《臺日》一九三五年八月十日（一一）。

68 根據黃正安的計算，一九三四年到一九三九年，最高只有六%。見黃正安，《日治時期臺灣的廣播體操推展情形之研究》，頁八九及二二七。另黃正安使用一九四二年臺南市數據，認為一九四一年到一九四二年臺南市比例由九%提高至十四%，可見皇民奉公運動努力的成效（頁二二八）。確實有可能在皇民奉公會的動員下，參與收音機體操的人數有顯著增加，不過一般說起來，都市比農村更被動員做收音機體操，臺南市的高比例，或許無法拿來與全臺灣的數據比較。

69 山下大厚，〈国民化とラジオ体操──国家の身体とわたしの身体〉，頁一四五─一五八。

70 島田昌勢，〈全臺灣ラヂオ體操の會　開會の辭〉，《ラヂオタイムス》第五七號（一九三七年九月五日），頁一。

71 〈體操祭を　三日に開く　新公園で〉，《臺日》一九三三年十月三十一日（一一）。

72 〈新公園で　けさ體操祭　參加者は二千餘名〉，《臺日》一九三三年十一月四日（N一）。

73 〈宜蘭の體操祭〉，《臺日》一九三四年十一月三日（三）。

74 〈千數百萬人を動員して　國民の保健體操　來月三日に全國で行ふ〉，《臺日》一九三六年十月二十七日（一一）；〈千數百萬人を動員して　國民の保健體操　十一月三日體育日〉，《まこと》一九三六年十一月。

75 〈日本體操祭　島內でも擧行　文教局から實施方通牒〉，《臺日》一九三六年十月二十八日（七）。

76 大熊廣明，〈わが国学校体育の成立と再編における兵式体操・教練採用の意味：明治・大正期を中心として〉，《体育科学系紀要（筑波大学体育科学系）》二四號（二〇〇一年三月），頁六一─六二；安東由則，〈身体訓練（兵式体操）による「国民」の形成：森有礼に注目して〉，《武庫川女子大学紀要．人文．社会科学編》五〇號（二〇〇二年），頁八八、九三。

77 當然，對異民族的殖民地臺灣而言，所謂的國民化，其實意味著放棄自己民族的認同而被「日本人化」。然而本文主要著眼於均質的一體感之形成，這一點在日本本國與殖民地臺灣並沒有太大的不同。

78 〈纏足の老婆も雨中ラヂオ體操　郡下一の優良村を目ざして　部落共勵會が精進〉，《臺日》一九三七年十二月十八日（五）。

79 有山輝雄，〈戦時体制と国民化〉，《年報　日本現代史》第七號（二〇〇一年），頁二〇─二四。

80 島田昌勢，〈國民精神總動員と臺灣〉，《臺灣時報》一九三七年十一月號，頁七—一四。

81 邱淼鏘，《部落教化の實際》（臺中：三十張犁部落振興會，一九四〇年），頁七五。

82 有山輝雄，〈戦時体制と国民化〉，頁二四。

83 〈全臺灣ラヂオ體操の會　あすから十日間に亙り擧行〉，《臺日》一九三七年八月八日（七）。

84 〈纏足の老婆も雨中ラヂオ體操　郡下一の優良村を目ざして　部落共勵會が精進〉，《臺日》一九三七年十二月十八日（五）。

85 〈全臺灣ラヂオ體操の會　八月八日から十日間實施〉，《臺日》一九三八年七月二十八日（N二）。

86 〈全國的に捲き起す　國民の心身鍛錬運動　八月一日から實施〉，《臺日》一九三七年七月三日（七）；〈國民心身の鍜錬運動を全島に亙つて實施　督府社會課で實行要目を決定〉，《臺日》一九三八年七月十九日（七）；〈國民心身鍛練運動　來月一日から廿日間〉，《臺日》一九三九年七月二十八日（七）；〈國民心身の鍛錬　來る八月一日から二十日まで　全島民あげて參加せよ〉，《臺日》一九四〇年七月二十八日（七）。

87 〈ラヂオ體操を開始〉，《臺日》一九三七年九月十一日（五）。

88 〈結核豫防にラヂオ體操　一戶一名以上參加〉，《臺日》一九三八年四月二十五日（五）。

89 〈街庄職員がラヂオ體操　羅東郡下で實施〉，《臺日》一九三八年五月十八日（九）。

90 〈晝休みに一、二　北斗郡でラヂオ體操〉，《臺日》一九三八年四月九日（五）。

91 〈彰化／ラヂオ體操實施〉，《臺日》一九三八年五月二十七日（一二）。

92 〈體位向上に　ラヂオ體操　大溪街で六月から〉，《臺日》一九三八年六月六日（五）。

93 〈毎日曜日の朝　ラヂオ體操　中壢街の健康報國〉，《臺日》一九三八年六月八日（五）。

94 〈廳長も參加して　ラヂオ體操　玉里郡で毎日擧行〉，《臺日》一九三八年六月十八日（五）；〈花蓮港公では　ラヂオ體操夏休み中毎朝實施〉，《臺日》一九三八年六月二十日（五）。

95 藤野豊，《強制された健康——日本ファシズム下の生命と身体》（東京：吉川弘文館，二〇〇〇年），頁五〇—五一。

96 藤野豊，《強制された健康——日本ファシズム下の生命と身体》，頁五一—五三。

97 佐佐木浩雄，〈量産される集団体操——国民精神総と集団体操の国家的イベント化〉，頁四〇五—四四四。

98 鹿港第一公學校，《創立四十週年紀念誌》（鹿港：鹿港第一公學校，一九三八年）。

99 〈勇壯な建國體操　全島の靑年團經營研究會　千餘名の團員が集合〉，《臺日》一九三九年三月五日（五）。

100 〈奉祝體育大會〉，《臺日》一九四〇年九月二十三日（三）。

101 〈近く錦を飾つて歸る　百九十九名の若人勤行報國隊の一日（三）〉，《臺日》一九四〇年五月十九日（N二）；はざま生，〈吾が工場の建國體操と所感〉，《臺灣の專賣》一八：三（一九三九年三月），頁三二—三五。

102 佐佐木浩雄，〈量産される集団体操——国民精神総動員と集団体操の国家的イベント化〉，頁四二五—四二六。

103 〈國民體操の制定　精神運動とも結んで〉,《臺日》一九三八年十月十六日(N二)。

104 〈大日本體操を州下に普及　青年團指導者を指導〉,《臺日》一九三九年十月六日(五);〈大日本體操青年學校、青年團指導員講習會〉,《向陽》三三六號(一九三九年十月十一日)。

105 〈大日本體操の圖解を各方面へ發送〉,《臺日》一九三九年十月二十五日(七)。

106 〈松山公運動會〉,《臺日》一九三九年十月十一日(八)。

107 佐佐木浩雄,〈量産される集団体操──国民精神総動員と集団体操の国家的イベント化〉,頁四二七─四二九。

108 〈新に制定された文部省體操〉,《臺日》一九三九年三月三十一日(八)。

109 佐佐木浩雄,〈量産される集団体操──国民精神総動員と集団体操の国家的イベント化〉,頁四二七。但是臺灣未見各校自創體操的相關報導。

110 〈これぞ翼賛體操〉,《臺日》一九四一年二月十六日(三)。

111 〈厚生體操の初會　一般大眾の參加歡迎〉,《臺日》一九四一年三月十八日(四)。

112 〈「厚生體操の夕」　けふも臺南市で開催〉,《臺日》一九四一年九月十八日(四)。

113 〈力と美の交響樂〉,《臺日》一九四二年五月三十一日(三)。

114 張金字(新營街通信員),〈新營街昇格十週年を迎へて〉,《臺灣地方行政》一:一(一九四四年一月),頁五一。

115 鄭根埴,〈植民地支配、身体規律、「健康」〉,收於水野直樹編,《生活の中の植民地主義》(京都:人文書院,二〇〇四年),頁七七─八一;金誠,〈植民地朝鮮における皇国臣民体操の考察〉,《札幌大学総合論叢》二八號(二〇〇九年十月),頁八五─九七。

116 〈「皇民體操」を制定　海軍體操を採入れ普及〉,《臺日》一九四三年四月二十四日(N二)。

117 〈「皇民體操」を制定　海軍體操を採入れ普及〉,《臺日》一九四三年四月二十四日(N二)。

118 井下孟之其人沒有詳細資料,應該是海軍方面的人。

119 〈身體の全體主義　海軍體操〉,《臺日》一九四三年三月十五日(四)。此文不甚清楚,有些字無法辨讀。此時期《臺日》有幾則關於海軍體操的報導,報導中提到海軍體操創始者都用伏字(〇〇中佐)表示。海軍體操目前管見所及,並沒有正式的研究,維基百科中的介紹表示,海軍體操是由堀內豐秋改良過去的海軍體操而成。堀內於一九四三年一月來臺擔任馬公警備府附兼東港海軍預備學生教育主任,至一九四三年十二月離開臺灣。臺灣的皇民奉公會開始籌畫皇民體操時,正好是堀內(當時官等為中佐)在臺時期。堀內最重要的事蹟之一似乎是訓練降落傘部隊,在井下孟之的演講中,也特別提到海軍體操與降落傘部隊的關聯。因此,此處海軍體操創始者「〇〇中佐」很有可能就是堀內豐秋。關於海軍體操,《臺日》曾刊載臺北市役所囑託(約聘職員),也是皇民體操設計成員之一的宇佐見守關於海軍體操的演講,可大致瞭解當時對海軍體操的認識,但是有些文字不易判讀。〈決戰下健民へ肉體鍛錬　海軍體操に就いて〉(上)(中)(下),《臺日》一九四三年五月十四─十六日(四)。

120 〈「皇民體操」を制定　海軍體操を採入れ普及〉，《臺日》一九四三年四月二十四日（N二）。

121 〈若人百萬に皇民體操　先づ講師を派遣各地で講習會〉，《臺日》一九四三年五月十六日（N二）。

122 許佩賢，〈「體操」、「唱歌」與身體的規律化〉，收於許佩賢，《殖民地臺灣的近代學校》（臺北：遠流出版社，二〇〇五年），頁二〇五。

123 謝仕淵，《殖民主義與體育——日治前期（一八九五—一九二二）臺灣公學校體操科之研究》（桃園：中央大學歷史研究所碩士論文，二〇〇二年），頁一五四。

124 李承機，〈ラジオ放送と植民地台湾の大衆文化〉，收於貴志俊彥等編，《戦争　ラジオ　記憶》（東京：勉誠出版，二〇〇六年），頁一三三—一五五。

125 〈マニラのラジオ體操大會　寫真はルネタ公園にて〉，《臺日》一九四二年十月二十六日（三）。

126 在日本本國，一九四〇年代以後，還有「都市做收音機體操、農村除草」這樣的口號。〈都市は體操、村は草刈　八月の大詔奉戴日實行〉，《臺日》一九四二年七月二十三日（三）；〈あす大詔奉戴日　ラジオ體操　草刈運動　健康日本の意氣昂揚〉，《臺日》一九四二年八月八日（N二）。

127 呂紹理，《水螺響起》，頁一七一；張恒豪編，《臺灣作家全集．短篇小說卷／日據時代二：楊雲萍、張我軍、蔡秋桐合集》（臺北：前衛出版社，一九九〇年），頁二六五—二六六。

128 施純堯，《反省週錄》。原件於二〇一〇年八月於中興大學歷史系主辦的「中部地區文人書畫文物展」所見，由郭双富先生提供。該週記以活頁裝訂，目前可見一九三九—一九四一及一九四三年分，但似有部分缺漏，裝訂也有前後錯置的情形。原文以日文書寫。

129 「開工跳花博舞　公務員好糗　民眾也傻眼」，《自由時報》電子新聞，二〇一〇年九月二日。http://tw.news.yahoo.com/article/url/d/a/100902/78/2c8tp.html。二〇一〇年九月八日擷取。

健康報國海報。《寫真週報》是日本內閣情報部發行的畫報型國策雜誌，一九三八年二月創刊。一九三〇年代後期，做為戰爭動員的一環，日本政府鼓勵大家做收音機體操，以達到健康報國的目的。（《寫真週報》二十四期，一九三八年，頁十三。日本國會圖書館アジア歷史資料センター）

第一回臺灣收音機體操大會。一九三三年，臺灣第一次舉辦收音機體操大會，會場在臺北新公園（今二二八紀念公園），從八月十四日至十九日，每日早晨六點至六點半，眾人齊聚做體操，會期中號稱有三萬餘人次參加。（《臺灣日日新報》，一九三三年八月十五日，N二）

全日本體操祭臺北會場。一九三三年十一月，第二回日本體操祭，臺灣也同步放送。在臺北新公園會場，有學生、民眾二千餘人參加。（《臺灣日日新報》，一九三三年十一月四日，N一）

清晨六點的收音機體操。這是《臺灣日日新報》「鏡頭中的一日」特輯。清晨六點，在JFAK（臺北放送局）的問候聲中，揚起了收音機體操的音樂，主婦、青年、學生們在放送局前做體操。（《臺灣日日新報》一九三四年八月十日，N二）

新城公學校國民體操（一九三五年）。新城公學校為今花蓮縣新城國小。（秋惠文庫提供）

三十張犁的收音機體操。三十張犁位於臺中市北屯區。一九三〇年代後期，不只是學校，社會上也以各村落、社區為單位獎勵大家收音機體操，圖為一九三九年全臺灣收音機體操大會最後一日影留念。（秋惠文庫提供）

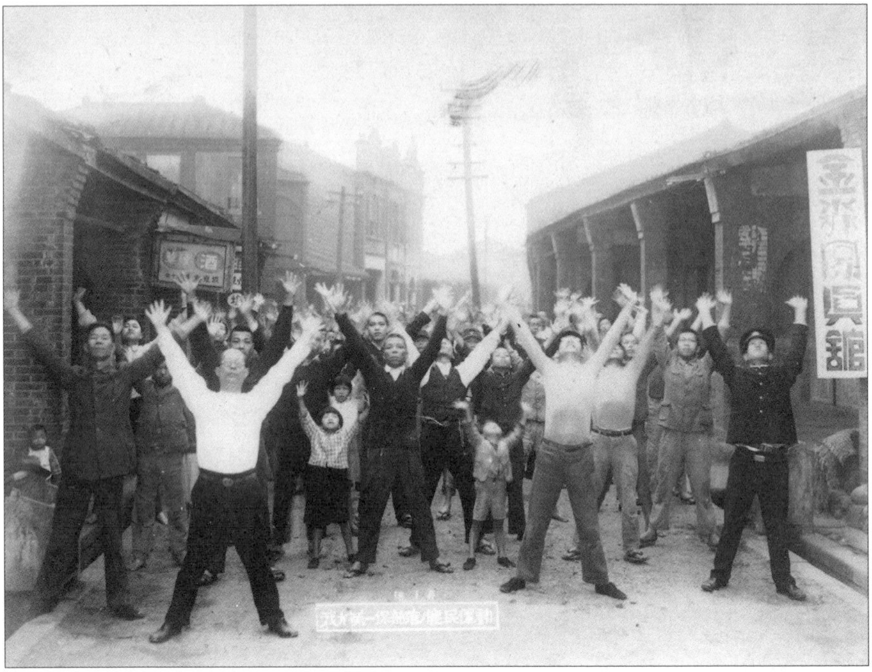

一九四三年楊梅第一保部落健民運動。民眾在大街上做收音機體操，圖中也可以看到幾位小朋友也一起做。照片右邊可見「金森寫真館」的招牌，為攝影師吳金森的作品。（鄧南光／夏門攝影企劃研究室提供）

十七　ラヂオたいさう

足　上手　時々

せて、みんな が、
あたま や 手 や
足 を 動かします。
水田先生 は、大へ
ん 上手 に なさ
います。
時々 まちがへる
人 が ゐます が、
先生 の を 見て、
すぐ なほします。
花ちゃん は、まだ
よく 分らない の
で、大てい 私 の

八十六

まね を して ゐます。

十八　せみ

十八　せみ

八十七

公學校國語讀本收音機體操課文。一九三〇年代以後，收音機體操逐漸普及，第四期公學校國語讀本（一九三七至一九四二年使用）也將其收入課本中。（《公學校國語讀本　卷三》，臺灣總督府，一九四〇年二版，第十八課，頁八六－八七）

# 國民保健體操

（戦前のラジオ体操第一）

| | 始の姿勢 | 第一動作 | 第二動作 | 始の姿勢 | 運動 | 回数 |
|---|---|---|---|---|---|---|
| 第一 |  |  |  | 手を腰に擧げる | 膝を屈伸する | 八 |
| 第二 |  |  |  | 手を腰に擧げ<br>左足を側に開く | 頭を前後に屈げる | 四 |
| 第三 |  |  |  | 同上 | 頭を側(ヨコ)に轉(マ)はす（左から） | 四 |
| 第四 |  |  |  | 手を輕く握り臂を前で交叉し<br>足を側に開く | 臂(ウデ)を側から斜上に振る | 八 |
| 第五 |  |  |  | 手の甲を前に向け輕く握り<br>左足を側に開く | 臂を前から上に振り擧げる | 八 |
| 第六 |  |  |  | 足を側に開く | 掌を外に反し臂を側から<br>斜上に擧げ胸を後へ屈げる | 四 |

| | 始の姿勢 | 第一動作 | 第二動作 | 始の姿勢 | 運動 | 回数 |
|---|---|---|---|---|---|---|
| 第七 |  |  |  | 足を側に開く | 片臂を側から擧げながら<br>體を側に屈げる（左から） | 四 |
| 第八 |  |  |  | 手を腰に擧げ足を側に開く | 體を前後に屈げる | 四 |
| 第九 |  |  |  | 足を側に開く | 臂を側斜上に振り<br>體を側に轉はす（左から） | 四 |
| 第十 |  |  |  | 手を腰に擧げ<br>左足を右に引きつける | 膝を屈伸する | 八 |
| 第十一 |  |  |  | 手の甲を前に向けて立つ | 臂を前から上に擧げる | 四 |

## 第二体操

（戦前のラジオ体操第二）

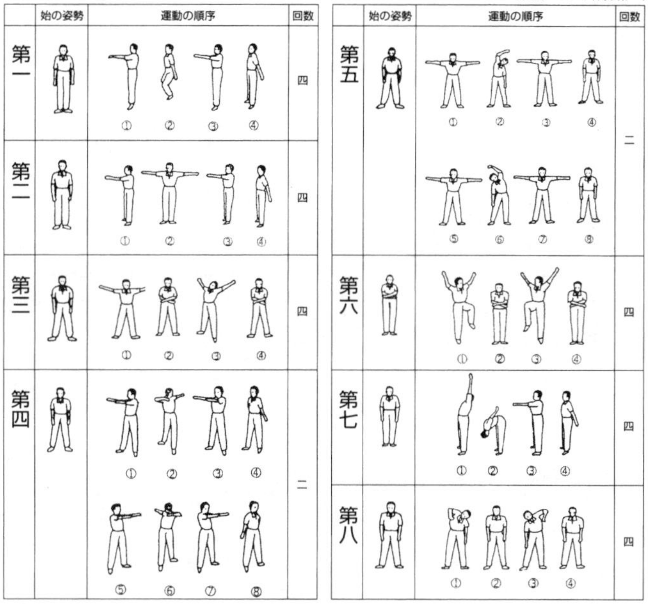


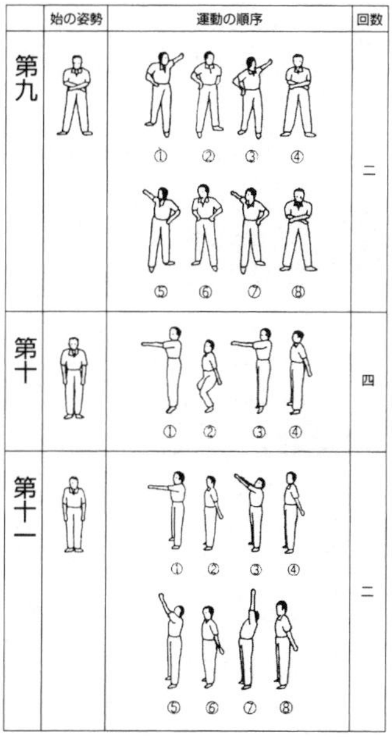


收音機體操圖解。戰前的收音機體操總共有三套。第一套正式名稱為「國民保健體操」，一九二八年收音機體操開播時所設計，總共有十一個動作，都是很輕鬆、簡單的動作。一九三二年，重新設計一套動作比較複雜、需要消耗較多體力的「收音機體操第二式」（第二體操），也是十一個動作。一九三九年，厚生省為了透過收音機體操提升國民體力，而設計了「大日本國民體操」，共有十四個動作，即第三套收音機體操。資料來源：《ラジオ体操の全ラジオ体操七十五年の歩み（CD）》（東京：King Record Co.，二〇〇三），頁二六一三一。

# 大日本國民體操

（戦前のラジオ体操第三）

| 順序 | 目的 | 運動の図解 |
|---|---|---|
| 第一 | 下肢（脚） | <br>1 2 3 4<br>膝を屈げ股を前に挙げる運動 |
| 第二 | 上肢下肢（臂脚） | <br>1 2 3 4<br>臂を側に振り踵を挙げ膝を半ば屈げる運動 |
| 第三 | 上肢（臂） | <br>1 2 3 4<br>臂を外と内に廻す運動 |
| 第四 | 頸 | <br>1 2 3 4 ¦ 1 2 3 4<br>5 6 7 8 ¦ 5 6 7 8<br>頭を側に転し側に屈げる運動 |
| 第五 | 胸 | <br>1.2 3.4<br>臂を側斜上に挙げ胸を反らし、<br>臂を體前に交叉し胸を前に屈げる運動 |
| 第六 | 體側 | <br>1 2 ¦ 5 6<br>3 4 ¦ 7 8<br>1 2 ¦ 3 4<br>5 6 ¦ 7 8<br>片臂を側より上に挙げ體を側に屈げる運動 |
| 第七 | 體側 | <br>1 2 3 4<br>臂を振り體を捻轉する運動 |
| 第八 | 背腹體側 | <br>1 2 3 4<br>臂を上に挙げ體を反らしつゝ<br>體を捻って下に屈げる運動 |

| 順序 | 目的 | 運動の図解 |
|---|---|---|
| 第九 | 背 | <br>1 2 3 4<br>體を前に倒し臂を前と上に振る運動 |
| 第十 | 上肢下肢（臂脚） | <br>1 2 3 4<br>足を側に出し臂を屈げ臂を上に伸ばして<br>踵を挙げる運動 |
| 第十一 | 背腹 | 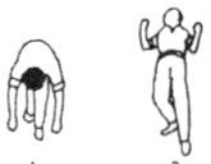<br>1 2<br>足を前に出し臂を前に振り體を前に屈げ<br>臂を前より屈げ體を後に倒し屈げる運動 |
| 第十二 | 全身 | <br>1 2 3 4<br>脚を屈げ體を前に屈げ、<br>脚を伸ばし體を起し臂を上に伸ばす運動 |
| 第十三 | 上肢下肢（臂脚） | <br>1 2 3 4<br>臂を前に振り側に開き踵を挙げ膝を半ば屈げる運動 |
| 第十四 | 呼吸 | <br>1.2 3.4<br>臂を側斜上に挙げ胸を反らす運動 |

備考
1.それぞれの運動は八呼間を二回繰返して行ふこと。
2.臂體側の場合及び特に掲げた場合の外臂は
　手を軽く握って動作すること。
3.體操実施所要時間一回3分20秒位で行ふこと。

# 第七章

# 戰爭時期的身體動員與健民運動

戰爭時期，人民的健康及體力狀況，
也是左右戰局的關鍵。
殖民政府透過什麼方式，
管理並強化臺灣民眾的健康與體力呢？

# 前言

日本於一九三六年二二六事件後成立的廣田弘毅（一八七八—一九四八）內閣，以建立廣義國防國家為目標，制定「國策的基準」，逐漸整備總動員體制。由於國民的健康是戰力的基礎，因此軍部與政府對國民健康狀態特別關注。陸軍大臣寺內壽一（一八七九—一九四六）於閣議中提出壯丁及士兵體位低下的問題，高倡樹立「保健國策」的必要性。[1]

其後，以陸軍為中心，開始計劃設立新的獨立官廳，以便更有效地加強管理國民健康。陸軍方面提案設置「衛生省」，擬從勞動、保健、防疫、醫療、體育等方面加強統制，實踐衛生國策，從根本改善青年的體力。而原來主管衛生行政的內務省主張，不只應重視衛生行政，也要考慮社會政策，因此提出「社會保健省」方案，雙方隱然有對抗之姿。結果，一九三八年一月近衛文麿（一八九一—一九四五）第一次內閣時，正式設立新省，名稱不是「衛生」，也不是「社會保健」，而稱為「厚生省」。[2]

兼任厚生大臣的文部大臣木戶幸一（一八八九—一九七七）明言：「厚生省的任務是國民體位的向上及透過社會政策達到國民生活安定。」厚生省接管原內務省衛生局、社會局及遞信省簡易保險局、文部省社會體育的業務，設置體力局、衛生局、預防局、社會局、勞動局等下部機構，其中以體力局最受重視，甚至可以說將國民體力納入國家管理，才是厚生省設置的最重要目的。[3]

從企劃衛生省時就是核心人物的陸軍軍醫小泉親彥，於一九四一年七月近衛文麿第三次內閣時就任厚生大臣，一直到一九四四年七月東條英機（一八八四—一九四八）內閣結束才離職。太平洋戰爭期間的社會政策，幾乎都在小泉任內實施。其中最具代表性的即是所謂「健兵健民」政策，也就是為了培養優秀兵力，必須求諸健康的國民，因此在各個領域推動各種「健民運動」，特別著重在保健醫療體系的重整以及對國民體力的加強管理。[4]

由以上概略的整理可知，日本從一九三〇年代以後，因應總動員體制，政府及軍部最關心的問題便是，如何將人民變成可以動員的人力資源，在後方成為優良的勞動力，在戰場上成為優秀的兵力。為了提升及確保人力資源的品質，對人民的身體做事前檢測，並根據檢測結果選別、加強及管理，便成為此時國家強制介入個人身體的最大特徵。日本學者藤野豐即從「被強制的健康」這樣的觀點重新理解戰時動員的問題，並以此批判法西斯時期的國家體制；韓國學者鄭根埴基本上也是從同樣的觀點批判國家對身體的規訓及殖民地統治的問題。[5]本章擬從身體動員的觀點，考察在總力戰體制建構過程中，健民運動在殖民地臺灣展開的背景、過程及其特色。然而由於資料的限制，本章主要以政策施行的過程為中心，無法顧及臺灣社會的反應。

以下大致依時序的發展及各時期相應的政策目標，分成（一）一九三〇年代前半的健康宣導活動、（二）一九三七年國民精神總動員運動與一九三八年厚生省設置以後的健康推進運動，以及（三）一九四二年小泉厚相時期的健民運動等三個時期，概觀臺灣健民運動展開的過程。

## 一、一九三〇年代前半的健康宣導活動

已經有許多研究指出，戰爭時期皇民化運動的許多措施，在一九三〇年代前半的社會教化運動中即已開始。[6]希望在戰爭時期提升國民健康與體力的動向，事實上在一九三〇年代前半即可看到，其中最值得注目的活動為收音機體操的推廣與健康優良兒童選拔活動。前者可參見本書第六章，此處僅介紹健康優良兒童選拔活動。

一九三〇年，朝日新聞社在文部省支援下，舉辦全日本的健康優良兒童選拔。該活動以小學五年級學生為對象，分為學校審查、地方審查、中央審查三階段，遴選出男女各十五名特選優良兒童，然後再從中選出男女各一名「日本第一健康優良兒童」。審查項目包括發育情形、運動能力、生病缺席日數、學業及操行成績、個人及家族經歷、兄弟、家業及經濟生活狀況等。朝日新聞社發出二萬張報名表給全國都道府縣，包括臺灣、朝鮮在內。最後於五月五日兒童節表揚被選出的優良兒童，頒給桃太郎圖像的徽章，也讓他們拜謁皇族，接受海軍元老的訓示。整個活動非常熱鬧，絕對不只是報社的活動，而是國家型的全國活動。此後每年舉辦，一九三七年以後，因兒童的健康關係到未來兵力強弱，更受到重視。[7]

自一九三〇年第一次舉辦全日本健康優良兒童選拔起，臺灣即開始參加，報章雜誌上不時有活動的相關報導，從報紙上育兒營養品的廣告，更可看出追求健康兒童的社會風潮。約莫同一時期，臺灣也開始自己辦理乳幼兒選拔，並在社會事業體系下，辦理各種注重乳幼兒健康的活動，推廣乳

幼兒健康診斷，或是幫助母親解決育兒問題等。[8]

收音機體操與健康優良兒童選拔活動，同樣在一九三〇年代出現，並不是偶然的巧合。這些看起來好像是透過媒體推廣的活動，其實背後都有國家的力量在推動。此外，這個時期還有許多健康宣導活動，例如鼓勵戶外活動、登山、健行等。同樣在一九三〇年代出現的國立公園建設計畫，也有提供民眾健全娛樂的目的。這些健康宣導活動，不只在社會上透過媒體宣傳，也有學校教育的配合。學校鼓勵兒童與學生藉由運動、登山，達到健康的目的。從登山活動、溫泉利用的增加，可以看到社會大眾對這些健康宣導活動的接受度很高，也可看到民眾健康觀的改變[9]；而政府的介入，則顯示當時追求健康不只是為了個人，也是為了國家發展而必須履行的國民義務。從以上脈絡可見，在一九三〇年代前半，已經為之後體力管理及健兵健民運動築下了深厚的基礎。

## 二、健康增進運動與體力檢定問題

### 1. 國民精神總動員運動下的健康增進運動

一九三七年八月，日本本國展開國民精神總動員運動時，臺灣也呼應成立臺灣總督府國民精神總動員本部，舉辦演講、刊行時局解說資料等，複製日本推行運動的方式。[10]

一九三八年厚生省設立後，隨即在同年五月設定「國民精神總動員健康週」，透過宣傳、演講、展覽等活動普及保健衛生知識，厚生大臣木戶幸一在東京的演講中指出，「國民各自的身體，並不只是自己的身體，也是屬於國家的身體。個人增加體力，不只是一身的幸福，也會帶來一家的繁榮及一國的隆昌，因此，為了國家應該要鍛鍊之、強化之，以保持健康報國的信念。」由此可見，健康已經成為國民對國家的義務。[11]這個演講也透過東京放送局的廣播同步在臺灣播放。[12]

臺灣總督府國民精神總動員本部呼應日本國內的活動，制定實施要領、實施方法，並公布一般活動項目及活動方法參考事例，其中活動方法參考事例非常具體詳盡地列舉了身心鍛鍊運動、環境衛生改善運動、營養改善運動、結核預防運動、公共衛生道德向上運動、保健設施利用運動等各種可能的方式，可見總督府方面的態度非常積極。[13]

各地受到總督府指示，舉辦各種健康週的宣傳、獎勵活動，例如宜蘭的活動內容如下：

十七日心身鍛鍊日，早晨六：三〇在宜蘭公園舉行收音機體操會及健康感謝祭。

十八日保健衛生日，下午七：三〇在宜蘭公會堂舉行保健衛生演講會。

十九日消毒日，各家家中的衣服、家具等進行日光消毒。

二十日清潔日，各自清潔住家、庭園、道路、下水道等。

二十一日健康諮詢日，開設免費健康諮詢所。

二十二日害蟲驅除日，驅除人體寄生蟲等。

二十三日健康祈願日，舉行健康祈願祭、高齡者表彰式，鼓勵禁止兒童買零食活動。[14]

除了宜蘭之外，臺北、臺中各地也都舉行了各種健康週的活動，而其後每年各地都固定舉辦健康週的活動，規模也逐漸擴大。

## 2. 厚生運動與休閒娛樂的管制

一九三六年的柏林奧運決定一九四〇年奧運將在東京舉行，由於一九四〇年正好是「紀元二六〇〇年」，因此這項決議如同國家祭典般在全日本引起熱烈迴響。另一方面，柏林奧運的同一年，世界休閒會議也在德國漢堡舉行。世界休閒會議與奧運關係密切，奧運是由各國精選的選手參加的運動比賽，而世界休閒會議則主要是討論家庭、職場、學校、地域、宗教團體、勞動團體等的休閒活動，兩者的會議委員完全重疊。一九三六年在漢堡的世界休閒會議也決定一九四〇年將在東京（後來改成大阪）舉行第四屆會議。為了主辦這兩項活動，一九三八年日本官民共同成立了懇談會，會中決定將世界休閒會議中的「リクリエーション（recreation）」以日文漢字的「厚生運動」一詞來取代，並得到新成立的厚生省大力支持，組成日本厚生協會，事務所設在厚生省體力局體育課，揭舉「指導國民休閒活動，矯正不健全、不經濟的娛樂，普及健全娛樂」為目的。日本厚生協會統合了各地旅行協會、觀光協會、國立公園協會、體育協會等各式各樣的團體，將過去各自自由舉行的休閒、娛樂、體育活動，以「厚生運動」的名目，納入厚生省的監督。其主要目的，還是為了強化國民的體力與精神力。[15]

中央的厚生省設立後，臺灣方面也開始討論是否應在總督府設置厚生局、在各州市設立厚生課，但後來並沒有實現。[16]日本本國展開各式各樣的「厚生運動」以後，臺灣方面也出現一些相應的措施。例如，許多行政單位開始編列預算，設置新的社會事業設施[17]，或是提倡利用國立公園或溫泉設施，做為社會事業設施等。[18]但是，在這個時期，多半只是將過去許多社會事業項目，冠上厚生之名，乃至將「社會事業」直接改為「厚生事業」。在臺灣大概要到一九四一年皇民奉公會成立，並在其下設置厚生委員會以後才比較積極。

### 3. 殖民地臺灣人的體力檢定問題

厚生省於一九三九年成立國民體力審議會，做為厚生大臣的諮問機關，主要目的在制定國民體力管理法案及國民優生法案。另一方面，厚生省體力局於一九三九年十月至十二月實施了第一回體力章檢定，以十五到二十五歲男子為對象，一九四三年擴大到十五到二十一歲的女子。檢定項目有跑、跳、投、搬運及懸垂五項，結果分為初級、中級、上級，並給予相應的徽章，而且還要求國民在履歷書中記錄檢定結果，以做為徵兵檢查、在鄉軍人會召集、入學考試或就職之際的體力證明。[19]體力章檢定在當時德國、蘇聯、美國、法國等都有實施，但值得注意的是，日本體力檢定標準的內容，與當時陸軍戶山學校的運動能力檢定內容十分接近，表示其與軍部要求的士兵體力有關。[20]

在體力章制度尚未實施之前，臺灣已經有學校對兒童實施體力檢查，但檢查項目與後來體力章的項目稍有不同。根據當時報紙報導，一九三三年高雄州與臺北市同樣對小、公學校兒童施行體力檢查，高雄州的檢查項目除了跑步、跳躍、上肢筋力外，還有營養、發育、脊椎、疾病及畸形，甚至還包括學業能力測驗及操行[21]；而臺北市的項目則主要是體能，男子有五十米、立定跳遠、擲球、屈臂次數，女子有五十米、立定跳遠、投籃。[22]這兩則報導都提到主辦單位自稱是「創舉」，表示在此之前，雖然有學校身體檢查，但並沒有以學童的體能為測驗項目。[23]其中，跑、跳、投三項，與體力章檢定項目一樣，但算是比較基本的體能測試，此時還沒有明顯與軍隊訓練有關的「搬運」檢測。

一九三九年四月，各州各自公布體力章檢定的實施辦法。在臺灣最早看到體力章檢定的是高雄州的青年團，於一九三九年四月實施。[24]同年十一月，臺北高商也實施。[25]較大規模的實施要到一九四〇年以後，臺北州、臺南州都按照日本國內的規定實施體力章檢定。[26]

一九四〇年總督府通牒各地方州廳，實施體力章檢定。但是，一開始臺灣總督府比較重視的還是「壯丁」的體力，也就是被列為徵兵對象的內地人。本國的體力問題原本就是因為陸軍擔心青壯年體力低下而開始的，因此，總督府的考量並不奇怪。但當總督府也開始注意本島人的體力問題時，似乎也透露了未來對殖民地人民動員的可能性。大約從一九四〇年以後，總督府開始留意本島青年的體格問題[27]，甚至開始比較本島青年與內地青年的體位。[28]

一九四一年，高雄州就以「守住後方的青年要身體強健」為口號，開始對本島人壯丁實施體力檢查，此次先以八百名壯丁為對象，宣稱未來將以此調查為基礎，調查全州的青年。[29]結果，高雄市內四百位本島人中，總體上來說身體孱弱，三五%的人染有性病。[30]官方立場明顯的《臺灣日日新報》不只一次以「社論」提出本島人壯丁的體位問題。[31]臺灣各地以各州郡及市街庄為單位，則是在一九四〇年下半就實施了體力章檢定。這個體力檢查是由郡的警察單位執行，由於體力檢查的規模擴大，為了完成體力檢查，不只行政體系的衛生人員投入，也動員公醫、學校醫及一般開業醫。[32]

一九四〇年帝國議會通過《國民體力法》及《國民優生法》。《國民體力法》規定，未滿二十歲的帝國臣民有義務接受市町村、學校、企業等舉行的體力檢查，檢查項目有身高、體重、胸圍、視力、色盲、聽力等。根據這個法律，一九四〇年度對十七到十九歲男子，一九四一年對十五到十九歲男子實施體力檢查，一九四二年起擴大至二十五歲以下男子。檢查中被認定「筋骨薄弱」者，為使他們具有健兵的素質，必須參加一星期的體力向上修鍊會，在體力檢查中發現患有結核或性病者，有義務接受療養。[33]

一九四〇年四月公布的《國民體力法》，是否在臺灣實施，一直沒有明確公告，但臺灣總督府警務局很快便與文教局協調，決定先在臺灣對十八及十九歲的青年，包括內地人、本島人及原住民在內約十萬人，做身體檢查，不只檢查身高、胸圍、上半身高度等，也檢查是否有結核、性病、瘧疾、腳氣、癩病及營養問題，已經是比照徵兵檢查的規格。[34]臺灣社會很敏感地注意到身體檢查與徵兵制度的關聯，甚至有人因此逃避檢查。[35]但是，此時尚未公布在殖民地是否施行徵兵制，因此，總督府方面還出來滅火，說明徵兵的流言絕對是誤傳。[36]《國民體力法》到一九四二年八月才由閣議決定在臺灣實施，開始日期則委由臺灣總督府決定。臺灣總督府在法令施行之前，便事先施行了體力檢查，可見總督府配合中央政策的積極態勢；另一方面，臺灣社會是否確有忌避檢查之事另當別論，但由總督府對流言的敏感度及對應方式，反而可以窺見總督府實行體力檢查的真正意圖，正是在為徵兵制做準備。

在總動員體制下，教育體系也配合提升體力的國策目標。學校開放校園，做為民眾運動的場所[37]；有些學校開始在校內建造相撲的競技場，鼓勵學生每天放學後練習相撲，不只有增強體力的效果，也意圖利用相撲這種日本傳統的運動項目，鍛鍊學生的身心。[38]學校鼓勵學生運動，每月舉行體育會[39]；或是規定學生走路上學，不能騎腳踏車。[40]對想升中學的青年學生來說，影響更大的改革是，自一九三九年起，許多中學入學考試，除了筆試之外，還加上身體檢查和口試。這個身體檢查並不只是身體狀態的檢查而已，而是體力測試。[41]一九三八年五月，成立全島性的臺灣學校衛生會，發行《臺灣學校衛生》雜誌，地方行政單位也成立自己的學校衛生會。[42]學校衛生會的委員除了衛生行政官員之外，還有學校內部負責衛生的人員、校醫，也有外部的醫師團隊，除辦理各種衛生講習之外，也提供地方行政機關諮詢。[43]

總督府至一九四三年三月才在臺灣實施《國民體力法》。體力法施行後首次檢查於一九四三年七至八月舉行，對象是全島十五至十九歲的男子。[44]另一方面，與日本本國同步，這一年也開始對十五至二十一歲女子實施體力章檢定。[45]國家對國民健康的要求，不只是對役齡男子，也擴展到在學的兒童、青年學生以及負責生育未來國民的女性。

## 三、從健康增進運動到健民運動

### 1. 小泉厚相的健民政策

隨著戰局的緊張，國家對於健康、體力的管理也更為急迫，提升體力是為了提升人力資源的素質，但是在與各國的競爭中，增加人口則是更根本、更迫切的問題。厚生省體力局於一九四一年八月改組為人口局，一九四三年十一月又改組為健民局，從名稱的變化可以看到厚生省的目標從體力強化，到人口增殖，再到健兵健民的轉變。[46]

「健兵健民」是小泉就任厚相前後發明的新詞，並且成為當時說明厚生政策最好的用語。根據小泉自己的說法，所謂的健民，是指「身體健康，頭腦清晰，有內涵，能支持皇國日本，質實剛健的國民」，而健民才能成為優秀的士兵，也就是「健兵」，也才能成為在生產戰中獲勝的優秀勞工。在這裡可以看到總力戰體制下，兵力即體力，生產力即勞動力，民族即人口三種政策課題，在小泉獨特的衛生觀中，重新建構戰時社會政策的過程。[47]

健兵健民政策的重要支柱之一是基於《國民體力法》（一九四〇年四月公布）的國民體力管理制度。該制度的實際發案者正是小泉。《國民體力法》規定對未成年者每年進行一次體力檢查，以徵兵檢查為基準，除了身體檢查之外，也包括運動機能檢查、疾病異常檢查等，並將檢查結果記載在國民體力手冊上。這不只是單純的健康檢查，接受體力檢查及持有國民體力手冊是義務制。運動機能檢查包括「荷重速行」，明顯與士兵的訓練有關；且政府可以依據檢查結果採取必要措施，以提升國民體力。值得注目的是，《國民體力法》的對象本來是未成年男女，實際施行時，以勅令規定對象，一九四〇年度是十七至二十歲男子，一九四一年度是十五至二十歲男子，一九四二年則擴大至二十五歲，即以十五至二十五歲的男子為對象，很明顯以徵兵對象的青年男子為對象。[48]

本來體力章的檢定只是提出應有的體力標準，受檢與否沒有強制性，一九三九至一九四二年的受檢率約五到六成，合格的話如果不是為了再考更上級的體力章，則不需要再考，但是一九四一年十二月太平洋戰爭爆發以後，體力向上更被強調，遂與基於《國民體力法》的國民體力管理制度結合。一九四二年《國民體力法》修正，規定在國民體力手冊中要記錄體力章檢定結果，變得有強制性。另一方面，一九四三年度起實施健民修鍊制度，強制體弱者必須具備體力章的標準。對體弱者要求加入健民修鍊，對健康者則要求日常持續鍛鍊，所有國民都被要求體力向上，其目標是國民體育的實現。一九四二年成立大日本體育會，成為體育翼贊團體。大日本體育會的國民體育運動，一方面擴充強化體力章檢定制度，另一方面則整備體育指導體制。也就是說，健兵健民政策，不只針對病者或弱者，所有健康的男女老少也都被要求體力向上。[49]

## 2. 臺灣的健民運動

一九四一年五月的健康週，厚生省提出的口號是「鍛鍊體力、守護國防」，臺灣也配合舉行「健康增進運動」[50]；到了一九四二年五月，為小泉就任厚相的第一次健康週，名稱改為「健民運動強調週」，口號變成以增加人口為主調的「生產、養育、健康」。[51]一九四二年起，臺灣也同步開始「健民運動」，吸納過去的健康增進運動、兒童愛護運動等活動，與皇民奉公運動結合，動員部落會、奉公班，下達到最底層的動員團體。[52]

臺灣的健民運動，由皇民奉公會負責推進。皇民奉公會參考本國的健民運動，提出五項「運動目標」：

(1)人口增加及結婚獎勵
(2)母子保健的徹底
(3)體力的鍊成
(4)國民生活科學化
(5)結核、性病及瘧疾的預防撲滅

這五項與本國的健民運動目標相同，只多了臺灣特有的「瘧疾」部分。對於實施事項，皇民奉公會也提出了一些基準：

一、在中央本部
(1)透過收音機廣播演講或廣播劇
(2)發行印刷物

二、在地方上

(1)演講會、座談會、電影會等因應地方實狀各自舉行

(2)由各地奉公醫師團負責結核檢查及嬰幼兒健康檢查

(3)利用本會刊行的厚生叢書，舉行短期講習會等

(4)本期間中依本會制定結婚基準展開實踐運動

(5)動員產婆、衛生婦、護士等巡迴為產婦保健服務

(6)舉行收音機體操會、運動會、強步會、體力檢定、行軍、登山、健行、勞動服務等。[53]

根據皇民奉公會中央公布的計畫，各州各自決定自己的實施方法。如臺南州指定每一日的重點活動，並要求州下市街庄、學校、公司、各種團體配合，透過部落會、町內會、奉公班動員。[54]

五月的活動結束後，皇民奉公會中央本部開始規劃常態性的健民運動，訂定一年中各月的實施計畫及實施項目。健民運動與過去的健康增進運動不同，過去只是在五月短期的活動，健民運動則是通年常態性的活動。

四月　母性保護

五月　健民運動旨趣徹底化，嬰幼兒保護

六月　必勝飲食生活、傳染病預防、齲齒預防

七月　結核病預防
八月　體力鍊成
九月　性病預防
十月　砂眼預防、母性保護、傳染病預防
十一月　必勝衣食住生活、嬰幼兒保護
十二月　寄生蟲驅除
一月　體力鍊成、瘧疾預防
二月　結核病預防
三月　性病預防[55]

從上述項目可以看到健民運動的幾個重點，一是個人身體保健的部分（砂眼、齲齒、結核、性病的預防及寄生蟲驅除等），二是在健康的身體之上提升體力（體力鍊成），三是提倡可以對應戰時物資短缺或配合動員的日常生活（必勝衣食住生活），特別是營養補充的問題（必勝飲食生活），四是對應長期戰所需的人口增殖目標（母性及嬰幼兒保護）。

其後，日本本國也不斷透過各種特別活動來推行健民運動，夏天時提出「夏季心身鍛鍊期間」，秋天則公布「健民運動秋季國民鍊成要綱」，[56]臺灣方面也都配合實施相關活動，力求健民運動的日常化。[57]

隨著戰局吃緊，日本本國的健民運動出現微妙的變化。一九四三年五月的健康週，仍然以「健民運動強調期間」為名，但內容則提出「皇國民族精神的昂揚」、「戰爭生活的徹底」、「出生增加與結婚獎勵」、「母子保健的徹底」、「結核及性病的預防撲滅」，重點放在「生產力的增強」，並且還特別說明，以往的健民運動經常被誤解為只是單純的健康增進運動，然而本年度即是要打破這種誤解，要透過國民的食衣住，達成「伸張、永續大和民族的大生命」的大運動。[58]結核、性病的預防與母子保健是一九三〇年代以來長期的課題，出生增加與結婚獎勵是一九四二年設立人口局以後的重點，但是除了這些固有課題之外，在健民運動中開始強調精神性的目標，透露了國民的實際生活與身體狀況已經因為戰爭大為耗損，政府方面不得不以精神力要求民眾繼續忍耐；在健民運動中強調增產也同樣透露生活物資的不足。

同一年度臺灣也繼續推行健民運動，但是沒有看到非常強烈的精神性目標。這一年總督府公布的重點項目為「出生增加及結婚獎勵」、「嬰幼兒及母性保護」、「島民心身鍛鍊」、「結核、性病及瘧疾預防」四項。實施事項有：奉讀皇后關於結核預防的旨令、表彰功勞者、收音機廣播、報紙刊載相關活動及皇后旨令、舉辦健民展覽會、舉行收音機體操會、登山、健步會等。[59]

在這個大方針下，各地方自行訂定實施項目及方法。例如臺中州的健民運動計畫是透過收音機體操、步行及體育、相撲、武道大會來鍊成體力，其活動大致包括：

## 一、舉行旨令奉讀儀式

二、舉行健民運動演講會
三、瘧疾防遏及實施勞動服務，特別是防空用水的交換、清掃有蚊子的場所
四、嬰幼兒及母性保護
五、砂眼預防
六、實施接客業者健康診斷
七、衛生改善座談會
八、性病預防
九、出生增加及結婚獎勵
十、利用移動健民展覽會、活動寫真（電影）大會等宣導[60]

其他各地也都有類似的活動計畫，如新竹州公布「健民部落建設運動」，要求民眾力行早睡早起、集體參拜神社、收音機體操，同時要求民眾注意住家及社區環境清潔，每日早晚打掃。[61]這些項目與一九三〇年代以來部落振興運動的要求沒有太大不同，只是配合國策，戴上「健民」的大帽子，各地的活動在實際上並沒有太大差異。

皇民奉公會中央本部比較積極的活動是結合臺灣醫師會、臺灣齒科醫師會、大日本婦人會臺灣本部，形成健民指導網，在各地配置健民指導醫及健民委員。一九四三年底時，全島健民指導醫總共有一二一六人。[62]

一九四三年皇民奉公會重新改組，將其組織簡化成總務、訓練、國民動員及戰時生活四部，在戰時生活部底下設立戰時思想文化班、決戰生活班、宣傳啟發班、編輯紀錄班及興亞思想普及班五班。其中的決戰生活班底下設置戰時厚生委員會，下設習俗部、決戰生活部、健兵健民部三部，一方面要求民眾改變日常生活習慣，以配合戰時生活，一方面加強與各州廳、產業奉公團、醫師奉公團等相關單位配合，推進健兵健民運動。[63]

一九四三年九月，臺灣總督府發表將自一九四五年一月起在臺灣實施徵兵制，之後皇民奉公會就重新定調，說健民運動、體力提升都是為了使徵兵制能更完善地實施。[64]和朝鮮一樣，殖民地的健民運動，最後都走向徵兵制。

## 結論

日本本國的健民運動是著眼於徵兵對象的青年，為了「健兵」而「健民」的官製國民運動，主要推動者是大政翼贊會的厚生部。而臺灣的健民運動，是由大政翼贊會的臺灣版——皇民奉公會在組織中設置厚生班推動，著重在增強國民體力與普及保健知識。整體來說，臺灣的健民運動，從運動組織、目標及實施項目來說，基本上與日本本國、甚至朝鮮的健民運動沒有太大差異，都是為了總力戰體制下提供國家所需的人力資源——兵力及勞動力，而展開的社會政策。然而，由於臺灣的徵兵制很晚才實施，因此，對於士兵的健康與體力的要求，並不像日本本國那樣迫切，因此，許多健民運動的施策看起來並不是臺灣總督府或皇民奉公會的重點政策。

日本學者鹿野政直根據不同的身體觀，把近代以來的日本分成幾個不同的時期。他說，近代以前，日本只有「養生」觀念，十九世紀後期的英和字典中，將西洋的health譯成「健康」，「健康」一詞才逐漸普遍。明治以後，慢慢出現健康是為了國家公益的觀念。為了守護公益，國家要管理民眾的健康，隔離不健康的人，公共衛生的觀念也跟著出現。從維新以後大約到十九世紀結束，近代健康觀的出現，可以說是「健康的時代」。二十世紀以後，「健康的時代」起了一些變化，以霍亂為首的各種急性傳染病雖得到控制，但慢性傳染病的威脅卻接踵而來，大工廠制度是結核的溫床，性病與腳氣病腐蝕青年的健康，農村女性苦於過勞及營養不良，改良體質成為新的課題。另一方面，隨著資本主義的發達，都市新中間層興起，藥品透過大量的媒體廣告變成日常生活隨手可得的商品，藥品與美容結合，成為清潔、衛生、都市文化的象徵。除了與美容結合的藥品之外，滋養品、營養品的大量出現，也是以改善體質為目標的大眾化商品。體質可以藉由外在的努力而改善，事實上也就開啟了戰爭時期由國家管理健康的「體力的時代」。[65]

把這個過程放到日本統治下的臺灣來看，大概也可以看到這幾個階段的變化。日本統治臺灣之初，統治者苦於臺灣的風土傳染病，為了穩定統治，不得不迫切建立起防疫及公共衛生體系，同時透過學校教育傳達近代的衛生知識，培養學生衛生習慣。另外，還透過綿密的警察、保甲系統，以監視、懲罰的機制，確保這些傳遞能夠有效。「健康的時代」在臺灣起步較晚，至少要到二十世紀以後才慢慢看到轉變。而臺灣的都市中間階層一直到一九三〇年代才興起，健康美容商品也才有比較大的市場。因此，在臺灣，民眾自發地想要改變體質、追求健康的「體質的時代」，事實上與國家介入民眾身體、管理體力的「體力的時代」幾乎同時並進。

改善體質、管理體力，戰爭時期在總力戰體制下的身體規訓，在戰爭結束後國民政府時代也繼續存在，「健身強國」、「強國必先強身」的口號，正是戰前「健民運動」中「健康報國」口號的翻版，而學校生活中的身體規訓、集團體操，也是通貫戰前及戰後，延續至今。[66]回顧臺灣百年來兩個政權對身體規訓的歷史，我們應該深刻地思考，如何解體這種刻印在身體上的殖民主義。

---

1 下西陽子，〈戦時下の農村保健運動——全国共同組合保健協会の健民運動への対応を中心に——〉，《年報　日本現代史》第七號（二〇〇一年），頁二三〇—二三一。二二六事件發生於一九三六年，軍隊中的年輕將校受到激進國粹主義影響，不滿當時政治狀態及軍部方針，主張在天皇親政下實行維新，於二月二十六日發動政變，殺害重要官僚，占領首都，四日後被鎮壓。

2 藤野豊，《強制された健康——日本ファシズム下の生命と身体》（東京：吉川弘文館，二〇〇〇年），頁一七—二一。

3 藤野豊，《強制された健康——日本ファシズム下の生命と身体》，頁二二。

4 高岡裕之，《総力戦体制と「福祉国家」——戦時期日本の「社会改革」構想》（東京：岩波書店，二〇一一年），頁二二八—二二九。日本本國健民運動的重要史料，可參考高岡裕之編，《資料集　総力戦と文化　第二卷　厚生運動・健民運動・読書運動》（東京：大月書店，二〇〇一年）。

5 藤野豊，《強制された健康——日本ファシズム下の生命と身体》；藤野豊，《厚生省の誕生—医療はファシズムをいかに推進したか》（京都：かもがわ出版，二〇〇三年）；鄭根埴，〈植民地支配、身体規律、「健康」〉，收於水野直樹編，《生活の中の植民地主義》（京都：人文書院，二〇〇四年），頁七七—八一。

6 如近藤正己，《総力戦と台湾》（京都：刀水書房，一九九六年）或蔡錦堂，《戰爭體制下的臺灣》（臺北：日創社，二〇〇六年）。

7 古賀篤，〈健康優良児表彰の概要〉，收於高井昌吏、古賀篤編，《健康優良児とその時代》（東京：青弓社，二〇〇八年），頁三九—四七。

8 可參考陳宜君，《製作健康兒童——日治時期臺灣學校衛生事業之發展》（臺北：臺灣師範大學臺灣史研究所碩士論文，二〇一二年）。

9 可參考林玫君，《從探險到休閒——日治時期臺灣登山活動之歷史圖像》（臺北：博揚出版社，二〇〇六年）；曾山毅，《植民地台湾と近代ツーリズム》（東京：青弓社，二〇〇三年）。

10 島田昌勢，〈國民精神總動員と臺灣〉，《臺灣時報》一九三七年十一月號，頁七—一四。

11 藤野豊，《強制された健康——日本ファシズム下の生命と身体》，頁二五—二六。

12 〈國民體力の向上　國民精神總動員健康週間　（東京七・三〇）　厚生大臣侯爵木戸孝一〉，《臺日》一九三八年五月十七日（四）。

13 〈體位向上に努め　人的資源の充實　十七日から健康週間〉，《臺日》一九三八年五月五日（七）。

14 〈宜蘭公園で　ラヂオ體操　健康週間行事決定〉，《臺日》一九三八年五月十六日（五）

15 藤野豊，《強制された健康——日本ファシズム下の生命と身体》，頁三一—三八。

16 〈市議懇談會〉，《臺日》一九三八年十一月二日（五）；〈體位向上施設の强化が緊切　厚生局厚生課又は體育課〉，《臺日》一九三九年三月二十一日（一）。朝鮮總督府則於一九四一年成立厚生局。

17 〈臺北市の厚生施設　來年度には一部實現せん〉，《臺日》一九三九年十一月二十八日（N二）；〈豫算七、八萬圓で　理想的な厚生施設　綜合會館新設の計畫〉，《臺日》一九四一年三月十日（四）。

18 〈臺灣と溫泉の厚生的利用　臺大と國立公園協會に望む〉，《臺日》一九三九年九月十六日（一）。

19 藤野豊，《強制された健康——日本ファシズム下の生命と身体》，頁二六—二八。

20 高岡裕之，《総力戦体制と「福祉国家」——戦時期日本の「社会改革」構想》，頁二六七—二六九。

21 〈高雄州の新計畫　優秀兒を表彰　體力其他檢查の上〉，《臺日》一九三三年一月二十七日（三）。

22 〈小公校兒童　體力測定〉，《臺日》一九三三年二月二日（N四）。

23 各級學校很早就有身高、體重、砂眼等身體檢查項目，但沒有體能檢查。關於學校的身體檢查，可參考許佩賢，〈日治時期的學校身體檢查〉，《臺灣學通訊》五五期（二〇一一年六月），頁一〇—一一。

24 〈男子青年團員へ　體力章を授與　高雄州の國民體力檢定〉，《臺日》一九三九年四月二十二日（五）。

25 〈臺北高商の體力章檢定會　合格は全生徒の六割一分〉，《臺日》一九三九年十一月十七日（N二）。

26 〈青年の體力章檢定　臺北州で愈よ實施　種目は走、跳、投、運搬、懸垂の五つ〉，《臺日》一九四〇年二月二十五日（N二）；〈鍛へよ總體力　臺南州近く檢定實施〉，《臺日》一九四〇年三月十四日（五）。

27 〈本島の國民體力法　昭和十六年度に施行か〉，《臺日》一九四〇年五月十日（七）。

28 〈本島人は一般に內地人より劣惡　臺中州の調查で判明／內臺青年の體位比較〉，《臺日》一九四〇年五月十九日（五）。

29 〈壯丁の體力檢查〉，《臺日》一九四一年四月二十四日（四）。

30 〈總體的に身體貧弱　壯丁の三五パーセントは有毒者　高雄市內本島人壯丁の體力檢查〉，《臺日》一九四一年七月三十日

（四）。

31 〈本島人壯丁の體位問題　訓練により向上の餘地多し〉，《臺日》一九四一年七月二十二日（二）；〈本島に於ける青年體力管理〉，《臺日》一九四一年七月三十一日（二）。

32 〈臺南州で青年層の體力檢查〉，《臺日》一九四一年七月二十四日（四）。

33 藤野豐，《強制された健康──日本ファシズム下の生命と身体》，頁二八─二九。

34 〈若き十萬人青年の體力檢查を實施　本島で九、十の兩月間〉，《臺日》一九四一年七月二十九日（N二）。

35 日治初期，臺灣人也曾因日本引進的新式學校教授體操課，以為日本準備在臺灣徵兵，而對新式學校有所遲疑。雖然學校體操課早已在臺灣社會定著，但臺灣社會對國家意欲介入個人身體，顯然仍十分敏感。見臺灣教育會，《臺灣教育沿革誌》（臺北：臺灣教育會，一九三九年），頁二三八。

36 〈銃後生産陣を擔ふ　若人群の體力檢查　新竹州を皮切りに打診〉，《臺日》一九四一年八月三十一日，（N二）〈體力の現狀を把握　對策樹立が目的　青年體力檢查の趣旨　土光衛生課長談發表〉，《臺日》一九四一年十月五日（三）。

37 〈體位向上のため　各學校の體操場と施設を廣く島民に解放！　けふ正式の通牒を發す〉，《臺日》一九三八年六月五日（N二）。

38 〈兒童の體位向上成績良好〉，《臺日》一九三九年二月八日（八）。

39 〈兒童の體位向上成績良好〉，《臺日》一九三九年二月八日（八）。

40 〈徒步通學を勵行　二キロ以內は自轉車を禁止　嘉義中の體位向上策〉，《臺日》一九三八年四月十四日（九）。

41 〈體力と口答試問を第一次に實施する　臺北州下中等學校の入學試驗〉，《臺日》一九三九年一月二十八日（N二）。

42 〈基隆で小公學校兒童の保健衛生に一新機軸　けふ學校衛生會の發會式〉，《臺日》一九三八年四月三日（一一）；〈學校衛生會を開設〉，《臺日》一九三九年六月九日（五）；〈臺北市學校衛生會創立さる〉，《臺日》一九三九年六月二十日（N二）。

43 〈學童の體位向上を評定　臺北市學校衛生會の總會〉，《臺日》一九三九年十月十九日（七）；〈學童の體位向上に　數數の施設を望む　學校衛生會からの答申內容〉，《臺日》一九三九年十二月十四日（七）。

44 〈初の體力檢查實施　七、八の兩月全島一齊に〉，《臺日》一九四三年五月四日（N二）。

45 〈健全な母體つくれ　本年度から女子體力檢定〉，《臺日》一九四三年十二月十日（N二）。

46 藤野豐，《強制された健康─日本ファシズム下の生命と身体》，頁二四。

47 高岡裕之，《総力戦体制と「福祉国家」──戦時期日本の「社会改革」構想》，頁二二八─二二九。

48 高岡裕之，《総力戦体制と「福祉国家」──戦時期日本の「社会改革」構想》，頁二六一─二六二。

49 高岡裕之，《総力戦体制と「福祉国家」──戦時期日本の「社会改革」構想》，頁二七〇─二七六。

50 〈鍛へ體力護れ國防　二十八日から五月七日まで十日間　全島一齊に健康增進運動〉，《臺日》一九四一年四月十九日（三）。

51 〈「産めよ育てよ健かに」健民運動强調週間五月一日から展開　厚生省が音頭　强力な一本建へ〉，《臺日》一九四二年四月十日（三）。

52 〈部落會奉公班を動員　全島的に健民運動　人的資源増殖に總進軍〉，《臺日》一九四二年四月十一日（N二）。

53 〈人的資源の增殖は　皇國飛躍の根源　近く擧島健民運動展開〉，《臺日》一九四二年四月十八日（N二）。

54 〈臺南州の健民運動　實施方法の詳細決る〉，《臺日》一九四二年四月二十七日（四）。

55 〈積極的「健民運動」へ　年中行事計畫並に實施要領決る　愈よ七月から全面的に實踐〉，《臺日》一九四二年六月七日（N二）；〈每月實踐事項を定め　健民へ六百萬總進軍　健民運動年中　行事表を作成運動展開に推進〉，《臺日》一九四二年七月十一日（三）。各月計畫在不同的資料略有出入，不過大致相同。

56 〈國民體力向上目差し　全國的健民運動展開　來る二十一日から一ケ月間『夏季心身鍛錬期間』〉，《臺日》一九四二年七月十八日（三）；〈一億國民和樂の裡に「あすへの力」蓄積　健民運動秋季國民鍊成要綱決る〉，《臺日》一九四二年十月六日（三）。

57 〈健民運動の日常化へ　剛健な國民體位の向上に專念〉，《臺日》一九四二年十月二十五日（三）。

58 〈强兵健民の大運動　五月一日から十日まで〉，《臺日》一九四三年四月十日（N二）。

59 〈健民運動方針決る　演講會、展覽會等多彩に展開〉，《臺日》一九四三年四月十一日（N二）；〈結婚獎勵、母子の保護　結核豫防等に重點　實施事項決る迫る健民運動週間〉，《臺日》一九四三年四月二十三日（三）；〈臺灣一家健民總進軍〉，《臺日》一九四三年四月二十四日（N二）。

60 〈健民は健兵の根源　臺中州・健民運動强調行事決る〉，《臺日》一九四三年四月二十五日（四）。

61 〈潑剌たる心身鍛練　新竹州健民部落建設運動〉，《臺日》一九四三年四月九日（四）。

62 皇民奉公會生活部厚生班，《熱地保健讀本》（臺北：東都書籍株式會社臺北支店，一九四四年一月），頁一二。此資料承蒙中央研究院臺灣史研究所顧雅文教授提示，謹此致謝。

63 皇民奉公會中央本部，《第三年に於ける皇民奉公運動の實績》（臺北：皇民奉公會中央本部，一九四四年），頁七三—八五。

64 〈徵兵制と健民健兵　當局の意圖闡明　臺灣協力會議に於ける　督府、皇奉側の說明〉，《臺日》一九四三年十二月三日（三）。

65 鹿野政直，《桃太郎さがし——健康観の近代》（東京：朝日新聞社，一九九五年）。附帶一提，鹿野還將一九四五年以後定為「肉體的時代」。

66 參考許佩賢，〈戰時期台湾の学校生活における規律と戦後〉，《東アジア研究》四九號（二〇〇八年三月號），頁七三—八四及鄭根埴，〈植民地支配、身体規律、「健康」〉，收於水野直樹編，《生活の中の植民地主義》，頁七七—八一。

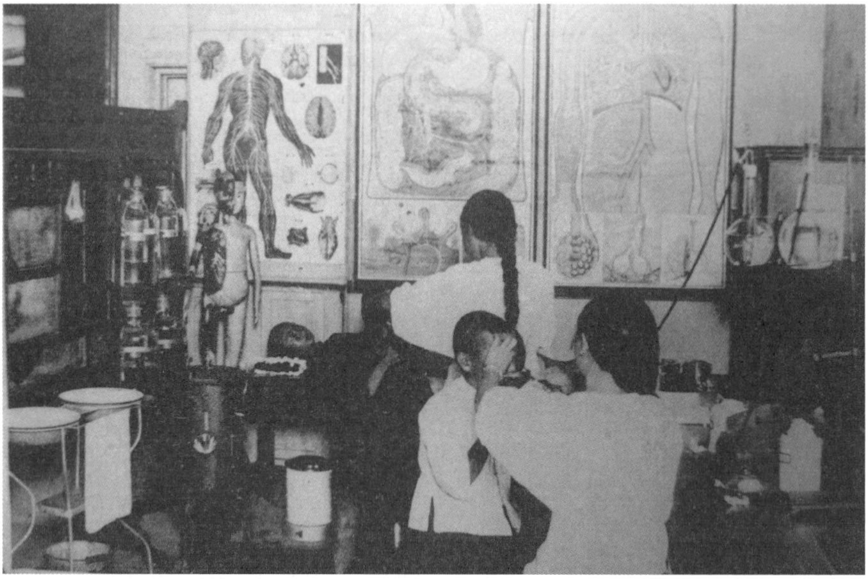

公學校衛生室眼睛檢查。員林公學校衛生室內檢查眼睛的場景。從照片上可以看到，衛生室內有各種健康教育的掛圖、模型、衛生檢查器材。員林公學校為今彰化縣員林國小。（《臺中州教育年鑑》二五九四年版，一九三四年，無頁碼。臺灣圖書館提供）

《兒童衛生概要》封面。高雄市堀江尋常小學校，為今鹽埕國小前身。在健身強國的風潮中，每年刊行校內兒童健康檢查概況。（臺灣圖書館提供）

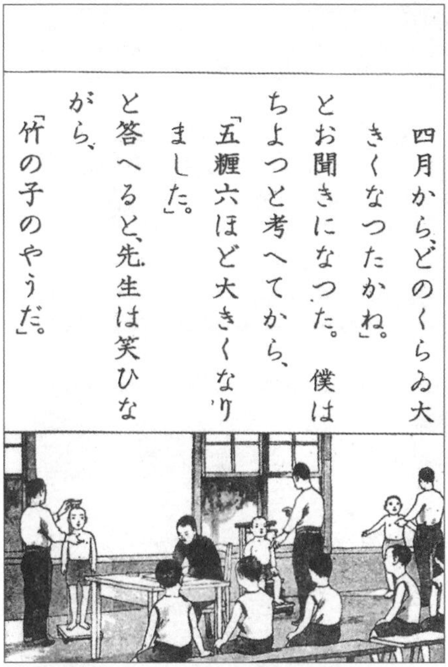


身體檢查課文。一九三七年，日本本國以文部省令公布「身體檢查規程」，臺灣也在翌年跟進，以府令公布「學校身體檢查規則」(府令十號)，明白規定學校身體檢查的目的在於「學校要適切的養護、鍛鍊學生、生徒、兒童，使他們體位向上、增進健康。」(第一條)也就是透過私密的身體檢查，掌握身體狀況，才能對身體做適切的養護鍛鍊，而其最終目的是國民體位向上、健康增進。公學校課本上以輕鬆語調介紹身體檢查。(《公學校國語讀本》，一九四〇年，頁二十二)

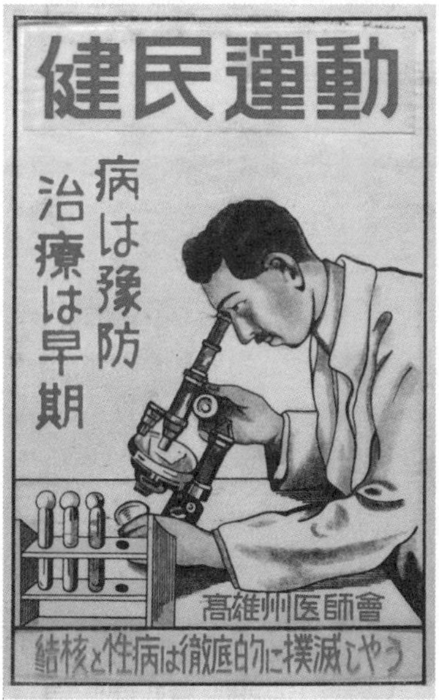


健民運動海報。結核與性病為戰前年輕男性普遍的傳染病，為了強化未來士兵的身體健康，撲滅結核與性病成為健民運動的重點項目。(秋惠文庫提供)

①

②

③

報紙藥品營養品廣告。戰爭時期，食品、營養品、藥品的廣告更加強調與健康有關，例如「弱體強化、健康確保」或是「體位向上」。（①《臺灣日日新報》一九三九年一月二十四日，N四；②《臺灣日日新報》一九四〇年六月十八日，四；③《臺灣日日新報一九四一年四月十六日，N一）

國民健康增進運動海報。為了配合健民運動，一九四〇年，臺灣總督府訂定自五月一日起十日，為「國民健康增進運動」期間，各地都有配合的活動，例如基隆市在各官衙學校舉行捧讀預防結核的聖旨、診所免費檢查或諮商、舉辦健行活動等。(《臺灣日日新報》一九四〇年五月一日，七)

戰時健康增進運動海報。戰爭愈到後期，各種健民運動愈是擴大展開。一九四二年皇民奉公會臺北州支部提出「戰時健康增進運動」，做為健民運動的一環。主要活動有自八月十五日起二週，在全州展開各種保健宣傳活動，以培養堅強、開朗、強韌的產業戰士。(《臺灣日日新報》一九四二年八月五日，N二)

# 第八章
# 日治末期義務教育與國民學校制度的展開

辦教育很花錢，義務教育更是需要一大筆錢。
為什麼臺灣總督府在戰爭打得如火如荼的時候，
還要在臺灣實施義務教育呢？
義務教育的經費從何而來？

# 前言

日本殖民統治下的臺灣，一直到統治結束前的一九四三年，在戰爭緊迫的局勢中，才實施義務教育制度。筆者曾經發表〈戰爭與義務教育的實施〉一文[1]，以一九四三年義務教育制度的實施為中心，探討日治時期教育法制的建立，指出義務教育政策的制定與戰爭動員的關係。當時日本統治者為了培養戰爭所需的人力資源，而在戰局緊迫之中決定在臺灣實施義務教育。但是該文是以法規、諭告及報章雜誌為主要史料，雖能提出義務教育與戰爭動員的關係，但卻未及深論政策決策過程或施行過程在內的諸多問題。義務教育制度在臺灣施行的決策過程，以及一九三九年決定實施後，逐年擴充初等教育機關、增設師資培育機關的過程、與一九四一年日本本國國民學校改制的關係，乃至臺灣社會一般民眾、兒童如何應對制度改變等，都是有待回答的問題。

日治時期義務教育的研究，除了前引筆者的著作之外，近來也有一些新的研究。吳文星探討一九二一年田健治郎總督任內，臺灣總督府評議會對義務教育案的討論過程及其結果，析論出臺灣社會領導階層與臺灣總督府雙方的認知差異。[2]與本章最直接相關的研究是林琪禎〈日治時期殖民地臺灣義務教育制度之考察〉[3]，該文前半部整理日本統治初期以來有關義務教育的議論，後半部探討一九四三年義務教育的實施，最後提出此時義務教育的實施只不過是戰爭時期人力動員的一環。此論點當無疑義，筆者在二〇〇五年的前引文中也有相同看法，然該制度的政策過程及實施狀況仍有許多不明之處。

二〇〇一年十月，日本外務省外交史料館公開了《茗荷谷研修所舊藏記錄》（以下簡稱《茗荷谷文書》），其主要內容為外務省、興亞院、大東亞省在中國、滿洲經濟活動的文書，以及拓務省、內務省所管轄的殖民地行政文書等。其中的I門是教育相關史料，包括了殖民地末期朝鮮、臺灣的教育政策資料。這批資料特別的地方是：第一，年代大部分集中在一九三〇年代後半到一九四〇年代，尤其是一九四〇年代的資料。第二，其中很多是臺灣、朝鮮兩總督府向日本中央官廳的報告書。後來有一部分由ゆまに書房作成微卷並出版目錄，收有歷次臺灣及朝鮮教育令修改時，兩總督府所準備的審議資料，以及一九四〇年代的教育狀況調查。[4]二〇一一年由阿部洋整理出版，收於《日本植民地教育政策史料集成　別集（一）臺灣教育關係公文書》中（以下簡稱《別集（一）》）。《別集（一）》主要包括三大部分，第一部是臺灣教育令關係文書（第九五—一〇〇卷），第二部是臺北帝國大學關係文書（第一〇一—一〇三卷），第三部是戰爭時期臺灣教育關係文書（第一〇四—一〇六卷）。第三部則包括義務教育制度、志願兵制度、徵兵制及戰時教育非常措置等相關資料。[5]此外，在亞洲歷史資料中心（アジア歴史資料センター）資料庫中也可以閱覽。

由於《茗荷谷文書》的性質是準備審議的資料，等於是臺灣總督府要給上級看的報告書，因此並不會有總督府內部討論的過程，不過，從資料作成的時間來看，這是我們瞭解日本統治後期相當珍貴的資料。本章即是利用這份資料，試圖更進一步解明總督府制定及實施義務教育政策的過程，同時由於該資料性質的限制，僅能呈現總督府討論後的結果，關於總督府內部的討論過程，只能藉由當時報刊報導來掌握。雖然報紙的記事十分片段，但是像《臺灣日日新報》這樣龐大的內容，卻也提供我們很多事件的細節。本章特別留意報紙報導中臺灣總督府文教官僚的發言與行動，仔細比對現存的公文檔案，藉以勾勒出當時臺灣與中央政府協調政策方向的動態。

以下首先探討一九三〇年代以後，臺灣總督府重啟義務教育準備工作的背景及一九三九年決定施行義務教育的決策過程。其次，追溯日本本國的國民學校制度改制過程中，臺灣總督府如何站在自己的立場對應本國的學制改革。最後，描繪一九三九年十月決定施行義務教育制度，至一九四三年四月正式實施這三年半的準備期中，臺灣總督府與地方州廳的準備工作及財政規劃，藉以瞭解日治末期教育政策的行政過程及教育擴充的實況。

## 一、義務教育實施之決策過程

臺灣總督府決定一九四三年在臺灣實施六年義務教育制的時間點，是一九三九年十月。在此之前，在臺灣施行義務教育的議題也曾數次被提出，但是都沒有實現。決定施行義務教育後，關於義務教育施行的經緯，總督府的相關官員是這麼整理的：最早是在一九〇三年第一回學事諮問會中，當時的民政長官後藤新平（一八五七－一九二九）召集全島小、公學校校長及各廳學事主任、官員五十七名，召開學事諮問會，會中提出：「對本島住民徹底普及國語，同時涵養其國民性，乃為本島統治的根基；因此，儘快施行初等教育義務制，強制其就學，確立同化的根本方針最為緊要。」其次是一九〇四年的教育會常集會中，學務課長木村匡發表儘速實施初等教育義務制的意見。雖然有這樣的意見，但鑑於臺灣民眾對教育的理解不足、就學率不佳，因此無法付諸施行。比較關鍵的決定是在內地延長主義之下，田健治郎（一八五五—一九三〇）總督任內的一九二一年六月，臺灣總督府向第一回臺灣總督府評議會提出五項諮問案，其中一項即是關於義務教育施行的時期及方法，之後交付委員會討論。翌年（一九二二）第三回評議會提出申覆。申覆中基本上同意有朝一日要實施義務教育，不過考慮到地方團體的財政問題，無法立即實施，如果地方團體的負擔能力達到一定程度，可以由市街庄向州知事或廳長提出，再由臺灣總督來認可。[6]也就是說，自一九二二年以後，總督府方面已經確認將來要在臺灣施行義務教育，只是沒有預定時程。

在這樣的回顧中，總督府官員想強調的是，總督府一直都有注意到這個課題，不過長久以來，由於財政困難及臺灣人的向學心不足，因此沒有付諸實行。民眾的向學心不足，自然是總督府的推託之辭，最根本的原因恐怕還是財政問題。筆者在前文已經討論過，臺灣總督府在需錢孔急的戰爭時期決定施行義務教育，顯然與日本的戰爭動員有關。總督府內部資料也顯示，義務教育制度施行的背景之一，是當時已經可以預期未來將在臺灣實施徵兵制。[7]以下即就目前可以掌握的資料，試圖重建總督府決定施行義務教育的過程。

一九二一年總督府提出義務教育諮問案時，除了臺灣人評議員紛紛提出自己的意見之外，由於諮問案內容透過官報及報紙向社會公告，因此也有不少人投書到報紙，表達自己的意見。這些意見中，絕大部分都主張應該施行義務教育。[8]一九二〇年發刊的《臺灣青年》及之後的《臺灣》、《臺灣民報》等臺灣民族運動陣營的報紙，也不時提出普及教育乃至施行義務教育的主張[9]，甚至一九二七年成立的臺灣民眾黨也將實施義務教育列入黨綱。關於一九二〇年代臺灣總督府評議會的討論及當時臺灣知識分子的主張，已有前述吳文星的細緻討論。藉由該文，我們已能理解當時臺日各方的意見及其背後的意圖，在此不擬重複，下文將討論的重點放在一九三〇年代以後，總督府當局重新將義務教育做為政策課題的時間。

以目前可見的資料來看，一九三〇年代以後最早提及此問題的是一九三二年的報紙報導。這一年十一月，新上任的文教局長安武直夫為了師範教育延長案赴東京與拓務省討論，途中在神戶接受《臺灣日日新報》記者的訪問時，順便提到了義務教育的問題，安武表示，「自治制即將欲施行之今日，義務教育不可不實施，此亦非容易之事，正調查中，義務年限大抵自四年起也。」[10] 一九三二年臺灣學齡兒童的就學率是三五．九％，比起一九二一年總督府評議會決定無法立即實施義務教育時二九．四％的就學率，經過十年並沒有增加很多，可見就學率的低下並不是總督府是否施行義務教育的主要考量點。安武的談話透露了一項訊息，總督府重新提出義務教育的背景是即將實施的地方自治選舉。

義務教育的議論原本自一九二一年以後就沉寂了，但在這個報導之後，報上開始出現相關議論，應該是社會上有收到總督府釋放出的相關消息，知道總督府已經重啟義務教育實施的準備工作。一九三三年，《臺灣日日新報》以社論提出義務教育與地方財政的問題，該文指出目前教育費大約占州費的六〇％，對州廳是很大的負擔，將來若施行義務教育，經費必然激增，必須從現在開始思考如何籌措新財源。[11] 一九三四年以後，相關報導增加，似乎可以窺見總督府的態度轉趨積極，這種動向明顯表現在教育預算的增列及公學校班級數的大幅增加。根據報紙報導，一九三四年在編列預算時，總督府文教局提出普及初等教育的十年計畫，總經費二百萬圓，希望第一年度（一九三五）以二十萬圓的預算，一舉增加二百個班級。[12]但是這個計畫受阻，第一年度（一九三五）要求的二十萬圓，僅通過七萬圓，只足夠增加一百四十個班級。[13]翌年，總督府文教局又提出三十萬圓的國庫補助要求[14]，但也是被大打折扣。

總督府之所以在此時態度轉趨積極，應該與即將施行的地方選舉有關。大約從一九三〇年起，臺灣總督府開始考慮將臺灣地方公共團體的諮問機關改為議決機關[15]，後來於一九三五年實現。為了落實自治制，應對臺灣人普及國語、施行義務教育，便成了最好的說詞；臺灣社會方面，自一九二〇年代以來，臺灣民報系的知識分子一直有實施義務教育的要求，一九三〇年代以後，一般民眾對教育的欲求更加明顯，因此敏感地借力使力，運用時勢，將政府宣傳的涵養國民性格與施行義務教育的要求結合，統治者與被統治者雙方在啟動義務教育施行的準備工作上有了一致的動向。

一九三五年地方選舉實施後，當時的總務長官平塚廣義（一八七五—一九四八，一九三三—一九三六在任）在談到是否施行義務教育時，特別舉出此次議員選舉的演講會，大家都使用國語。[16]顯見在總督府官僚的思考中，地方自治的改制與普及教育及義務教育有關。另一方面，臺灣社會似乎也注意到總督府態度轉變，而開始有所動作。地方選舉前，各地的協議機關已經開始提出實施義務教育的主張。一九三四年新竹州協議會臺籍議員吳鴻森提出實施義務教育的質詢時，州政府方面的回答，即透露總督府當局確實有在考慮。[17]地方選舉後，臺北市、臺中州、高雄州、基隆市等地的地方議會在第一次開會時，都提出義務教育的議案[18]，一九三五年召開的第八回臺灣總督府評議會中，也有多位臺籍評議員提出施行義務教育的要求。[19]

雖然官方與民間熱烈議論義務教育的實施，但是與一九二一年時的問題相同，如果財政問題沒有解決，「義務教育即行只是理想論」。[20]總督府雖然內部一邊進行準備工作，增加預算、增設班級，但一九三五年時，總督府方面仍然明言「因為有諸種原因，不可能很快施行」。[21]

一九三六年，總督府文教局在例行的全島教育課長會議中，提出數項學校教育及社會教育的改善方針，其中包括設置專門的教育調查會，考究義務教育施行問題。[22]後來這個預算通過，自一九三七年起，文教局學務課下新增事務官一名、屬官二名及雇員二名，[23]但似乎沒有立刻成立調查機構，而大約在一年後的一九三八年二月，學務課之下才設置「調查係」（調查股）。根據當時任職文教局學務課的西川政藏回憶，他於一九三八年二月被任命為文教局學務課教育調查係主任，調查係是為了調查臺灣教育制度的刷新改善，以特別預算新設置的單位，底下編制十人。[24]根據這篇回想文，教育調查係成立後，擔任主任的西川政藏才開始構想要以什麼樣的目標、調查哪些項目，之後取得上級的學務課長及文教局長同意，開始著手調查。調查事項有十六項：

一、學齡兒童的推算
二、將來三十年間各年度班級數推算
三、學校數的推算

四、隨義務教育制度實施而增加的教員數推算
五、義務教育制度實施必要的教員養成機關擴充問題
六、隨義務教育實施，義務教育教員費的國庫半額負擔問題與州廳義務教育教員俸給費負擔的財源確保問題
七、因為由義務教育制度實施的國民學校校舍、教員宿舍、校地等設施義務要由市街庄負擔，因此，對經費負擔的財源賦予與法令修改問題的調查研究
八、隨義務教育制度實施的經費增加問題之解決概要
九、義務教育制度實施必要法令之制定或《臺灣教育令》、《臺灣國民學校規則》、《臺灣總督律令》等各項修正
十、中等教育機關擴充計畫（含實業補習學校）
十一、高等教育擴充計畫將來必然增加，因此，樹立計畫，推算其經費，由文教局要求財務局，以新設校為主要訴求
十二、大學教育擴充計畫
十三、臺灣教育制度審議委員會的設置
十四、向臺灣總督府評議會諮問
十五、實施準備
十六、教員優遇[25]

這十六個項目中，第一到第五項是調查基本數據；第六到第八項及第十六項是相關經費問題；第十到十二是初等教育擴張之後的中高等教育也必須跟著擴充的相關問題；第九、十三、十四、十五項是法令、行政程序問題。

事隔多年之後的回想文，可以具體列出如此精細的工作項目，而且比對《茗荷谷文書》及其他相關資料，其後的工作方向確實是按照這些項目進行，很可能是西川政藏手邊留有當時的文書資料。西川的回想文對於還原當初的決策過程相當重要，我們可以藉由這份資料掌握一九三九年義務教育公布實施之前的政策過程。

這份回想文及其中的整理可以留意以下幾點：（一）總督府正式啟動義務教育實施的準備工作，是在一九三八年二月，當時中日戰爭已經爆發。（二）總督府的準備工作，是先以特別預算在編制下設置專職機構，由該機構負責調查。（三）此專職機構的調查項目，大抵涵蓋實施義務教育制度可預想的問題：第一，學齡兒童人數；第二，所需的班級及學校數；第三，所需的教員數；第四，以上各項設施所需的經費；第五，上級升學機關的擴充；第六，法令的改制。（四）在行政程序上，預定設置由官民有識者組成的專門委員會，之後召開總督府評議會，提出諮問。

其中值得注意的是經費的籌措。一九二〇年「地方制度改正」之後，教育經費形成三級制，初等教育階段的營運費由市街庄負擔，而教員俸給由上一層級的行政單位州廳負擔；中等學校則由州廳負擔營運費，國庫負擔教師俸給。[26]一九三〇年代的州廳經費中，教育費原本就占極大比例，如果擴大教育設施，經費激增，地方公共團體必然無法負擔。因此，教育調查係提出這個問題，並針對不同項目擬定了幾個可能的方向。計畫中指出，擴充教員養成機關所需經費，因師範學校本來就是由國庫負擔，所以此部分經費仍由國庫支出；而初等教育的教員俸給費，本來由州廳負擔，預計實施第一年度的一年級教員俸給由國庫半額負擔，第二年度多增加到二年級，第三年度增加到三年級，依此推估，預計以連續六年的時間解決六個年級教員俸給費的問題。至於經營小、公學校的市街庄經費增加的部分，這裡提出由國庫補助或是賦予新財源，有待文教局、內務局與財務局商討。後來依此計畫成立的「臨時教育調查委員會」，其所提出的經費籌措辦法，即大抵依照西川政藏的計畫構想。

屬於文教局學務課的調查係在進行上述調查時，應該會透過行政體系要求各州廳提報相關資料，因此一九三九年上半年，報紙上經常有各州為準備義務教育而做基本調查的相關報導，顯然此時各州廳已經收到即將施行義務教育之準備工作的指令。[27]同年七月總督府評議會的懇談會中，據說有日本人評議員提出義務教育的問題。[28]一九三九年八月二十三日，總督府便明令設置臨時教育調查會，專門調查義務教育實施問題。

這個臨時教育調查委員會的組成如下：

委員　臺大總長三田定則、殖產局長田端幸三郎、交通局長治武治、專賣局長今川淵、警務局長二見直三、內務局長山縣三郎、文教局長島田昌勢、府事務官山本真平、財務局長中島一郎。

幹事　府事務官木原圓次、須田一二三、鈴木秀夫、廣谷致員、細井英夫、視學官波多野清太郎、石井權三、編修官加藤春城、府事務官高橋衛、慶谷隆夫、鈴木信太郎、鹽見俊二、鈴木斗人、大山綱隆、府理事官佐藤武、南出隆。[29]

由其組成來看，除了三田定則為帝大教授外，其他都是總督府的官員，由總務長官擔任委員長，局長級的高等官擔任委員，其下設有幹事（勅任官）及書記（判任官），負責實際業務。西川政藏在這個調查會中就是擔任書記。[30]第一次幹事會於翌日召開，幹事會主要的工作在於考量現實狀況下，義務教育能否實現及如何實現。[31]此後的一個多月，調查會一方面請各州就轄區內市郡就學率、兒童數等做詳細調查[32]，另一方面召開數次幹事會討論，最後於十月五日做出提案，準備提交委員會討論。幹事會的草案指出，義務教育實施的前提是大量教員的養成及超齡兒童（超過六歲而未入學者）的處理，要解決這兩個問題需要數年的時間，因此提議自一九四三年度再開始實施。[33]後來這個草案在委員會中，僅修正幾處詞句，幾乎原案通過。[34]之後，總督府於十月二十四日召開地方長官會議，討論此事。根據報導，在地方長官會議上，地方長官都同意施行義務教育，僅就實施時期、幾年制、超齡兒童如何處理、行政區外兒童是否實施、是否影響勞動力以及財政問題等提出討論，地方長官對提案幾無異議大表同意。[35]之所以需要地方長官的意見，主要是義務教育的實施需要一定的財政基礎，特別是地方公共團體的財政是否足夠至為關鍵。

地方長官會議後，總督府於十月二十六日將此案提送第九回總督府評議會。一九二一年內地延長主義體制下重新開設總督府評議會，其官制中規定「臺灣總督府評議會屬臺灣總督監督，應其諮詢，開陳意見。評議會對於臺灣施政重要事項，得對臺灣總督提出建議」。[36]從一九二一年到一九四五年日本統治結束，總督府評議會只召開過九次，如前所述在一九二一年六月第一回評議會中提出包括義務教育在內的五項案件，之後於一九二二年六月第三回評議會時達成決議，總督府同意未來將在臺灣施行義務教育，但之後並沒有進一步行動[37]，一直到一九三九年臨時教育調查會擬定草案，提交總督，總督才召開第九回評議會討論義務教育案。第九回評議會出席的評議委員有二十六名（評議員總共有二十九人），會中任命近江時五郎、河村徹、許丙、山田尚吉、張蟲生、黃欣、中村一造等七人組成委員會，負責撰寫報告書。而後再以該報告書為基礎進行討論，會中提出應重視女子教育及財源問題等，最後全場一致通過。[38]報上同日刊載了「實施要綱」，內容如下：

一、目標

初等教育乃錬成扶翼皇運之國民的基礎資質，故以之為義務制。

二、實施時期

昭和十八年度起，實施義務教育，同年度以降，達到就學始期的兒童，其就學適用義務制。

三、義務教育制度適用範圍

凡普通行政區域內的內地人、本島人、高砂族之學齡兒童皆行義務教育。

四、學齡

兒童滿六歲之翌日起至滿十四歲間之八年為學齡。

五、就學義務

學齡兒童達到學齡之日以後的最初學年開始時，為就學之始期，修畢尋常小學校或公學校之教科者為就學之終期。

學齡兒童的保護者負有使學齡兒童自就學之始期至終期就學之義務。

六、修業年限

尋常小學校及公學校的修業年限均為六年。

七、初等教育之刷新改善

隨著義務教育之施行，初等教育之刷新改善，將另設調查機關審議之。[39]

從上述過程可知，總督府自一九三八年二月在文教局成立專司調查義務教育制度的「調查係」之後，大約以一年半的時間，迅速作成義務教育施行的決策。之所以於一九三八年二月開始行動，則是受到一九三七年七月中日戰爭爆發的影響，在各種文書中也不斷提到「此次事變」（指七月七日的蘆溝橋事變）的影響。

《義務教育實施要綱》公布後，文教局長島田昌勢到東京向拓務省等官廳說明，並交涉預算編列事宜。[40]島田赴京後表示拓務省已經瞭解臺灣方面的情況，但還未有進一步回應。[41]其後島田便返回臺灣，開始各項準備工作。島田與中央政府折衝的具體過程限於資料無法得知，但顯然主管機關的拓務省基本上是同意的。

## 二、國民學校制度的施行決策與義務教育制度

根據《義務教育施行要綱》第七項，臺灣總督府於第二年、一九四〇年七月廢止「臨時教育調查委員會」，新設「初等教育制度審議委員會」，專職「應臺灣總督的諮問，調查審議義務教育制度實施準備事項及其他關於教育重要事項」。[42]

針對設置調查會一事，本來總督府內部也曾考慮沿用原有的「臨時教育調查委員會」。但一九四〇年以後，由於日本國內確定實施國民學校制度，殖民地臺灣究竟要如何因應，是否與本國同步，以及中等以上學校相關措施的調整等問題，牽涉層面較廣，總督府方面判斷原有的臨時教育調查會恐有不足，因此決定新設一個更有力的委員會。[43]

「初等教育制度審議委員會」與之前的「臨時教育調查委員會」，不只是名稱上的差別。「初等教育制度審議委員會」是以訓令設置的正式機構，它可以因應總督府的諮詢，提出申覆，總督府即可依照申覆書內容立案施策，也就是說，它具有政策規劃的功能，而且責任範圍不只是義務教育的施行，還包括「其他教育重要事項」，所謂「其他教育重要事項」最主要的一項，即是國民學校改制問題。

初等教育制度審議委員會以總務長官為委員長，任命了十名委員及二十名幹事，其成員與臨時

教育調查委員會相同，主要由局長級人物擔任委員、事務官擔任幹事。此外，為了納入各級學校意見，另外增加了八名各級學校的相關人員為臨時委員，二所師範學校、中學校、高等女學校及小、公學校皆有代表，以下並有十名書記。[44] 西川政藏在這個審議委員會也是擔任書記。[45] 委員會的組成如下：

委員：臺北帝大總長三田定則、府交通局長泊武治、臺北州知事川村直岡、府警務局長二見直三、府文教局長島田昌勢、府殖產局長松岡一衛、府內務局長石井龍豬、府財務局長中嶋一郎、臺北帝大教授伊藤猷典、府事務官須田一二三。

臨時委員：臺北第一中學校校長渡邊節治、臺北第二師範學校校長藤谷芳太郎、臺北第一高等女學校校長松井實、臺北第一師範學校校長大浦精一、臺北第一師範學校教諭折戶傳吉及森田了三、臺北州太平公學校訓導田淳吉、臺北市樺山小學校訓導段塚繁壽。

幹事：府體育官丸山芳登、府編修官加藤春城、府事務官鈴木秀夫、府視學官石井權三、府事務官森田俊介、西村高兄、細井英夫、中平昌、清水七郎、高橋衛、府理事官南出隆、府事務官鈴木信太郎、府理事官河合與市郎、府視學官小川義明、府事務官立川義男、府理事官佐藤武、府事務官鈴木斗人、林吉一、大山綱隆、天岩旭。

書記：府屬倉澤政夫、安井勇次、水澤宏一郎、西村政藏、秋山文則、西村健夫、加藤嘉久二、永尾好郎、池田嘉、田中泰男。[46]

初等教育制度審議委員會原本就是因應總督府諮詢而成立的，因此委員會成立後，總督府立刻向委員會提出二項諮問。第一，「隨義務教育制度實施，關於初等教育制度及內容的刷新改善之具體方案如何」；第二，「隨義務教育制度實施，國家及地方團體的財政調整方策之具體意見如何。」[47]關於第一項諮問案，很重要的背景是一九四〇年四月以後，日本本國開始密集推動國民學校改制的準備工作，臺灣方面要如何因應，成為主管殖民地事務的拓務省乃至臺灣總督府的課題。

日本本國要求改革學制的呼聲，自一九二〇年代中期以後以民間團體為中心，在社會逐漸升高。此後至一九三〇年代中期，幾度提出包含延長義務教育年限在內的學制改革案。一九三七年十二月，政府內部設置「教育審議會」，「受內閣總理大臣監督，應其諮問，調查審議關於教育刷新振興的重要事項」，並賦予其可以向內閣總理大臣提出建議的權力。十二月二十三日第一回總會中，政府提出第一號諮問案：「關於我國教育內容及制度刷新振興，可實施之方策如何」，其後到一九四一年十月間，教育審議會共提出七項申覆及四項建議，至一九四二年五月廢止。國民學校改制的建議是在一九三八年十二月通過的第二號申覆案：「關於國民學校、師範學校及幼稚園之件的申覆。」其中關於國民學校的要綱有十八項，主要內容是將現行小學校改為國民學校，修業年限八年，為義務教育；國民學校教育以皇國之道為依歸，統合各科目，廢除因貧困可免就學義務的規定等。[48]

後來的初等教育學制改革，大體依照教育審議會的建議進行。文部省內部於一九四〇年四月制定《國民學校制度實施要綱》，以一九四一年實施為目標，各項準備於一九四〇年度進行。[49]一九四〇年五月，文部省召開全國學務部長會議說明國民學校制，外地的學務部長也列席參加[50]，臺灣方面由文教局學務課長森田俊介及西川政藏參加。[51]

文部省的國民學校計畫，從立案及討論過程來看，基本上只考慮本國的情況，並未納入外地的問題。聽完此次說明會後，外地代表與拓務省開會討論，拓務省希望能儘速提出外地對應案，因此要求各殖民地於八月底之前提出方案，屆時再開會討論。總督府方面此時尚未有腹案，一般認為臺灣的小學校應該會依《國民學校令》改制，但問題是以臺灣人為主的公學校要怎麼辦呢？是要重視臺灣特殊狀況，保留兩種不同學校，還是全部改為國民學校，不加區分呢？[52]

此時，總督府的想法是，無論臺灣是否施行國民學校制，義務教育勢在必行，而國民學校制所強調的教學刷新也一併施行，所以臺灣的問題就不在於是否施行國民學校制，而是要如何配合國民學校制度刷新教育內容，解決隨之而來的財政問題。[53]

由於必須在八月底前提出方案，因此臺灣總督府於七月成立了具有政策提案功能的「初等教育制度審議委員會」，七月十二日召開第一次會議，會中針對臺灣總督府的二項諮詢案，分設兩個特別委員會，分別進行調查及製作申覆書草案。[54]第一項諮問案的申覆書草案，十月於全體委員會中通過，正式向文教局提出申覆。這份申覆書的結論是，提議臺灣自一九四一年起施行國民學校制度，廢除小、公學校的差別，唯依臺灣現實狀況，仍分成常用國語與不常用國語兩種課程表。[55]後來的《臺灣國民學校規則》有不少是參考此申覆案的內容。

申覆書中關於義務教育的規定，相對於日本本國八年義務教育的新規定（原預定自一九四四年起實施，後因戰爭因素並未實施），臺灣的國民學校初等教育義務制的施行，暫時以國民學校初等科六年為義務制。此外還有一點不同，日本本國並沒有因為學齡兒童的身體狀況或家裡貧窮而得以免除監護人義務的規定，但此申覆書以及後來《臺灣國民學校規則》中皆有此項規定，也就是放寬義務教育的要求。其他對於教員的再教育、學校體育加強、實業科的重視等本國國民學校制度的強調重點也都包含在內。

至於第二項諮問，特別委員會於七月中擬定調查程序[56]，但實際調查結果，遲至二年後的一九四二年十月才提出。[57]

作成此決議後，文教局立刻開始進行《臺灣教育令》修正草案的準備工作，十月二十八日學務課長森田俊介隨即將此案帶至東京，與中央政府折衝。[58]比對公文書，森田此時帶去的資料應該就是現存《茗荷谷文書》R十六（第十六卷）中的二份資料：一是「臺灣教育令中改正案說明資料（一問一答）」，一是「臺灣教育令中改正ニ関スル説明資料」。[59]森田在東京待了一個半月左右，於十二月十五日回臺，據森田表示，這段期間在拓務省方面的商議已經完成，取得拓務省同意，資料已經送到法制局。[60]另一方面，由臺灣總督府提給拓務省，申請修正《臺灣教育令》的「禀議」於一九四〇年十二月十九日送出，其中即附有《臺灣教育令》修改案。[61]一九四一年一月十八日，由拓務大臣秋田清向內閣提出請議。[62]三月一日內閣總理大臣近衛文麿奏請審理《朝鮮教育令》及《臺灣教育令》修正案件。[63]

戰前日本的教育法令，是由敕令、而不是由法律發布。教育關係的敕令發布，大抵有幾個程序：（一）首先由內閣總理大臣提出請議案，在閣議審議、決定後，上奏天皇。（二）天皇接受之後，向樞密院提出諮詢。（三）樞密院審查通過後，回覆給天皇，並通知內閣。（四）閣議確認後決議，再奏請天皇裁可。（五）天皇裁可，發布勅令。[64]在這個過程中，送到樞密院之前，還須經過法制局審議法令草案是否適當。[65]以本次教育令的資料來看，在秋田清拓務大臣請議案的附件「臺灣教育令改正草案」中，就有批注法制局的意見。[66]

其間，一九四一年二月新上任不久的文教局長梁井淳二與森田俊介學務課長再度上京，準備在樞密院審議期間備詢。原本預定二月十九日審查，但因故一再延期。三月四日樞密院委員會預審，梁井及森田到場說明回應。[67]審查報告由樞密院書記官長堀江季雄完成，於三月十三日提出。[68]樞密院本會議（全體會議）則一直延到三月十九日才審查朝鮮及臺灣教育令修正案。梁井文教局長代表臺灣出席，由堀江書記長官報告審查結果，會中只有曾任臺灣總督的石塚英藏（一八六六－一九四二）顧問官提出簡單質詢，由秋田清拓務大臣回答。石塚的質詢是，朝鮮在一九三八年就將朝鮮人就讀的普通學校改為小學校，現在則改成與本國一樣的國民學校；而臺灣並沒有經過改成小學校的階段，直接就改為與本國一樣的國民學校，好像一次跳了兩步，一舉撤廢國語常用者及不常用者的區別，這個做法是否妥當。秋田拓相的回答是，雖然一併改為國民學校，原則上還是維持現狀，會充分考慮內臺兒童的差異。整個會議不到一小時就結束[69]，幾乎只是形式上的認可手續而已。[70]

樞密院通過後，三月二十五日內閣總理大臣與拓務大臣聯名奏請天皇裁可，得到天皇裁可後，於三月二十九日公布修正的《臺灣教育令》（勅令二五五號）[71]，在臺灣也施行《國民學校令》，廢除小、公學校之別。同日，總督發布諭告。[72]

臺灣總督府對於施行國民學校制的看法，可以從一直參與其事的學務課長森田俊介的發言看出。森田表示，臺灣於一九三九年決定的《義務教育施行要綱》中，已經決定在施行義務教育制度的同時，也進行初等教育的刷新改善，並且已在昭和十五年度（一九四〇）的預算中排入初等教育改善準備費。也就是說，在臺灣即使沒有像日本本國那樣企圖由國民學校改制來刷新初等教育內容，臺灣也一樣要推動教學內容刷新。臺灣在推動義務教育的同時，思考初等教育內容的刷新改善，是有臺灣獨特的立場，而且正一步一步進行中。臺灣是在這個改進途中，得知文部省將要實施國民學校改制，而當國民學校制度內容具體化後，臺灣當然也呼應，而決定新方針。亦即，本來應該與義務教育制度實施同時，自昭和十八年度（一九四三）起從事教育內容改善，然因應國民學校制度，先自昭和十六年度起（一九四一）進行制度修訂及內容刷新，而義務制則自昭和十八年度起（一九四三）實施。[73]由上可知，一九三七年以後，日本本國與殖民地臺灣分別開始進行學制改革，其共同的大背景是日本帝國走向戰時體制的過程中，企圖透過教育塑造國家所需的人力資源。但是雙方在學制改革之初，主管本國教育事務的文部省，對於拓務省所管轄的殖民地教育並沒有介入太多，可以說是臺灣總督府依照自己統治的需要進行學制改革案，一直到一九四〇年四月以後，日本本國改制國民學校的準備密集展開，才在拓務省的主導下，設法讓臺灣的教育制度能對應本國的教育改革。

經由上面的描述，我們看到了在殖民地臺灣實施義務教育制度的政策形成過程及行政程序。對於這個議案的立案、討論，總督府將之視為臺灣施政重要事項，因此向臺灣總督府評議會提出諮詢案，得到評議會的認可才確定可以施行，而後公布施行要綱。施行要綱公布後，向中央主管機關拓務省報告；由於牽涉到國庫的預算安排，還需要拓務省與中央政府相關部門協商。在這個過程中，或許總督府曾事先與主管機關拓務省討論，得到默許也未可知，不過從行政上來看，決定義務教育的施行及如何施行，是總督府的權限，而且可以說是從田健治郎總督以來的既定政策。另一方面，政策決定後，因應制度變更，必須修改相關法規，在西川政藏的計畫中，也提到法令變更的幾種可能性，可以制定新法令，也可以修改《臺灣教育令》。不修改《臺灣教育令》，而在以府令發布的《臺灣小公學校規則》中，訂定義務教育相關規定，也不無可能。如此在法令改定上，就不需要牽動敕令層級的《臺灣教育令》。只是修改法源的問題，在還沒有付諸實現前，就隨著日本全國性教育制度的改變，也就是新施行的國民學校制度而有了變化。無論如何，到了一九三九年，經過臺灣總督府評議會同意而由臺灣總督府公布的《義務教育施行要綱》，已經確定臺灣即將施行義務教育。

一九四一年以後，日本本國義務教育的法律根據，是《國民學校令》（一九四一年勅令第一四八號）中關於「就學」的相關條款，其中規定保護者對於滿六歲到十四歲的兒童有使其就學的義務；同時，也規定市町村有設置國民學校的義務。[74] 一九四一年決定《國民學校令》也適用臺灣時，其法律程序就不得不修改《臺灣教育令》中關於小、公學校的規定，刪除其中小學校及公學校的相關條文，改為「初等教育依國民學校令」，然後由臺灣總督府以府令廢除原先的《臺灣公立小學校規則》及《臺灣公立公學校規則》，另行公布《臺灣公立國民學校規則》（一九四一年府令第四七號），在其中注明《國民學校令》中與義務教育相關的條款不適用。因此到了一九四三年，義務教育制要施行時，在法律程序上，只要修改府令的《臺灣公立國民學校規則》中原本不適用《國民學校令》的條項即可，並不會牽涉到更上層的法。一九四三年三月二十三日，臺灣總督府以府令第四五號，公布修訂《臺灣公立國民學校規則》，取消了一九四一年公布的規則中義務教育不適用的條項。[75]同日，總督發布諭告，宣布在臺灣實施義務教育。[76]

## 三、義務教育的準備及其推動實況

前文主要著眼於一九三〇年代中期以後，臺灣總督府對應地方選舉實施，以及隨之而來的中日戰爭爆發的局勢，如何開始準備施行義務教育，特別是一九三八年二月設置專門的調查機關，其後設置專門的調查委員會，提出義務教育的提案，到一九三九年決定實施的行政過程。在這個過程中，最值得注意的是，當總督府決定在臺灣施行義務教育，其後三年的準備期中，總督府實際上做了哪些準備工作，尤其是總督府如何安排義務教育所需的財政基礎。

關於義務教育的施行，《茗荷谷文書》留下了幾份相關資料，其中以收錄在阿部洋編《別集（一）》第一〇四卷中的三種資料最為重要：

㈠〈關於義務教育制度施行〉說明書

㈡義務教育關係說明資料

㈢義務教育關係統計資料

這三種資料都來自拓務省檔案「昭和十八年本邦ニ於ケル教育制度並狀況關係雜件臺灣教育令改正關係」，收錄於《茗荷谷文書》微卷第十六卷（R十六），詳細內容請見本書附錄六。從資料內容來看，作成時間應在一九四二年底，也就是在初等教育審議委員會提出第二項諮問的申覆案，確定臺灣總督府的財政規劃後，完成這些資料，並於一九四三年初由總督府官員帶到東京，提供給拓務省。卷一〇四（二）和卷一〇四（三）看起來是同一份資料的二部，卷一〇四（二）是文字說明，卷一〇四（三）是統計數據。這兩份資料另收錄於「自昭和十八年至同十九年本邦ニ於ケル教育制度並狀況關係雜件外地一般關係義務教育關係參考資料」，在《茗荷谷文書》微卷第七卷（R七）。《茗荷谷文書》微卷所收資料，標題上有「攜帶版」（原文為「手持用」）的字樣[77]，表示是準備帶到報告會場使用的資料。

《茗荷谷文書》的出版及亞洲歷史資料中心資料庫的收錄，對於研究者方便不少，但是ゆまに書房發行的微卷似乎比較接近檔案的原始狀態。其實，這三種資料在原始檔案中都收在一九四三年的「臺灣教育令改正關係」檔案中，其作成年代，都是在一九四二年底，並不是一九三九年決定施行義務教育時完成的資料。

一九四三年《臺灣教育令》的修改，主要是為了兩件事：一是新發布的《中等學校令》（一九四三年勅令三六號），將中學校、高等女學校及實業學校全部統合為「中等學校」，臺灣也要適用；二是臺灣的師範學校將改為準據本國的《師範學校令》（但在臺灣可設置速成的「講習科」），因此要修改《臺灣教育令》中的相關條項。《臺灣教育令》是勅令，要經過樞密院審議及天皇勅裁之後才能發布，因此臺灣總督府必須準備相關資料給上級主管機關拓務省，以備拓務省到樞密院報告時使用。除了準備給樞密院的報告之外，為了編列義務教育國庫補助的預算，也必須提供相關資料給拓務省，以便其與中央其他部會協商時使用。也就是說，這幾份資料雖然標題上有「義務教育」字樣，但文件本身並不是為了實施義務教育而整理的資料，而是一九四三年臺灣總督府提供給拓務省在中央政府協商的資料。無論如何，這些資料提供了自一九三九年十月決定施行義務教育，至一九四三年四月真正開始實施之間，總督府對各項調查的結果以及財政規劃。

如同總督府在報告書中指出的，義務教育實施最大的困難在於迅速增加班級並培養足夠的師資，同時對超齡兒童能有適當的安排，而這二項皆需龐大經費。以下便從學齡兒童的就學與超齡兒童的處置、師資補充及財政規劃三方面來探討。

近代學校教育的特色之一是規定入學年齡，讓同年齡的小孩一起上同樣的課程。那時總督府規定的入學年齡是六歲，以六至十四歲的兒童為學齡兒童，統計書中的學齡兒童入學率是以六至十四歲兒童的入學比例來計算。但臺灣社會原本沒有「學齡」的概念，不少小孩七、八歲，甚至九歲以後才去學校讀書，尤其在日治初期，許多家長會讓孩子先讀幾年私塾才去公學校讀書，因此公學校一年級的兒童，年齡從六、七歲到九、十歲都有，總督府統計書每年都有學校兒童年齡的統計。根據總督府的調查，一九三八年入學適齡兒童比例為四〇％，一九三九年為四六％，也就是說入學兒童中，一半以上是超齡兒童。[78]總督府認為超齡入學的兒童人數過多，不利於義務教育的實施，因此決定義務教育制度只針對當年度正好符合入學規定的人，也就是六歲兒童。在義務教育實施的三年準備期間，各地方就開始宣導適齡兒童入學。例如臺北市，在義務教育施行大綱尚未公布的一九三九年初，即公布自一九四〇年度起，將不允許超齡兒童入學[79]；嘉義市在一九四〇年初也有類似規定。[80]由這些零星的線索可以推論，臺灣總督府在籌備義務教育的過程中，陸續透過行政管道把相關措施傳遞給各州廳，因此有些州廳才會先行對應。從一九四〇年起，入學適齡兒童的就學率明顯提升，如表8-1所示。

對於超齡兒童，總督府另外設置由國庫補助的「特設國語講習所」來收容。國語講習所是一九三〇年代以後的國語普及機構，屬於社會教育的一環，收容十二至二十五歲未受教育的青少年，教育期間二年，每年上課一百五十至二百日，一九四一年時有五千多所，學生二十八萬餘人。除了國語講習所之外，另有針對二十六歲以上成人的簡易國語講習所和針對幼兒的幼兒國語

**表 8-1　1938-1944 學齡兒童及入學適齡兒童就學率**

| 年分 | 學齡兒童（6-14 歲）就學率％ | 入學適齡（6 歲）兒童就學率％ | 入學適齡兒童占總入學兒童比例％ |
|---|---|---|---|
| 1938 | 49.82 | 40.21 | 51.57 |
| 1939 | 53.15 | 45.84 | 58.35 |
| 1940 | 57.57 | 59.34 | 68.26 |
| 1941 | 61.60 | 74.51 | 89.47 |
| 1942 | 61.56* | 81.87 | 93.90 |
| 1943 | 65.82* | 89.71 | — |
| 1944 | — | 95.31** | — |

**資料來源：** * 號者見臺灣總督府，《臺灣統治概要》（臺北：臺灣總督府，1945），頁 51-52。
** 號者見水野直樹編，《戰時期植民地統治資料第四卷》（東京：柏書房，1998 年），頁 228。
其餘見《茗荷谷文書》R16-502-504，表一、二、三。《日本植民地教育政策史料集成（台湾篇）第 104 卷》，頁 113-117。

表 8-2　特設國語講習所在學者年齡別（1941 年 4 月 1 日）

| | 所數 | 班級數 | 適齡兒童 | 超過一年 | 超過二年 | 超過三年 | 以上四年 | 計（單位：人） |
|---|---|---|---|---|---|---|---|---|
| 男<br>女 | | | 1,517<br>1,289 | 7,928<br>6,597 | 4,623<br>4,450 | 1,664<br>2,245 | 1,110<br>1,821 | 16,842<br>16,402 |
| 合計 | 561 | 612 | 2,806 | 14,525 | 9,073 | 3,909 | 2,931 | 33,244 |
| 百分比 | | | 8% | 44% | 27% | 12% | 9% | 100% |

**資料來源：**《茗荷谷文書》，R16-546；《日本植民地教育政策史料集成（台湾篇）第 104 卷》，頁 177。原文合計數字與各項總和略有出入，本表已重新計算。

講習所。[81]特設國語講習所是三年制，教學內容準據公學校，上課地點多在公學校（國民學校）內，有專任的講師，以準備期間的一九四一年來看，總督府以五十四萬圓的預算，在全臺設置了五六一所特設國語講習所，收容三萬餘名學生。如表8-2所見，除了超齡兒童之外，也有大約十分之一的適齡兒童在國語講習所上課，很可能是因為公學校（此時已改國民學校）收容力不足所致。事實上，此時每年約有一萬多名兒童申請入學被拒，一九四二年甚至有近二萬人被拒。[82]至一九四二年，特設國語講習所數增加為七七八所，學生五萬餘人。[83]

除了安置超齡兒童之外，最大的問題是如何收容激增的學生。各地方在三年的準備期間，大量新增班級，也增設學校。一九三五年起，班級數開始激增，一九三五年及一九三六年每年增加三百餘班，是一九三四年的二倍，一九三七年又大幅增加，一九三七及一九三八這二年各增加五百多個班級，一九三九年以後，每年增加八百至一千個班級（見表8-3）。

大量增加班級，可收容人數自然增加，義務教育實施當年的人數超過八十萬人（見表8-4）。從數字上來看確實是大幅增加，不過，平均每個班級人數高達七十人左右，早就超過《公學校規則》中規定的六十人。

班級數增加，自然也意味著需要增加教師，總督府的統計方式是每增一班，應增加一．〇六名教師。增加八百班，就要增加近八百五十名教師。一九三九年時，全臺有四所師範學校，每年養成三百五十名教師，加上每年例常的退休、離職人員，教員需求十分吃緊。根據總督府的估算，自一九四三年實施義務教育後，每年要補充二千多名教員。因

表 8-3　1937-1944 公學校及班級增加情形

| 年度 | 公學校數 | 比前一年增加數（包括分校） | 班級數 | 比前年增 |
|---|---|---|---|---|
| 1937 | 788 | 3 | 6,957 | 573 |
| 1938 | 796 | 8 | 7,496 | 539 |
| 1939 | 810 | 14 | 8,329 | 833 |
| 1940 | 825 | 15 | 9,339 | 1,010 |
| 1941 | 852 | 27 | 10,294 | 955 |
| 1942 | 881 | 29 | 11,148 | 854 |
| 1943 | 922 | 41 | 12,046 | 898 |
| 1944 | 944 | 22 | — | — |

**資料來源：**《臺灣總督府統計書》各年度、《臺灣省五十一年來統計提要》、《茗荷谷文書》R7-334-357、R16-418。

表 8-4　1938-1944 初等教育機關在學臺灣人學生人數統計

| 年度 | 國民學校學生人數（臺灣人） |
|---|---|
| 1938 | 498,302 |
| 1939 | 546,209 |
| 1940 | 618,512 |
| 1941 | 675,581 |
| 1942 | 735,766 |
| 1943 | 805,197 |
| 1944 | 872,507 |

**資料來源：**《臺灣省五十一年來統計提要》。

此，決定實施義務教育制度之後，總督府首先對師範學校增班，同時增設新竹、屏東二所師範學校。這二所學校均於一九四〇年成立，成立之初僅設置一年制的講習科，即是為了迅速培育師資。每年二千餘名的教員需求，大約有一半依賴師範學校之增設或增班來培育，另一半就要靠總督府或州廳舉辦的臨時講習會。[84]臨時教員的講習時間通常為三個月，養成後成為代理教員。參加資格為：(一)實業補習學校畢業以上，思想堅實，身體強健者；(二)中等學校三年以上半途退學者，思想堅實，身體強健者；(三)小、公學校高等科畢業者及同等以上學力，人品、學力、身體皆優秀者；(四)以上各項年齡滿十八歲，未滿三十歲者。[85]當局雖然認知到「臨時養成結果，自然教員素質低下」，但是也別無他法。[86]此外，總督府也努力到本國招募教員（見表8-5）。

不論是增置特設國語講習所、增設班級或是增加教員，都需要龐大經費。甚至可以說，義務教育能否實施的關鍵之一即在於是否能籌措足夠的經費。早在一九二二年田健治郎總督時期，在回答義務教育諮問案時，就已經指出，能否施行義務教育的關鍵之一在於地方公共團體的財政是否充足。一九三九年，這個問題再度浮上檯面時，《臺灣日日新報》的記者也很早就提出義務教育成否，完全都在財政問題，報導中甚至還指出，如果教員俸給可以由國庫補助的話，那麼一九四一年以後就有可能實施。[87]

總督府方面當然也非常清楚財政的問題，這也是為什麼臨時教育調查委員會作成初步草案後，總督府要召集地方長官來討論，因為初等教育的經費主要便是來自地方費。在這個討論會中，地方長官最關心的恐怕也是自己的財政要怎麼安排才能應付膨脹的預算，以及如何才能爭取到更多中央補助款。一九四〇年初等教育制度審議委員會成立後，總督府方面提出的兩項諮詢案之一就是如何調度義務教育所需的財政。委員會為了這個問題研究討論了近兩年，於一九四二年才提出回答，顯然這個問題並不容易解決。《臺灣日日新報》甚至在社論中提出強硬主張，認為此時中央政府絕無可能補助臺灣的義務教育費，而依賴民間捐款或是改變國庫、地方費的分擔比例也都不是長久之計，因此主張應該為義務教育的實施制定新的正規稅。[88]類似的主張，其後也一再提出。[89]

那麼，事實上整體的財政問題是如何解決的呢？總督府又怎麼規畫呢？在義務教育制度準備工作還沒正式啟動之前，一九三四年總督府文教局首度向國庫中請初等教育的補助金，名目是「內容充實改善」。一九三五年總督府訂定十年國庫補助計畫，自本年度開始，國庫補助的名目分為二項，除了原有的「內容充實改善」之外，另外增加「普及設施（增設班級）」的款項。一九四〇年以後則定額補助這二個項目（見表8-6）。

表 8-5　1943-1948 國民學校教員需給計畫

| 年度 | 需要教員數 | 供給教員數 | | | | | |
|---|---|---|---|---|---|---|---|
| | | 師範畢 | 內地教員招攬 | 臨時講習（府） | 臨時講習（州廳） | 其他 | 計 |
| 1943 | 2,343 | 920 | 100 | 400 | 800 | 123 | 2,343 |
| 1944 | 2,291 | 1,120 | 200 | 400 | 500 | 71 | 2,291 |
| 1945 | 2,335 | 240/800* | 200 | 400 | 500 | 195 | 2,335 |
| 1946 | 2,248 | 1,040 | 200 | 400 | 500 | 108 | 2,248 |
| 1947 | 2,377 | 1,040 | 200 | 400 | 600 | 137 | 2,377 |
| 1948 | 2,439 | 1,040 | 200 | 400 | 600 | 199 | 2,439 |

**資料來源**：《日本植民地教育政策史料集成（台湾篇）第 100 卷》，頁 141-142。《茗荷谷文書》R16-426。

*800 為前一年度講習修了，為本年度所用。

表 8-6　1934-1942 國庫補助初等教育費　　單位：圓

| 年度 | 既設普及補助 | 內容充實補助 | 計 |
| --- | --- | --- | --- |
| 1934 | - | 37,830 | 37,830 |
| 1935 | 55,000 | 43,268 | 98,268 |
| 1936 | 140,000 | 76,092 | 216,092 |
| 1937 | 210,000 | 140,220 | 350,220 |
| 1938 | 280,000 | 266,800 | 546,800 |
| 1939 | 350,000 | 363,264 | 713,264 |
| 1940 | 420,000 | 406,302 | 826,302 |
| 1941 | 420,000 | 406,302 | 826,302 |
| 1942 | 420,000 | 406,302 | 826,302 |

**資料來源：**《日本植民地教育政策史料集成（台湾篇）第 104 卷》，頁 157；《茗荷谷文書》R7-274。

面對總督府關於義務教育財政調整的諮問，一九四〇年初等教育制度審議委員會的回答是：昭和十八年度由國庫對州廳補助三三〇萬圓，逐年順次增加一五〇萬圓補助，至昭和二十三年度補助額增為一〇八〇萬圓。三三〇萬圓的金額應是以州廳費總額七三三萬圓的四五％來計算。[90]

此外，對國民學校教員之臨時家族津貼、臨時津貼、戰時勤勉津貼等，昭和十八年度以降所需額度的二分之一由國庫補助。[91]依照這個算法估計的歷年補助額度，見表 8-7。

國庫補助金的分配，分成二部分，按各州廳需要分配：（一）補助金的一半，依前年度決算各州廳國民學校教員俸給總額為基準，分配給各州廳；（二）國庫補助金的另一半，依該年度四月底各州廳國民學校的班級數比例分配。[92]也就是說，總督府似乎並不打算徵收新稅或加重稅收，而期待由國庫補助金來支應。

根據總督府的統計，從一九三九年到一九四二年的

表 8-7　1943-1948 國庫補助初等教育費預定額　　單位：圓

| 年度 | 一般初等教育費補助額 | 各種津貼補助 | 合計 |
|---|---|---|---|
| 1943 | 3,300,000 | 2,656,950 | 5,956,950 |
| 1944 | 4,800,000 | 2,813,040 | 7,613,040 |
| 1945 | 6,300,000 | 2,962,788 | 9,262,788 |
| 1946 | 7,800,000 | 3,084,120 | 10,884,120 |
| 1947 | 9,300,000 | 3,216,798 | 12,516,798 |
| 1948 | 10,800,000 | 3,348,708 | 14,148,708 |

**資料來源：**《日本植民地教育政策史料集成（台湾篇）第 100 卷》，頁 173。

準備期中，州廳教育費的預算增加六二〇萬圓左右，市街庄教育費增加五〇〇萬圓左右，每年約增加八百到一千個班級；而自一九四三年開始實施義務教育到預定完成的一九四八年度，每年預計增加七百至八百個班級，比起準備期間所需經費應該更少。總督府根據這樣的計算，估計地方財政在實施義務教育後應不至於發生問題。[93]

總督府口頭上保證不加重地方的負擔[94]，而事實上地方的預算也確實依賴國庫補助而提高不少，但是民眾的捐款也是此時教育擴充的重要財源之一。一九三〇年代後期，報紙上非常密集地報導各地為了增設班級或學校，由民眾「自發」捐款或提供勞役，以下列舉一二。[95]例如一九三九年臺北市希望在該年度即完成所有學齡兒童皆就學的目標，許丙、郭廷俊、許智貴等人遂發起募款計畫，預計募集五萬圓資金，提供給市當局使用。[96]五萬圓約是該年度市費支付的小、公學校費總額的一五%，算是相當高額的捐款。[97]又如新竹州苗栗街自一九三八年起即依賴祭祀公業、神明會的大額捐款，才能順利新建教室，義務教育實施公布後，想就學的人數激增，苗栗街長與視學、當地二所公學校校長及二校保護者會（家長會）正副會長商議，決定六年內的教員薪給及其他一切費用皆由家長及街民負擔。[98]這些參與協商的人當中，真正有力量動員地方捐款的，應該是臺灣籍的保護者會正副會長。此時期因應義務教育實施而來的經費需求，不只向地方上個別人士募款，也有平均分派當地住民的方法，或是由地方上公共事業的經費來支應。[99]一九三九年十二月，宜蘭頭圍公學校要設置高等科時，校舍建築費用由庄民捐款一萬圓，尚不足二千圓，保護者會因此決定由當地頭圍公學校在學兒童一人二圓，附近二圍、大谷兩校兒童一人一圓集資募款。[100]

雖然名義上是捐款，但實際上也有指定分擔的情形。從各種報導來看，情況很可能是決定增設班級或學校以後，市、郡街庄當局就主動找地方人士來協商。例如一九三八年彰化市要新設商業學校，市當局決定後，立刻就找來地方有力人士商討捐款總額及分配方法。[101]一九四〇年宜蘭的羅東要新設商工專修學校，也是由郡當局主動集合郡下街庄長協議學校預定地、校舍建築費等負擔方法，決定這些事項之後，郡守才去和州當局折衝。[102]

把焦點放在小、公學校設置主體的市街庄，應該更能具體掌握日治後期教育擴充的實況，以下以新竹市為例說明。一九四〇年時，新竹市內有新竹第一、第二、第三及住吉等四所公學校，其中僅新竹第一公學校設有高等科；另有一所小學校（新竹小學校）。一九四一年以後，因應國民學校改制，上述學校分別改為新興、北門、新富、高丘、新竹國民學校；同時新設的東山小學校也改為東山國民學校（一號表）。[103]同年因市區擴大新納入新竹市的三所公學校也分別改為南寮、香山、鹽水國民學校，因此，一九四一年新竹市總共有七所公學校及二所小學校。初等教育以上有中學校及高等女學校各一所；一九三九年新設家政女學校（原為私立，一九四〇年改為市立），一九四〇年新設新竹商業學校（屬實業學校）。此時，新竹市內學齡兒童就學率為七二．七五%（男八九．二八%／女五六．二三%）。[104]一九四二年新富、香山國民學校新設高等科，一九四三年新設花園國民學校（一號表）。如果只看公學校的話，從一九三八年到一九四二年，初等科增加了三十五個班級。[105]

雖然市內教育機關已經擴充，但似乎還是無法滿足當地住民的需求，地方人士紛紛透過各種管道向當局提出擴充教育機關的訴求。一九四〇年起，地方人士對於政府的教育要求主要集中在兩方面，一是增設公學校（或是增加班級），二是增設公學校以上的教育機關，包括公學校高等科、實業學校、實業補習學校，並且要求設置新竹第二中學。顯然，新竹市民對於初等教育及中等以上教育的需求都超過市當局的供給。

一九四〇年地方人士向新竹市會要求儘速解決新設公學校、高等工業學校等事，聯名請願的委員包括臺灣人及日本人的市議員。[106]一九四二年地方人士組成新竹二中設置籌備會，開會討論新設中學校的問題，甚至決議由新竹市及州內各郡捐款分攤七十萬圓的工程費，[107]可見地方人士的決心。翌年三月好像真的籌集了八萬圓購置土地，[108]但是這個計畫，後來受到阻礙，由於戰爭動員的需求，總督府方面更重視培養工業人才、技術人員，因此將設立新竹二中的資金，轉為開設工業學校的準備金。[109]

由上可知，自一九四〇年四月到一九四三年三月三年的義務教育施行準備期中，各地教育機關確實明顯擴充，其間雖然有制度上的改變，於一九四一年四月起實施國民學校制度，但是擴充計畫本身並沒有受到明顯影響。從財政方面來看，筆者過去曾經研究日本統治初期教育經費的來源，發現日治初期初等教育經費，除了教師薪資以外，幾乎都是地方民眾以派捐或是自由捐獻的方式籌集。[110]該文只研究到一九一〇年代初期，一九二〇年代以後由於「地方制度改正」，地方團體成為設立小、公學校的主體，初等教育的經費，包括教師薪資及諸項補助，主要由州廳費支出，其他經費則由市街庄負擔。不過，從前述我們可以看到，民眾的教育需求遠大於國家提供的教育量，因此，民眾不得不以自己額外負擔的方式，來滿足自己的教育需求，而國家也因財政困難，樂於或不得不接受，甚至鼓勵這樣的做法。在各州預算中，教育費捐款是獨立的項目。[111]一九四二年的資料顯示，教育費的歲入總額是一二五〇萬餘圓，最大項目是學費收入，有將近四八五萬，超過總額的三分之一；其次是國庫補助金三三〇萬，約占四分之一；但捐款收入有一〇四萬圓，將近十分之一。[112]捐款所占比例之高，特別引人注意。

## 結論

本章以《茗荷谷文書》的檔案及報章雜誌的報導為主要材料，藉由義務教育制度施行的政策過程，嘗試描繪日本殖民統治末期臺灣的教育政策及地方社會的教育擴充情形。

義務教育雖然自日本領有臺灣之後不斷被提出，甚至在一九二二年第三回臺灣總督府評議會中作成終將施行的決議，但是真正做為政策課題則要到一九三〇年代以後。背景之一是一九三五年地方自治選舉的實施，讓總督府及地方指導者感到加速普及教育的迫切性；但一直到一九三七年以後，在戰爭動員的人力資源考量下，才正式啟動各項準備工作。一九三八年二月，總督府文教局學務課設置新的調查係，專職負責義務教育相關事項的調查。根據調查係的調查結果及建議事項，總督府於一九三九年八月成立臨時調查委員會，研擬草案，同年十月提出，經地方長官意見交換會後，小林躋造（一八七七—一九六二）總督召開第九回臺灣總督府評議會，向其提出諮詢，得其同意後，遂公布《義務教育實施要綱》，隨後向中央主管機關的拓務省報告結果，之後便開始各項實際的準備工作。

《義務教育實施要綱》屬於一種政策規劃，實際上還需要修改或重新制定相關法令才能正式施行。由於這是一九二二年以來即確定終將施行的政策，在這個階段都還屬於臺灣總督府的權限範圍。然而，修改法令就有可能超出臺灣總督府的權限，而需要中央政府相關部門的同意，例如勅令的《臺灣教育令》即需要樞密院同意；但如果只是以府令來公布施行，便仍然在總督府的權限之內。法令的修改問題還沒有定案，一九四〇年中開始，因為日本本國確定實施國民學校制度，因此包括臺灣在內的外地如何因應，便成為此時臺灣總督府的新課題。臺灣總督府內部為了研議此問題，重新以訓令成立有政策建議權的「初等教育制度審議委員會」，將國民學校施行案與義務教育施行案合併交由該委員會討論。最後，該委員會建議臺灣也與本國同步施行國民學校制度，而義務教育制仍如預定自一九四三年度起實施。之後，臺灣總督府便依此建議案，進行了包括法令修改及財政規劃等各項工作。臺灣的初等教育若是要根據《國民學校令》，就必須修改《臺灣教育令》的相關條文，因此，臺灣總督府便準備了《臺灣教育令》的修改草案及相關文件，提供給上級主管機關拓務省，再經由閣議提交給樞密院審議。而在樞密院審議時，幾乎未受刁難就順利通過，一九四一年四月，臺灣與日本本國同步改制為國民學校。而義務教育相關規定則至一九四三年實施前，透過修改府令的《臺灣公立國民學校規則》而告完成。

義務教育施行的財政規劃，基本上是由國庫補助金來支應所需費用。義務教育實施第一年度（一九四三年度），國庫確實編列了五〇四萬圓的預算供義務教育使用。[113]從一九三九年公布到一九四三年實施的三年半準備期間，各地也快速擴充了教育設施，但教育擴充的費用，許多還是由渴切更多教育的地方民眾所提供。

義務教育在戰爭後期實施，就統治者而言，無疑是為了配合戰爭動員的需要，特別是預想徵兵制必將施行，而期待透過擴大基礎國民教育來培養國家所需的人力資源。另一方面，臺灣社會自一九二〇年代的民族運動以來，即從啟蒙主義的觀點出發，主張應在臺灣施行義務教育，到了一九三〇年代，總督府再次提出義務教育的政策課題時，臺灣社會也跟著呼應，但此時較少看到啟蒙主義的主張，反而是借力使力地借用統治者的說詞，以普及國語、涵養國民精神等理由要求施行義務教育。由此我們可以看到臺灣社會如何機敏地應付殖民統治者的要求，來達到自己對教育擴充的企求。[114]

義務教育實施時，戰局已經相當緊迫，許多回憶錄及口述歷史都提到日本統治的最後一、二年，不少學生都因空襲或疏散到鄉下，而沒有辦法好好上課。因此，雖然統計資料顯示學齡兒童就學率達到總督府的預期成果，但此時學校教育究竟在多大程度上能繼續運作，令人存疑。另一方面，關於臺灣社會對義務教育實施的反應，筆者過去曾經以當時報紙上幾篇臺灣人發表的文章來說明。[115]一九四三年義務教育制度正式施行時，《臺灣新民報》的後身《興南新聞》開設了「慶祝義務教育實施」專欄，張文環、吳新榮等知名作家都被動員為文「慶祝」，但是兩人的文章都沒有提到「義務教育」。[116]此外，也有臺北市永樂國民學校六年級女學生柯絹子的投稿短文〈迎接義務教育施行的新學年〉，十分熱切地肯定：「國民三大義務之一的義務教育制度在臺灣實施，是我們的榮耀，六百萬島民的名譽」，宛如政府的文宣。[117]然同一版上，另有呂赫若的短篇小說〈一年級生〉，描寫一個兒童陳萬發，在入學前硬是把介紹自己名字、家中成員的日文說法背起來，滿心期待到學校能表現一番，卻苦無機會，終於忍不住自己站起來發表日文演講，可是日本老師的回答，他一句也聽不懂。[118]義務教育祝賀文章不提義務教育，真實的柯絹子表現出對國家政策的熱切認同，而虛構的陳萬發卻表現出與實際狀況的落差，這幾篇文章組合起來，正好讓我們看到了義務教育制度乃至整個殖民地教育的內在矛盾。

本章透過詳細比對公文檔案的內容與報章雜誌的報導，還原了日治末期教育政策制定的過程，不但究明了義務教育制度實施的決策過程以及國民學校制度施行於臺灣的政策過程，同時也藉以瞭解臺灣總督府與中央政府間在政策上的協調與分工。未來除了可以比較不同政策的決策過程之外，對於臺灣社會如何借力使力地追求自己想要的教育，以及制度實際施行時，不同地域、性別、族群有什麼不同的反應，將是筆者未來考察的重點。

1 許佩賢，〈戰爭與義務教育的實施〉，收於許佩賢，《殖民地臺灣的近代學校》（臺北：遠流出版社，二〇〇五年），頁一七二—一九五。

2 吳文星，〈日治時期臺灣社會領導階層與義務教育之實施——以一九二一—一九二二第一屆臺灣總督府評議會員之議論為中心〉，《臺灣師大歷史學報》第四八期（二〇一二年十二月），頁二二九—二五八。

3 林琪禎，〈日治時期殖民地臺灣義務教育制度之考察〉，收於川島真、松永正義、陳翠蓮主編，《跨域青年學者臺灣史研究　第四集》（臺北：稻鄉出版社，二〇一一年），頁五四三—五七七。

4 廣瀨順晧編，《茗荷谷研修所旧蔵記錄　戰中期植民地行政史料總目錄　教育・文化・宗教篇》（東京：ゆまに書房，二〇〇三年）。關於《茗荷谷文書》的介紹，可參考熊本史雄，〈外交史料館所『茗荷谷研修所旧蔵記錄』の構造とその史料的位置——拓務省関係文書を中心に——〉，《外交史料館報》一六號（二〇〇二年六月），頁八二—一〇九。朝鮮史利用《茗荷谷文書》的研究有樋口雄一，〈外務省外交史料館『茗荷谷文書』について〉，《日本植民地研究》一四號（二〇〇二年六月），頁六二—六七；佐野通夫，〈茗荷谷文書に見る朝鮮植民地末期の教育政策〉，《アジア教育史研究》一二號（二〇〇三年三月），頁五六—七二。

5 關於《別集（一）》所收史料，可參考阿部洋，〈解題　別集（一）「台湾教育關係公文書」について〉，收於阿部洋主編，《日本植民地教育政策史料集成（台湾篇）第九五卷》（東京：龍溪書舍，二〇一一年），頁一—一六一。

6 森田俊介，〈臺灣に於ける義務教育制度の將來〉，《臺灣教育》四五五號（一九四〇年六月），頁三—一六。同文也發表在《臺灣時報》二四五號（一九四〇年五月），頁一一—一九。

7 《茗荷谷文書》R 一六—四七三。《日本植民地教育政策史料集成（台湾篇）第一〇四卷》（東京：龍溪書舍，二〇一一年），頁五五—五六。

8 如評議員顏雲年，〈諮問案に對する意見書〉，《臺灣日日新報（以下簡稱臺日）》一九二一年六月二十八日（三）；黃純青，〈義務教育管見〉，《臺日》一九二一年七月三日（五）；王名受，〈對義務教育施行之管見〉，《臺日》一九二一年七月八日（六）；許梓桑，〈對民法施行之管見〉，《臺日》一九二一年七月二十八日（六）；洪元煌，〈對於諮詢案之管見〉，《臺日》一九二一年九月十日（六）等。此外，也有一篇日本人投書，久住榮一，〈義務教育實施問題の歸結〉（上）、（下），《臺日》一九二一年七月五日、六日（四），基本上也贊同在臺灣施行義務教育。唯一提出異議者是卓周鈕，不過他並不是反對施行義務教育，只是以目前臺灣的情況，因為剛施行地方自治，民眾的負擔已經增加不少，若立刻實施，所需經費將增加三倍，民眾必然無法負擔，因此他主張十年後再施行。卓周鈕，〈就評議會諮詢事項之管見〉，《臺日》一九二一年九月六日（五）。

9 可參考鍾育姍，〈『臺灣民報』有關教育言論之研究（一九二〇—一九三二）〉（桃園：中央大學歷史研究所碩士論文，二〇一〇年）；北村嘉惠，〈日本統治下台湾知識人の教育認識〉（京都：京都大学教育学専攻教育史講座修士論文，一九九七年）。

10 〈不久欲施義務教育　義務年限大抵四年〉，《臺日》一九三一年十一月十三日（N四）。原文漢文。

11 〈教育費の膨脹と財源問題　義務教育の問題も考へたい〉，《臺日》一九三三年十一月二十一日（二）。

12 〈全島の公學校に　四百學級を增やす　公學校教員俸給の國庫補助計上　義務教育實施の前提〉，一九三四年八月十五日（七）。標題的四百學級（班級）是包括原先預定增加的二百個班級，此部分為既定預算，所以沒有問題。文教局想在二百個班級之外，另外新增預算，額外增設二百個班級，遭刪減的是額外增加的預算，故該年度最後只增設了三百四十個班級。

13 〈初等教育費の國庫補助　七萬圓だけを承認　公學校に三百四十學級增える〉，《臺日》一九三四年九月九日（二）。但是根據《茗荷谷文書》，這一年度國庫補助額只有三萬七千餘圓，見後文表8-6。由這樣的預算調整，我們可以看到總督府內部各部會的步調未必一致，雖然整體而言，總督府有意往義務教育施行方向準備，但財政部門並未完全同意文教局提出的擴充計畫，因此預算被刪減。

14 〈五十パーセントまで　就學率を引上げ　公學校への國庫補助金　三十萬圓を計上〉，《臺日》一九三五年七月十三日（二）。

15 〈臺灣地方自治權擴充　拓相意向為漸進的改革　各協議會為議決機關　協議會員改為民選〉，《臺日》一九三〇年五月七日（N四）。

16 〈本島人の義務教育　早急には行かぬ　東京にて……平塚長官語る〉，《臺日》一九三五年十二月八日（二）。

17 〈新竹州協議會　質問偏產業不顧商工　希對島人施行義務教育〉，《臺日》一九三四年十二月八日（一二）。雖然是新竹州的官員回答，但其說詞是「督府在考慮中」。

18 〈義務教育實施は　全然考慮してゐない　日下知事の明答〉，《臺日》一九三五年十二月二十二日（一九）；〈臺中州協議會（第二日）　希急實施義務教育　皆照原案可決〉，《臺日》一九三五年十二月二十四日（N四）；〈高雄州協議會（第一日）　問義務教育實現期　其他各議員熱心討論〉，《臺日》一九三五年十二月二十五日（N四）；〈基隆市豫算市會（終日）　希道路全面鋪裝　及實施義務教育〉，《臺日》一九三六年二月二十八日（N四）。

19 〈第八回府評議會開會　議員出席卅二名缺席七名　開陳義務教育國民精神涵養等〉、〈涵養國民精神　義務教育保甲制度　亟宜實施及改善〉，《臺日》一九三五年六月十五日（八）。總督府評議會是總督有事諮問時才召開，第八回總督府評議會的諮問事項是「始政四十週年之際，本島諸般設施應可如何」。〈總督府評議會　十四、五日に開く　諮問事項　始政四十周年に當り諸般の施設上に考慮すべき事項〉，《臺日》一九三五年六月二日（N一）。

20 〈累進的に激增を示す　本島人兒童の就學率　初等教育の國庫補助費は　明年度四十萬圓〉，《臺日》一九三五年六月二十六日（七）。

21 〈本島人の義務教育　早急には行かぬ　東京にて……平塚長官語る〉，《臺日》一九三五年十二月八日（二）。

22 〈調査會を設置し　義務教育を攻究　文教當局の新規要求大綱〉，《臺日》一九三六年六月十六日（二）。

23 〈本島に於ける教育の全般的な調査機關　文教局學務課に新設〉，《臺日》一九三七年三月十三日（七）。

24 信國政藏，〈義務教育制実施の調査〉，收於山本良一編集，《台湾への架け橋》（茨木：蓬萊会関西支部，一九八五年），頁二五七—二六一。另外，後來的報紙報導曾提及一九三八年四月，總督府成立專職調查單位，應該就是指這個調查係（見〈義務教育制度の本格的な調査へ　臨時教育調查委員會を設置〉，《臺日》一九三九年八月十九日（N二），但是在臺灣總督府文教局組織架構中，並沒有明列出學務課底下的單位。信國政藏，舊姓西川，一八九九年出生，福岡縣平民出身，一九一九年在福岡的中學校畢業後到臺灣，進入臺北師範學校公學師範部就讀，一年後課程修了，就任草鞋墩（草屯）公學校訓導，其後歷任海墘、內埔公學校校長、臺中州視學、彰化市視學，一九三五年任彰化市教育課長，一九三八年調臺灣總督府文教局（職稱為「屬」，為官僚體系中的下級官吏，判任官），專司教育制度調查，《臺灣總督府公文類纂》第一〇二五六冊，第七〇件「西川政藏任府屬、俸給、勤務」中「（西川政藏）履歷書」，一九三八年二月。李榮聰曾經介紹信國政藏於一九七七年寫給他初任草屯公學校時的學生李禎祥的信，該信長達十八頁，其中信國政藏先介紹自己在臺灣任職的經歷，其後把他於一九三八年就任文教局學務課調查係以後，從事義務教育實施調查工作的經過詳細說明，內容大抵和日後發表在在臺日人回想錄《台湾への架け橋》中的內容一樣。由於李文是節譯信件內容，且經過中譯，無法確認原文，因此本文主要以信國政藏自己日後發表的文章為主。李榮聰，〈臺灣日治後期初等教育概況——以信國政藏給李禎祥的書信資料為例〉，《臺灣文獻》五四：二（二〇〇三年六月），頁三九七—四一六。此外，根據該文引述，李禎祥說政藏因入贅才改姓信國，此說無法確認，至少到一九四四年為止的總督府職員錄，都是登錄「西川政藏」。

25 信國政藏，〈義務教育制実施の調査〉，頁二五七—二六一。

26 參考李鎧揚，《日治時期臺灣的教育財政—以初等教育費為探討中心》（臺北：國史館，二〇一二年）。

27 〈義務教育に備へて　就學率を調査　現在の狀態では前途遼遠〉，《臺日》一九三九年五月二十九日（五）；〈今から來春入學の　學齡兒童を募集　新竹市教育課の學童基本調査〉，《臺日》一九三九年五月三十一日（五）；〈苗栗街の學齡兒調査〉，《臺日》一九三九年六月十四日（八）；〈公學校入學者は飛躍的の向上率〉，《臺日》一九三九年七月六日（N二）等。

28 〈本格的な調査へ　臨時教育調查委員會を設置〉，《臺日》一九三九年八月十九日（N二）。懇談會為評議會員的非正式集會。

29 《臺灣總督府府報》三六六七號（一九三九年八月二十四日）；〈待望の義務教育制　愈よ本島で實施　督府に調查委員會設立〉，《臺日》一九三九年八月二十四日（七）。

30 《臺灣總督府公文類纂》第一〇〇九八冊，第一六六件，「西川政藏臨時教育調查委員會書記ヲ命ス」，一九三九年八月。此份檔案有目無文。另見《府報》三六六七號（一九三九年八月二十四日）。

31 〈臨時教育調查會の初幹事會開かる　義務教育實施可否次回に決せん〉，《臺日》一九三九年八月二十五日（N二）。

32 〈義教施行に伴ふ　下調査を開始　臺北州下の各市郡で〉，《臺日》一九三九年九月六日（七）。

33 〈臺灣の義務教育實施　十八年度頃とならん　諸般の準備に數年かかる〉，《臺日》一九三九年十月六日（七）。

34 〈臨時教育調查委員會　委員長一任で原案を可決〉，《臺日》一九三九年十月十九日（N二）。

35 〈財政問題は考慮する　義務教育に關し　森岡長官談〉，〈熱心に檢討　地方長官打合會閉會〉，《臺日》一九三九年十月二十五日（一）；〈義務教育制度實施の　根本問題に異議なし　けふの地方長官打合會〉，《臺日》一九三九年十月二十五日（N二）。

36 關於總督府評議會，參考劉夏如，〈日本植民地主義と台湾総督府評議会——法社会史の視点から見た支配・抵抗・協力（一九二一—一九四五）〉（東京：東京大学総合文化研究科相関社会科学専攻修士論文，一九九五年）。

37 參見前揭吳文星，〈日治時期臺灣社會領導階層與義務教育之實施——以一九二一—一九二二第一屆臺灣總督府評議會員之議論為中心〉。

38 〈義務教育は實施可然　府評議會の答申〉，《臺日》一九三九年十月二十七日（一）；〈義務教育制の實施〉，《臺灣教育》四四九號（一九三九年十二月），頁七二。

39 報紙上雖然立刻刊載了義務教育實施要綱的內容，《臺灣教育》、《臺灣時報》、《部報》等雜誌在報導地方長官會議及總督府評議會也都刊載了付諸討論的要綱內容，但總督府正式說明本案通過，是在翌年由學務課長森田俊介具名發表的文章。森田俊介，〈臺灣に於ける義務教育制度の將來〉，《臺灣教育》四五五號（一九四〇年六月），頁三—一六。同文也發表在《臺灣時報》二四五號（一九四〇年五月），頁一—一九。

40 〈文教局長著神〉，《臺日》一九三九年十一月十二日（N二）。

41 〈義務教育案は　拓務省も諒解　文教局長談〉，《臺日》一九三九年十一月二十二日（N二）。

42 《初等教育制度審議委員會規程》（訓令七九號），《府報》三九三三號（一九四〇年七月七日）。後來這個委員會在一九四三年四月義務教育施行後就廢止，見《臺灣總督府官報》三〇四號（一九四三年四月十日），訓令八二號。

43 〈國民學校案に對し　至急に具體案を作る　歸臺した森田學務課長談〉，《臺日》一九四〇年六月十三日（N二）；〈新に初等教育制度審議委員會を設置　臨時教育調查委員會は廢止〉，《臺日》一九四〇年七月七日（一）。

44 《府報》三九三三號（一九四〇年七月九日）。

45 《臺灣總督府公文類纂》第一〇一〇六冊，第九六件「西川政藏初等教育制度審議委員會書記ヲ命ス」，一九四〇年七月。

46 《府報》三九三三號（一九四〇年七月九日）。

47 臺灣總督府，〈臺灣教育令中改正ニ関スル説明資料〉（一九四二年十二月），《茗荷谷文書》R一六—四一三。

48 戶田金一，《昭和戦争期の国民学校》（東京：吉川弘文館，一九九三年一刷、一九九四年二刷），頁一六—二五。日本之所以在戰爭時期還推動國民學校的改制，主要是因為戰時人力資源的考量，希望透過教育培養國家所需的戰時人力，詳見寺崎昌男、戦時下教育研究会編，《総力戦体制と教育——皇国民「錬成」の理念と実践》（東京：東京大学出版会，一九八七年初版，一九八八年四刷）。

49 戸田金一，《昭和戦争期の国民学校》，頁一六—二五。

50 〈初めて世に出る國民學校令の全貌　內外地學務部長會議で說明〉，《臺日》一九四〇年五月十七日（N二）。

51 〈公學校はどうなるか　內地の國民學校令實施後に〉，《臺日》一九四〇年五月十八日（七）。

52 〈八月迄に案を練る　外地の國民學校　督府森田學務課長離京に際して語る〉，《臺日》一九四〇年六月四日（七）。

53 〈國民學校案に對し　至急に具體案を作る　歸臺した森田學務課長談〉，《臺日》一九四〇年六月十三日（N二）。

54 〈諮問事項の答申に　特別委員を任命　初教制度審議委員會〉，《臺日》一九四〇年七月十三日（N二）。兩特別委員會名單見〈幹事も事務分擔　初教諮問事項に對して〉，《臺日》一九四〇年七月十七日（七）。

55 〈臺灣にも國民學校　十六年度から實施　初等教育制度答申案成る〉、〈答申案の內容〉，《臺日》一九四〇年十月十六日（N二）。

56 〈初等教育制度審議委員會特別委員會〉，《臺日》一九四〇年七月二十五日（七）。

57 《茗荷谷文書》R一六—四六九—四七〇。《日本植民地教育政策史料集成（台湾篇）第一〇四卷》，頁四七—四八。

58 〈小學教員を再教育　國民學校制度實施に備へて〉，《臺日》一九四〇年十月二十四日（七）。

59 《茗荷谷文書》R一六—一四八—二二八。收錄於阿部洋主編，《日本植民地教育政策史料集成（台湾篇）第九九卷》（東京：龍湾溪書舍，二〇一一年），頁一〇七—二六四。

60 〈扶桑丸入港〉，《臺日》一九四〇年十二月十五日（七）；〈臺灣の教育令改正　案件は法制局に提出中〉《臺日》一九四〇年十二月十八日（N一）。

61 〈長谷川清臺灣總督より秋田清拓務大臣あて稟議「臺灣教育令改正ノ件」〉，《日本植民地教育政策史料集成（台湾篇）第九九卷》，頁三三—三九。

62 〈秋田清拓務大臣請議案「臺灣教育令中改正ノ件」〉，《日本植民地教育政策史料集成（台湾篇）第九九卷》，頁一五—三二。

63 〈近衛文麿內閣總理大臣上奏「一、朝鮮教育令中改正ノ件　一、臺灣教育令中改正ノ件」〉，《日本植民地教育政策史料集成（台湾篇）第九九卷》，頁五—一四。

64 阿部洋，〈解題　別集（一）「台湾教育関係公文書」について〉，阿部洋主編，《日本植民地教育政策史料集成（台湾篇）第九五卷》（東京：龍溪書舍，二〇一一年），頁一三—一四。這是阿部洋根據一九一九年第一次臺灣教育令審查、發布過程的整理，其他的教育勅令大抵也需同樣的行政過程。

65 參考西川伸一，〈戦前期法制局研究序說——所掌事務、機構、および人事〉，《政経論叢》六九：二・三號（二〇〇一年十二月），頁二八五—三一六。

66《日本植民地教育政策史料集成（台湾篇）第九九卷》，頁一九。

67〈臺灣教育令の改正　近く樞密院で審議〉，《臺日》一九四一年二月十六日（三）；〈待望の國民學校令　臺灣も四月から近く樞密院で審議さる〉，《臺日》一九四一年三月一日（N二）；〈教育令改正〉，《臺日》一九四一年三月五日（一）。

68〈樞密院審查報告「朝鮮教育令中改正の件外三件審查報告」〉，《日本植民地教育政策史料集成（台湾篇）第九九卷》，頁四一—五五。

69〈樞密院會議筆記「一、朝鮮教育令中改正ノ件　一、臺灣教育令中改正ノ件」〉，《日本植民地教育政策史料集成（台湾篇）第九九卷》，頁五七—八七。

70 朝鮮於一九三八年修改《朝鮮教育令》，將朝鮮人就讀的普通學校改為小學校，以「培養忠良皇國臣民」為宗旨，為大日本帝國教育法規中最早出現「皇國臣民」一詞者。此次《朝鮮教育令》修改的背景，與一九三七年中日戰爭爆發後，準備動員朝鮮人投入戰爭有關。在《朝鮮教育令》修改文件中，有「自此次事變（指蘆溝橋事變）以來，朝鮮人加強了帝國臣民的自覺」這樣的文字，這些用語和一九四一年臺灣總督府提出要修正《臺灣教育令》、以適用國民學校令的理由書很接近。見福田健一〈日本帝國與臺灣殖民地教育法制〉（臺北：臺灣大學法律學研究所碩士論文，二〇一一年），頁一四八—一五一。此外，關於朝鮮於日治末期義務教育制度實施的討論，參見佐野通夫，《日本植民地教育の展開と朝鮮民衆の対応》（東京：社会評論社，二〇〇六）。

71〈第二五五號「臺灣教育令中改正」〉，《日本植民地教育政策史料集成（台湾篇）第九九卷》，頁二六四—二七〇。

72〈臺灣教育令の改正　近く樞密院で審議〉，《臺日》一九四一年二月十六日（三）；〈待望の國民學校令　臺灣も四月から近く樞密院で審議さる〉，《臺日》一九四一年三月一日（N二）；〈教育令改正〉，《臺日》一九四一年三月五日（一）；〈樞府本會議　臺灣教育令の改正等可決〉，《臺日》一九四一年三月二十日（N一）；〈國民學校令けふ公布　懷し小公學校さよなら〉、〈總督諭告〉，《臺日》一九四一年三月二十九日（三）。

73 森田俊介，〈國民學校令と臺灣初等教育義務制〉，《臺灣時報》二五〇號（一九四〇年十月），頁七一—七三。

74 關於日本本國、臺灣、朝鮮三地國民學校施行規則的比較，可參考林琪禎，〈「国民学校令」の植民地適用——「国民学校令施行規則」·「台湾公立国民学校規則」·朝鮮「国民学校規程」を見る〉，《言語社会》第四號（二〇一〇年三月），頁四二四—四四七。在臺灣的日本人就讀臺灣的一號表國民學校，也同樣受《臺灣公立國民學校規則》的規範，因此，其就學義務年限是六年，與日本本國的日本人不同。

75《臺灣公立國民學校規則》，《臺灣總督府官報》二九八號（一九四三年三月二十三日）。

76「諭告第一號」，《臺灣總督府官報》二九八號（一九四三年三月二十三日）。此外，在這個過程中，原住民地區的公學校，在法規上並沒有除外，也就是同樣受《臺灣公立國民學校規則》的規範，但實際施行情形很可能和一般行政區的小、公學校有所不同，但是限於時間、篇幅及筆者能力，本文暫時不討論原住民地區的情形。

77 但《別集（一）》所收資料沒有「手持用」三字，顯示原始檔案中有不同複本。

78 《茗荷谷文書》，R 一六—五〇三，表二；《日本植民地教育政策史料集成（台湾篇）第一〇四卷》，頁一一五。

79 〈學齡期の兒童は　直ぐに公學校へ　來年から超過兒に防壁〉，《臺日》一九三九年一月二十八日（七）。

80 〈全學齡兒童を收容　嘉義市廿二學級增加〉，《臺日》一九四〇年一月十九日（五）。

81 〈全島に六百餘の　特設國語講習所〉，《臺日》一九四一年一月八日。關於國語講習所，可以參考藤森智子，〈日本統治下台湾における国語普及運動——「国語講習所」をめぐる総督府の政策とその実際（一九三〇—四五）〉（東京：慶應義塾大学大学院法学研究科博士論文，二〇一〇年）。

82 《茗荷谷文書》R 一六—五〇八，表七；《日本植民地教育政策史料集成（台湾篇）第一〇四卷》，頁一二五。

83 《茗荷谷文書》R 一六—五八二，「五、臺灣ニ於ケル教育ノ概況」。

84 《日本植民地教育政策史料集成（台湾篇）第一〇〇卷》，頁一四一—一四二；《茗荷谷文書》R 一六—四二六。

85 〈臨時教員養成講習會講習員募集〉，《新竹市報》七七五（一九四〇年十月二十四日）。

86 〈教員心得の講習會　公學校高等科卒業生集め〉，《臺日》一九四〇年十二月三日（N二）。

87 〈成否は一に財政問題　教員俸給國庫補助に依れば　十六年度以降の實施可能か〉，《臺日》一九三九年八月十九日（N二）。

88 〈（社說）義務教育に伴ふ地方財政　新財源なしには樂觀できぬ〉，《臺日》一九四〇年六月十六日（二）。

89 〈（社說）義務教育と地方財政の將來　速かに根本的對策を樹てよ〉，《臺日》一九四一年一月十二日（二）。

90 四五%如何訂出並不清楚，有可能是參考日本本國國庫補助市町村義務教育費的額度而稍做修正。日本本國的義務教育費國庫負擔法正好於此時由定額制改為定率制，原本是由國庫每年發給固定額度，讓地方分配，自一九四〇年度起，小學校教員俸給改由道府縣負擔，而由國庫補助半額。參見井深雄二，《近代日本教育費政策史——義務教育費国庫負担政策の展開》（東京：勁草書房，二〇〇四年一刷，二〇〇七年二刷）。州廳歲入總額見《臺灣總督府第四十六統計書（昭和十七年）》（臺北：臺灣總督府，一九四四年），頁四二六—四二七。

91 《茗荷谷文書》R 一六—四九二—四九三；《日本植民地教育政策史料集成（台湾篇）第一〇四卷》，頁九三—九四。

92 《茗荷谷文書》R 一六—四九二—四九三；《日本植民地教育政策史料集成（台湾篇）第一〇四卷》，頁九三—九四。

93 《茗荷谷文書》R 一六—四九〇—四九一及《茗荷谷文書》R 一六—五三三—五三四；《日本植民地教育政策史料集成（台湾篇）第一〇四卷》，頁八九—九一；《日本植民地教育政策史料集成（台湾篇）第一〇四卷》，頁一七五—一七六。

94 〈財政問題は考慮する　義務教育に關し　森岡長官談〉，《臺日》一九三九年十月二十五日（一）。

95 各地自發捐款或提供勞役以增加教育收容量，在一九三〇年代前期已經很常見，但是到一九三〇年代後半期更為明顯。

96 〈寄附金五萬圓を集む　皆入學助長の為〉，《臺日》一九三九年八月六日（七）。

97 一九三九年臺北市的小、公學校費，由市費支出額總計三十六萬六九八五圓。臺北市役所，《臺北市統計書（昭和十四年）》（臺北市：臺北市役所，一九四一年），頁三八—三九。

98 〈就學希望者全部收容　經費一切は父兄が負擔　苗栗街のヒット〉，《臺日》一九四〇年三月十八日（四）。

99 如苗栗街增築教室的經費即來自該街的寺廟神明會、祖公會、祭祀公業等連續三年捐款，〈教室を新築して　學校に寄附　苗栗義民等の美舉〉，《臺日》一九四〇年一月三十日（五）。

100 〈校舍建築費を　庄民が寄附　頭圍公に高等科併置〉，《臺日》一九三九年十二月十六日（五）。

101 〈新設商業學校に五萬圓を寄附彰化市委員會で決定〉，《臺日》一九三八年十二月二十八日（五）。

102 〈羅東に商工專修學校　來年度に實現を要望〉，《臺日》一九四〇年八月十九日（四）。

103 《國民學校令》雖適用於臺灣，但仍依臺灣特殊情形，保留了原有以國語常用與否來區分小、公學校，常用國語者的學校使用一號表課程，即原來的小學校；不常用國語者的學校使用二號表課程，即原來的公學校。

104 新竹州，《新竹州第二十統計書（昭和十五年）》（新竹：新竹州，一九四二年），頁四〇—四一。

105 許佩賢，〈日本統治末期新竹市內的教育狀況〉，附表二，《竹塹文獻》四三（二〇〇九年七月），頁四〇—五一。

106 〈新生市議の陳情團近く出北〉，《臺日》一九四〇年三月五日（七）。

107 〈新竹に第二中學新設要望昂る　有力者間で期成會組織〉，《臺日》一九四二年四月二十三日（三）；〈新竹二中設置要望の聲熾烈　設置期成會組織〉，《臺日》一九四二年十月二十八日（N二）。

108 〈第二中學實現へ　新竹市期成同盟會運動展開〉，《臺日》一九四三年三月十八日（四）。

109 〈新竹に工業學校　來年から開校の計畫〉，《臺日》一九四三年六月十三日（N二）。

110 許佩賢，《殖民地臺灣的近代學校》（臺北：遠流出版社，二〇〇五年）。

111 〈臺中州預算案　總額七百萬三千餘圓に上る　けふから州會を開く〉，《臺日》一九三九年一月二十五日（五）。

112 《茗荷谷文書》R一六—五二二—五二四。《日本植民地教育政策史料集成（台湾篇）第一〇四卷》，頁一五五—一五六。

113 〈外地の新規事項〉，《臺日》一九四三年一月九日（N一）。

114 前舉在各州州會上臺灣籍人士提出義務教育實施質詢的發言，即有不少人提及為了普及國語、涵養國民精神云云。又如羅東要新設商工專修學校時，即以日本紀元二六〇〇年為說詞，雖然不是初等義務教育機關，不過也可以從這裡看到臺灣社會方面說詞的轉變。〈商工專修校新設を羅東で要望　近く關係當局に陳情〉，《臺日》一九四〇年二月十六日（五）。

115 許佩賢，〈戰爭與義務教育的實施〉，許佩賢，《殖民地臺灣的近代學校》，頁一九四。

116 張文環，〈義務教育の施行を祝ふ　公學校の思ひで〉，《興南新聞》一九四三年四月四日（四）；吳新榮，〈義務教育の施行を祝ふ恩師の思ひで〉，《興南新聞》一九四三年四月十九日（四）。

117 柯氏絹子，〈義務教育施行の新學年を迎えて〉，《興南新聞》一九四三年四月四日（四）。

118 呂赫若，〈一年生〉，《興南新聞》一九四三年四月四日（四）。

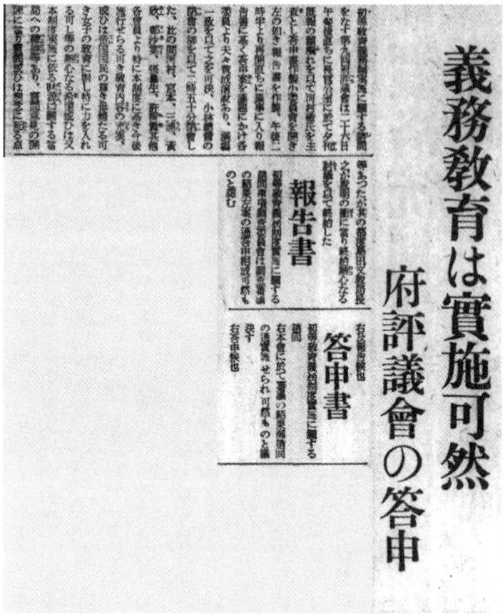

# 義務教育は實施可然
## 府評議會の答申

### 報告書

### 答申書

義務教育即將實施的報導。臺灣的義務教育制度，由總督府向臺灣總督府評議會提出草案，徵詢意見。此案於一九三九年十月二十六日第九回總督府評議會通過，報上報導相關消息。(《臺灣日日新報》一九三九年十月二十七日，一)

新竹師範學校開校。為了因應義務教育實施後的師資問題，一九四〇年增設新竹及屏東兩所師範學校，只設一年制的講習科，期望能迅速補充師資。一九四三年師範學校改制為專門學校，新竹、屏東兩校分別改為臺中、臺南師範學校之分校。該校為今新竹教育大學前身。(《新竹州時報》第三十六號，卷首無頁碼。臺灣圖書館提供)

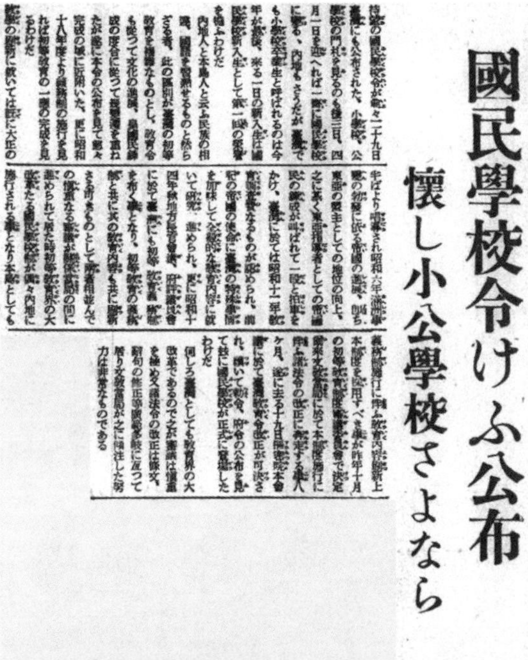
國民學校令けふ公布
懐し小公學校さよなら

臺灣也將實施國民學校制度的報導。日本本國自一九四〇年四月以後，開始密集推動國民學校改制的準備工作，以培養能配合國家政策的「少國民」，此時，臺灣究竟是否也要實施國民學校制度，一直懸而未決。一九三九年臺灣總督府決定在臺灣實施義務教育的同時，也表示要改進教育，一九四〇年十月成立初等教育制度審議委員會研議此事，經過八個月，終於在三月十九日得到樞密院同意，修改臺灣教育令，臺灣之初等教育與日本同時改制為國民學校。（《臺灣日日新報》一九四一年三月二十九日，三）

國民學校開學日。改制國民學校後的開學日，圖為學生上學的情景。（《臺灣教育》四六六，一九四一年六月，無頁碼。臺灣圖書館提供）

國民學校國語讀本。隨著國民學校制度施行，小、公學校課本也重新發行。一方面承續大正民主的精神，重視兒童感覺，更多彩頁。另一方面，增加與戰爭、愛國有關的教材。（《こくご　一》，臺灣總督府，一九四二年，頁四至五）

改掛國民學校招牌的公學校校門。臺北第一師範學校附屬第二國民學校，原為附屬公學校，與附屬小學校同位於第一師範學校（今臺北市立大學）旁，為今臺北市立大學附設小學前身。（《臺北第一師範學校附屬第二國民學校第一回修了記念寫真帖》，一九四二年。楊蓮福提供）

國民學校上課模樣。若草國民學校前身為一九二〇年成立的頭份公學校斗煥坪分校，一九二四年獨立為斗煥坪公學校，一九四一年改為若草國民學校，為今苗栗縣斗煥國小。（《若草國民學校第十八回修了紀念帖》，一九四三年。李國隆提供）

大河國民學校第二回畢業照。背景人像是日治時期許多小、公學校都設置的二宮金次郎銅像。二宮為日本江戶末期的人，小時家境困難，但仍孝順母親、友愛兄弟，一邊工作、一邊勤勉讀書，被戰前日本政府塑造為理想的兒童楷模。然許多銅像於戰爭後期，因金屬徵用而被鎔鑄。大河國民學校前身為一九二九年成立的三灣公學校大河底分校，一九三二年獨立為大河公學校，一九四一年改為大河國民學校，戰後長期保持獨立學校，二〇一四年併入苗栗縣三灣國小。（《大河國民學校第二回修了記念帖》，一九四三年。李國隆提供）

國語報國所上課情景。為了普及國語，一九四四年左右，全臺灣設置了約二千所國語講習所，提供十三至二十五歲未入學者學習國語的機會。各地也有以區會、奉公班為單位，成立國語報國所，有些地方稱為皇民塾或奉公塾，提供二十五歲至五十歲的人就讀。照片為臺北市上奎府町（約在今臺北市鄭州路、華陰街一帶）的報國所，可以看到有很多抱著嬰兒的婦女在上課。（《南方の拠点・臺湾：写真報道》，朝日新聞社，一九四四年。日本國會圖書館アジア歷史資料センター）

# 各章原始出處及研究獎助

第一章，〈殖民統治下地方青年教師的「發達之路」及其限制——以張式穀的軌跡為中心〉，《新史學》二四：三（二〇一三年九月），頁一三五—一八三。國科會計畫NSC 100-2410-H-003-023。

第二章，〈日治中期公學校的畢業生與臺灣社會〉，《國史館館刊》第四一期（二〇一四年九月），頁一三五—一五八。國科會計畫 NSC 101-2410-H-003 -011。

第三章，〈日治時期臺灣的實業補習學校〉，《師大臺灣史學報》第六期（二〇一三年十二月），頁一〇一—一四八。國科會計畫NSC 101-2410-H-003 -011。

第四章，〈「愛郷心」と「愛国心」の交錯——一九三〇年代前半台湾における郷土教育運動をめぐって〉，《日本台湾学会報》第一〇號（二〇〇八年五月），頁一—一六。國科會計畫NSC95-2411-H-134-001-MY2。

第五章〈戰爭時期的臺灣教育會與殖民地統治（一九三七—一九四五年）〉，收於顏尚文主編，《臺灣人文三百年面面觀》（嘉義：中正大學臺灣人文研究中心，二〇〇八年），頁三三一—三六五。國科會計畫NSC94-2411-H-134-003。

第六章，〈作為機關裝置的收音機體操與殖民地臺灣〉，《文化研究》二〇一一年春季號，頁一五九—二〇二。國科會計畫NSC 97-2410-H-003-145-MY2。

第七章，〈戰爭時期臺灣健民運動的展開〉，收於范燕秋主編，《多元鑲嵌與創造轉化——臺灣公共衛生百年史》（臺北：遠流出版社，二〇一一年），頁二一一—二三八。教育部補助計畫。

第八章〈日治末期臺灣的教育政策——以義務教育制度實施為中心〉，《臺灣史研究》二〇：一（二〇一三年三月），頁一二七—一八七。國科會計畫NSC 97-2410-H-003-145-MY2。

| 新竹信用組合 | 樹林頭信用組合 | 臺灣蓪草拓殖株式會社 | 臺灣金泉發蓪草株式會社 | 肇記興業株式會社 | 大同運輸合資會社 | 新竹市保甲協會 | 民族運動陣營 | 新竹市內開業醫或律師 |
|---|---|---|---|---|---|---|---|---|
| 李濟臣（理事）<br>?MVX | 許延壽<br>（組合長）<br>45AMRVX | 鄭肇基<br>（社長）<br>- | 陳其祥<br>（專取）<br>- | 鄭肇基<br>（專取）<br>- | 張式穀<br>（代表社員）<br>- | 鄭大明<br>（會長）<br>- | 連錦淵<br>（大東新竹支店長・代）<br>40OX | 王元圭<br>妙生醫院 34DY |
| 張傑（理事）<br>48CMRWX | 林知翰<br>（理事）<br>? | 陳性<br>（取締役）<br>36BVX | 鄭紅英<br>（取締役）<br>? | 鄭蔡氏秋霞（取締役）<br>? | 曾渭濱<br>（社員）<br>- | 吳莊朝進<br>（副會長）<br>?CRW | 陳永珍<br>（臺灣新民報支局長）<br>27FMO | 何乾清<br>明德醫院 38DY |
| 曾渭濱（理事）<br>?OX | 曾溫純<br>（理事）<br>? | 鄭雅詩<br>（取締役）<br>56AVX | 林屋<br>（取締役）<br>? | 鄭鴻源<br>（取締役）<br>28FMX | 張傑<br>（社員）<br>- | 連豐裕<br>（副會長）<br>? | | 何漢津<br>恆德醫院 40DY |
| 鄭大明（監事）<br>- | 林坤五<br>（理事）<br>? | 林金水<br>（取締役）<br>? | | 鄭王氏銀<br>（取締役）<br>? | 吳貴英<br>（社員）<br>37BX | | | 黃運金<br>律師 38CFWZ |
| 李良弼（監事）<br>- | 吳水樹<br>（理事）<br>35X | 李良弼<br>（監查役）<br>- | | 李良弼<br>（支配人）<br>- | | | | 黃娘桔<br>黃眼科醫院<br>28DY |
| 楊良（監事）<br>43AOX | | 陳添登<br>（監查役）<br>37CVX | | | | | | 朱盛淇<br>律師 29CFZ |
| | | | | | | | | 章榮基<br>裕德醫院 32FY |
| | | | | | | | | 張煒<br>心心醫院 34DY |
| | | | | | | | | 張忠<br>心心醫院 52DY |
| | | | | | | | | 鄭國川<br>慈惠醫院<br>38DVY |
| | | | | | | | | 傅金池<br>眼科醫 26FY |
| | | | | | | | | 李慶<br>世慶內科醫院<br>41DFY |
| | | | | | | | | 連煥文<br>明新醫院 25DY |
| 組合長：新原龍太郎<br>理事：清水源次郎、桑源佐一郎<br>監事日人略<br>評定委員：邱居財、鄭作衡、劉金源、許振乾、陳其祥、吳貴英……等（未全列） | | 專取：新原龍太郎 | | | | | | |

## 附錄一　1935 年新竹市街的臺灣人有力者

| 州廳、市役所重要職務 | 新竹州協議會員 | 新竹市會議員 | 庄長（新竹郡） | 煙酒經銷商 | 新竹商工聯合會 | 新竹商工會議所 |
|---|---|---|---|---|---|---|
| 李讚生（州勸業課長）<br>45FW | 鄭肇基<br>51AMVXW | 連煥明<br>42DVY | 許三全（舊港）<br>36CW | 蔡昆松（煙）<br>36EMRWX | 張式穀（理事）<br>- | 張式穀（副會頭）<br>- |
| 陳錦標（州文書課通譯）<br>37CW | 何金城<br>30BMVW | 古雲梯<br>41BVW | 徐慶旺（紅毛）<br>53WX | 陳錫琛（煙）<br>35CRW | | 李世薯（理事）<br>37CFMOX |
| 劉萬（市助役）<br>29FW | 何友家<br>34EMV | 陳其祥<br>34CVX | 何金城（六家）<br>- | 張式穀（酒）<br>45CRVWX | | 許振乾（理事）<br>- |
| | 吳鴻森<br>38DMVY | 林鑑<br>37BV | 陳雲如（香山）<br>60ABMWX | 葉其蓁（酒）<br>? | | 李良弼（理事）<br>47CMVX |
| | 劉德欽<br>48DVY | 黃運金<br>37CFVZ | | 許生（酒）<br>50ARVX | | 劉金源（理事）<br>38CX |
| | 嚴添籌<br>52AVX | *黃旺成<br>48COVX | | 余金安（酒）<br>? | | |
| | 陳調元<br>49CMRVW | *鄭大明<br>34FMVWX | | | | |
| | 姜瑞昌<br>49CMVWX | *許延壽<br>45AMVRX | | | | |
| | | *邱居財<br>35EVX | | | | |
| | | *蘇惟梁<br>39CFOVX | | | | |
| | | *何乾欽<br>41DMVY | | | | |
| | | *許振乾<br>28EVX | | | | |
| | | *陳添登<br>37CNVX | | | | |
| 備注 | 鈴木伊勢教、清水源次郎、桑原佐一郎、鈴木壽作、大江退三、本山直枝、山本新太郎、杉本金太郎 | 澤田佐吉郎、山下靜一、村上正陽、松野俊良、菅野秀雄、服部佐吉、永石安三郎、森本健助、小出正美、藤原彌藏、石井員夫、乾義一、中內猷治、太田重助<br>*為民選 | 庄司源吉（湖口）、富山富利（新埔）、佐藤今朝松（關西） | 渡利玄真、松隈亮、梅本馨（以上煙）、宮本金助、森幸三郎（以上酒） | 會長：佐治孝德<br>副會長：清水源次郎<br>理事：藤原彌藏 | 會頭：清水源次郎<br>副會頭：田中濱次郎<br>日人理事略<br>臺人議員：陳性、張傑、林鑑、楊良、陳其祥、曾渭濱、蘇維梁、吳貴英、鄭作衡、許延壽……等（未全列） |

V 議員（市街庄協議會員、市會議員、州協議會員、州會議員），也包括 1935 年以後任職者。

W 公職（主要是區長、保正、街庄長）

X 商業、銀行、商工團體、商工會

Y 醫師

Z 律師

（這些分類並非絕對，也必然有疏漏之處，且歸類包含著一定的個人判斷，僅能作為參考，但大抵可以藉此瞭解當時新竹市街上有力者的社會位置。）

**說明：**

1. 各組織原則上以新竹市街為中心，唯州協議會員的範圍包括全新竹州；庄長及煙酒經銷商因人數較少，前者列出新竹郡下七庄、後者列出新竹州下各區。

2. 為方便閱讀，部分組織的日本籍人士及組織中非核心幹部列入備注欄，僅供參考。

3. 登記在新竹市內的產業組合尚有其他，唯其並非以信用組合為主要業務，雖有部分臺灣人擔任理事，此處未列入。

4. 登記在新竹市內的公司尚有其他，然因與張式穀及周圍人士的活動沒有直接關係，此處未列入。

5. 1935 年前後幾年任職的人，應該也是活躍於此時期的人物，為免繁雜，本表僅以 1935 年度的名錄為代表，未來將更全面性的探討。

6. 各組織任職者主要參考國分金吾編纂，《新竹州諸官公署、諸種團體、產業組合、銀行會社職員錄》（新竹：新竹圖書刊行會，1935 年）。市內開業醫及律師選自刊載在 1937 年版的《臺灣人士鑑》中新竹市部分。各人經歷主要利用「臺灣人物誌」檢索系統（漢珍圖書）。

7. 人名後面的數字為 1935 年時的年紀，部分人物因各人名錄刊載出生年不同，或有一、二年的差距。各英文字母的意義及補充說明如下：

A 漢學

B 公學校或國語傳習所

C 國語學校、師範學校

D 醫學校、醫學專門學校

E 島內其他中等以上學歷

F 至島外（日本或中國）留學

（上主要是學歷，大部分比較明確，不致有太大誤差）

M 資產家、地主（因人名錄說明不同，標準也未必一致，並沒有絕對性）

（以下為社會活動、職業的分類，議員、律師、醫師三者較為明確。W 的公職較難定義，此處原則上以區長、保正、街庄長為原則。X 的商業也有些模糊，大抵包括開設商號、在銀行工作、參與商工團體或商工會。）

O 參與民族運動陣營，主要是曾參加臺灣文化協會、臺灣民眾黨、臺灣新民報社及任職大東信託等。

R 取得專賣利權

| | 就業 | | | | | | | | | | |
|---|---|---|---|---|---|---|---|---|---|---|---|
| 年度 | 農業 | 水產業 | 礦業 | 工業 | 商業 | 交通業<br>1933 銀行會社員 | 公務<br>自由業<br>1933 官公吏雇傭人 | 其他有業者 | 家事使用人 | 小計 | 無職不詳死亡 |
| 1926 | 148<br>12 | 10<br>- | - | 6<br>12 | 38<br>5 | - | 10<br>4 | 16<br>6 | 26<br>2 | 254<br>41 | 17<br>60 |
| 1927 | 87<br>11 | 8 | 18 | 2 | 26<br>1 | 0 | 11<br>1 | 28<br>4 | 42<br>41 | 222<br>58 | 32<br>16 |
| 1928 | 111<br>5 | 4 | | 14<br>2 | 29<br>3 | 1<br>3 | 21<br>3 | 10<br>4 | 70<br>74 | 260<br>94 | 22<br>2 |
| 1929 | 130<br>7 | 8 | | 5<br>2 | 24<br>3 | 2<br>0 | 38<br>3 | 12<br>1 | 90<br>80 | 309<br>96 | 16<br>0 |
| 1930 | 142<br>2 | 3<br>- | -<br>- | 6<br>- | 58<br>2 | 5<br>1 | 21<br>3 | 14<br>8 | 61<br>81 | 310<br>97 | 13<br>- |
| 1931 | 171<br>44 | 9<br>2 | -<br>- | 4<br>- | 109<br>36 | 2<br>1 | 23<br>- | 5<br>4 | -<br>- | 323<br>87 | 8<br>3 |
| 1932 | 214<br>16 | 2<br>- | -<br>- | 9<br>1 | 44<br>2 | 4<br>- | 20<br>3 | 13<br>3 | 17<br>1 | 323<br>26 | 29<br>75 |
| 1933 | 172<br>22 | 9<br>- | -<br>- | 6<br>- | 25<br>4 | -<br>- | 20<br>4 | 2<br>- | 75<br>103 | 309<br>133 | 4<br>- |
| 1934 | 151<br>31 | 4<br>- | -<br>- | -<br>6 | 26<br>1 | -<br>- | 33<br>6 | 8<br>1 | 77<br>98 | 299<br>43 | 28<br>3 |
| 1935 | 115<br>13 | 5<br>- | -<br>- | 5<br>- | 25<br>6 | -<br>- | 25<br>9 | 6<br>7 | 164<br>111 | 345<br>146 | 31<br>14 |
| 1936 | 94<br>20 | -<br>- | -<br>- | -<br>- | 48<br>5 | -<br>- | 54<br>20 | 1<br>4 | 87<br>99 | 284<br>148 | 3<br>- |
| 1937 | 100<br>50 | -<br>- | -<br>- | 1<br>1 | 46<br>26 | -<br>- | 50<br>6 | 8<br>6 | 135<br>66 | 340<br>155 | -<br>- |
| 1938 | 87<br>12 | -<br>- | -<br>- | 1<br>- | 3<br>- | -<br>- | 31<br>9 | 1<br>6 | 146<br>129 | 269<br>156 | 12<br>- |
| 1939 | 181<br>37 | 8<br>- | 1<br>- | 3<br>- | 12<br>1 | -<br>- | 38<br>24 | 10<br>19 | 207<br>129 | 460<br>210 | 17<br>17 |
| 1940 | 296<br>148 | 1<br>1 | 5<br>- | 50<br>15 | 65<br>43 | -<br>- | 9<br>5 | 46<br>18 | 53<br>22 | 525<br>252 | -<br>3 |

**資料來源：**各年度《臺北州統計書》。

**說明：**各年度人數第一列為男，第二列為女。

## 附錄二　宜蘭郡公學校本科及高等科兒童畢業後狀況統計表（1926-1940）

| | | 高等科 | 升學 | | | | | | | | | |
|---|---|---|---|---|---|---|---|---|---|---|---|---|
| 年度 | 總數 | 修上級教科者 | 中學校 | 高女 | 農業學校 | 工業學校 | 高校尋常 | 師範學校 | 商業學校 | 實業補校 | 私立學校 | 小計 |
| 1926 | 322 | 38 | 3 | 0 | 9 | - | - | 1 | - | - | - | 13 |
| | 113 | 11 | 0 | 1 | 0 | | | | | | | 1 |
| 1927 | 281 | 42 | 0 | | 7 | - | - | 1 | - | - | 1 | 9 |
| | 78 | 17 | | 3 | | | | | | | | 3 |
| 1928 | 344 | 41 | 10 | - | 5 | | | 1 | | | 5 | 21 |
| | 114 | 15 | | 3 | | | | | | | | 3 |
| 1929 | 404 | 11 | 2 | - | 15 | | | | | | 9 | 26 |
| | 116 | 12 | | 2 | | | | | | | | 2 |
| 1930 | 387 | 48 | 2 | - | 6 | - | - | 1 | - | - | 7 | 16 |
| | 125 | 23 | - | 5 | - | - | - | - | - | - | - | 5 |
| 1931 | 399 | 44 | 5 | - | 17 | - | - | 2 | - | - | - | 24 |
| | 117 | 26 | - | 1 | - | - | - | - | - | - | - | 1 |
| 1932 | 443 | 82 | 3 | - | 5 | - | - | - | - | - | 1 | 9 |
| | 138 | 35 | - | 2 | - | - | - | - | - | - | - | 2 |
| 1933 | 412 | 83 | 4 | - | 12 | - | - | - | - | - | - | 16 |
| | 150 | 23 | - | 3 | - | - | - | - | - | - | - | 3 |
| 1934 | 421 | 68 | 5 | - | 19 | - | - | - | - | - | 2 | 26 |
| | 185 | 37 | - | 1 | - | - | - | - | - | - | - | 2 |
| 1935 | 467 | 62 | 6 | - | 20 | - | - | - | - | - | 3 | 29 |
| | 201 | 38 | - | 3 | - | - | - | - | - | - | - | 3 |
| 1936 | 448 | 115 | 9 | - | 23 | 6 | - | 1 | 6 | - | 1 | 46 |
| | 233 | 63 | - | 15 | - | - | - | - | - | - | 7 | 22 |
| 1937 | 570 | 114 | 4 | - | 12 | - | - | - | - | - | - | 16 |
| | 230 | 67 | - | 8 | - | - | - | - | - | - | - | 8 |
| 1938 | 542 | 232 | 5 | - | 21 | - | - | - | - | - | 3 | 29 |
| | 259 | 81 | - | 22 | - | - | - | - | - | - | - | 22 |
| 1939 | 737 | 230 | 3 | - | 23 | - | - | - | 1 | - | 3 | 30 |
| | 358 | 95 | - | 36 | - | - | - | - | - | - | - | 36 |
| 1940 | 374 | 113 | - | - | 3 | - | - | - | - | - | 5 | 11 |
| | 96 | 40 | - | 3 | - | - | - | - | - | - | - | 3 |

| 姓名 | 現況（1939 年調查） | 分類 |
| --- | --- | --- |
| 林樹旺 | 店員 | B |
| 林麗生 | 獸肉商 | D |
| 邱金錫 | 魚市場臨時工 | B |
| 柯柄堂 | | K |
| 范木火 | 理髮業 | D |
| 商棟樑 | | K |
| 康傳牛 | 木工 | C |
| 張坤松 | | K |
| 張明 | 店員 | B |
| 張金波 | 木工 | C |
| 張阿坤 | 土木承包商 | C |
| 張阿祿 | 店員 | B |
| 張茂盛 | 木工 | C |
| 張清連 | 魚類商 | D |
| 張溪泉 | 料理業 | D |
| 張福來 | 米商 | D |
| 張燦榕 | 青菜商 | D |
| 張繼林 | 日雇工（日傭） | F |
| 張耀墨 | 店員 | B |
| 曹樹木 | 羅東營林所 | A |
| 許春森 | 店員 | B |
| 許銘標 | 農業 | G |
| 郭時乘 | 宜農 | J |
| 郭朝根 | 商業 | D |
| 陳木陽 | 店員 | B |
| 陳水土 | | K |
| 陳火木 | 木工 | C |
| 陳正源 | 店員 | B |
| 陳炎明 | 木工 | C |
| 陳金樹 | 税務出張所雇員 | A |
| 陳長炫 | 橫濱市獨逸學協會學校中學在學中 | J |
| 陳朝木 | 木工 | C |
| 陳暢興 | 宜農 | J |
| 陳銘灶 | 木工 | C |
| 彭炳星 | | K |
| 游三棟 | 從軍 | K |
| 游平埔 | 木工 | C |
| 游祥柱 | 宜農 | J |
| 黃天炎 | 木屐製造業 | D |
| 黃文通 | 店員 | B |
| 黃清漢 | 店員 | B |
| 黃朝章 | 和洋雜貨商 | D |
| 黃進福 | 見習司機 | B |
| 黃樹木 | 日雇工 | F |
| 黃穎川 | 宜農 | J |
| 黃　灶 | 店員 | B |
| 黃　標 | 宜農 | J |

## 附錄三　1934 年宜蘭公學校畢業生名簿

| 姓名 | 現況（1939 年調查） | 分類 |
|---|---|---|
| 方旺枝 | 獸肉商 | D |
| 王長清 | 死亡 | K |
| 王連城 | 店員 | B |
| 石麒麟 | 店員 | B |
| 朱金波 | 東京市名教中學校在學 | J |
| 朱耀中 | 點心業商人 | D |
| 江竹煌 | | K |
| 余松柏 | 米穀商 | D |
| 吳加泰 | 宜蘭農業學校（宜農） | J |
| 吳作霖 | | K |
| 吳茂庚 | | K |
| 吳清陽 | 製糖職工 | B |
| 呂振宗 | 郡庶務課工友 | A |
| 呂寶森 | 米商 | D |
| 李木生 | 國語講習所講師 | A |
| 李火旺 | 青菜商 | D |
| 李松培 | 和洋雜貨商 | D |
| 李泛柏 | 農業 | G |
| 李根旺 | 米穀組合 | B |
| 李新繼 | 基隆中學校（基中） | J |
| 李瑛鏗 | 陶器商 | D |
| 李錫標 | 基中 | J |

| 姓名 | 現況（1939 年調查） | 分類 |
|---|---|---|
| 林文章 | 店員 | B |
| 林木田 | 店員 | B |
| 林水土 | 理髮業 | D |
| 林圳川 | | K |
| 林坤旺 | 火車車庫工作 | A |
| 林坤樹 | 從軍 | K |
| 林松根 | 米商 | D |
| 林河生 | | K |
| 林長安 | 宜農 | J |
| 林阿坤 | 農林學校工作 | A |
| 林阿坤 | 郵件收集 | D |
| 林阿海 | 店員 | B |
| 林信義 | 銀行員 | B |
| 林茂隆 | 店員 | B |
| 林連木 | 木工 | C |
| 林連生 | 店員 | B |
| 林朝陽 | 米穀檢查所臨時工（傭） | B |
| 林祿 | 宜農 | J |
| 林萬灶 | 店員 | B |
| 林榮坤 | 宜農 | J |
| 林增壽 | 宜農 | J |
| 林蔡齡 | 基中 | J |
| 林震輝 | 建築組合雇員（雇） | B |

附錄三　1934 年宜蘭公學校畢業生名簿（續）

| 姓名 | 現況（1939 年調查） | 分類 |
|---|---|---|
| 楊江榮 | 裁縫職工 | C |
| 楊阿樹 | | K |
| 楊炳耀 | 警察課工友（小使） | A |
| 楊苡 | 木工 | C |
| 楊新發 | 郵件收集 | D |
| 楊碧麟 | 刻印業 | D |
| 楊燦坤 | 獸肉商 | D |
| 葉墩炘 | 農業 | G |
| 詹天啟 | 店員 | B |
| 曾光雄 | | K |
| 劉銘成 | | K |
| 劉銘傳 | | K |
| 潘添壽 | 洋服商 | D |
| 潘滄海 | 從軍 | K |
| 潘煌以 | 店員 | B |
| 蔡炎煌 | 點心商 | D |
| 蔡清波 | 店員 | B |

| 姓名 | 現況（1939 年調查） | 分類 |
|---|---|---|
| 鄭金土 | 郵件收集 | D |
| 鄭昭輝 | 木材商 | D |
| 盧秀焜 | 臺北商工 | J |
| 盧建福 | 新町派出所工友（小使） | A |
| 賴坤樹 | | K |
| 駱炎樹 | 送報伕 | B |
| 薛金樹 | 店員 | B |
| 謝炳坤 | 鐵工 | C |
| 謝淵欽 | 仁濟院工友（給仕） | B |
| 簡木樹 | 從軍 | K |
| 簡坪和 | 宜農 | J |
| 簡焰樹 | 街役場雇員 | A |
| 藍傳枝 | 宜農 | J |
| 藍維 | | K |
| 羅金日 | 店員 | B |
| 羅英豪 | 店員 | B |

**資料來源：**宜蘭公學校，《臺北州宜蘭公學校創立四拾周年記念誌》（臺北：宜蘭公學校，1939 年），頁 63-116。

**說明：**分類根據本書第二章，表 2-1。

A 官公吏及自由業（任職於官、公廳、學校、醫師、律師）。B 公司、銀行（店員、司機、職員）。C 商業、自營商、自己開店（料理業、理髮業、實業）。D 工、礦、漁業（木工、職工、營造業）。E 被雇用。F 日傭。G 農業、種田。H 地主。I 自宅、家務。J 升學。K 死亡、不明。

## 附錄四　日治時期實業補習學校一覽表

| 編號 | 創校時校名 | 創立年 | 中間變化 | 現在校名 |
|---|---|---|---|---|
| 1 | 嘉義商工補習學校 | 1922 | 1922 嘉義商工補習學校 -31<br>1932 嘉義商工專修學校 -39<br>1940 嘉義專修工業學校 -44<br>嘉義商業專修學校 -44 | 華南高商 |
| 2 | 東港水產補習學校 | 1922 | 1922 東港水產補習學校 -36<br>1937 東港實業國民學校 -40<br>1941 東港實業專修學校 -44 | 東港國中 |
| 3 | 馬公水產補習學校 | 1922 | 1922 馬公水產補習學校 -29<br>1930 澎湖水產補習學校 -37<br>1938 澎湖水產專修學校 -44 | 澎湖高級海事水產職業學校 |
| 4 | 臺南商業補習學校 | 1922 | 1922 臺南商業補習學校 -30<br>1931 臺南商業專修學校 -40<br>1941 市立臺南專修商業學校 -44 | 臺南高商 |
| 5 | 高雄商業補習學校 | 1922 | 1922 高雄商業補習學校 -35 | 旗津國小 |
| 6 | 萬丹農業補習學校 | 1922 | 1922 萬丹農業補習學校 -37<br>1938 萬丹農業專修學校 -44 | 萬丹國中 |
| 7 | 花蓮港農業補習學校 | 1923 | 1923 花蓮港農業補習學校 -36<br>1937 花蓮港國民農學校 -40<br>1941 花蓮港農林學校 -44 | 花蓮高農 |
| 8 | 南崁實業補習學校 | 1924 | 1924 南崁農業補習學校 -31<br>1932 南崁農業專修學校 -44 | 南崁國中 |
| 9 | 龍潭農業補習學校 | 1924 | 1924 龍潭農業補習學校 -31<br>1932 龍潭農業專修學校 -44 | 龍潭農工 |
| 10 | 關西農業補習學校 | 1924 | 1924 關西農業補習學校 -31<br>1932 關西農林專修學校 -44<br>1945 關西實踐農林學校 | 關西高中 |
| 11 | 臺南女子技藝學校 | 1924 | 1924 臺南商補女子專修科 -32<br>1933 臺南女子技藝學校 -36<br>1937 臺南實踐女學校 -40<br>1941 臺南家政女學校 -44 | 家齊女中 |
| 12 | 屏東農業補習學校 | 1924 | 1924 屏東農業補習學校 -29 | 屏東科技大學 |
| 13 | 木柵農業補習學校 | 1925 | 1925 木柵農業補習學校 -32<br>1933 木柵農業專修學校 -44 | 木柵國中 |
| 14 | 大湖農業補習學校 | 1925 | 1925 大湖農業補習學校 -31<br>1932 大湖農蠶專修學校 -44 | 大湖農工 |

| 編號 | 創校時校名 | 創立年 | 中間變化 | 現在校名 |
|---|---|---|---|---|
| 29 | 龍肚農業補習學校 | 1928 | 1928 龍肚農業補習學校 -35<br>1936 旗山實踐農民學校 -44 | 旗山農工 |
| 30 | 臺東農業補習學校 | 1928 | 1928 臺東農業補習學校 -35<br>1936 臺東農林國民學校 -40<br>1941 臺東農業專修學校 -42 | 臺東農工 |
| 31 | 私立家政裁縫講習所 | 1929 | 1929 私立家政裁縫講習所 -31<br>1932 私立臺南家政學院 -38<br>1939 私立臺南和敬女學校 -44<br>1944 私立臺南和敬女學校 -45 | 光華女中 |
| 32 | 歸仁農業補習學校 | 1929 | 1929 歸仁農業補習學校 -35<br>1936 歸仁農村青年學校 -36<br>1937 新豐青年學校 -39<br>1940 新豐國民農學校 -40<br>1941 新豐青年農業專修學校 -44 | 新豐高中 |
| 33 | 安平水產專修學校 | 1930 | 1930 安平水產專修學校 -38 | 臺南海事學校 |
| 34 | 新營農業補習學校 | 1930 | 1930 新營農業補習學校 -32<br>1933 新營農業專修學校 -40<br>1941 新營專修農業學校 -44 | 白河商工 |
| 35 | 湖口農業專修學校 | 1931 | 1931 湖口農業專修學校 -44 | 湖口國小 |
| 36 | 苑裡農業專修學校 | 1932 | 1932 苑裡農業專修學校 -44 | 苑裡高中 |
| 37 | 中壢農村國民學校 | 1934 | 1933 中壢農村國民學校 -40<br>1941 中壢實修農業學校 -44 | 中壢國中 |
| 38 | 嘉義女子技藝學校 | 1934 | 1934 嘉義女子技藝學校 -36<br>1937 嘉義家政女學校 -44<br>1944 嘉義市立商業實踐女學校 | 嘉義國中 |
| 39 | 臺中家政女學校 | 1935 | 1935 臺中家政女學校 -44<br>1944 臺中商業實踐女學校 | 臺中家商 |
| 40 | 后里農業公民學校 | 1935 | 1935 后里農業公民學校 -40<br>1941 后里實踐農業學校 -44 | 后里高中 |
| 41 | 草屯農業家政專修學校 | 1935 | 1935 草屯農業家政專修學校 -40<br>1941 草屯實踐農業家政學校 -44 | 草屯國中 |
| 42 | 林園農業專修學校 | 1935 | 1935 林園農業專修學校 -44 | 林園高中 |
| 43 | 高雄商工專修學校 | 1935 | 1935 高雄商工專修學校 -43<br>1944 高雄工業專修學校 | 高雄高工 |

附錄四　日治時期實業補習學校一覽表（續）

| 編號 | 創校時校名 | 創立年 | 中間變化 | 現在校名 |
|---|---|---|---|---|
| 15 | 公館農業補習學校 | 1925 | 1925 公館農業補習學校 -31<br>1932 公館農業專修學校 -42 | 公館國小 |
| 16 | 永靖農業補習學校 | 1925 | 1925 永靖農業補習學校 -34<br>1935 員林農業國民學校 -40<br>1941 員林實踐農業學校 -44 | 永靖高工 |
| 17 | 新社農業補習學校 | 1925 | 1925 新社農業補習學校 -28<br>1929 東勢農林國民學校 -33<br>1934 臺中州立東勢農林國民學校 -40<br>1941 臺中州立實踐農業學校大地館 -44 | 新社高中 |
| 18 | 彰化商工補習學校 | 1925 | 1925 彰化商工補習學校 27-33<br>1934 彰化商業專修學校 -43 | 彰化高商 |
| 19 | 金山農業補習學校 | 1926 | 1926 金山農業補習學校 -32<br>1933 金山農業專修學校 -36 | 金山國小 |
| 20 | 芎林農業補習學校 | 1926 | 1926 芎林農業補習學校 -31<br>1932 芎林農業專修學校 -44 | 芎林國小 |
| 21 | 後龍農業補習學校 | 1926 | 1926 後龍農業補習學校 -31<br>1932 後龍農業專修學校 -44 | 後龍國小 |
| 22 | 楊梅農業補習學校 | 1926 | 1926 楊梅農業補習學校 -31<br>1932 楊梅農業專修學校 -33 | 楊梅國小 |
| 23 | 新化農業補習學校 | 1926 | 1926 新化農業補習學校 -30<br>1931 新化農業專修學校 -40 | 新化高工 |
| 24 | 和尚洲農業補習學校 | 1927 | 1927 和尚洲農業補習學校 -32<br>1934 鷺洲庄農業專修學校 -36 | 蘆洲國小 |
| 25 | 水上農業補習學校 | 1927 | 1927 水上農業補習學校 -35 | 水上國小 |
| 26 | 東石農業補習學校 | 1927 | 1927 東石農業補習學校 -34<br>1935 東石農業實修學校 -40<br>1941 東石專修農業學校 -44 | 東石高中 |
| 27 | 柳營農業補習學校 | 1927 | 1927 柳營農業補習學校 -29<br>（34 新營農業補習學校） | 白河商工 |
| 28 | 虎尾農業補習學校 | 1928 | 1928 虎尾農業補習學校 -35<br>1936 虎尾國民農業學校 -39<br>1940 虎尾國民農學校 -40<br>1941 虎尾專修農業學校 -44 | 虎尾農工 |

| 編號 | 創校時校名 | 創立年 | 中間變化 | 現在校名 |
|---|---|---|---|---|
| 64 | 臺南專修工業學校 | 1938 | 1938 臺南專修工業學校 -44 | 成大附屬高工 |
| 65 | 西螺專修商業學校 | 1938 | 1938 西螺專修商業學校 -44<br>1943 西螺農業專修學校 | 西螺農工 |
| 66 | 東石實踐女學校 | 1938 | 1938 東石實踐女學校 -40<br>1941 東石家政女學校 -44 | 東石高中 |
| 67 | 曾文實踐女學校 | 1938 | 1938 曾文實踐女子學校<br>1941 曾文家政女學校 -44<br>1944 曾文農業女學校 | 曾文家商 |
| 68 | 基隆家政女學校 | 1939 | 1939 基隆家政女學校 -44<br>1944 基隆商業實踐學校 | 銘傳國中 |
| 69 | 斗六家政女學校 | 1939 | 1939 斗六家政女學校 -44 | 斗六家商 |
| 70 | 虎尾家政女學校 | 1939 | 1939 虎尾家政女學校 -44 | 虎尾科大 |
| 71 | 新營家政女學校 | 1939 | 1939 新營家政女學校 -44<br>1944 新營農業實踐女學校 | 新營商工 |
| 72 | 鳳山園藝專修學校 | 1939 | 1939 鳳山園藝專修學校 -44 | 鳳山高中 |
| 73 | 臺北商工專修學校 | 1940 | 1940 臺北商工專修學校 -44 | 大安高工 |
| 74 | 中壢家政女學校 | 1940 | 1940 中壢家政女學校 -44 | 中壢高中 |
| 75 | 新竹家政女學校 | 1940 | 1940 新竹家政女學校 -44 | 建華國中 |
| 76 | 大甲家政女學校 | 1940 | 1940 大甲家政女學校 -41<br>1941 大甲實踐農業學校 -44 | 大甲高中 |
| 77 | 彰化家政女學校 | 1940 | 1940 彰化家政女學校 -44<br>1941 彰化商業實踐女學校 | 陽明國中 |
| 78 | 北門家政女學校 | 1940 | 1940 北門家政女學校 -44 | 北門高中 |
| 79 | 新化家政女學校 | 1940 | 1940 新化家政女學校 -44 | 新化國中 |
| 80 | 嘉義專修工業學校 | 1940 | 1940 嘉義專修工業學校 -44 | 嘉義高工 |
| 81 | 苗栗家政女學校 | 1941 | 1941 苗栗家政女學校 -44<br>1944 苗栗農業實踐女學校 | 苗栗高中 |
| 82 | 桃園家政女學校 | 1941 | 1941 桃園家政女學校 -44 | 桃園高中 |
| 83 | 北港專修農業學校 | 1941 | 1941 北港專修農業學校 -44 | 北港農工 |
| 84 | 斗南專修農業學校 | 1941 | 1941 斗南專修農業學校 -44 | 莿桐國中 |
| 85 | 玉井專修農業學校 | 1941 | 1941 玉井專修農業學校 -44 | 玉井工商 |
| 86 | 曾文專修農業學校 | 1941 | 1941 曾文專修農業學校 -44 | 曾文農工 |
| 87 | 花蓮港專修農學校 | 1941 | 1941 花蓮港專修農學校 -44 | 鳳林國中 |

**附錄四　日治時期實業補習學校一覽表（續）**

| 編號 | 創校時校名 | 創立年 | 中間變化 | 現在校名 |
|---|---|---|---|---|
| 44 | 豐原商業補習學校 | 1935 | 1935 豐原商業補習學校<br>1937 豐原信用組合立豐原商業專修學校 | 豐原高商 |
| 45 | 臺中商業專修學校 | 1936 | 1936 私立臺中商業專修學校 | 新民高中 |
| 46 | 內埔皇國農民學校 | 1936 | 1936 內埔皇國農民學校 -44 | 內埔國中 |
| 47 | 岡山農業國民學校 | 1936 | 1936 岡山農業國民學校 -40<br>1941 岡山農業專修學校 -44 | 岡山農工 |
| 48 | 高雄女子技藝學校 | 1936 | 1936 高雄女子技藝學校 -36<br>1937 高雄淑德女學校 -44 | 新興國中 |
| 49 | 臺北市立家政女學校 | 1937 | 1937 臺北市立家政女學校 -44<br>1944 臺北市立商業實踐學校 | 金華國中 |
| 50 | 新莊農民學校 | 1937 | 1937 新莊農民學校 -44 | 泰山高中 |
| 51 | 基隆商業專修學校 | 1937 | 1937 私立基隆商業專修學校 | 光隆家商 |
| 52 | 大甲農業國民學校 | 1937 | 1937 大甲農業國民學校 -40<br>1941 大甲實踐農業學校 -44 | 大甲高工 |
| 53 | 北斗興農國民學校 | 1937 | 1937 北斗興農國民學校 -40<br>1941 北斗實踐農業學校 -44 | 二林工商 |
| 54 | 員林家政女學校 | 1937 | 1937 員林家政女學校 -44<br>1944 員林農業實踐女學校 | 員林高中 |
| 55 | 彰化農林國民學校 | 1937 | 1937 彰化農林國民學校 -40<br>1941 彰化實踐農業學校 -44 | 秀水高工 |
| 56 | 北門國民農學校 | 1937 | 1939 北門國民農學校 -40<br>1941 北門農業專修學校 -43 | 北門農工 |
| 57 | 嘉義郡農業國民學校 | 1937 | 1937 嘉義郡農業國民學校 -40<br>1941 嘉義郡專修農業學校 -44 | 民雄農工 |
| 58 | 佳冬農業專修學校 | 1937 | 1937 佳冬農業專修學校 -44 | 佳冬高農 |
| 59 | 屏東農業國民學校 | 1937 | 1937 屏東農業國民學校 -40<br>1941 屏東農業專修學校 -44 | 長治國中 |
| 60 | 屏東實踐商業學校 | 1937 | 1937 屏東實踐商業學校 -44<br>1944 屏東工業專修學校 -44 | 屏東高工 |
| 61 | 彰化工科學校 | 1938 | 1938 彰化工科學校 -44 | 彰師大附屬高工 |
| 62 | 豐原家政女學校 | 1938 | 1938 豐原家政女學校 -44<br>1945 豐原農業實踐女學校 | 豐原國中 |
| 63 | 北港實踐女學校 | 1938 | 1938 北港實踐女學校 -40<br>1941 北港家政女學校 -44 | 北港國中 |

**附錄四　日治時期實業補習學校一覽表（續）**

| 編號 | 創校時校名 | 創立年 | 中間變化 | 現在校名 |
| --- | --- | --- | --- | --- |
| 88 | 苗栗實踐農業學校 | 1942 | 1942 苗栗實踐農業學校 -44 | 苗栗農工 |
| 89 | 花蓮港家政女學校 | 1941 | 1942 花蓮港家政女學校 -44 | 明義國小 |
| 90 | 北斗家政女學校 | 1942 | 1942 北斗家政女學校 -44<br>1944 北斗農業實踐女學校 | 北斗國中 |
| 91 | 旗山實踐女學校 | 1942 | 1942 旗山實踐女學校 -44<br>1944 旗山農業實踐女學校 | 旗山國中 |
| 92 | 潮州淑德女學校 | 1942 | 1942 潮州淑德女學校 -44<br>1944 潮州農業實踐女學校 | 潮州高中 |
| 93 | 埔里家政女學校 | 1943 | 1944 埔里家政女學校 -44<br>1945 埔里女子農業實踐學校 | 埔里國中 |
| 94 | 屏東實踐女學校 | 1943 | 1943 屏東實踐女學校 -44 | 明正國中 |
| 95 | 修德實踐女學校 | 1944 | 1944 屏東農業實踐女學校<br>1944 修德實踐女學校 | 泰北高中 |

**說明：**

1. 本表依第三章內容，根據《臺灣總督府職員錄》，並參考現今各校網頁校史資料作成。作實業補習學校因學制較富彈性，設置者、名稱、科別經常變化，或與其他學校共設、合併或改制，受限於資料，難以一一精確掌握。各項資料名稱、年代偶有出入，原則上以日治時期官文書為優先。
2. 「中間變化」欄位的年代，根據《臺灣總督府職員錄》，「-44」表示到 1944 年最後一期職員錄都有登錄，學校原則上是繼續存在，只是沒有 1945 年的紀錄。然有部分學校在 1943 年以後有校名變更，但總督府職員錄仍依原校名登錄的情形，這些校名變化，多參考現今各校網頁或《臺灣日日新報》相關報導，並列於表中。

## 附錄五　收音機體操相關年表

| 時　間 | 臺　灣 | 日　本 |
| --- | --- | --- |
| 1925/11 | | 第二回明治神宮體育大會開始有集體體操（マスゲーム） |
| 1928/10 | 臺北放送局（JFAK）開播 | |
| 1928/11/1 | | 收音機體操開播 |
| 1929/9/29 | 臺灣第一次有收音機體操的報導 | |
| 1930/4/1 | 臺灣開始每日固定時間播放收音體操 | |
| 1930/7 | | 第一次收音機體操大會（東京） |
| 1930/11/2 | | 第一回體操祭（明治神宮鎮座十周年奉祝） |
| 1931/3/16 | 臺北放送局開始於清晨實演播放收音機體操 | |
| 1931/11/3 | | 體操祭 |
| 1932 | | 收音機體操第二式 |
| 1932/4 | 臺南放送局開播 | |
| 1932/11/3 | | 第一回「日本體操祭」<br>體操祭由收音機全國同步廣播 |
| 1933/8/14-8/19 | 收音機體操大會（臺北） | |
| 1933/11/3 | | 第二回日本體操祭，臺灣也同步放送 |
| 1934/8/13-8/22 | 全臺灣收音機體操大會 | |
| 1935/4/28 | | 第一回日本體操大會（大楠公六百年祭記念體操大會） |
| 1935/8/12-8/21 | 全臺灣收音機體操大會 | |
| 1936/1 | | 標準體力表完成 |
| 1936/5 | | 第二回日本體操大會 |
| 1936/8/10-8/19 | 全臺灣收音機體操大會 | |
| 1936/11/3 | | 第六回日本體操祭，全國聯播 |
| 1937/2 | | 建國體操公開發表 |
| 1937/5 | | 第三回日本體操大會 |
| 1937/8/1 | 國民心身鍛鍊運動（-8/20） | |
| 1937/8/9-8/18 | 全臺灣收音機體操大會 | |
| 1937/8 | | 朝鮮皇國臣民體操 |
| 1937/8 | 國民精神總動員運動 | |
| 1937/10/13 | 國民精神總動員強調週 | |

<table>
<tr><th>時　間</th><th>臺 灣</th><th>日 本</th></tr>
<tr><td>1940/9/20-23</td><td>紀元二千六百年奉祝臺灣體育大會</td><td></td></tr>
<tr><td>1940/10</td><td></td><td>紀元二千六百年奉祝興亞厚生大會</td></tr>
<tr><td>1940/11</td><td></td><td>第十一回明治神宮國民體育大會，全國聯播收音機體操</td></tr>
<tr><td>1940/11/3</td><td></td><td>建國體操大會（奈良）</td></tr>
<tr><td>1941/4</td><td></td><td>大日本厚生體操發表</td></tr>
<tr><td>1941</td><td></td><td>厚生省體力局改為人口局</td></tr>
<tr><td>1941/8/-8/10</td><td>全臺灣收音機體操大會</td><td></td></tr>
<tr><td>1941/11</td><td></td><td>第十二回明治神宮國民體育大會 全國聯播收音機體操</td></tr>
<tr><td>1942/4</td><td></td><td>健民運動實施要綱</td></tr>
<tr><td>1942/5/1</td><td colspan="2">健民運動強調週</td></tr>
<tr><td>1942/5/30</td><td>第一回全臺灣體操大會</td><td></td></tr>
<tr><td>1942/7/21</td><td colspan="2">夏季心身鍛鍊期間（一個月）</td></tr>
<tr><td>1942/8/1-8/20</td><td>全臺灣收音機體操大會</td><td></td></tr>
<tr><td>1942/10/5</td><td></td><td>厚生省發表「健民運動秋季國民鍊成要綱」</td></tr>
<tr><td>1942/10/30</td><td></td><td>第十三回明治神宮國民鍊成大會</td></tr>
<tr><td>1942/12</td><td></td><td>海軍體操</td></tr>
<tr><td>1943/2</td><td>國民體力法施行臺灣</td><td></td></tr>
<tr><td>1943/5/10</td><td>第二回全臺灣體操大會</td><td></td></tr>
<tr><td>1943/5</td><td>皇民體操</td><td></td></tr>
<tr><td>1943/5/1</td><td colspan="2">健民運動強調週間（-5/10）</td></tr>
<tr><td>1943/7/22</td><td>健民運動夏季心身鍛鍊</td><td></td></tr>
<tr><td>1943/8/1-8/31</td><td>全臺灣收音機體操大會</td><td></td></tr>
<tr><td>1943/9</td><td colspan="2">女子體力檢定章實施（體操為必須項目）</td></tr>
<tr><td>1943/11</td><td></td><td>第十四回明治神宮國民鍊成大會</td></tr>
<tr><td>1943/11</td><td></td><td>第九回日本體操大會（最後一次）</td></tr>
<tr><td>1944/8/1-8/31</td><td>全臺灣收音機體操大會</td><td></td></tr>
</table>

**附錄五　收音機體操相關年表（續）**

| 時　間 | 臺 灣 | 日 本 |
|---|---|---|
| 1938/1 | | 厚生省設置 |
| 1938/4 | 國家總動員法 | |
| 1938/5 | 下午也播放收音機體操 | |
| 1938/5/17 | 國民精神總動員健康週 | |
| 1938/8 | 國民心身鍛鍊運動 | |
| 1938/8/8-8/17 | 全臺灣收音機體操大會 | |
| 1938/9 | 臺灣住民體力調查 | |
| 1938/10 | | 厚生省體力局完成體力章檢定原案 |
| 1938/11/10 | | 皇紀二千六百年奉祝國民體育大會（厚生省體力局主辦） |
| 1939 | | 男子體力檢定章加入體操為必須項目 |
| 1939/3 | 中等學校入試第一次體力檢查 | |
| 1939/5 | 健康週 | |
| 1939/5/10 | | 江木理一辭職 |
| 1939/7 | | 國民徵用令 |
| 1939/8/1-8/20 | 國民心身鍛鍊運動 | |
| 1939/8/1-8/10 | 全臺灣收音機體操大會 | |
| 1939/9 | | 厚生省完成大日本體操原案（三種） |
| 1939/10 | | 實施體力章檢定 |
| 1939/11/3 | | 第十回明治神宮國民體育大會（第一次由厚生省主辦） |
| 1939/12 | | 以大日本體操為收音機體操第三式 |
| 1940/2 | 二月一三月江木理一來臺 | |
| 1940/2 | 體力章檢定 | |
| 1940/5/10 | 健康週 | |
| 1940/5/12 | | 第六回日本體操大會（二千六百年紀念大會在橿原神宮外苑） |
| 1940/7 | | 《國民體力法》、《國民優生法實施》 |
| 1940/8/1-8/20 | 國民心身鍛鍊運動 | |
| 1940/8/5-8/14 | 全臺灣收音機體操大會 | |

| 資料編號 | 資料名稱<br>微卷位置 | 內容項目 |
|---|---|---|
| 卷104（三） | 義務教育關係統計資料（攜帶版）<br>R16-499-548<br>R7-249-284 | 1. 本島人學齡兒童就學率<br>2. 入學適齡兒童就學率<br>3. 本島人第一學年入學狀況<br>4. 自昭和13-17年本島人第一學年入學狀況<br>5. 本島人入學適齡兒童入學狀況<br>6. 州廳別、年齡別本島人國民學校第一學年入學者<br>7. 被拒絕入學的本島人兒童數<br>8. 國語普及狀況<br>9. 實業補習學校調查<br>10. 街庄組合立實業補習學校數調查<br>11. 昭和17年10月底未置市街庄區域的學齡兒童為了就學而居住在市街庄兒童數<br>12. 昭和17年10月底從他市街庄或未置市街庄地域通學兒童數調查<br>13. 州廳別高砂族人口<br>14. 州廳立國民學校一覽<br>15. 教育所、班級、職員兒童數<br>16. 蕃地高砂族兒童就學率<br>17. 內地一班級兒童數<br>18. 內地昭和13年度尋常小學校畢業後狀況<br>19. 委託及學校組合調查（內地）<br>20. 昭和17年教育費預算調查<br>21. 初等教育國庫補助額調查<br>22. 昭和17年度初等教育費國庫補助調查<br>23. 公立國民學校經費調查（國庫，地方團體經費）<br>24. 隨著義務教育實施，國庫補助分配辦法<br>25. 昭和15、16、17年度各州廳教員俸給預算單價調查<br>26. 義務教育準備期間，州廳市街庄初等教育費預算增加調查<br>27. 昭和16年度特設國語講習所在學者年齡別調查 |

## 附錄六 「戰爭時期臺灣教育關係文書」第一〇四卷有關義務教育制度的內容

| 資料<br>編號 | 資料名稱<br>微卷位置 | 內容項目 |
|---|---|---|
| 卷 104（一） | （關於義務教育制度施行）說明書<br>R16-584-597<br>R16-452-463 | 1. 關於義務教育<br>2. 義務教育實施要綱<br>3. 臺灣公立國民學校規則改正要綱<br>4. 臺灣初等普通教育現狀及其沿革 |
| 卷 104（二） | 義務教育關係說明資料<br>R16-464-498<br>R7-285-319 | 1. 臺灣欲施行義務教育之理由<br>2. 義務教育實施準備狀況<br>3. 臺灣義務教育實施計畫<br>4. 義務教育實施時期<br>5. 義務教育實施地域<br>6. 義務教育適用範圍<br>7. 使兒童就學的義務如何<br>8. 使兒童就學義務之免除及寬限<br>9. 使兒童就學必要之學校設置義務<br>10. 市街庄學校組合或街庄學校組合<br>11. 學齡兒童教育事務的委託<br>12. 市街庄、市街庄學校組合或街庄學校組合之學校設置義務免除<br>13. 對內地人也實施六年制之理由<br>14. 就學義務免除的條件加上保護者貧窮<br>15. 臺灣的國民學校制度（實施義務教育的場合）與內地制度的相異<br>16. 內臺人共學狀況<br>17. 國民學校初等科設置實業科的理由<br>18. 國民學校初等科修了者之升學狀況及就職狀況<br>19. 國民學校高等科修了者之升學狀況及就職狀況<br>20. 義務教育實施之負擔關係<br>21. 義務教育國庫補助對各州廳的分配方法<br>22. 隨義務教育實施，國民學校學費應如何<br>23. 蕃地教育狀況<br>24. 臺灣陸軍特別志願兵制度實施狀況<br>25. 臺灣的國民學校的教科用圖書<br>26.「行監護人職務者」之規定不適用臺灣<br>27. 對本島人之親權監護制度 |

# 臺灣近代教育大事與社會政治事件對照年表

| 重大社會與政治事件 | 年分 | 重大教育事件 |
| --- | --- | --- |
| • 五月八日馬關條約批准交換<br>• 六月十七日始政式 | 一八九五 | • 五月二十一日伊澤修二被任命為代理學務部長<br>• 六月二十六日臺灣總督府學務部從大稻埕移往芝山岩<br>• 七月十六日芝山岩學堂開始上課 |
| • 三月三十日本政府公布《六三法》（法六三） | 一八九六 | • 一月一日芝山岩事件<br>• 三月三十一日「臺灣總督府直轄諸學校官制」（敕九四），國語學校、國語傳習所據此成立。<br>• 六月一日芝山岩學堂改稱國語學校第一附屬學校，為今臺北市士林國小前身<br>• 七月九日臺北國語傳習所開始上課，各地陸續設置，至一八九六年底共成立了十四所國語傳習所<br>• 九月二日恆春國語傳習所豬勝束分教場成立，為原住民教育之始<br>• 十二月二十一日臺中國語傳習所成立牛罵頭分教場（今臺中市清水國小前身），其後各地陸續設置分教場 |
| | 一八九七 | • 七月二十九日伊澤學務部長離職，由兒玉喜八接任<br>• 十月二十日國語學校開校式（之前已招生上課） |
| • 三月二日後藤新平來臺擔任民政長官，開始各項後來被稱為「資本主義基礎建設」的各項工程 | 一八九八 | • 四月二日國語學校第四附屬學校中學科開始上課，為今臺北市建國中學前身<br>• 七月三日國語學校師範部第一回卒業式<br>• 七月二十八日《臺灣公學校令》（勅一七八）發布<br>• 九月三十日國語傳習所廢止（恆春、臺東、澎湖島除外）<br>• 十月一日公學校令實施，原國語傳習所及分教場改制為公學校 |

| | | |
|---|---|---|
| 一八九九 | ・五月一日臺灣總督府醫學校開始上課<br>・十月臺北、臺中、臺南成立師範學校 | |
| 一九〇〇 | ・五月三日《臺北縣農事試驗場農事見習生規程》（縣告示三二一）發布，為實業教育之始<br>・六月二十五日木村匡接任學務課長<br>・八月十六日《臺灣教科用書國民讀本》發行，為第一套完整公學校用國語讀本 | |
| 一九〇一 | ・六月十六日臺灣教育會成立 | |
| 一九〇二 | ・一月二十三日《學租取扱方法》（訓一三）發布<br>・三月二十日臺北、臺中師範學校廢止<br>・五月十一日醫學校第一回卒業式 | |
| 一九〇三 | ・第一回學事諮問會<br>・十二月十七日持地六三郎兼任學務課長 | |
| 一九〇四 | ・七月十日臺南師範學校廢止 | |
| 一九〇五 | ・二月三日《蕃人子弟可就學之公學校文件》（勅二七）頒布，為第一次正式關於原住民教育規範的文件 | |
| 一九〇六 | ・六月三十日總督府承認私立臺北中學會、私立臺北簡易商工學校等十二所私立學校 | |
| 一九〇七 | ・二月二十六日《臺灣公學校令》（律一）發布 | ・一月一日《三一法》（法三一）生效<br>・四月一日日本本國小學義務教育延長為六年 |

・民政部殖產局附屬博物館設置

一九〇八　・三月十三日制定《蕃童教育標準》、《蕃童教育綱要》

一九〇九　・三月二十九日臺灣總督府高等女學校從中學校獨立出來，為臺北市第一女子高級中學之前身

一九一〇　・四月十九日發布各級學校身體檢查規程

一九一一　・二月十七日隈本繁吉來臺擔任國語學校校長，兼任臺灣總督府學務課長，後升任學務部長

一九一二　・九月二日工業講習所開始上課

一九一三　・公學校開始使用第二期國語教科書《公學校用國民讀本》

一九一四　・三月九日私立淡水中學校設立認可
・五月新設臺南中學校

一九一五　・四月一日蕃人公學校開始使用《蕃人讀本》
・五月一日公立臺中中學校開校式
・六月五日臺灣總督府博物館遷移至臺北公園內
・六月十六日新竹廳設立青年會

一九一七　・制定《體操教授要目》（訓九）
・臺灣教育會主辦第一回國語演習會

一九一八　・四月十九日農林專門學校成立，為今臺灣大學農學院前身

| 年代 | 教育大事 | 社會政治事件 |
| --- | --- | --- |
| 一九一九 | • 一月四日公布《臺灣教育令》（勅一）<br>• 四月臺灣總督府高等商業學校、醫學專門學校、商業專門學校成立（以上為內地人就讀學校）。臺北工業學校、臺中商業學校、嘉義農林學校成立（以上為臺灣人就讀學校）。國語學校改制為師範學校 | • 十月二十九日田健治郎就任臺灣總督 |
| 一九二〇 | • 七月十六日《臺灣青年》創刊<br>• 小公學校改為市街庄立，中等學校改為州立 | • 八月十日臺灣地方制度改正，改為五州二廳（後來增為三廳） |
| 一九二一 | • 六月臺灣總督府向臺灣總督府評議會提出關於義務教育施行的諮問案 | • 《法三號》（法三）公布，以內地延長主義為原則<br>• 開始臺灣議會設置請願運動<br>• 十月十七日臺灣文化協會成立 |
| 一九二二 | • 二月六日公布新《臺灣教育令》（勅二〇），中等以上學校日、臺共學<br>• 四月一日小、公學校教諭改稱訓導、《公立實業補習學校規則》（府七九）發布<br>• 四月高等學校、高等農林學校新設<br>• 六月二十二日總督府評議會提出「關於義務教育施行諮詢案的答申書」 | • 臺灣開始實施酒類專賣 |
| 一九二三 | • 四月公學校開始使用第三套國語讀本《公學校用國語讀本》 | • 四月十六日東宮行啟<br>• 九月一日關東大地震 |
| 一九二四 | • 四月一日新設嘉義中學校、新竹高等女學校、高雄高等女學校 | • 三月一日治警事件 |
| 一九二五 | • 四月臺北高等學校高等科成立 | • 四月二十二日《治安維持法》公布<br>• 十月二十二日二林事件 |

| | | |
|---|---|---|
| ・大東信託創立 | 一九二六 | ・總督府新設文教局，強化社會教育 |
| ・七月十日臺灣民眾黨成立，將實施義務教育列入黨綱 | 一九二七 | ・五月臺北師範學校分為臺北第一師範及臺北第二師範學校 |
| ・十一月一日日本收音機體操開播 | 一九二八 | ・四月十七日《臺北帝國大學之件》（勅三〇），臺北帝國大學成立<br>・五月一日臺北第一師範學校演習科開始招收女學生<br>・十一月二十四日臺北放送局正式放送開始<br>・臺灣教育會主辦第一回「臺灣美術展覽會」 |
| ・十月十日矢內原忠雄《帝國主義下的臺灣》刊行 | 一九二九 | ・三月台南高等商業學校改為台北高商分校，翌年廢校<br>・臺中州成立第一所國語講習所 |
| ・五月朝日新聞社舉辦「日本第一健康優良兒童」選拔活動<br>・八月日本開始每年暑期的收音機體操大會。<br>・十月二十七日霧社事件<br>・十二月臺灣新民報社辦理議員模擬選舉 | 一九三〇 | ・四月一日臺灣的收音機體操開始每日放送<br>・鄉土教育運動開始盛行 |
| | 一九三一 | ・一月七日臺南高等工業學校新設<br>・三月二十六日《臺南州國語講習所要項》（州訓令三）制定<br>・四月以臺灣教育會名義成立私立臺北女子高等學院<br>・五月十日臺中州教育會發會式，開始五年「教育實際化」計畫<br>・臺灣教育會改組為社團法人，事務所移至龍口町新築教育會館（今南海路二二八國家紀念館）<br>・規定國語講習所為公立的特殊教育機構 |

| | | |
|---|---|---|
| • 五月中川健藏就任臺灣總督，重視社會教化運動<br>• 十一月二十八日臺北菊元百貨店落成，為臺灣第一家百貨公司 | 一九三二 | • 六月總督府更加重視社會教育，臺灣教育會發行青年月刊雜誌《國光》、《黎明》、《薰風》 |
| | 一九三三 | • 八月十四十九日臺灣第一回暑期收音機體大會，只在臺北舉行。翌年第二回起在全臺各地展開 |
| • 總督府召開社會教化協議會，制定《臺灣社會教化要綱》 | 一九三四 | • 十月基隆鄉土館設立 |
| • 七月總督府召開民風作興協議會<br>• 十月十日至十一月二十八日始政四十年紀念博覽會<br>• 十一月二十二日舉辦市街庄議員選舉 | 一九三五 | • 四月一日本本國廢除實業補習學校制度，與青年訓練所合併為青年學校<br>• 四月一日《青年學校令》發布（勅一）<br>• 四月臺灣保留實業補習學校制度，之後蓬勃發展<br>• 十一月《學校教練檢定規程》發布（陸軍省令二二） |
| • 九月二日小林躋造就任臺灣總督 | 一九三六 | • 四月一日醫學專門學校廢止，於臺北帝大新設醫學專門部<br>• 六月一日花蓮港中學校設立 |
| • 七月七日中日戰爭爆發<br>• 八月國民精神總動員運動開始<br>• 八月一日至二十日國民心身鍛鍊運動<br>• 十月二日朝鮮制定「皇國臣民誓詞」 | 一九三七 | • 四月一日公學校開始使用第四期國語讀本《公學校用國語讀本》 |

| | | |
|---|---|---|
| ・一月新設厚生省<br>・四月國家總動員法<br>・五月國民精神總動員健康週 | 一九三八 | ・二月文教局學務課新設調查係，由西川政藏擔任主任，開始進行義務教育制度實施的基礎調查<br>・五月臺灣學校衛生會成立 |
| ・十月日本本國實施體力章制度 | 一九三九 | ・四月臺灣學齡兒童就學率首次超過五〇%<br>・四月中等學校入學考試增加身體檢查和口試<br>・六月二十一日長老教中學得到總督府認可，改稱長榮中學校<br>・八月十九日總督府設置「臨時教育調查會」<br>・十月臺灣總督府決定一九四三年在臺灣實施義務教育<br>・青年訓練所改稱青年學校 |
| ・四月《國民體力法》頒布，規定未滿二十歲帝國臣民有接受體力檢查之義務。<br>・紀元二六〇〇年紀念活動<br>・日本本國成立大政翼贊會 | 一九四〇 | ・七月總督府設置「初等教育制度審議委員會」<br>・臺灣開始實施體力章檢定 |
| ・十月高校、大學修業年限縮短<br>・十一月長谷川清就任臺灣總督 | 一九四一 | ・四月一日全日本，包括臺灣、朝鮮，各小學校、公學校全部改為國民學校<br>・四月設「特設國語講習所」，收容超過入學年齡沒有入學的兒童<br>・四月二十八日至五月七日舉行健康增進運動<br>・皇民奉公會成立 |
| ・一月在臺灣發布陸軍特別志願兵制度 | 一九四二 | ・四月一日國民學校開始使用第五期國語讀本《こくご》、《初等科國語》<br>・五月一日健民運動強調週 |

| | | |
|---|---|---|
| 一九四三 | ・三月臺灣開始實施《國民體力法》<br>・四月一日義務教育開始實施<br>・四月皇民奉公會設計皇民體操<br>・四月發布《中等學校令》，將中學校、高女、實業學校統合為「中等學校」<br>・四月師範學校升格為專門學校<br>・四月中等學校年限縮短<br>・四月十二日臺中高等農林學校創立，為今中興大學前身<br>・六月閣議決定「學徒戰時動員體制確立要綱」，強化勤勞動員。<br>・十月日本本國通過「戰時教育非常措置」，規定一年有三分之一時間勤勞動員<br>・十二月《臺灣教育》停刊，與其他雜誌合併，改為《文教》雜誌 | ・一月在臺灣發布海軍志願兵制度。<br>・九月總督府發表將自一九四五年一月起實施徵兵制 |
| 一九四四 | ・二月二十日發布《中等學校教育內容臨時措置要綱》<br>・二月「決戰措置要綱」，規定學徒全年動員<br>・三月學徒勤勞令、女子挺身隊勤勞令發布<br>・四月私立臺北女子專門學校成立 | |
| 一九四五 | ・三月除國民學校外，各級學校全面停課一年<br>・五月二十二日戰時教育令 | ・四月開始實施徵兵制<br>・八月十五日，日本統治結束 |

# 參考書目

「全聯國民省錢運動國民健康操」，YouTube 網站。
「國民健康操～超懷念!!!」，YouTube 網站。
「臺灣人物誌」檢索系統（漢珍圖書）。
「臺灣省五十一年來統計提要」線上資料庫（中央研究院）。
「臺灣總督府職員錄」檢索系統（中央研究院臺灣史研究所）。
《專賣局檔案》，典藏號：〇〇一〇三六一七〇〇〇〇五。南投：國史館臺灣文獻館藏。
《臺灣省行政長官公署檔案》，典藏號〇〇三〇三三一〇〇六〇二二。南投：國史館臺灣文獻館藏。
《臺灣總督府公文類纂》，文號：第一〇〇九八冊一六六號、第一〇一〇六冊九六號、第一〇二五六冊七〇號。南投：國史館臺灣文獻館藏。
《まこと》
《ラヂオタイムス》
《文教》
《向陽》
《自由時報》電子新聞。
《茗荷谷研修所旧蔵記錄》（《茗荷谷文書》）。日本：外務省外交史料館藏。
《第一教育》
《新竹市報》

《新竹州統計書》
《新竹州報》
《經濟日報》
《漢文臺灣日日新報》
《臺中州教育》
《臺北市統計書》
《臺南州統計書》
《臺南州報》
《臺灣の專賣》
《臺灣日日新報》（漢珍圖書）
《臺灣民報》
《臺灣地方行政》
《臺灣時報》
《臺灣教育》
《臺灣教育會雜誌》
《臺灣新民報》
《臺灣遞信協會雜誌》
《臺灣總督府公文類纂》
《臺灣總督府官報》
《臺灣總督府府報》
《臺灣總督府統計書》
《臺灣總督府學事年報》
《臺灣總督府職員錄》

《興南新聞》
《聯合新聞網》
二〇〇三　《ラジオ体操の全　ラジオ体操七十五年の歩み（ＣＤ）》。東京：King Record Co.。
**ラジオ体操五十周年紀念史編集委員**
一九七八　《新しい朝が来た　ラジオ体操五十年の歩み》。東京：簡易保險加入者協会。
**八角林公學校**
一九三四　《鄉土調查》。新竹州：八角林公學校。未出版。
**又吉盛清**
一九九五　〈解說　台湾教育会雜誌——台湾教育会の活動と同化教育〉，《臺灣教育會雜誌　別卷》，頁七—一〇三。
那霸：ひるぎ社。
**三澤真美惠**
二〇〇一　《殖民地下的「銀幕」：臺灣總督府電影政策之研究（一八九五—一九四二）》。臺北：前衛出版社。
**下西陽子**
二〇〇一　〈戦時下の農村保健運動——全国共同組合保健協会の健民運動への対応を中心に——〉，《年報　日本現代史》七：二一五—二四六。
**久木幸男等編集**
一九八〇　《日本教育論争史錄　第二卷　近代編（下）》。東京：第一法規出版社。
**土屋洋**
二〇一一　〈日治時期嘉義地區「鄉土」想像初探——以地域振興運動與鄉土教育為主〉，《嘉義研究》三：一一—四七。

**大園市藏**
一九一六《臺灣人物誌》。臺北：谷澤書店。
一九三五《臺灣の中心人物》。臺北：日本植民地批判社発行所。
**大熊廣明**
二〇〇一〈わが国学校体育の成立と再編における兵式体操・教練採用の意味：明治・大正期を中心として〉，《体育科学系紀要（筑波大学体育科学系）》二四：五七—七〇。
**山下大厚**
二〇〇〇〈国民化とラジオ体操——国家の身体とわたしの身体〉，《法政大学大学院紀要》四四：一四五—一五八。
**中川彰太**
二〇〇四〈ラジオ体操導入と厚生省設置：国民体位低下問題を中心に〉，《中京大学大学院生法学研究論集》二四：一一一—一二八。
**中島利郎編**
二〇〇三《一九三〇年代臺灣鄉土文學論戰資料彙編》。高雄：春暉出版社。
**井深雄二**
二〇〇七（二〇〇四）《近代日本教育費政策史——義務教育費国庫負担政策の展開》。東京：勁草書房。
**戸田金一**
一九九四（一九九三）《昭和戦争期の国民学校》。東京：吉川弘文館。
**王榮**
二〇〇一〈日本統治時代台湾の実業補習学校について〉，《東洋史訪》七：二三—三五。
**王興安**
一九九九〈殖民統治與地方菁英——以新竹、苗栗地區為中心（一八九五—一九三五年）〉。臺北：臺灣大學歷史學研究所碩士論文。

**水野直樹編**
一九九八《戦時期植民地統治資料第四巻》。東京：柏書房。
**北屯公學校**
一九三二《鄉土誌》。臺中：北屯公學校。
**北斗公學校**
一九三一《鄉土調査》。臺中：北斗公學校。
**北村嘉恵**
一九九七〈日本統治下台湾知識人の教育認識〉。京都：京都大学教育学専攻教育史講座修士論文。
**古賀篤**
二〇〇八〈健康優良児表彰の概要〉，收於高井昌吏、古賀篤編，《健康優良児とその時代》，頁二三—六五。東京：青弓社。
**玉川公學校**
一九三三《鄉土概況》。嘉義：玉川公學校。
**伊藤純郎**
一九九八《鄉土教育運動の研究》。京都：思文閣出版。
**安東由則**
二〇〇二〈身体訓練（兵式体操）による「国民」の形成：森有礼に注目して〉，《武庫川女子大学紀要・人文・社会科学編》五〇：八五—九五。
**寺崎昌男、時下教育研究編**
一九八八（一九八七）《総力戦体制と教育——皇国民「錬成」の理念と実践》。東京：東京大学出版会。
**有山輝雄**
二〇〇一〈戦時体制と国民化〉，《年報 日本現代史》七：一—三六。

**竹村洋介**
二〇〇六（二〇〇四）〈ラジオ体操と日本社会の近代化過程〉，收於竹村洋介，《近代化のねじれと日本社会》，頁三八—八一。東京：批評社。
**西川伸一**
二〇〇一〈戦前期法制局研究序說——所掌事務、機構、および人事〉，《政経論叢》六九（二・三）：二八五—三一六。
**佐佐木浩雄**
二〇〇九〈量産される集団体操——国民精神総動員と集団体操の国家イベント化〉，收於坂上康博、高岡裕之編著，《幻の東京オリンピックとその時代—戦時期のスポーツ・都市・身体》，頁四〇五—四四四。東京：青弓社。
**佐野通夫**
二〇〇三〈茗荷谷文書に見る朝鮮植民地末期の教育政策〉，《アジア教育史研究》一二：五六—七二。
二〇〇六《日本植民地教育の展開と朝鮮民衆の対応》。東京：社会評論社。
**佐藤（粒來）香**
二〇〇四《社会移動の歴史社会学——生業／職業／学校》。東京：東洋館出版社。
**何義麟**
二〇〇〇〈日治時期臺灣廣播事業發展之過程〉，收於國立臺灣師範大學歷史系、臺灣省文獻委員會合編，《回顧老臺灣、展望新故鄉：臺灣社會文化變遷學術研討會論文集》，頁二九三—三一二。臺北：國立臺灣師範大學歷史系。
**吳文星**
一九八三《日據時期臺灣師範教育之研究》。臺北：國立臺灣師範大學歷史研究所。
一九九二《日據時期臺灣社會領導階層之研究》。臺北：正中書局。二〇〇八年五南出版社修訂版。
一九九七〈日治時期臺灣鄉土教育之議論〉，收於《鄉土史教育學術研討會論文集》，頁一五三—一六四。臺北：中央圖書館臺灣分館。

二〇〇一a〈日本統治前期の台湾実業教育の建設と資源開発——政策面を中心として〉，《日本台湾学会報》三：一〇三—一二〇。
二〇〇一b〈日治前期臺灣職業教育之建立與資源之開發〉，《第三屆臺灣總督府公文類纂學術研討會論文集》，頁七九—九七。南投：臺灣省文獻委員會。
二〇一二〈日治時期臺灣社會領導階層與義務教育之實施——以一九二一—一九二二第一屆臺灣總督府評議會員之議論為中心〉，《臺灣師大歷史學報》四八：二二九—二五八。
二〇一三〈日治前期水產講習會與臺灣近代水產教育之發軔〉，收於國立臺灣圖書館主編，《近代東亞中的臺灣國際學術研討會論文集》，頁八—二三。新北，國立臺灣圖書館。

**吳沁昱**

二〇一二〈新竹市自治選舉與議會運動——以黃旺成政治參與經驗為中心（一九三五—一九五一）〉。臺北：國立臺北教育大學臺灣文化研究所碩士論文。

**呂紹理**

一九九八《水螺響起——日治時期臺灣社會的生活作息》。臺北：遠流出版社。

**李承機**

二〇〇六〈ラジオ放送と植民地台湾の大衆文化〉，收於貴志俊彥等編，《戦争　ラジオ　記憶》，頁一三三—一五五。東京：勉誠出版。

**李若文**

二〇〇二〈日治臺灣的自治行政（一九二〇—一九三四）——以小梅庄為例〉，《淡江人文社會學刊》一三：五三—九五。

**李榮聰**

二〇〇三〈臺灣日治後期初等教育概況——以信國政藏給李禎祥的書信資料為例〉，《臺灣文獻》五四（二）：三九七—四一六。

**李維修**
二〇〇四《日治時期新竹地區士紳的社會角色變遷（一八九五—一九三七）》。新竹：新竹教育大學社會科教育學系碩士論文。
**李鎧揚**
二〇一二《日治時期臺灣的教育財政——以初等教育費為探討中心》。臺北：國史館。
**沙轆公學校**
一九一五《沙轆支廳管內鄉土資料》。臺中：沙轆公學校。
**宜蘭公學校**
一九三九《臺北州宜蘭公學校創立四拾周年記念誌》。臺北：宜蘭公學校。
**並木真人**
一九九三〈植民地期朝鮮人の政治参加について——解放後史との関連において〉，《朝鮮史研究会論文集》三一：二九—五九。
**並木真人著，陳文松譯**
二〇〇四〈朝鮮的「殖民地近代性」、「殖民地公共性」和對日協力——殖民地政治史、社會史研究之前置性考察〉，收於若林正丈、吳密察主編，《跨界的臺灣史研究——與東亞史的交錯》，頁七一—一一二。臺北：播種者出版社。
**周婉窈**
二〇〇三〈實學教育、鄉土愛與國家認同——日治時期臺灣公學校第三期「國語」教科書的分析〉，收於《海行兮的年代：日本殖民統治末期臺灣史論文集》，頁二一五—二九四。臺北：允晨出版社。
**林初梅**
二〇〇九《「郷土」としての台湾——郷土教育の展開にみるアイデンティティの変容》。東京：東信堂。
二〇一二〈一九三〇年代植民地台湾の郷土教育論の一側面：在台「内地人」児童の郷土化と台湾人児童の日本化をめぐる葛藤〉，《植民地教育史研究年報》一五：一〇—二八。

**林玫君**

二〇〇六　《從探險到休閒——日治時期臺灣登山活動之歷史圖像》。臺北：博揚出版社。

**林琪禎**

二〇一〇　〈「国民学校令」の植民地適用——「国民学校令施行規則」・「台湾公立国民学校規則」・朝鮮「国民学校規程」を見る〉，《言語社会》四：四二四—四四七。

二〇一一　〈日治時期殖民地臺灣義務教育制度之考察〉，收於川島真、松永正義、陳翠蓮主編，《跨域青年學者臺灣史研究 第四集》，頁五四三—五七七。臺北：稻鄉出版社。

**林進發**

一九三四　《臺灣官紳年鑑》。臺北：民眾公論社。

**近藤正己**

一九九六　《総力戦と台湾》。京都：刀水書房。

**近藤正己、北村嘉恵、駒込武編**

二〇一二　《内海忠司日記 一九二八—一九三九——帝国日本の官僚と植民地台湾》。京都：京都大学学術出版會。

**邱淼鏘**

一九四〇　《部落教化の實際》。臺中：三十張犁部落振興會。

**邱瓊瑩**

二〇〇八　《世變與家道——臺灣中港陳汝厚家族的發展（一七四六—一九四五）》。臺北：臺灣師範大學歷史系碩士論文。

**金柏全**

二〇〇八　《日治時期臺灣實業教育之變遷》。臺北：臺灣大學歷史學系碩士論文。

**金誠**

二〇〇九　〈植民地朝鮮における皇国臣民体操の考察〉，《札幌大学総合論叢》二八：八五—九七。

**阿部洋編**
二〇一一　《日本植民地教育政策史料集成（台湾篇）第九五—一〇四巻》。東京：龍溪書舍。

**信國政藏（西川政藏）**
一九八五　〈義務教育制実施の調査〉，收於山本良一編集，《台湾への架け橋》，頁二五七—二六二。茨木：蓬萊会関西支部。

**施純堯**
一九三九—一九四三　《反省週錄》。臺中：臺中第一中學校。未出版。

**洪四川**
二〇〇一　《八十自述——洪四川自傳》。高雄：洪四川文教公益基金會。

**洪郁如**
二〇〇八　〈女性高等教育の植民地的展開——私立台北女子高等学院を中心に〉，收於香川せつ子・河村貞枝編，《女性と高等教育》，頁八四—一一三。東京：昭和堂。

**派翠西亞・鶴見（Patricia Tsurumi）著，林正芳譯**
一九九九　《日治時期臺灣教育史》。宜蘭：仰山文教基金會。

**皇民奉公會中央本部**
一九四四　《第三年に於ける皇民奉公運動の實績》。臺北：皇民奉公會中央本部。

**皇民奉公會生活部厚生班**
一九四四　《熱地保健讀本》。臺北：東都書籍株式會社臺北支店。

**若林正丈著，冨田哲譯**
二〇〇七　〈一九二三年東宮臺灣行啟與「內地延長主義」〉，收於若林正丈著，臺灣史日文史料典籍研讀會譯，《臺灣抗日運動史研究》，頁三八七—四二〇。臺北：播種者出版社。

**宮崎聖子**
二〇〇八《植民地台湾における青年団と地域の変容》。東京：御茶の水書房。
**徐崇嵐**
二〇〇三《「鄉土」如何論戰？一個場域與權力的分析》。新竹：清華大學社會學研究所碩士論文。
**高岡裕之**
二〇一一《総力戦体制と「福祉国家」——戦時期日本の「社会改革」構想》。東京：岩波書店。
**高岡裕之編**
二〇〇一《資料集　総力戦と文化 第二巻 厚生運動・健民運動・読書運動》。東京：大月書店。
**高雄第二尋常高等小學校**
一九三四《鄉土史》。高雄：高雄第二尋常高等小學校。
**高橋秀實**
二〇〇二《素晴らしきラジオ体操》。東京：小学館。
**國分金吾編纂**
一九三五《新竹州諸官公署、諸種團體、產業組合、銀行會社職員錄》。新竹：新竹圖書刊行會。
**國家圖書館特藏組編**
二〇〇三《臺灣歷史人物小傳——明清暨日據時期》。臺北：國家圖書館。
**張恒豪編**
一九九〇《臺灣作家全集・短篇小說卷／日據時代一：楊雲萍、張我軍、蔡秋桐合集》。臺北：前衛出版社。
**張素玢編注，陳弼毅譯**
二〇〇三《北斗鄉土調查》。彰化：彰化縣文化局。
**許文龍口述，林佳龍、廖錦桂編著**
二〇一一（二〇一〇）《零與無限大：許文龍幸福學》。臺北：早安財經。

**許佩賢**

一九九四《塑造殖民地少國民——日據時期臺灣公學校教科書之分析》。臺北：臺灣大學歷史研究所碩士論文。

二〇〇五a〈「體操」、「唱歌」與身體的規律化〉，收於許佩賢，《殖民地臺灣的近代學校》，頁一九八—二三一。臺北：遠流出版社。

二〇〇五b〈皇國健兒之道〉，收於許佩賢，《殖民地臺灣的近代學校》，頁一三一—一七一。臺北：遠流出版社。

二〇〇五c〈戰爭與義務教育的實施〉，收於許佩賢，《殖民地臺灣的近代學校》，頁一七二—一九五。臺北：遠流出版社。

二〇〇五d《殖民地臺灣的近代學校》。臺北：遠流出版社。

二〇〇八〈戦時期台湾の学校生活における規律と戦後〉，《東アジア研究》四九：七三—八四。

二〇〇九〈日本統治末期新竹市內的教育狀況〉，《竹塹文獻》四三：四〇—五一。

二〇一一〈日治時期的學校身體檢查〉，《臺灣學通訊》五五：一〇—一一。

**許雪姬、鍾淑敏編**

二〇〇一《灌園先生日記（二）一九二九年》。臺北：中央研究院臺灣史研究所籌備處、中央研究院近代史研究所。

二〇〇三《灌園先生日記（五）一九三二年》。臺北：中央研究院臺灣史研究所。

**連玉如**

二〇一三《日治時期臺北市的升學樣貌——以臺籍子弟入學中等教育機構為中心（一九一九—一九四五）》。臺北：臺灣師範大學臺灣史研究所碩士論文。

**陳文松**

二〇〇八《植民地支配と「青年」——台湾総督府の「青年」教化政策と地域社会の変容》。東京：東京大学大学院総合文化研究科地域文化研究専攻博士論文。

二〇一一〈日治時期臺灣「雙語學歷菁英世代」及其政治實踐：以草屯洪姓一族為例〉，《臺灣史研究》一八（四）：五七—一〇八。

二〇一五《殖民統治與「青年」——臺灣總督府的「青年」教化政策》。臺北：國立臺灣大學出版中心。

**陳宜君**
二〇一二　《製作健康兒童——日治時期臺灣學校衛生事業之發展》。臺北：臺灣師範大學臺灣史研究所碩士論文。

**陳虹彣**
二〇〇六　〈台湾総督府編修官加藤春城と国語教科書〉，《植民地教育史研究年報》八：六二—八〇。
二〇〇八　〈台湾総督府編修官加藤春城の「自伝畧叙」〉，《植民地教育史研究年報》一一：九〇—一〇八。

**陳錦標**
一九九九　《陳錦標回憶錄》。新竹：新竹市立文化中心。

**鹿野政直**
一九九五　《桃太郎さがし——健康観の近代》。東京：朝日新聞社。

**鹿港第一公學校**
一九三八　《創立四十週年紀念誌》。鹿港：鹿港第一公學校。

**曾山毅**
二〇〇三　《植民地台湾と近代ツーリズム》。東京：青弓社。

**游鑑明訪問，吳美慧、張茂霖、黃銘明、蔡說麗記錄**
二〇〇一　（一九九四）《走過兩個時代的臺灣職業婦女訪問紀錄》。臺北：中央研究院近代史研究所。

**菅武雄**
一九三八　《新竹州の情勢と人物》。新竹：菅武雄。

**黃正安**
二〇〇二　《日治時期臺灣的廣播體操推展情形之研究》。臺北：臺灣師範大學體育研究所碩士論文。

**黃旺成著，許雪姬編**
二〇一〇a　《黃旺成先生日記（六）》。臺北：中央研究院臺灣史研究所。
二〇一〇b　《黃旺成先生日記（七）》。臺北：中央研究院臺灣史研究所。

**黃金麟**
二〇〇一《歷史、身體、國家——近代中國的身體形成(一八九五—一九三七)》。臺北:聯經出版社。
**黑田勇**
一九九九《ラジオ体操の誕生》。東京:青弓社。
**新民高級商工職業學校**
一九八六《新民五十年》。臺中:臺中市私立新民高級商工職業學校。
**新竹州**
一九四二《新竹州第二十統計書(昭和十五年)》。新竹:新竹州。
**詹茜如**
一九九三《日據時期臺灣的鄉土教育運動》。臺北:臺灣師範大學歷史研究所碩士論文。
**豊田俊雄**
一九八四《わが国産業化と実業教育》。東京:国際連合大学。
**漳和公學校編**
一九三五《都市に近接せる農村の鄉土教育》。臺北:漳和公學校。
**熊本史雄**
二〇〇二〈外交史料館所蔵『茗荷谷研修所旧蔵記錄』の構造とその史料的位置——拓務省関係文書を中心に——〉,《外交史料館報》一六:八二—一〇九。
**福田健一**
二〇一一《日本帝國與臺灣殖民地教育法制》。臺北:臺灣大學法律學研究所碩士論文。
**福田廣次**
一九三七《臺灣專賣事業の人物》。臺北:臺灣實業興信社。

**福嶋寛之**

二〇〇五　〈教育の戦時——学徒勤労動員と教育の存亡〉，《史学雑誌》一一四（三）：二八五—三一八。

**臺中州教育會**

一九三二　《臺中州教育年鑑》。臺中：臺中州教育會。

一九三五　《臺中州教育の展望》。臺中：臺中州教育會。

**臺北市役所**

一九四一　《臺北市統計書（昭和十四年）》。臺北市：臺北市役所。

**臺北州知事官房文書課**

一九三六　《昭和九年臺北州統計書》。臺北：臺北州知事官房文書課。

**臺南州**

一九四三　《昭和十六年臺南州第二十三統計書》。臺南：臺南州總務部總務課。

**臺灣省行政長官公署**

一九四六　《臺灣省五十一年來統計提要》。臺北：臺灣省行政長官公署。

**臺灣教育會**

一九三九　《臺灣教育沿革誌》。臺北：臺灣教育會。

**臺灣新聞社**

一九三四　《臺灣實業名鑑》。臺中：臺灣新聞社。

**臺灣經濟研究會**

一九三三—一九四二　《臺灣會社年鑑》。臺北：臺灣經濟研究會。

**臺灣總督府**

一九三四　《臺灣總督府職員錄　昭和九年》。臺北：臺灣總督府。

一九四一　《臨時國勢調查結果表　第一卷　州廳篇　臺北州の部》。臺北：臺灣總督府。

一九四四《臺灣總督府第四十六統計書（昭和十七年）》。臺北：臺灣總督府。
一九四五《臺灣統治概要》。臺北：臺灣總督府。

**臺灣總督府文教局**

一九三一《臺灣總督府學事第二十七年報》。臺北：臺灣總督府文教局。
一九三六《臺灣總督府學事第三十三年報》。臺北：臺灣總督府文教局。
一九四〇《臺灣總督府學事第三十六年報》。臺北：臺灣總督府文教局。

**臺灣總督府文教局社會課**

一九四四《臺灣公益法人一覽》。臺北：臺灣總督府文教局社會課。

**臺灣總督府民政部學務部**

一九一七《臺灣總督府學事第十二年報》。臺北：臺灣總督府民政部學務部。

**臺灣總督府企畫部**

一九四二《昭和十五年 臺灣總督府第四十四統計書》。臺北：臺灣總督府企畫部。

**臺灣總督府官房調查課**

一九二七《臺灣總督府第二十九統計書（大正十四年）》。臺北：臺灣總督府官房調查課。
一九三一《昭和四年　臺灣總督府第三十三統計書》。臺北：臺灣總督府官房調查課。

**臺灣總督府專賣局編**

一九四一《臺灣酒專賣史》。臺北：臺灣總督府專賣局。

**褚晴暉**

二〇一二〈從「臺灣總督府臺南專修工業學校」回顧「成大附工」早期之歷史〉，《（國立成功大學校刊）成大》二三六：一四—二〇。

**趙祐志**

一九九八《日據時期臺灣商工會的發展（一八九五—一九三七）》。臺北：稻鄉出版社。

**劉夏如**

一九九五　〈日本植民地主義と台湾総督府評議会——法社会史の視点から見た支配・抵抗・協力（一九二一—一九四五）〉。東京：東京大学総合文化研究科相関社会科学専攻修士論文。

**廣瀨順晧編**

二〇〇三　《茗荷谷研修所旧蔵記録　戦中期植民地行政史料総目録　教育・文化・宗教篇》。東京：ゆまに書房。

**樋口雄一**

二〇〇二　《外務省外交史料館『茗荷谷文書』について》，《日本植民地研究》一四：六二—六七。

**蔡明達**

一九九九　《日據時期臺灣實業教育與社會流動》。臺北：臺灣師範大學歷史學研究所碩士論文。

**蔡錦堂**

二〇〇六　《戰爭體制下的臺灣》。臺北：日創社。

**鄭政誠**

二〇一四　〈日治時期臺灣教育會的創立與發展〉，收於臺灣省教育會百年發展專刊編輯委員會編，《臺灣省教育會百年發展專刊》，頁三〇—五〇。臺北：臺灣省教育會。

**鄭根埴**

二〇〇四　〈植民地支配、身体規律、「健康」〉，收於水野直樹編，《生活の中の植民地主義》，頁七七—八一。京都：人文書院。

**鄭鴻生**

二〇一〇　《母親的六十年洋裁歲月》。臺北：印刻出版社。

**磯田一雄**

二〇〇六　〈在満日本人教育におけるアイデンティティ論——「満洲郷土論」の意味を中心に〉，《東アジア研究》四五：三九—五三。

**橋本白水**
一九三〇《臺灣統治と其功勞者》。臺北：南國出版協會。
**興南新聞社**
一九四三《臺灣人士鑑》。臺北：興南新聞社。
**駒込武**
一九九六《植民地帝国日本の文化統合》。東京：岩波書店。
**謝仕淵**
二〇〇二《殖民主義與體育——日治前期（一八九五—一九二二）臺灣公學校體操科之研究》。桃園：中央大學歷史研究所碩士論文。
**謝明如**
二〇〇七《日治時期臺灣總督府國語學校之研究（一八九六—一九一九）》。臺北：臺灣師範大學歷史學研究所碩士論文。
**鍾育姍**
二〇一〇《『臺灣民報』有關教育言論之研究（一九二〇—一九三二）》。桃園：中央大學歷史研究所碩士論文。
**蘇虹敏**
二〇一〇《臺灣農業職業教育研究——以國立關西高農為例（一九二四—一九六八）》。桃園：中央大學歷史研究所碩士論文。
**鷹取田一郎**
一九一六《臺灣列紳傳》。臺北：臺灣總督府。
**藤森智子**
二〇一〇《日本統治下台湾における国語普及運動——「国語講習所」をめぐる総督府の政策とその実際（一九三〇—一九四五）》。東京：慶應義塾大学大学院法学研究科博士論文。

**藤野豐**
二〇〇〇《強制された健康——日本ファシズム下の生命と身体》。東京：吉川弘文館。
二〇〇三《厚生省の誕生——医療はファシズムをいかに推進したか》。京都：かもがわ出版。
**蕭明治**
二〇一〇《日治時期臺灣煙酒專賣經銷商之研究》。嘉義：中正大學歷史研究所博士論文。
二〇一四《殖民樁腳：日治時期臺灣煙酒專賣經銷商》。臺北：博揚出版社。
**豐原公學校**
一九三一《豐原鄉土誌》。臺中：豐原公學校。
**顏尚文主編**
二〇〇八《臺灣人文三百年面面觀》。嘉義：中正大學臺灣人文研究中心。

## 十七畫



## 十八畫



## 二十畫



## 二十一畫



## 二十三畫

## 十五畫



## 十六畫

## 十四畫

## 十二畫



## 十三畫

## 十畫



## 十一畫

**九畫**

## 七畫



## 八畫

## 五畫



## 六畫

# 索引



## 二畫



## 三畫



## 四畫

島嶼新書
21

# 殖民地臺灣近代教育的鏡像

## 一九三〇年代臺灣的教育與社會（修訂版）

作者——許佩賢
總編輯——莊瑞琳
責任編輯——李晏甄
封面設計——井十二設計研究室
排版——藍天圖物宣字社

社長——郭重興
發行人兼出版總監——曾大福
出版——衛城出版
發行——遠足文化事業股份有限公司
地址——二三一四一　新北市新店區民權路一〇八－二號九樓
電話——〇二－二二一八一四一七
傳真——〇二－八六六七一〇六五
客服專線——〇八〇〇－二二一〇二九
法律顧問——華洋國際專利商標事務所　蘇文生律師
印刷——盈昌印刷股份有限公司
初版一刷——二〇一五年十二月
定價——四〇〇元

國家圖書館出版品預行編目資料

殖民地臺灣近代教育的鏡像：一九三〇年代臺灣的教育與社會 / 許佩賢著—初版
—新北市：衛城出版：遠足文化發行，2015.12
面；　公分（島嶼新書；21）
ISBN 978-986-90476-9-2(平裝)

1.教育史 2.臺灣史 3.日據時期

520.933　　103017612



ACROPOLIS 衛城

EMAIL acropolis@bookrep.com.tw
BLOG www.acropolis.pixnet.net/blog
FACEBOOK http://zh-tw.facebook.com/acropolispublish

填寫本書線上回函

● 親愛的讀者你好，非常感謝你購買衛城出版品。
我們非常需要你的意見，請於回函中告訴我們你對此書的意見，
我們會針對你的意見加強改進。

若不方便郵寄回函，歡迎傳真回函給我們。傳真電話 —— 02-2218-1142

或上網搜尋「衛城出版FACEBOOK」
http://www.facebook.com/acropolispublish

---

## ● 讀者資料

你的性別是 □ 男性 □ 女性 □ 其他

你的職業是 ____________________ 你的最高學歷是 ____________________

年齡 □ 20 歲以下 □ 21-30 歲 □ 31-40 歲 □ 41-50 歲 □ 51-60 歲 □ 61 歲以上

若你願意留下 e-mail，我們將優先寄送____________________衛城出版相關活動訊息與優惠活動

---

## ● 購書資料

● 請問你是從哪裡得知本書出版訊息？（可複選）
□ 實體書店 □ 網路書店 □ 報紙 □ 電視 □ 網路 □ 廣播 □ 雜誌 □ 朋友介紹
□ 參加講座活動 □ 其他 __________

● 是在哪裡購買的呢？（單選）
□ 實體連鎖書店 □ 網路書店 □ 獨立書店 □ 傳統書店 □ 團購 □ 其他 __________

● 讓你燃起購買慾的主要原因是？（可複選）
□ 對此類主題感興趣
□ 參加講座後，覺得好像不賴
□ 覺得書籍設計好美，看起來好有質感！
□ 價格優惠吸引我
□ 議題好熱，好像很多人都在看，我也想知道裡面在寫什麼
□ 其實我沒有買書啦！這是送（借）的
□ 其他 __________

● 如果你覺得這本書還不錯，那它的優點是？（可複選）
□ 內容主題具參考價值 □ 文筆流暢 □ 書籍整體設計優美 □ 價格實在 □ 其他 __________

● 如果你覺得這本書讓你好失望，請務必告訴我們它的缺點（可複選）
□ 內容與想像中不符 □ 文筆不流暢 □ 印刷品質差 □ 版面設計影響閱讀 □ 價格偏高 □ 其他 __________

● 大都經由哪些管道得到書籍出版訊息？（可複選）
□ 實體書店 □ 網路書店 □ 報紙 □ 電視 □ 網路 □ 廣播 □ 親友介紹 □ 圖書館 □ 其他 ______

● 習慣購書的地方是？（可複選）
□ 實體連鎖書店 □ 網路書店 □ 獨立書店 □ 傳統書店 □ 學校團購 □ 其他 __________

● 如果你發現書中錯字或是內文有任何需要改進之處，請不吝給我們指教，我們將於再版時更正錯誤

請沿虛線剪下

| 廣　告　回　信 |
| --- |
| 臺灣北區郵政管理局登記證 |
| 第 1 4 4 3 7 號 |

請直接投郵•郵資由本公司支付

23141
新北市新店區民權路108-2號9樓

**衛城出版** 收

● 請沿虛線對折裝訂後寄回，謝謝！

ACROPOLIS 衛城出版

島嶼新書

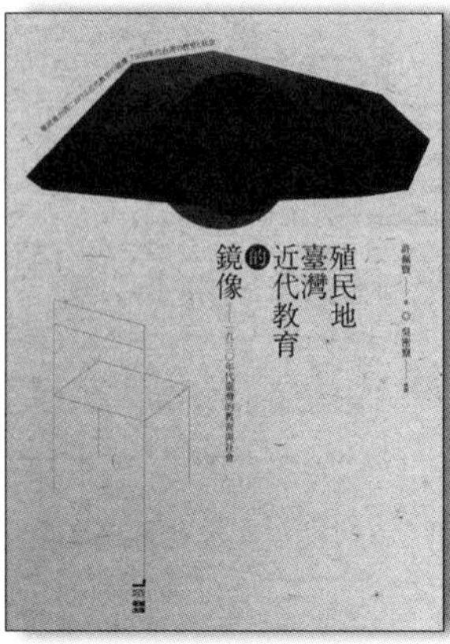